DRITTER TITEL

Amtsgerichte

§ 22

(1) Den Amtsgerichten stehen Einzelrichter vor.

(2) Einem Richter beim Amtsgericht kann zugleich ein weiteres Richteramt bei einem anderen Amtsgericht oder bei einem Landgericht übertragen werden.

(3) [1]Die allgemeine Dienstaufsicht kann von der Landesjustizverwaltung dem Präsidenten des übergeordneten Landgerichts übertragen werden. [2]Geschieht dies nicht, so ist, wenn das Amtsgericht mit mehreren Richtern besetzt ist, einem von ihnen von der Landesjustizverwaltung die allgemeine Dienstaufsicht zu übertragen.

(4) Jeder Richter beim Amtsgericht erledigt die ihm obliegenden Geschäfte, soweit dieses Gesetz nichts anderes bestimmt, als Einzelrichter.

(5) Es können Richter auf Probe und Richter kraft Auftrags verwendet werden.

Entstehungsgeschichte. Entw. § 10. **Spätere Änderungen:** Ges. vom 17. 5. 1898 (RGBl. 252); VO vom 4. 1. 1924 § 4 (RGBl. I 15), Bek. vom 23. 3. 1924 (RGBl. I 301). Durch § 19 der VO vom 20. 3. 1935 (RGBl. I 403) verlor § 22 Abs. 2, 3, ohne förmlich aufgehoben zu werden, seine Bedeutung. Das VereinhG 1950 übernahm § 22 unverändert. Durch Art. II Nr. 5, 6 des PräsVerfG erfuhr § 22 folgende Änderungen: a) Absatz 2 (bisher: „Ein Amtsrichter kann zugleich Mitglied oder Direktor bei dem übergeordneten Landgericht sein") erhielt seine jetzige Fassung; b) in Absatz 3 wurde der bisherige Halbsatz 2 des Satzes 2 („ist die Zahl der Richter höher als fünfzehn, so kann die Dienstaufsicht zwischen mehreren von ihnen geteilt werden") gestrichen; c) in Absatz 4 wurde „Amtsrichter" durch „Richter beim Amtsgericht" ersetzt; d) Absatz 5 wurde neu eingefügt.

Übersicht

	Rdn.
1. Errichtung und Aufhebung von Amtsgerichten	1
2. Zweigstellen, Gerichtstage	2
3. Einzelrichter (Absatz 1,4)	3
4. Doppelrichter (Absatz 2)	
a) Entwicklungsgeschichte	4
b) Bedeutung des Absatzes 2	6
c) Andere Fälle	7
5. Dienstaufsicht (Absatz 3)	
a) Zuständigkeit zur Ausübung der Dienstaufsicht	8
b) Umfang und Inhalt der Dienstaufsicht	9
c) Der „aufsichtführende" Richter und seine Vertretung	10
d) Wesen der Dienstaufsichtsführung	11
e) Landesjustizverwaltung	12
6. Hilfsrichter (Absatz 5)	
a) Bedeutung der Vorschrift	13
b) Grenzen der Verwendung	14
c) Einberufung	15
d) Heranziehung von Richtern zu anderen als richterlichen Aufgaben	16

§ 22 GVG Gerichtsverfassungsgesetz

1 1. Wegen der **Errichtung und Aufhebung von Amtsgerichten**, der Sitzverlegung und Änderung der Bezirksgrenzen sowie wegen der Wirkung von Gebietsveränderungen bei den im Amtsgerichtsbezirk gelegenen Gemeinden vgl. § 12, 10.

2 2. **Zweigstellen, Gerichtstage.** Nach Maßgabe des § 3 GVGVO 1935, bzw. der an ihre Stelle getretenen landesrechtlichen Vorschriften über die Gerichtsorganisation (z. B. § 5 Hess. Ges. i. d. F. vom 10. 12. 1976, GVBl. I 539, § 4 Nds. Ges. vom 16. 7. 1962, GVBl. 85; § 2 Abs. 2 Bad.Württ. AGGVG vom 16. 12. 1975, GBl. 868) können außerhalb des Sitzes eines Amtsgerichts Zweigstellen errichtet oder Gerichtstage abgehalten werden. Anders als etwa die gemäß § 78 bei einem Amtsgericht gebildete auswärtige Strafkammer (dazu § 78, 6) ist die Zweigstelle kein selbständig neben dem Amtsgericht bestehender Spruchkörper, und es hat die Abgrenzung ihres Aufgabenbereichs nur Bedeutung für den inneren Geschäftsbetrieb, d. h. für die Frage, welcher Richter des einheitlichen Amtsgerichts in der einzelnen Sache zu entscheiden hat. Daraus folgt z. B., daß die Einreichung der Berufungsschrift bei einer nicht mit der Sache befaßten Zweigstelle des Amtsgerichts, das das angefochtene Urteil erlassen hat, die Berufungsfrist wahrt[1]. Die entsprechenden Anordnungen der Landesjustizverwaltungen bedürfen, soweit hierdurch die örtliche Zuständigkeit des Gerichts nicht berührt wird, im Gegensatz zu den Anordnungen nach §§ 58, 78, 116 GVG nicht der Form der RechtsVO[2]. Bez. der Zweigstellen gelten, soweit nicht neue Vorschriften erlassen sind[3], die früher von den Landesjustizverwaltungen erlassenen Verwaltungsvorschriften weiter (z. B. für das ehemalige Preußen AV vom 31. 5. 1934 und 19. 6. 1934, DJ 724, 794). Über die **Gerichtstage** — d. h. die in regelmäßigen Zeitabständen stattfindende Anwesenheit des Richters oder Rechtspflegers an einem Ort außerhalb des Gerichtssitzes, aber innerhalb des Gerichtsbezirks zur Erledigung von Amtshandlungen und Entgegennahme von Anträgen — bestimmte die AV des RJM vom 28. 3. 1935 (DJ 50), daß die bisherigen Gerichtstage bis auf weiteres beibehalten werden; die Festsetzung und Änderung der Gerichtsbezirke, die Bestimmung von Zahl und Dauer der Tagungen und die Entscheidung, ob der Gerichtstag durch einen Richter oder nur durch einen Urkundsbeamten der Geschäftsstelle wahrzunehmen ist, war den Präsidenten der Oberlandesgerichte übertragen worden. Wegen ergänzender früherer Verwaltungsvorschriften des ehem. Preußen vgl. LR[19] § 22, 1a. Soweit nicht abweichende Vorschriften bestehen, ist eine erforderliche Regelung Sache des Präsidiums (dazu *Kissel* 3). S. auch § 3 GVGVO 1935 im Anhang.

3 3. **Einzelrichter (Absatz 1, 4).** Die Fassung des Absatzes 1 („stehen vor") ist nicht ganz zutreffend. Das Gesetz will sagen, daß die Amtsgerichte grundsätzlich nicht Kollegialgerichte sind und daß, wo nicht, wie bei dem Schöffengericht (§§ 28, 29) und dem Jugendschöffengericht (§ 33 Abs. 2 JGG), die Entscheidung durch ein Kollegium vorgesehen ist, der Richter beim Amtsgericht als Einzelrichter entscheidet (Absatz 4). Ist ein Amtsgericht mit mehr als einem Richter besetzt (§ 22 b, 2), müssen „Abteilungen" (Spruchkörper) gebildet werden, für die das Präsidium des Amtsgerichts den Geschäftsverteilungsplan (§ 21 e) aufzustellen hat. **Zur Terminologie:** „Richter beim Amtsgericht" ist jeder bei dem Amtsgericht tätige Richter, also sowohl der Präsident des Amts-

---

[1] BayObLGSt **1975** 9 = NJW **1975** 946.
[2] *Holch* DRiZ **1970** 183; *Kleinknecht/Meyer*[39] 3; a. M BayVerfGH NJW **1978** 1515; *Kissel* 2.
[3] Dazu *Finck* DRiZ **1955** 159; BayVO vom 30. 5. 1973, GVBl. 341, i. d. F. vom 20. 5. 1977, GVBl. 310; Rheinl.-Pf. VO vom 15. 1. 1969, GVBl. 51 i. d. F. vom 11. 12. 1975, GVBl. 426 und vom 16. 6. 1977, S. 282; Hess. Anordnung vom 22. 5. 1974, GVBl. I 270; SaarlVO i. d. F. vom 27. 5. 1977, ABl. 525.

gerichts, der aufsichtführende Richter (Rdn. 10), der Planstelleninhaber, der nach § 19 a DRiG die Amtsbezeichnung „Richter am Amtsgericht" führt — früher „Amtsgerichtsrat" —, der abgeordnete Richter (§ 37 DRiG) und die in Absatz 5 bezeichneten Richter. Als „Strafrichter" bezeichnet das Gesetz den erkennenden Einzelrichter (§§ 25, 76 Abs. 2 GVG, §§ 407, 408 StPO).

4. Doppelrichter (Absatz 2)

a) **Entwicklungsgeschichte.** In der früheren Fassung (s. Entstehungsgeschichte) **4** entstammte die Vorschrift des Absatzes 2 der VO vom 4. 1. 1924. Sie sollte hauptsächlich ermöglichen, daß als Vorsitzender des erweiterten Schöffengerichts (§ 29 Abs. 2) ein Landgerichtsdirektor tätig sein könne. Eine dem § 22 Abs. 2 entsprechende Vorschrift enthielt § 59 Abs. 2 a. F betr. Doppelrichteramt der Landgerichtsdirektoren und Mitglieder des Landgerichts als Amtsrichter im Bezirk des Landgerichts (vgl. jetzt § 59 Abs. 2). Außerdem bestimmte § 3 des 9. Teils der VO des Reichspräs. vom 1. 12. 1930 (RGBl. I 517, 604): „Ein Amtsrichter kann zugleich mehreren Amtsgerichten angehören". Die Weitergeltung der letzteren Vorschrift verneinte OLG Oldenburg NdsRpfl. **1970** 61, weil sie durch das VereinhG 1950 zwar nicht förmlich aufgehoben, aber gegenstandslos geworden sei, und weil „die unbegrenzte Möglichkeit der Häufung von Richterämtern bei mehreren Amtsgerichten" grundgesetzwidrig sei. Demgegenüber bejahte die herrschende Meinung (vgl. LR[21] 2), der sich OLG Celle NJW **1972** 1433 anschloß, mit Recht sowohl die Grundgesetzmäßigkeit wie die Weitergeltung des § 22 Abs. 2 a. F.

Durch das **Ges. vom 26. 5. 1972** (BGBl. I 841) wurde sowohl der Wortlaut des **5** § 22 Abs. 2 wie der des § 59 Abs. 2 neu gefaßt, und zwar[4] im Hinblick auf § 27 Abs. 2 DRiG, wonach einem auf Lebenszeit bei einem bestimmten Gericht angestellten Richter zugleich ein weiteres Richteramt bei einem anderen Gericht übertragen werden kann, „soweit ein Gesetz dies zuläßt". Ein solches zulassendes Gesetz stellen die Absätze 2 der §§ 22, 59 dar. Da § 22 nunmehr auch die Zugehörigkeit eines Richters beim Amtsgericht zu einem anderen Amtsgericht ausdrücklich regelt, wurde § 3 der oben genannten VO vom 1. 12. 1930 überflüssig (vgl. Begr. zum RegEntw., S. 20) und durch Art. XII Nr. 3 des Gesetzes vom 26. 5. 1972 förmlich aufgehoben.

b) Die **Bedeutung des Absatzes 2** besteht darin, daß jedem Richter beim Amtsge- **6** richt (oben Rdn. 3) — gemeint sind hier aber nur die Planstelleninhaber —, also auch dem aufsichtführenden Richter und theoretisch auch dem Präsidenten des Amtsgerichts neben diesem Amt ein weiteres Richteramt bei einem anderen Amtsgericht oder einem Landgericht übertragen werden kann, um auf diese Weise im allgemeinen Interesse an einer geordneten Rechtspflege die personelle Unterbesetzung eines Amts- oder Landgerichts mit Hilfe der Überbesetzung bei einem anderen Amtsgericht auszugleichen. Das Landgericht braucht nicht das im Instanzenzug dem Amtsgericht übergeordnete Landgericht zu sein; es kann vielmehr auch ein benachbartes Landgericht innerhalb des Landes sein; ebenso braucht das andere Amtsgericht nicht dem gleichen Land- oder Oberlandesgerichtsbezirk wie das Stammgericht anzugehören. Zur Bestellung zum Doppelrichter genügt eine Verfügung der Landesjustizverwaltung[5]. Auch eine Zustimmung des Richters zur Übertragung des weiteren Amtes ist, wenn sie auch wohl in der Regel eingeholt wird, grundsätzlich nicht erforderlich (über Ausnahmen s. BGHZ **67** 159). Die Verwendung des Richters bei dem anderen Amtsgericht oder beim Landgericht hängt, sobald ihm das Doppelamt übertragen ist, nicht von einer besonderen Zuweisung

---

[4] Vgl. Begr. zum RegEntw. des Ges. vom 26. 5. 1972, BTDrucks. **VI** 557 S. 18.

[5] BGHSt **24** 283 = NJW **1972** 779; BGHZ **67** 159 = NJW **1977** 248.

durch die Landesjustizverwaltung ab (BGH aaO). Vielmehr bestimmt das Präsidium des Landgerichts oder des anderen Amtsgerichts über den Einsatz des Doppelrichters, der nunmehr auch diesem Gericht als planmäßiges Mitglied angehört[6], nach § 21 e Abs. 1, 3, wobei es sich naturgemäß, um Überschneidungen zu verhindern, mit dem Präsidium des Stammamtsgerichts im Einvernehmen halten muß[7]. „Bei einem anderen Amtsgericht" muß nicht notwendig singularisch („einem" = nur einem) verstanden werden; die Verwendung eines Richters beim Amtsgericht jeweils nach Bedarf bei einer Mehrzahl anderer Amtsgerichte nach Art eines „fliegenden" Richters wäre freilich mit dem Grundsatz des gesetzlichen Richters, wie er in § 27 Abs. 1 DRiG zum Ausdruck kommt, nicht verträglich[8].

7 c) **Andere Fälle.** Durch § 22 Abs. 2 wird **nicht berührt** die Verwendung eines Richters beim Amtsgericht, der nicht zum Doppelrichter bestellt ist, bei der auswärtigen Strafkammer des Landgerichts (§ 78), bei der Strafvollstreckungskammer (§ 78 b Abs. 2) und als abgeordneter Richter (§ 37 DRiG) beim LG oder OLG oder einem anderen Amtsgericht. Unberührt bleibt auch die Möglichkeit, einen Richter auf Probe oder kraft Auftrags (§ 22 Abs. 5) gleichzeitig bei mehreren Gerichten zu verwenden (§§ 13, 16 DRiG).

5. Dienstaufsicht (Absatz 3)

8 a) **Zuständigkeit zur Ausübung der Dienstaufsicht.** Nach § 14 Abs. 1 Nr. 1 GVGVO 1935 (im Anhang) bzw. den an die Stelle dieser Vorschrift getretenen landesrechtlichen Bestimmungen wird die Dienstaufsicht über alle Gerichte (der ordentlichen Gerichtsbarkeit) des Landes von der Landesjustizverwaltung ausgeübt. Die Ausübung der Dienstaufsicht ist aber übertragbar. § 22 Abs. 3 regelt, wer beim Amtsgericht die ihm übertragene „allgemeine" Dienstaufsicht ausübt. Die Vorschrift ist aber wenig glücklich gefaßt. Aus ihr scheint sich zu ergeben, daß entweder nur dem Präsidenten des übergeordneten Landgerichts oder — bei mit mehreren Richtern besetzten Amtsgerichten — einem von ihnen die Dienstaufsicht übertragen werden kann. Aus §§ 22 a, 22 b Abs. 4 folgt aber, daß auch der Präsident eines anderen Amtsgerichts die Dienstaufsicht ausüben kann. Die Unstimmigkeit ist darauf zurückzuführen, daß § 22 Abs. 3 nicht auf die die Dienstaufsicht regelnden Vorschriften der §§ 4, 14, 15 der GVGVO 1935 bzw. der an ihre Stelle getretenen landesrechtlichen Vorschriften abgestimmt ist. Nach diesen Vorschriften steht, wenn ein AGPräs. ernannt ist, diesem anstelle des LGPräs. die allgemeine Dienstaufsicht über das Amtsgericht zu. Ihm kann auch anstelle des Präsidenten des übergeordneten Landgerichts die Dienstaufsicht über andere Amtsgerichte des Landgerichtsbezirks übertragen werden.

9 b) Absatz 3 besagt nichts über **Umfang und Inhalt der Dienstaufsicht.** Der Umfang bestimmt sich wiederum nach der GVGVO 1935 bzw. den an ihre Stelle getretenen landesrechtlichen Vorschriften. Danach steht die Dienstaufsicht über die *Richter* beim Amtsgericht, wenn nicht ein AGPräs. die Dienstaufsicht führt, nur dem LGPräs. zu; die sonstigen mit der Dienstaufsicht betrauten Richter sind auf die Dienstaufsicht über die beim Amtsgericht angestellten oder beschäftigten Beamten, Angestellten und Arbeiter beschränkt. Der Inhalt der Dienstaufsicht über Richter ergibt sich aus § 26 DRiG.

10 c) **Der „aufsichtführende" Richter und seine Vertretung.** Ist weder ein AGPräs. ernannt noch die Dienstaufsicht dem LG- oder einem anderen AGPräs. übertragen, so

---

[6] OLG Bamberg BayZ **1929** 332.
[7] *Kissel* 14; KK-*Kissel*[2] 6.
[8] OLG Oldenburg NdsRpfl. **1970** 61.

ist nach § 22 Abs. 3 Satz 2 bei einem mit mehreren Richtern besetzten Amtsgericht „einem von ihnen" die allgemeine Dienstaufsicht zu übertragen, die sich aber nicht auf die Richter erstreckt (vorstehend 9). Es ist dies der „aufsichtführende Richter", der — vorbehaltlich des § 22 a — im Präsidium des Amtsgerichts den Vorsitz führt (§ 21 a Abs. 2). Nach Art. 3 des Gesetzes vom 22. 12. 1975 (BGBl. I 3176) führt der Richter, der ständig mit der „Leitung" — also mit der Führung der Aufsicht — eines Amtsgerichts betraut und nicht zum Präsidenten ernannt ist, die Amtsbezeichnung „Direktor des Amtsgerichts". Bei größeren Amtsgerichten kann ein ständiger Vertreter, und es können daneben ein oder mehrere weitere „aufsichtführende Richter" bestellt werden, die durch ihre Einreihung in die Besoldungsgruppe R 2 nach Maßgabe des Art. 3 des Gesetzes hervorgehoben sind. Dem Wortlaut des Art. 2 („der ständige Vertreter eines Direktors") scheint zu entnehmen zu sein, daß das Gesetz vom 22. 12. 1975 nur von der Bestellung eines (jedenfalls nur eines gehaltlich hervorgehobenen) ständigen Vertreters ausgeht, während § 21 h Satz 1 GVG — als die lex prior — von der Möglichkeit ausgeht, daß dem „Direktor" mehrere ständige Vertreter bestellt sind. Das wird nunmehr dahin zu verstehen sein, daß mit den mehreren ständigen Vertretern i. S. des § 21 h die „weiteren aufsichtführenden Richter" gemeint sind, die neben dem ständigen Vertreter bestellt sind. Aufsichtführender Richter, der nicht „Direktor" ist, kann nur ein bei dem Amtsgericht auf Lebenszeit angestellter Richter, nicht ein Richter auf Probe, ein abgeordneter oder ein beauftragter Richter sein (*Hermes* DJZ **1921** 556). Im einzelnen ergibt sich die Vertretung des aufsichtführenden Richters bei seinen Dienstaufsichtsgeschäften aus § 4 GVGVO 1935 bzw. den an ihre Stelle getretenen landesrechtlichen Vorschriften (dazu Vor GVGVO 3). Über das Verhältnis des § 22 Abs. 3 zu §§ 4, 14 ff GVGVO vgl. im übrigen § 4, 1 GVGVO.

d) Wesen der Dienstaufsichtführung. Die Führung der Dienstaufsicht gehört, wie **11** auch die Überschrift des Art. IX (§§ 13 ff) der GVGVO 1935 („Justizverwaltung") klarstellt, zu den Aufgaben der Justizverwaltung; §§ 1, 21 h GVG gelten insoweit nicht. Die Übertragung der Dienstaufsicht kann zurückgenommen werden. Das verstößt nicht gegen den Grundsatz der richterlichen Unabhängigkeit[9]; eine solche Zurücknahme hat jedoch keinen Einfluß auf die sonstigen statusrechtlichen Folgen einer vorher mit der Übertragung verbundenen Beförderung oder förmlichen Ernennung (*Kissel* aaO). Über das Verhältnis der Dienstaufsicht zur richterlichen Unabhängigkeit im übrigen vgl. § 1, 18.

e) Der Ausdruck **Landesjustizverwaltung** in Absatz 3 bezeichnet — wie auch **12** sonst im GVG — nicht allein die Zentralbehörde (Justizministerium usw.), umfaßt vielmehr alle Organe der Justizverwaltung. Von welchem dieser Organe die einzelnen Aufgaben der Landesjustizverwaltung wahrzunehmen sind, bestimmt sich, soweit nicht Bundesrecht entgegensteht, nach Landesrecht. Die Landeszentralbehörden können die Rechte und Pflichten, die das GVG der Landesjustizverwaltung zuweist, allgemein auf andere Justizverwaltungsorgane übertragen (RG vom 17. 1. 1927 III 975/26; vgl. § 1, 2). Soweit es sich um die Bestellung des aufsichtführenden Amtsrichters (§ 22 Abs. 3 GVG) handelt, ergibt sich aus § 4 GVGVO 1935 (soweit er nicht durch neue landesrechtliche Vorschriften ersetzt ist), daß sie der Zentralbehörde obliegt, die aber nach § 18 aaO ihre Befugnisse auf den OLGPräs. übertragen kann.

---

[9] BVerfG DRiZ **1975** 54; BVerwGE **11** 195; **38** 139, 151 ff; *Kissel* 43 und § 1 Rdn. 41; a. M *Hoepner* DRiZ **1961** 238.

§ 22 GVG Gerichtsverfassungsgesetz

6. Hilfsrichter (Absatz 5)

13 **a) Bedeutung der Vorschrift.** Die dem Absatz 5 entsprechende Bestimmung war früher in § 10 Abs. 2 a. F enthalten (zur geschichtlichen Entwicklung dieser Vorschrift vgl. LR[21] § 10 a. F, 3 a). Als Richter, die beim Amtsgericht zu Rechtsprechungsaufgaben verwendet werden können, ohne daß ihnen bei diesem Gericht auf Lebenszeit ein Richteramt übertragen worden ist (§ 27 Abs. 1 DRiG), kommen Richter auf Probe (§ 12 DRiG), kraft Auftrags (§ 14 DRiG) und abgeordnete Richter (§ 37 DRiG) in Betracht. Die letzteren — auf Lebenszeit bei einem bestimmten Gericht (§ 27 DRiG), gleichviel bei welchem Gerichtsbarkeitszweig angestellte Richter — können bei jedem Gericht der ordentlichen Gerichtsbarkeit (außer beim BGH vgl. § 124, 1) verwendet werden. Die Bedeutung des § 22 Abs. 5 in Verb. mit § 59 Abs. 3 besteht darin, daß er die Verwendung von Richtern auf Probe und kraft Auftrags zur Wahrnehmung richterlicher Aufgaben (§ 28 Abs. 1 DRiG) nur beim Amtsgericht und Landgericht zuläßt und damit die Verwendung beim OLG ausschließt. § 118 a. F, der dies ausdrücklich aussprach, wurde als entbehrlich gestrichen. Abweichend vom früheren Regelungen ist die vorübergehende Heranziehung von anderen zum Richteramt befähigten Personen (Richtern im Ruhestand usw.) also nicht mehr möglich, sofern nicht ein besonderes Bundesgesetz es zulassen würde. Dem Landesrecht steht nach § 70 Abs. 3 die Befugnis zu, abweichend von § 22 Abs. 5, 59 Abs. 3 die Verwendung von Richtern auf Probe oder kraft Auftrags beim Amts- und beim Landgericht allgemein oder für bestimmte Aufgaben auszuschließen. Richter auf Probe und kraft Auftrags werden — in den Grenzen des § 70 Abs. 2 GVG — bei dem (Amts- oder Land-)Gericht verwendet, dem die Justizverwaltung sie zuweist. Eine Pflicht der auf Lebenszeit angestellten Richter, auf Verlangen der Justizverwaltung an einem anderen Gericht tätig zu werden, wie sie § 10 Abs. 1 der VO vom 20. 3. 1935 aussprach, ist nur noch unter den Voraussetzungen des § 70 Abs. 3 Halbsatz 2 GVG, § 37 Abs. 3 DRiG begründet.

14 **b) Grenzen der Verwendung.** § 22 Abs. 5 läßt ebenso wie § 59 Abs. 3 nach seinem Wortlaut die Verwendung von Richtern auf Probe und kraft Auftrags ohne Einschränkungen zu. Grenzen der Verwendung ergeben sich aber aus § 28 Abs. 2 Satz 2, § 29 DRiG und aus § 29 Abs. 1 Satz 2 GVG. Darüber hinaus gilt nach wie vor der im früheren Recht ausgebildete Grundsatz, daß ihre Verwendung unzulässig ist, wo sie nicht aus besonderem Anlaß (Erprobung eines Anwärters, Vertretung eines regelmäßigen Mitgliedes, Bewältigung vorübergehend gesteigerten Geschäftsanfalls) geschieht, sondern dazu dient, dauernden Bedarf auf unabsehbare Zeit zu befriedigen, statt durch Besetzung der freien oder Vermehrung der vorhandenen besetzten Planstellen Abhilfe zu schaffen. Die in den Erläuterungen zu § 59 insoweit im einzelnen dargestellten Grundsätze über die Verwendbarkeit von Hilfsrichtern beim Landgericht gelten sinngemäß auch für ihre Verwendung beim Amtsgericht[10].

15 **c)** Die **Einberufung** der „Hilfsrichter" erfolgt durch die Justizverwaltung, über die ihnen zu übertragenden Aufgaben aber befindet das Präsidium (§ 21 e Abs. 1 GVG).

16 **d)** Nicht im GVG, sondern im DRiG geregelt ist die **Heranziehung von Richtern zu anderen als richterlichen Aufgaben** im Bereich der Rechtspflege, insbesondere zu Aufgaben der **Gerichtsverwaltung**, z. B. zur Bearbeitung von Personalsachen, von Dienstaufsichtsbeschwerden usw. Eine solche Heranziehung ist bei Einverständnis des Betrauten stets zulässig. Richter auf Probe und Richter kraft Auftrags können ohne ihre

---

[10] OLG Karlsruhe DRiZ **1958** 142; NJW **1966** 2389; *Löwisch* DRiZ **1964** 164.

Zustimmung dazu verwendet werden (§§ 13, 16 Abs. 2 DRiG). Richter auf Lebenszeit dagegen können dazu ohne ihre Zustimmung nur im Umfang einer Nebentätigkeit herangezogen werden (§§ 4, 42 DRiG) und können eine Heranziehung beim Dienstgericht anfechten (§§ 62 Abs. 1 Nr. 4 d, 78 Nr. 4 d DRiG).

§ 22 a

Bei Amtsgerichten mit einem aus allen wählbaren Richtern bestehenden Präsidium (§ 21 a Abs. 2 Satz 1 Nr. 3) gehört der Präsident des übergeordneten Landgerichts oder, wenn der Präsident eines anderen Amtsgerichts die Dienstaufsicht ausübt, dieser Präsident dem Präsidium als Vorsitzender an.

Entstehungsgeschichte. Der frühere § 22 a — „(1) Bei den mit einem Präsidenten besetzten Amtsgerichten wird ein Präsidium gebildet. (2) Das Präsidium besteht aus dem Amtsgerichtspräsidenten als Vorsitzenden, den Amtsgerichtsdirektoren, den Oberamtsrichtern und den beiden dem Dienstalter nach, bei gleichem Dienstalter der Geburt nach ältesten Amtsrichtern. (3) Das Präsidium entscheidet nach Stimmenmehrheit; bei Stimmengleichheit gibt die Stimme des Amtsgerichtspräsidenten den Ausschlag" — wurde durch Art. II Nr. 7 des PräsVerfG gestrichen (vgl. jetzt §§ 21 a, 21 i Abs. 7). Der jetzige Wortlaut der Vorschrift beruht auf Art. II Nr. 8 des genannten Gesetzes.

1. Zur Entwicklung der Geschäftsverteilung beim Amtsgericht

a) Über die Verteilung der Geschäfte bei den mit mehreren Richtern besetzten **1** Amtsgerichten und über die Vertretung der Richter enthielt das GVG früher keine Vorschriften: es überließ die Regelung dem Landesrecht (vgl. z. B. für Preußen §§ 23, 24 AGGVG). Eine reichseinheitliche Regelung trafen §§ 5, 6 GVGVO 1935. Danach verteilte bei den mit einem Amtsgerichtspräsidenten besetzten Amtsgerichten dieser, im übrigen der Landgerichtspräsident vor Beginn des Geschäftsjahrs und auf dessen Dauer die Geschäfte und regelte in gleicher Weise die Vertretung der Amtsrichter in Verhinderungsfällen. Diese Anordnungen durften im Laufe des Geschäftsjahrs nur geändert werden, wenn dies wegen Überlastung, Wechsels oder dauernder Verhinderung eines Richters erforderlich war. Die Regelung der Geschäftsverteilung und Vertretung entsprach also den für die Kollegialgerichte geltenden Vorschriften mit der Abweichung, daß nicht ein Präsidium, sondern der Amts- oder Landgerichtspräsident als Justizverwaltungsorgan die erforderlichen Anordnungen zu treffen hatte. Das Ges. über die Geschäftsverteilung bei den Gerichten vom 24. 11. 1937 (RGBl. I 1286), das das Präsidium bei den Kollegialgerichten beseitigte und seine Aufgaben auf die Präsidenten als Justizverwaltungsangelegenheit übertrug, hielt für die Amtsgerichte inhaltlich die in §§ 5, 6 GVGVO 1935 getroffene Regelung aufrecht. Im Anschluß an die Wiederherstellung des Präsidiums bei den Kollegialgerichten in den Ländern der britischen Besatzungszone wurde dort durch die VO des Zentraljustizamts vom 9. 9. 1948 (VOBl. BZ 261) mit den neu geschaffenen §§ 22 a bis 22 d a. F die Aufstellung des Geschäftsverteilungsplans auch für die Amtsgerichte durch ein Richterkollegium, das Präsidium des Landgerichts und bei großen Amtsgerichten ein beim Amtsgericht selbst gebildetes Präsidium, eingeführt. Diese Regelung übernahm das VereinhG 1950.

b) Ein **eigenes Präsidium** hatten danach nur die mit einem AGPräs. besetzten **2** Amtsgerichte. Bei den übrigen Amtsgerichten wurde der Geschäftsverteilungsplan vom

Präsidium des Landgerichts aufgestellt; war jedoch einem Amtsgerichtspräsidenten von der Justizverwaltung die Dienstaufsicht über andere im Bezirk des übergeordneten Landgerichts gelegene Amtsgerichte übertragen, so trat das Präsidium des großen Amtsgerichts für die kleinen Amtsgerichte an die Stelle des Präsidiums des Landgerichts (§ 22 c Abs. 1 a. F). Mit der Neuregelung der Präsidialverfassung durch das Ges. vom 26. 5. 1972 wurde § 22 a. F überflüssig und aufgehoben.

3 2. **Bedeutung des § 22 a.** Nach § 21 a Abs. 1 besteht bei jedem Gericht, also auch bei jedem (mit mehr als einem Richter besetzten, § 22 b Abs. 1) Amtsgericht ein eigenes Präsidium, dessen Vorsitzender der Amtsgerichtspräsident oder der aufsichtführende Richter (§ 22 Abs. 3 Satz 2) ist. § 22 a enthält eine **Sondervorschrift** über den Vorsitz im amtsgerichtlichen Präsidium für solche Amtsgerichte, die weniger als acht Richterplanstellen haben (§ 21 a Abs. 2 Satz 1 Nr. 3); dabei kommt es nur auf die Planstellenzahl, nicht aber darauf an, wie viele Planstellen besetzt sind (*Kissel* 2). Bei diesen ist Vorsitzender des Präsidiums nicht der aufsichtführende Richter, sondern der Präsident des übergeordneten Landgerichts oder, wenn die Dienstaufsicht über das Amtsgericht dem Präsidenten eines anderen Amtsgerichts übertragen ist, dieser Amtsgerichtspräsident. Der LG- oder AGPräs. soll hier als „neutraler Dritter" fungieren (Ausschußbericht BT-Drucks. VI 2903 S. 5).

4 3. Bei nachträglicher **Erhöhung der Planstellenzahl** auf mehr als acht bleibt die vorher beschlossene Geschäftsverteilung zunächst in Kraft; Sache des nunmehr nach § 21 a zu bildenden neuen Präsidiums ist es, die erforderlichen Änderungen zu beschließen.

§ 22 b

(1) Ist ein Amtsgericht nur mit einem Richter besetzt, so beauftragt das Präsidium des Landgerichts einen Richter seines Bezirks mit der ständigen Vertretung dieses Richters.

(2) Wird an einem Amtsgericht die vorübergehende Vertretung durch einen Richter eines anderen Gerichts nötig, so beauftragt das Präsidium des Landgerichts einen Richter seines Bezirks längstens für zwei Monate mit der Vertretung.

(3) ¹In Eilfällen kann der Präsident des Landgerichts einen zeitweiligen Vertreter bestellen. ²Die Gründe für die getroffene Anordnung sind schriftlich niederzulegen.

(4) Bei Amtsgerichten, über die der Präsident eines anderen Amtsgerichts die Dienstaufsicht ausübt, ist in den Fällen der Absätze 1 und 2 das Präsidium des anderen Amtsgerichts und im Falle des Absatzes 3 dessen Präsident zuständig.

Entstehungsgeschichte. § 22 b a. F wurde durch Art. II Nr. 7 des PräsVerfG gestrichen (vgl. jetzt §§ 21 a, 21 e); an seine Stelle ist nach Art. II Nr. 9 des genannten Gesetzes § 22 b n. F eingefügt worden.

1. **Bestellung des ständigen Vertreters beim Ein-Mann-Amtsgericht (Absatz 1)**
1 a) **Entwicklungsgeschichte.** Absatz 1 regelt bundesrechtlich einheitlich die Bestellung des ständigen Vertreters bei Amtsgerichten, die nur mit *einem* Richter besetzt sind. Das frühere Recht kannte insoweit keine bundesrechtliche Regelung; sie war dem Landesrecht überlassen. Jedoch bestanden nur in einzelnen Ländern einschlägige Vorschrif-

ten. Die Rechtslage in den Ländern, in denen es an gesetzlichen Vorschriften fehlte, war zweifelhaft (LR[21] § 22 b a. F, 2 b).

b) Begriff des „nur mit einem Richter besetzten" Amtsgerichts. Nicht nur mit einem, sondern mit mehreren Richtern (so daß ein Präsidium gebildet wird, § 21 a Abs. 1) ist ein Amtsgericht besetzt, wenn ihm für das kommende Geschäftsjahr mehr als eine Richterkraft zugewiesen ist. Daß das Amtsgericht mit mindestens zwei planmäßigen Stellen (zwei „Richtern am Amtsgericht", § 19 a Abs. 1 DRiG) besetzt ist, ist dazu nicht erforderlich; § 21 a Abs. 1 gilt nach seinem Zweck, den „gesetzlichen Richter" von vornherein zu bestimmen (§ 16, 4) auch dann, wenn das Amtsgericht das Geschäftsjahr in der Besetzung mit einem auf Lebenszeit angestellten Richter und einem Hilfsrichter (Richter auf Probe, Richter kraft Auftrags, abgeordneter Richter, §§ 12, 14, 37 DRiG) beginnt. Wird einem nur mit einem Richter besetzten Amtsgericht im Laufe des Geschäftsjahres — wenn auch nur vorübergehend — ein neben ihm tätiger Hilfsrichter zugewiesen, so wird nunmehr ein Präsidium kraft Gesetzes gebildet (§ 21 a Abs. 1), das sich gemäß § 21 a Abs. 2 Satz 1 Nr. 3, § 22 a zusammensetzt[1] und einen Geschäftsverteilungsplan für die Dauer der Besetzung des Gerichts mit mehr als einem Richter aufstellen und in ihm die Vertretung regeln muß.

c) Vertreterbestellung. Das nur mit einem Richter besetzte Amtsgericht hat — trotz des § 21 a Abs. 1, wonach bei jedem Gericht ein Präsidium gebildet wird — kein eigenes Präsidium. Denn die Hauptaufgabe eines Präsidiums ist die Aufstellung eines Geschäftsverteilungsplans, der die Besetzung der mehreren bei ihm bestehenden Spruchkörper und die Verteilung der Geschäfte unter sie regelt (§ 21 e Abs. 1). Ist ein AG nur mit einem Richter besetzt, so entfällt, weil sie sich von selbst versteht, eine Besetzung der „Spruchkörper" (= der Abteilungen des Amtsgerichts) und eine Verteilung der Geschäfte unter sie; ein eigenes Präsidium hätte keine Aufgaben und keinen Sinn. Aber auch beim Ein-Mann-AG bedarf es der Regelung der Vertretung, wenn der einzige Richter vorübergehend verhindert ist. Diese Aufgabe überträgt § 22 b dem Präsidium des im Instanzenzug übergeordneten LG. Und zwar bestellt es nach Absatz 1 vor Beginn des Geschäftsjahres für alle Fälle einer vorübergehenden Verhinderung einen ständigen Vertreter (Parallele: § 21 f Abs. 2 Satz 1) aus der Zahl der Richter im LGBezirk, also der Richter der übrigen AGe und des LG selbst. Auf die Zustimmung des zum ständigen Vertreter bestellten Richters kommt es nicht an (Parallele: § 78 Abs. 2). Ist auch der ständige Vertreter vorübergehend verhindert, so gilt Absatz 2. Daß das Präsidium „einen" Richter zum ständigen Vertreter zu bestellen hat, bedeutet nicht, daß nur ein und derselbe Richter bestellt werden könnte; Absatz 1 schließt nicht aus, die Vertretung von vornherein für festbestimmte Zeitabschnitte auf mehr als einen Richter des Landgerichtsbezirks zu verteilen[2].

2. Regelung der vorübergehenden Vertretung (Absatz 2)
a) Anwendungsbereich. Im Gegensatz zu Absatz 1 gilt Absatz 2 für **alle** Amtsgerichte („an einem Amtsgericht"), also sowohl dann, wenn ein Amtsgericht nur mit einem Richter besetzt ist wie auch bei Besetzung mit mehreren Richtern. Voraussetzung des Absatzes 2 ist, daß eine vorübergehende Vertretung durch einen Richter eines anderen Gerichts nötig ist. Beim Ein-Mann-Amtsgericht (Absatz 1) ist diese Voraussetzung ohne

---

[1] Ebenso *Kissel* 1; a. M *Schorn/Stanicki* 24: zuständig sei in entsprechender Anwendung des § 22 b Abs. 1 das Präsidium des LG oder das Präsidium des anderen AG nach § 22 b Abs. 4.
[2] So auch *Kleinknecht/Meyer*[39] 2.

weiteres gegeben, wenn auch der ständige Vertreter vorübergehend verhindert ist. Bei dem mit mehreren Richtern besetzten Amtsgericht ist Absatz 2 anwendbar, wenn die im Geschäftsverteilungsplan vorgesehene Vertreterregelung (§ 21 e Abs. 1) oder Maßnahmen nach § 21 e Abs. 3 nicht ausreichen, weil eine ordnungsmäßige Bewältigung der Vertretung mit den vorhandenen Kräften nicht möglich ist, sondern es der Zuziehung eines Richters eines anderen Gerichts bedarf. Nach Absatz 2 ist es dann Sache des landgerichtlichen Präsidiums, einen Richter im Bezirk des Landgerichts mit der Vertretung zu beauftragen. Einer Zustimmung dieses Richters bedarf es auch hier nicht. Die Höchstdauer der Beauftragung ist jedoch auf zwei Monate begrenzt; sie endet kraft Gesetzes mit diesem Zeitpunkt. Dies hindert jedoch, wenn die Notwendigkeit einer vorübergehenden Vertretung weiterhin besteht, nicht, erneut nach Absatz 2 zu verfahren und ggfs. auch den gleichen Richter mit der Vertretung zu beauftragen. Denn § 22 b Abs. 2 will nicht etwa im Interesse des mit der vorübergehenden Vertretung beauftragten Richters die Höchstdauer der Zeit bestimmen, für die ihm die mit der Beschäftigung an einem anderen Gericht verbundenen Unbequemlichkeiten und Veränderungen seiner gewöhnlichen Lebensweise zuzumuten sind; vielmehr ist es der Sinn der Zweimonatsgrenze, einen „maßgeblichen Orientierungspunkt", ein „Richtmaß" dafür zu setzen, wann eine vorübergehende in eine dauernde Verhinderung übergeht[3]. Im übrigen steht die zeitliche Begrenzung auch einer Beauftragung des gleichen Richters für die Dauer des Geschäftsjahres nicht entgegen, die sich nur auf die Tage des Bereitschaftsdienstes bezieht[4]. Die Zuweisung der Geschäfte an den beauftragten Vertreter erfolgt bei den mit mehr als einem Richter besetzten Amtsgerichten durch das Präsidium des AG (§ 21 e Abs. 3).

5 b) Eine **Beauftragung nach Absatz 2 erübrigt sich,** wenn die Justizverwaltung einen Richter gemäß § 37 Abs. 3 DRiG abordnet oder einen Richter auf Probe oder kraft Auftrages zur Verfügung stellt (§§ 13, 16 Abs. 2 DRiG); dann ist die Vertretung durch einen Richter eines anderen Gerichts, also durch einen Richter, der im übrigen bei seinem Gericht verbleibt, nicht „nötig" (*Kissel* 5). Über die Verwendung dieses Richters bestimmt bei den mit mehreren Richtern besetzten Amtsgerichten ebenfalls das Präsidium des Amtsgerichts.

6 3. **Bestellung eines zeitweiligen Vertreters bei Eilfällen (Absatz 3).** Wie Absatz 2 so gilt auch Absatz 3 sowohl für das Ein-Mann-Gericht (Absatz 1) wie für das mit mehr als einem Richter besetzte Amtsgericht (Absatz 2). Absatz 3 ermächtigt in Eilfällen den LGPräs. (als Vorsitzenden des landgerichtlichen Präsidiums) zu einstweiligen, die Vertretung regelnden Maßnahmen. Gedanklich schließt sich die Vorschrift an § 21 i Abs. 2 an, den § 22 b Abs. 3 modifiziert. Ein Eilfall liegt danach vor, wenn eine Entscheidung i. S. der Absätze 1, 2 durch das LG-Präsidium nicht rechtzeitig ergehen kann. Abweichend von § 21 i Abs. 2 Satz 3 ist eine unverzügliche Vorlegung der Anordnung des Präsidenten bei dem Präsidium „zur Genehmigung" nicht vorgeschrieben. Das erklärt sich daraus, daß der Präsident nach Absatz 3 nur einen zeitweiligen Vertreter bestellen, also nur Maßnahmen für den Augenblick treffen kann. Werden Vertreterbestellungen von längerer Dauer erforderlich, so gebührt die weitere Behandlung dem Präsidium, und wenn auch diese Entscheidung nicht rechtzeitig ergehen kann, so greift § 21 i Abs. 2 Satz 3, 4 Platz. **A. M** *Kissel* 7 und (ähnlich) KK-*Kissel*[2] 5. Danach beruht das Fehlen

---

[3] *Schorn/Stanicki* 100; *Stanicki* DRiZ **1972** 416; *Kissel* 4; KK-*Kissel*[2] 2; die abw. Auffassung LR[23] 4 wird aufgegeben.

[4] *Kleinknecht/Meyer*[39] 2.

einer die Vorlegung anordnenden Vorschrift auf einem Redaktionsversehen, und § 21 i Abs. 2 Satz 3 ist entsprechend anwendbar. Das wäre aber nur richtig, wenn der Gegenmeinung auch darin zuzustimmen wäre, daß ein Eilfall i. S. des Absatz 3 auch eine Vertretungsbeauftragung (Absatz 2) mit einer voraussehbaren Dauer von zwei Monaten umfaßt (so *Kissel* 6), während hier — z. B. bei Erkrankung eines Richters für voraussichtlich mehrere Wochen — von einem Eilfall nur für die ersten wenigen Tage nach Erkrankungsbeginn gesprochen werden kann. Ob die **tatsächlichen Voraussetzungen des Absatzes 3** vorliegen, entscheidet der Präsident nach pflichtgemäßem Ermessen; seine Entscheidung ist, wenn die ordnungsmäßige Besetzung des Gerichts in Frage steht, nur unter dem Gesichtspunkt einer rechtlich fehlerhaften Beurteilung der Begriffe Eilfall und zeitweiliger Vertreter gerichtlich nachprüfbar (§ 21 i, 7).

4. Zuständigkeit bei Dienstaufsicht des Präsidenten eines anderen Amtsgerichts 7 **(Absatz 4).** Absatz 4 beruht auf der Erwägung, daß in den Fällen der Absätze 1, 2 das Präsidium des anderen Amtsgerichts, dessen Präsident die Dienstaufsicht ausübt, und im Fall des Absatzes 3 der Amtsgerichtspräsident selbst einen besseren Überblick über die Situation bei dem Amtsgericht hat, bei dem die Vertretung notwendig wird, und ihm näher steht als das Präsidium des Landgerichts und dessen Präsident (vgl. die Stellungnahme des Bundesrats, nach dessen Vorschlägen Absatz 4 gestaltet ist, im RegEntw. BTDrucks. VI 557, S. 23). Nach dem Wortlaut des Absatzes 4 könnte das Präsidium des anderen Amtsgerichts bzw. dessen Präsident auch Vertreter aus den Richtern der übrigen Amtsgerichte des Landgerichtsbezirks und aus den Richtern des LG bestellen. Das ist aber schwerlich der Sinn der Vorschrift. Daß das Präsidium eines Gerichts über die Mitglieder eines anderen Gerichts bestimmt, kommt zwar auch sonst ausnahmsweise vor (vgl. §§ 78, 78 b sowie § 116 Abs. 1 Satz 2, wonach das Präsidium des Staatsschutz-OLG — § 120 Abs. 1 — zu Ermittlungsrichtern dieses OLG auch Mitglieder eines anderen OLG in seinem Bereich bestellen kann). Im Fall des § 22 b Abs. 4 wäre aber ein Bestimmungsrecht des amtsgerichtlichen Präsidiums über Richter an dritten Gerichten nicht nur eine Anomalie, sondern auch durch die ratio legis (besserer Überblick über die Situation bei dem notleidenden AG, „Näherstehen" des amtsgerichtlichen Präsidiums) nicht gerechtfertigt. Es ist deshalb wohl davon auszugehen, daß sich im Fall des Absatzes 4 die Befugnis des Präsidiums (Präsidenten) auf die Bestellung eines Vertreters aus der Reihe der Mitglieder des großen Amtsgerichts beschränkt[5].

5. Umfang der Vertretungsregelung. § 22 b regelt nur die Vertretung des verhin- 8 derten Richters in seinen richterlichen Aufgaben. Die Regelung der Vertretung in den ihm übertragenen Verwaltungsaufgaben, insbes. die Führung der Dienstaufsicht, ist Sache der Justizverwaltung (vgl. § 4 GVGVO 1935).

§ 22 c

(**aufgehoben** durch Art. II Nr. 7 des Gesetzes vom 26. 5. 1972, BGBl. I 841).

---

[5] Ähnlich *Schorn/Stanicki* 93; *Kissel* 8.

§ 22 d

Die Gültigkeit der Handlung eines Richters beim Amtsgericht wird nicht dadurch berührt, daß die Handlung nach der Geschäftsverteilung von einem anderen Richter wahrzunehmen gewesen wäre.

Entstehungsgeschichte. § 22 d wurde eingefügt durch das VereinhG 1950. Durch Art. II Nr. 6 des PräsVerfG wurde „Amtsrichters" durch „Richters beim Amtsgericht" ersetzt.

1. Entwicklungsgeschichte und Bedeutung. Eine dem § 22 d entsprechende Vorschrift enthielt bereits § 23 Abs. 2 PrAGGVG. Sie wurde als Reichsrecht übernommen durch § 6 Abs. 2 der GVGVO 1935, und diese letztere Vorschrift wurde durch Art. II Nr. 7 des VereinhG 1950 aufgehoben, weil sie durch den neu eingefügten § 22 d gegenstandslos wurde. Die Vorschrift hat aber im Lauf der Zeit ihren Sinngehalt gewechselt. § 23 Abs. 2 PrAGGVG brachte nach RGZ **1** 235; RGSt **14** 154, 156 zum Ausdruck, daß für amtsrichterliche Akte nur das Amtsgericht als solches, nicht der einzelne Amtsrichter zuständig sei, und daß es bei einer Mehrzahl von Amtsrichtern bei einem Amtsgericht für die Gültigkeit einer Amtshandlung bedeutungslos sei, ob sie der eine oder andere Richter vorgenommen habe. Unter dem Gesichtspunkt des auch beim Amtsgericht durch den Geschäftsverteilungsplan (§ 21 e Abs. 1) bestimmten „gesetzlichen Richters" besagt sie heute in gesetzlicher Anerkennung eines bereits früher bei den Kollegialgerichten von der Rechtsprechung entwickelten Grundsatzes (§ 21 e, 32), daß eine richterliche Handlung nicht schon deshalb anfechtbar ist, weil sie abweichend vom Geschäftsverteilungsplan von einem anderen als dem geschäftsverteilungsplanmäßig zuständigen Richter vorgenommen wurde. Insoweit spricht § 22 d einen allgemeinen Rechtsgrundsatz aus[1] und ist im Grunde überflüssig, da hinsichtlich der Abweichung vom Geschäftsverteilungsplan für die Spruchkörper (Abteilungen) des Amtsgerichts nichts anderes gelten kann als für die Spruchkörper der übrigen Gerichte. So gesehen ist § 22 d, soweit ihm überhaupt noch unter dem Gesichtspunkt des gesetzlichen Niederschlags eines allgemein geltenden Grundsatzes eine Existenzberechtigung zukommt, lex fugitiva.

Unberührt bleibt aber **bei willkürlicher Abweichung** (dazu § 16, 16 f; § 21 e, 32) die Möglichkeit der Anfechtung, weil der Grundsatz des gesetzlichen Richters (Art. 101 Abs. 1 Satz 2 GG; § 16 GVG) verletzt und das Gericht i. S. des § 338 Nr. 1 StPO[2] fehlerhaft besetzt ist[3]. Auch begründet § 22 d keine Ausnahme von dem Grundsatz (unten Rdn. 6), daß eine unvorschriftsmäßige Besetzung (§ 338 Nr. 1 StPO) vorliegt, wenn der Geschäftsverteilungsplan des Amtsgerichts nicht so eindeutig wie möglich festlegt, welcher Richter zur Entscheidung berufen ist[4]. Wohl aber ist eine versehentliche (auf irrtümlicher Beurteilung der Sach- und Rechtslage beruhende, also nicht willkürliche) Abweichung von einem inhaltlich gesetzmäßigen Geschäftsverteilungsplan unschädlich[5].

---

[1] Ebenso *Kleinknecht/Meyer*[39] 1; *Wieczorek* A.

[2] Die in § 338 Nr. 1 genannten Beschränkungen der Revision spielen bei amtsgerichtlichen Hauptverhandlungen keine Rolle, da §§ 222 a, 222 b hier nicht anwendbar sind.

[3] OLG Hamm JMBlNRW **1963** 252; LR-*Hanack* StPO § 338, 23; *Wolff*[6] § 14 IV 2 b.

[4] OLG Neustadt MDR **1965** 255.

[5] Dazu BVerfGE **14** 72 = NJW **1962** 1611; *Rinck* NJW **1964** 1650 zu dem dem § 22 d GVG entsprechenden § 3 Abs. 3 des früheren Bad.-Württ. GemeindegerichtsbarkeitsG vom 7. 3. 1960, GBl. 73.

2. Nach **abweichenden Auffassungen**[6] soll § 22 d nur besagen, daß eine nicht mehr anfechtbare Entscheidung nicht deshalb *nichtig* sei, weil sie unter Verstoß gegen die Geschäftsverteilung erlassen wurde; die Anfechtbarkeit einer solchen „fehlerhaften" Entscheidung werde dadurch aber nicht berührt. Dem kann nicht gefolgt werden, soweit damit gesagt sein soll, zwischen einer auf error in procedendo beruhenden und einer willkürlichen Abweichung sei kein Unterschied zu machen. Dem Gesetzgeber kann nicht unterstellt werden, daß er eine Selbstverständlichkeit habe aussprechen wollen. Denn daß eine rechtskräftige Entscheidung nicht schon deshalb nichtig ist, weil sie unter Verstoß gegen die Geschäftsverteilung erlassen wurde, hat noch niemand bezweifelt und steht außer Diskussion. Demgegenüber kann nach *Schorn/Stanicki* 257; *Wolf*[6] 147 die Vorschrift des § 22 d allerdings nicht die Bedeutung haben, daß sie nur die Nichtigkeit der Entscheidung bei einem Verstoß gegen die Geschäftsverteilung verneint. Der Wortlaut der Vorschrift lasse aber auch eine Umdeutung in einen allgemeinen Grundsatz (Verneinung der Anfechtbarkeit bei nur versehentlicher Abweichung) nicht zu. Vielmehr sei § 22 d ein verfassungsrechtlich bedenklicher „Fremdkörper in dem verfeinerten Recht der Präsidialverfassung", der ersatzlos zu streichen sei. Diese Folgerung ist unbegründet (so auch *Kissel* 3); ihr ist lediglich entgegenzuhalten, daß das StVÄG 1979 (dazu LR-Einl. Kap **5** 102) unter dem Gesichtspunkt, die Zahl durchgreifender, auf §§ 337, 338 Nr. 1 a. F StPO gestützter Besetzungsrügen zu verringern, außer der Einführung der Vorschriften über die Präklusion der Besetzungsrüge in der StPO im GVG eine Reihe von Ergänzungen und Änderungen „in besonders fehleranfälligen Bereichen" brachte, den § 22 d aber unberührt ließ.

3. Einzelfälle. Eine **willkürliche Abweichung** (Rdn. 2) liegt **nicht** vor, wenn ein Richter, obwohl er weiß, daß er nicht im Geschäftsverteilungsplan als zuständig aufgeführt ist, in Eilfällen an Stelle des nach dem Geschäftsverteilungsplan zuständigen Richters, der nur mit einer den Erfolg der begehrten Handlung in Frage stellenden Verzögerung erreichbar wäre, handelt[7]; es ist dann so anzusehen, als bestimme der Geschäftsverteilungsplan, daß in Eilfällen der nicht greifbare zuständige Richter durch den anwesenden oder nächst erreichbaren Richter vertreten werde. Eine willkürliche Abweichung, da der Rechtsverstoß offen zutage liegt, ist dagegen gegeben, wenn an Stelle des nach dem Geschäftsverteilungsplan zuständigen Richters in der Hauptverhandlung sein Vertreter entscheidet, weil sich der erstere für befangen erklärte, ohne daß die Entscheidung nach §§ 27, 30 SPO eingeholt wurde, und ohne daß die Ablehnung sachlich gerechtfertigt war[8].

4. Schöffengericht. § 22 d spricht nur von der Gültigkeit der Handlung „eines Richters beim Amtsgericht". Der Grundsatz des § 22 d gilt aber nicht nur für den Richter als Einzelrichter, sondern auch für das Schöffengericht, d. h. für den Fall, daß beim Bestehen mehrerer Schöffengerichtsabteilungen irrtümlich nicht die nach dem Geschäftsverteilungsplan zuständige Schöffengerichtsabteilung A, sondern die Abteilung B geurteilt hat (KK-*Kissel*[2] 2). Denn für die Spruchkörper des Amtsgerichts kann in dieser Hinsicht nichts anderes gelten als für die der höheren Gerichte.

---

[6] BGHZ **37** 125 = NJW **1962** 1396; OLG Bremen NJW **1965** 1447; LG Hildesheim MDR **1968** 55; s. auch LG Göttingen NdsRpfl. **1977** 218; *Kissel* 3; KK-*Kissel*[2] 1; *Eb. Schmidt* 2 bis 4.

[7] OLG Schleswig SchlHA **1963** 78.
[8] OLG Hamm MDR **1964** 77.

6 **5. Unanwendbarkeit des § 22 d.** § 22 d regelt nur den Fall des (nicht willkürlichen) Abweichens von einem gesetzmäßigen Geschäftsverteilungsplan. Besteht gesetzwidrigerweise kein Geschäftsverteilungsplan oder ist er inhaltlich gesetzwidrig oder enthält er auch im Weg der Auslegung nicht behebbare Zweifel oder Lücken (z. B. weil nicht zwischen Erwachsenen- und Jugendgerichtssachen unterschieden wird), so ist § 22 d unanwendbar; es liegt Verletzung des 16 GVG, Art. 101 Satz 2 GG vor[9], so z. B. bei Aburteilung eines Jugendlichen (Heranwachsenden) durch einen von mehreren Richtern, unter die nur „die Strafsachen" verteilt sind[10] oder wenn die Jugendsachen nicht für den gesamten Verfahrensablauf dem Jugendrichter zugewiesen sind, sondern nach Verfahrensstadien oder -akten (z. B. getrennt für das Ermittlungs- und das Hauptverfahren und die Erledigung von Rechtshilfeersuchen) einer Mehrzahl von Richtern zugeteilt werden, auch wenn diese im Geschäftsverteilungsplan als Jugendrichter bezeichnet werden[11].

§§ 23 bis 23 c

(betr. Zuständigkeit der Amtsgerichte in bürgerlichen Rechtsstreitigkeiten).

§ 24

(1) In Strafsachen sind die Amtsgerichte zuständig, wenn nicht
1. die Zuständigkeit des Landgerichts nach § 74 Abs. 2 oder § 74 a oder des Oberlandesgerichts nach § 120 begründet ist,
2. im Einzelfall eine höhere Strafe als drei Jahre Freiheitsstrafe oder die Unterbringung des Beschuldigten in einem psychiatrischen Krankenhaus allein oder neben einer Strafe, oder in der Sicherungsverwahrung zu erwarten ist oder
3. die Staatsanwaltschaft wegen der besonderen Bedeutung des Falles Anklage beim Landgericht erhebt.

(2) Das Amtsgericht darf nicht auf eine höhere Strafe als drei Jahre Freiheitsstrafe und nicht auf die Unterbringung in einem psychiatrischen Krankenhaus, allein oder neben einer Strafe, oder in der Sicherungsverwahrung erkennen.

Schrifttum. *Rieß* Bestimmung und Prüfung der sachlichen Zuständigkeit, GA **1976** 1; *Hohendorf* § 225 a StPO im Spannungsfeld zwischen Strafrichter und Schöffengericht, NStZ **1987** 389; *Meyer-Goßner* Die Verbindung verschiedener gegen denselben Angeklagten bei demselben LG anhängiger Strafverfahren, NStZ **1989** 297.

Entstehungsgeschichte. Bis zum 31. 12. 1974 galt § 24 in folgender Fassung:
(1) In Strafsachen sind die Amtsgerichte zuständig für
1. Übertretungen
2. Verbrechen und Vergehen, wenn nicht die Zuständigkeit des Landgerichts nach § 74 a, des Schwurgerichts oder des Oberlandesgerichts nach § 120 begründet, im Einzelfall eine höhere Strafe als drei Jahre Freiheitsstrafe oder die Anordnung der Sicherungsverwahrung zu erwarten ist oder die Staatsanwaltschaft wegen der besonderen Bedeutung des Falles Anklage beim Landgericht erhebt.

---

[9] OLG Saarbrücken NJW **1965** 1447; OLG Neustadt MDR **1965** 225; *Kissel* 3; KK-*Kissel*[2] 4; *Kleinknecht/Meyer*[39] 1.

[10] OLG Saarbrücken NJW **1965** 1447.

[11] LG Göttingen NdsRpfl. **1977** 218.

(2) Das Amtsgericht darf nicht auf eine höhere Freiheitsstrafe als drei Jahre Freiheitsstrafe und nicht auf Sicherungsverwahrung erkennen.

Dieser Wortlaut beruhte im wesentlichen auf dem VereinhG 1950, das die früheren Zuständigkeitsregelungen (VO vom 22. 3. 1924, RGBl. I 301, geändert durch VO vom 6. 10. 1931, RGBl. I 537, 563, 6. Teil Kap. I § 1; VO vom 14. 6. 1932, RGBl. I 2851 erster Teil Kap. I Art. 1; ZuständigkeitsVO vom 21. 2. 1940, RGBl. I 405) ersetzte. Änderungen des Wortlauts des VereinhG 1950 erfolgten durch das 1. StRÄndG 1951, das 1. StrRG 1969 und Art. 4 Nr. 1 a des Gesetzes vom 8. 9. 1969 (BGBl. I 1582). Die jetzt geltende Fassung beruht auf Art. 22 Nr. 1 EGStGB 1974 mit Änderung (des Absatzes 1 Nr. 1) durch Art. 2 des 1. StVRG 1974. Mit Wirkung vom 1. 1. 1985 sollten durch Art. 326 Abs. 5 Nr. 3 Buchst. a EGStGB 1974 in Verb. mit Gesetz vom 22. 12. 1977 (BGBl. I 3104) in Absatz 1 Nr. 2 und Absatz 2 hinter „psychiatrischem Krankenhaus" die Worte „oder einer sozialtherapeutischen Anstalt" eingefügt werden; durch Art. 3 Nr. 4 des Gesetzes vom 20. 12. 1984 (BGBl. I 1654) wurden diese Worte wieder gestrichen.

Übersicht

	Rdn.		Rdn.
I. Geschichtliche Entwicklung der erstinstanzlichen Zuständigkeit des erkennenden Gerichts		d) Verfahren	12
1. Bis zum Vereinheitlichungsgesetz vom 12. 9. 1950		3. Anklage beim Landgericht wegen der besonderen Bedeutung des Falles (Absatz 1 Nr. 3)	
a) Von 1879 bis 1931	1	a) Unabhängig von der Straferwartung	13
b) Von 1931 bis 1950	2	b) Begriff der besonderen Bedeutung des Falles	14
2. Vereinheitlichungsgesetz 1950	3	c) Beispiele	15
3. Spätere Änderungen bis zum Inkrafttreten des EGStGB 1974	4	d) Nachträgliche Änderung der Entschließung der Staatsanwaltschaft	16
4. Spätere Änderungen	5	e) Gerichtliche Nachprüfung	17
5. Sonderregelungen	6	**IV. Grenzen der Strafgewalt der Amtsgerichte (Absatz 2)**	
II. Verhältnis des § 24 zu §§ 25, 28	7	1. Bedeutung der Vorschrift	18
III. Die Zuständigkeit des Amtsgerichts		2. Freiheitsstrafe	19
1. Grundsatz und Ausnahmen	8	3. Gesamtstrafe	20
2. Rechtsfolgenerwartung (Absatz 1 Nr. 2)		4. Strafgewalt der Strafkammer als Berufungsgericht	21
a) Grundsatz	9	5. Wirkung der Überschreitung der Strafgewalt	22
b) Rechtsfolgenerwartung einer drei Jahre übersteigenden Freiheitsstrafe	10	**V. Zuständigkeit der Jugendgerichte**	23
c) Rechtsfolgenerwartung freiheitsentziehender Maßregeln	11		

I. Geschichtliche Entwicklung der erstinstanzlichen Zuständigkeit des erkennenden Gerichts

1. Bis zum VereinheitlichungsG vom 12. 9. 1950

a) Von 1879 bis 1931. Die Regelung der erstinstanzlichen Zuständigkeit in Strafsachen hat seit Inkrafttreten des GVG im Jahre 1879 wiederholt gewechselt[1]. Die ur- **1**

---

[1] Das zahlenmäßige Schwergewicht erstinstanzlicher strafgerichtlicher Tätigkeit liegt heute bei den Amtsgerichten. So wurden von ihnen nach der amtlichen Justizstatistik 1988 683 387 Verfahren (ohne Strafbefehle, die ohne Hauptverhandlung rechtskräftig wurden) erledigt, bei den Landgerichten nur 13 018. Wegen weiterer Daten – auch zur Verteilung auf die einzelnen Spruchkörper vgl. z. B. *Rieß* DRiZ **1982** 206 ff; **1982** 464.

§ 24 GVG Gerichtsverfassungsgesetz

sprüngliche Regelung ging, anknüpfend an die damalige Dreiteilung der Straftaten in Übertretungen, Vergehen und Verbrechen (§ 1 a. F StGB) dahin, schwerste Verbrechen dem Schwurgericht, die übrigen Verbrechen und die Mehrzahl der Vergehen der erstinstanzlichen Strafkammer, leichtere Vergehen und Übertretungen dem Schöffengericht zuzuweisen; für Hoch- und Landesverrat gegen das Reich war das Reichsgericht zuständig. Die **EmmingerVO 1924** beseitigte die erstinstanzliche Strafkammer und übertrug die bisherigen Strafkammersachen auf die Schöffengerichte, wobei in umfangreichen oder bedeutungsvollen Sachen die Staatsanwaltschaft die Zuziehung eines zweiten Amtsrichters (erweitertes Schöffengericht) beantragen konnte. Gleichzeitig begründete die EmmingerVO die Zuständigkeit des Amtsrichters als Einzelrichter. Dessen Zuständigkeit war teils unbedingt (für sämtliche Übertretungen, für Privatklagevergehen und für im Höchstmaß mit sechs Monaten Gefängnis bedrohte Vergehen), teils eine bedingte, nämlich für Vergehen, bei denen keine schwerere Strafe als Gefängnis bis zu einem Jahre zu erwarten war, und in gewissem Umfang auch für Verbrechen (Verbrechen des schweren Diebstahls und der Hehlerei und Rückfallverbrechen). Voraussetzung dieser bedingten Zuständigkeit war ein dahingehender Antrag der Staatsanwaltschaft, bei Verbrechen außerdem, daß der Beschuldigte nicht widersprach. Soweit nicht die Zuständigkeit des Amtsrichters als Einzelrichter in Frage kam, war für Vergehen das Schöffengericht stets und für Verbrechen in der Mehrzahl der Fälle zuständig, nämlich a) für die mit Zuchthaus von höchstens zehn Jahre bedrohten (außer Meineid) und b) für einige bestimmte, einzeln aufgeführte Verbrechen mit Höchststrafe bis zu fünfzehn Jahren (§ 24 Nr. 3 a bis c a. F). Für die übrigen, mit dem Tode oder mit Zuchthaus von mehr als zehn Jahren bedrohten Verbrechen und für Meineid war das Schwurgericht zuständig. Schließlich wurde die Möglichkeit geschaffen, die in die erstinstanzliche Zuständigkeit des Reichsgerichts fallenden Landesverratssachen (später auch die Hochverratssachen) den OLGen zu überweisen. Die Strafkammer war seitdem nur noch Berufungs-, Beschwerde- und Beschlußgericht.

2 b) **Von 1931 bis 1950.** Im Jahre 1931 wurde — zunächst für sog. Monstreprozesse — die Zuständigkeit der erstinstanzlichen Strafkammer wiederhergestellt. Durch die VO vom 14. 6. 1932, erster Teil Kap. I Art. 1, § 1, wurde den AGen ein erheblicher Teil ihrer Zuständigkeit wieder genommen und erneut den (großen) Strafkammern zur Entscheidung in erster Instanz übertragen. Und zwar erhielt die Strafkammer eine unbedingte Zuständigkeit für die mit Zuchthaus von höchstens zehn Jahren bedrohten Verbrechen (von einigen bestimmten Verbrechen abgesehen) und für einige Verbrechen mit höherer Höchststrafe. Für die in der Zuständigkeit der Schöffengerichte verbleibenden Sachen konnte die Staatsanwaltschaft, wenn Umfang und Bedeutung es rechtfertigten, durch entsprechenden Antrag die Strafkammerzuständigkeit begründen. Das erweiterte Schöffengericht wurde aufgehoben. Bei Beginn des letzten Krieges wurde die Tätigkeit der Schöffen- und Schwurgerichte eingestellt und durch die ZuständigkeitsVO vom 21. 2. 1940 (RGBl. I S. 405) die Zuständigkeit zwischen dem Amtsrichter und der erstinstanzlichen Strafkammer nach dem Umfang der Strafgewalt dahin abgegrenzt, daß der Strafkammer grundsätzlich die Strafgewalt für alle Delikte, dem Amtsrichter aber ein Ausschnitt aus dieser Strafgewalt, nämlich die Befugnis zuerkannt wurde, ohne Rücksicht auf die Art des Delikts und die Höhe der angedrohten Strafe auf Freiheitsstrafe (Zuchthaus, Gefängnis und Festungshaft) bis zu fünf Jahren zu erkennen. Auf die Einzelheiten ist hier nicht einzugehen, ebensowenig auf die zonenrechtlich unterschiedliche Zuständigkeitsregelung bis 1950.

3 2. Das **VereinhG 1950** kehrte insofern zu dem seit der VO vom 14. 6. 1932 bestehenden Rechtszustand zurück, als es als erstinstanzliche Gerichte das AG (Amtsrichter als Einzelrichter und Schöffengericht), die (große) Strafkammer, das Schwurgericht, den BGH (und an seiner Stelle kraft Überweisung im Einzelfalle das OLG) bestimmte. Die Zuständigkeit des Schwurgerichts und des BGH (OLG) war danach eine unbedingte, nämlich für der Art nach bezeichnete Delikte (§§ 80, 134 a. F). Dagegen war die Zuständigkeit des AG (Amtsrichter und Schöffengericht) und der (großen) Strafkammer teils unbedingt, teils bedingt. Und zwar war der **Amtsrichter** als Einzelrichter **unbedingt zuständig** a) für alle Übertretungen; b) für Vergehen, die im Wege der Privatklage verfolgt werden; c) für Vergehen, die mit keiner höheren Strafe als Gefängnis von sechs Monaten bedroht sind, hier aber mit der Einschränkung, daß ihm die Zuständigkeit nach § 24 Abs. 1 Nr. 2 a. F auch entzogen werden konnte. Der Amtsrichter war **bedingt zuständig** a) für alle übrigen Vergehen unter der doppelten Bedingung, daß die StA Anklage zum Einzelrichter erhob und keine höhere Strafe als Gefängnis von einem Jahr zu erwarten war; b) für Straftaten, die nur wegen Rückfalls Verbrechen sind, unter der zu a) bezeichneten doppelten Bedingung. Das Schöffengericht war (§§ 24, 25, 28) ohne weiteres zuständig a) für die nicht zur Zuständigkeit des Einzelrichters gehörenden Vergehen schlechthin; b) für Verbrechen (soweit nicht Schwurgericht oder Bundesgerichtshof zuständig waren) in den Grenzen seiner Strafgewalt (Strafbanns). Die Strafgewalt des Schöffengerichts umfaßte alle Strafen bis zu zwei Jahren Zuchthaus und alle Maßregeln der Sicherung und Besserung außer Sicherungsverwahrung; das **Schöffengericht** war daher für alle Verbrechen zuständig, für die im Einzelfall eine die Grenzen seiner Strafgewalt nicht überschreitende Strafe zu erwarten war und diese Grenze bei der Verhängung der Strafe innegehalten wurde. Die Schöffengerichtszuständigkeit für Vergehen und Verbrechen war aber negativ dadurch bedingt, daß nicht die Staatsanwaltschaft wegen der besonderen Bedeutung des Falles Anklage bei der (großen) Strafkammer erhob. Deren **Zuständigkeit** war also a) eine **unbedingte** bei Verbrechen, die die Strafgewalt des Schöffengerichts übersteigen, oder bei denen bei Anklageerhebung eine die Schöffengerichtsstrafgewalt übersteigende Strafe zu erwarten war, b) eine **bedingte** bei Vergehen und Verbrechen, die in die Zuständigkeit des Schöffengerichts fielen, bei denen aber die Staatsanwaltschaft wegen der besonderen Bedeutung des Falles Anklage vor dem Landgericht erhob.

3. Spätere Änderungen bis zum Inkrafttreten des EGStGB 1974. Der durch das **4** VereinhG 1950 geschaffene Rechtszustand erfuhr hauptsächlich folgende Änderungen: a) Durch das 1. StrÄndG 1951, das 3. StrÄndG 1953 und das Gesetz vom 9. 8. 1954 (BGBl. I 729) wurde die unbedingte Zuständigkeit des BGH ausgedehnt. b) für eine Reihe politischer Vergehen und Verbrechen wurde eine durch die Übernahme der Verfolgung seitens des Generalbundesanwalts bedingte Zuständigkeit des BGH begründet — Änderung des § 134 a. F GVG. Einfügung eines § 134 a GVG —. c) durch das 1. StrÄndG 1951 wurde die unbedingte Zuständigkeit der erstinstanzlichen (großen) Strafkammer für eine Reihe politischer Verbrechen und Vergehen begründet mit der Maßgabe, daß der Generalbundesanwalt durch Übernahme der Verfolgung wegen der besonderen Bedeutung des Falles die Zuständigkeit des Bundesgerichtshofs begründen konnte — Einfügung des § 74 a GVG —. d) durch das 3. StrÄndG 1953 wurde das erweiterte Schöffengericht (ohne Begründung einer bestimmten Zuständigkeit) wieder eingerichtet — Einfügung des § 29 Abs. 2 GVG —. Schließlich führte der Übergang der erstinstanzlichen Zuständigkeit des BGH in Staatsschutzstrafsachen auf die Oberlandesgerichte (Gesetz vom 8. 9. 1969, BGBl. I 1582) zu Änderungen der §§ 74 a, 120 und zur Aufhebung der §§ 134, 134 a. Die Änderung des Strafsystems durch das 1. StrRG 1969 brachte die Neubestimmung des amtsgerichtlichen Strafbanns (statt „zwei Jahre Zuchthaus" „drei Jahre Freiheitsstrafe" in § 24 Abs. 3) und entsprechende Änderungen des Absatzes 1 Nr. 2 a. F, in welche Vorschrift zugleich der Inhalt der bisherigen Nr. 3 aufgenommen wurde.

5   **4. Spätere Änderungen.** Die Neufassung der §§ 24, 25 und Änderungen der §§ 74 Abs. 1 Satz 2, 74 a Abs. 1, 74 c, 80 Abs. 1 und 120 Abs. 1 durch Art. 22 EGStGB 1974 trugen im wesentlichen den Änderungen des materiellen Strafrechts, insbes. dem Wegfall der Übertretungen Rechnung. Eine sachliche Änderung der vorangegangenen Zuständigkeitsregelung bestand darin, daß dem AG die Zuständigkeit zur Unterbringung in einem psychiatrischen Krankenhaus entzogen und für diese Maßregel die Zuständigkeit der Strafkammer begründet wurde (unten Rdn. 9). Ferner führte die Umgestaltung des Schwurgerichts zu einem ständigen Rechtsprechungskörper des LG („Strafkammer als Schwurgericht") durch Art. 2 des 1. StVRG 1974 unter Streichung des 6. Titels „Schwurgerichte" (§§ 79 ff) zur Einfügung des Absatzes 2 des § 74 und zu Anpassungen des Wortlauts der §§ 24 Abs. 1 Nr. 1, 74 Abs. 1 Satz 1.

5a   Durch das **StVÄG 1979** wurde unter Neufassung des § 74 c die Wirtschaftsstrafkammer zu einem Spezialspruchkörper mit gesetzlicher Zuständigkeitskonzentration ausgestaltet, deren Besonderheit gegenüber den schon bestehenden Spezialspruchkörpern (Schwurgerichts- und Staatsschutzstrafkammer, §§ 74 Abs. 2, 74 a) darin besteht, daß ihre Zuständigkeit nicht in allen Fällen durch die Art der Straftat begründet ist, sondern bei Sachen, die in die schöffengerichtliche Zuständigkeit fallen, voraussetzt, daß die Staatsanwaltschaft wegen der besonderen Bedeutung des Falles Anklage beim Landgericht erhebt. Im Zusammenhang damit stehen zwei weitere Maßnahmen des StVÄG 1979: **a)** in § 74 a Abs. 2 wurde das (zweimal vorkommende) Wort „Strafkammer" durch „Landgericht" ersetzt; damit sollten Zweifelsfragen über den Bestand des Rechts des Generalbundesanwalts, die Verfolgung einer Staatsschutzsache wegen ihrer besonderen Bedeutung zu übernehmen und sie in die erstinstanzliche Zuständigkeit des OLG zu bringen (§ 74 a Abs. 2) ausgeräumt werden (dazu LR § 74 a, 7). **b)** Diese Klarstellung ist eine Einzelmaßnahme in den von LR-*Rieß* StPO § 209, 1, 2 dargestellten Bemühungen des StVÄG 1979 um die Schaffung eines umfassenden Systems zur raschen und praktikablen Erledigung von Fragen der sachlichen (funktionalen) Zuständigkeit, insbesondere solcher, die sich aus Zuständigkeitsverschiebungen auf Grund normativer Bestandteile der gesetzlichen Zuständigkeitszuweisung ergeben; namentlich der Figur der „beweglichen Zuständigkeit im Hinblick auf die besondere Bedeutung des Falles". Hier ist besonders der neu gefaßte § 209 StPO zu erwähnen, dessen Zweck auch ist, den im Schrifttum gegen die „bewegliche Zuständigkeit" erhobenen verfassungsrechtlichen Bedenken (dazu § 16 Rdn. 7) entgegenzuwirken. Wegen der insoweit aktualisiert verdeutlichten Prüfungspflichten von StA und Gericht und der Befugnisse des Gerichts, wenn es abweichend von der (nicht bindenden) Auffassung der StA die „besondere Bedeutung des Falles" verneint, ist auf die Erläuterungen zu § 209 StPO zu verweisen, insbes. LR-*Rieß* aaO Rdn. 1, 2, 11, 24, 33, 34, 45, 46. Zur Bedeutung dieser Neuerungen für die revisionsrechtliche Zuständigkeitsnachprüfung vgl. LR-*Rieß* § 209 a StPO Rdn. 43, 44. Was für das normative Zuständigkeitsmerkmal der „besonderen Bedeutung des Falles" gilt, gilt entsprechend auch für das Merkmal des Erfordernisses „besonderer Kenntnisse des Wirtschaftslebens" in § 74 c Abs. 1 Nr. 6, obwohl es — anders als die „besondere Bedeutung des Falles" — in der Begründung zum RegEntw. des StVÄG 1979 nicht ausdrücklich erwähnt ist[2].

---

[2] BGH NStZ **1985** 464; LR-*Rieß* § 209 a StPO, 41, 45, jeweils mit weit. Nachw.

5. Die §§ 24, 25 lassen **Sonderregelungen** der amtsgerichtlichen Zuständigkeit unberührt. Als solche kommen in Betracht die Vorschriften des Jugendgerichtsgesetzes (§§ 33 Abs. 2, 39, 40, 108, insbes. Absatz 2, 3), des § 68 Abs. 1 Satz 2 OWiG, der Gerichte der Schiffahrt (§ 14, 4) und die Vorschriften über die Zuständigkeit des Amtsgerichts in Feld- und Forstrügesachen (§ 25, 12).

II. Verhältnis des § 24 zu §§ 25, 28

§ 24 regelt die Zuständigkeit der Amtsgerichte, indem er sie gegen die Zuständigkeit von Gerichten höherer Ordnung abgrenzt. § 25 bestimmt, inwieweit eine nach § 24 begründete Zuständigkeit im Verhältnis zum Schöffengericht dem Richter beim Amtsgericht als Strafrichter (früher „Einzelrichter") gebührt; die danach verbleibenden amtsgerichtlichen Zuständigkeiten fallen nach § 28 dem Schöffengericht zu. Gegenüber dem Strafrichter ist das Schöffengericht ein Gericht höherer Ordnung i. S. des § 209 Abs. 2, 3 StPO (vgl. § 3 StPO, 11).

III. Die Zuständigkeit des Amtsgerichts

1. Grundsatz und Ausnahmen. Nach § 24 Abs. 1 Nr. 1 ist grundsätzlich für Verbrechen und Vergehen, soweit nicht nach §§ 74 Abs. 2, 74 a, 120 GVG die ausschließliche Zuständigkeit eines anderen Gerichts begründet ist, das AG zuständig. Dieser Grundsatz ist aber durch Absatz 1 Nr. 2 und 3 nach zwei Richtungen eingeschränkt.

2. Rechtsfolgenerwartung (Absatz 1 Nr. 2)

a) Grundsatz. Die amtsgerichtliche (d.h. — im Hinblick auf § 25 Nr. 3 — praktisch die schöffengerichtliche) Zuständigkeit entfällt, wenn im Einzelfall eine höhere Strafe als drei Jahre Freiheitsstrafe oder die Anordnung der Unterbringung in einem psychiatrischen Krankenhaus (§ 63 StGB) oder in der Sicherungsverwahrung (§ 66 StGB) zu erwarten ist.

b) Rechtsfolgenerwartung einer drei Jahre übersteigenden Freiheitsstrafe. Diese prüft das Eröffnungsgericht (nur) unter dem Gesichtspunkt einer überschläglichen Prognoseentscheidung bei Berücksichtigung der ermittelten rechtsfolgeerheblichen Umstände des Ermittlungsverfahrens[3].

c) Rechtsfolgenerwartung freiheitsentziehender Maßregeln. Wenn eine der in § 24 Abs. 1 Nr. 2 genannten beiden freiheitsentziehenden Maßregeln der Besserung und Sicherung zu erwarten ist, entfällt die amtsgerichtliche Zuständigkeit ohne Rücksicht auf die Höhe einer daneben zu erwartenden Freiheitsstrafe. Mit dieser Regelung schränkt Absatz 1 Nr. 2 die amtsgerichtliche Zuständigkeit gegenüber dem vor dem 1. 1. 1975 geltenden Recht ein, das die amtsgerichtliche Zuständigkeit für Maßregeln der Besserung und Sicherung nur entfallen ließ, wenn die Anordnung von Sicherungsverwahrung zu erwarten war. Maßgebend dafür, auch die Fälle einer zu erwartenden Unterbringung in einem psychiatrischen Krankenhaus den LG vorzubehalten (§ 74 Abs. 1 Satz 2), war u.a. die Erwägung (vgl. die Begr. zu Art. 20 Nr. 1 Entw.EGStGB, BTDrucks. 7 550), daß Gründe der Prozeßökonomie forderten, in den in der Regel umfangreichen Verfah-

---

[3] OLG Koblenz OLGSt 5; *Kissel* 7; KK-*Kissel*[2] 4.

ren zeitraubende Verweisungen nach § 270 StPO zu vermeiden[4]. Mit den Worten „allein oder neben einer Strafe" ist klargestellt, daß die alleinige Zuständigkeit des Landgerichts auch dann gegeben ist, wenn wegen Schuldunfähigkeit des Täters zur Tatzeit oder wegen seiner Verhandlungsunfähigkeit ein subjektives Strafverfahren undurchführbar ist und die selbständige Anordnung (§ 71 StGB) im Sicherungsverfahren erfolgen soll (§ 414 StPO).

12 **d) Verfahren.** Hält bei Erhebung der Anklage zum Schöffengericht der zur Entscheidung über die Eröffnung des Hauptverfahrens zuständige Richter beim Amtsgericht die Zuständigkeit des Schöffengerichts im Hinblick auf die Rechtsfolgenerwartung nicht für gegeben, so lehnt er die Eröffnung des Hauptverfahrens nicht ab, sondern legt auf dem Weg des § 209 Abs. 2 StPO die Sache dem Landgericht zur Entscheidung vor. Stellt sich erst in der Hauptverhandlung vor dem Schöffengericht heraus, daß eine die schöffengerichtliche Zuständigkeit übersteigende Strafe oder Maßregel der Besserung und Sicherung zu erwarten ist, so verweist das Schöffengericht im Hinblick auf § 24 Abs. 2 die Sache gemäß § 270 StPO an das zuständige Gericht. Im Stadium nach Eröffnung bis zur Hauptverhandlung kann, wenn sich auf Grund neuer, im Zeitpunkt der Eröffnung noch nicht bekannter Umstände die Notwendigkeit einer Zuständigkeitsverschiebung ergibt, Vorlage nach § 225 a StPO erfolgen (LR-*Rieß* § 209, 30).

3. Anklage beim Landgericht wegen der besonderen Bedeutung des Falles (Absatz 1 Nr. 3)

13 **a) Unabhängig von der Straferwartung** führt die verfassungskonforme Behandlung der „beweglichen Zuständigkeit" (§ 16, 7 ff) dazu, daß die Staatsanwaltschaft, selbst wenn es sich um ein in die Zuständigkeit des Strafrichters nach § 25 Nr. 2 fallendes Vergehen handelt (was freilich schwer denkbar ist), Anklage zur Strafkammer erheben muß, wenn der Fall besondere Bedeutung hat. Eine unbedingte amtsgerichtliche Zuständigkeit ist daher nur in den Fällen des 25 Nr. 1 gegeben.

14 **b) Begriff der besonderen Bedeutung des Falles** (dazu Nr. 113 RiStBV). Ob ein Fall von besonderer Bedeutung, also ein Fall, der sich aus der Masse der durchschnittlichen Straftaten gleicher Art hervorhebt, vorliegt und deshalb die Anklage beim Landgericht zu erheben ist, richtet sich in erster Linie nach dem Ausmaß der Rechtsverletzung — unter Außerachtlassung unverschuldeter Tatfolgen[5] — oder den Auswirkungen der Straftat auf die Allgemeinheit. Dagegen rechtfertigt der Umfang einer Sache, z. B. durch die Zahl der Anklagepunkte, der Angeklagten oder Zeugen, allein die Annahme eines Falles von besonderer Bedeutung in der Regel nicht, und jedenfalls dann nicht, wenn die erhöhte Belastung des Schöffengerichtsvorsitzenden durch die Zuziehung eines zweiten Richters (§ 29 Abs. 2) ausgeglichen werden kann. Wenn freilich auch bei einer Verhandlung vor dem erweiterten Schöffengericht wegen des Umfangs der Sache mit langer Verhandlungsdauer zu rechnen ist, kann es im öffentlichen Interesse an der Beschleunigung von Verfahren geboten sein, den Fall vor die leistungsfähigere große Strafkammer zu bringen[6]. Auch das Bedürfnis, eine streitige Rechtsfrage von grundsätzlicher Bedeutung höchstrichterlich klären zu lassen, begründet im allgemeinen noch

---

[4] Dagegen kann das Jugendschöffengericht — dazu oben Rdn. 6 — die Unterbringung in einem psychiatrischen Krankenhaus anordnen, da § 39 Abs. 2 Halbsatz 2 JGG nur dem Jugendrichter die entsprechende Zuständigkeit entzieht; LG Bonn NJW **1976** 2312.

[5] *Kissel* 14; *Kleinknecht/Meyer*³⁹ 6.
[6] *Rieß* GA **1976** 23 Fußn. 124; KK-*Kissel*² 6; *Kleinknecht/Meyer*³⁹ 7.

keine besondere Bedeutung des Falles, da hier der Weg der Vorlegung nach § 121 Abs. 2 zur Verfügung steht; doch gilt auch dies nur mit Ausnahmen (s. unten 15). Die Umstände, die nach Auffassung des Staatsanwalts die besondere Bedeutung ausmachen, muß er aktenkundig machen, sofern sie nicht offenkundig sind (Nr. 113 Abs. 2 RiStBV).

c) Beispiele. Als Fälle von besonderer Bedeutung wegen des Ausmaßes der Rechtsverletzung sind z. B. angesehen worden Diebstahl mit hohem Wert des Entwendeten[7]; gefährliche Körperverletzung mit erheblichen Folgen (BGHSt 26 34); die Entführung einer Minderjährigen mit dem Kraftfahrzeug mit anschließender Vergewaltigung[8]. Ein wegen der Auswirkung der Tat auf die Allgemeinheit besonders bedeutsamer Fall kann bei Landfriedensbruch vorliegen[9]. Die die Anklageerhebung zum Landgericht rechtfertigende Auswirkung der Tat kann weiterhin darin bestehen, daß schwerwiegende öffentliche Interessen, insbesondere politischer Natur im Spiel sind, oder daß ein Beteiligter (Täter oder Verletzter) an hervorgehobener Stelle im öffentlichen Leben steht[10]. Die hervorgehobene Stellung des Verletzten kann z. B. die besondere Bedeutung ausmachen, wenn ein Angriff auf seine Ehre das Vertrauen, dessen er zu einem von ihm bekleideten hohen Amt bedarf, untergraben und seine Tätigkeit wesentlich erschweren würde[11]. Eine hervorgehobene Stellung des Täters allein verschafft dem Fall aber noch keine besondere Bedeutung (*Schroeder* aaO); es kommt auf die Gesamtheit der Umstände an[12]. Kein Fall von besonderer Bedeutung ist z. B. die einzelne Berufsverfehlung eines Rechtsanwalts[13], wohl aber eine Mehrzahl solcher Verfehlungen[14]. Ferner kann, wenn auch im allgemeinen zur Herbeiführung einer höchstrichterlichen Entscheidung bei einer grundsätzlichen Rechtsfrage der Weg des § 121 Abs. 2 zur Verfügung steht und ausreicht, im Einzelfall das Interesse an einer alsbaldigen Grundsatzentscheidung des BGH die Annahme besonderer Bedeutung rechtfertigen[15]. Zurückhaltung bei der Annahme besonderer Bedeutung des Falles gebietet im allgemeinen schon die Erwägung, daß, wenn der Ausnahmecharakter der Anklageerhebung vor dem Landgericht nicht gewahrt bleibt, eine Überlastung des BGH und damit eine Verzögerung beim Abschluß des Strafverfahrens zu befürchten ist; auch ist zu berücksichtigen, daß das Verfahren vor dem Amtsgericht dem Angeklagten den Vorteil von zwei Tatsacheninstanzen bietet, der ihm nicht ohne rechtfertigende Veranlassung entzogen werden darf (OLG Oldenburg MDR **1952** 568).

d) Nachträgliche Änderung der Entschließung der Staatsanwaltschaft. Hat die Staatsanwaltschaft Anklage vor dem Gericht, das sie als zuständig ansieht, erhoben, so ist eine nachträgliche Änderung nur dergestalt möglich, daß sie gemäß § 156 StPO die erhobene Anklage zurücknimmt und vor dem anderen Gericht Anklage neu erhebt[16]. Ein solches Vorgehen muß aber[17] auf sachlich gerechtfertigten Erwägungen beruhen; eine mißbräuchliche Handhabung des Rücknahme- und „Wahlrechts" — etwa weil der Erfolg der Anklage durch die im Zwischenverfahren (§§ 199 ff StPO) zutage getretene

---

[7] OLG Koblenz OLGSt § 24, 2.
[8] OLG Karlsruhe Die Justiz **1968** 210.
[9] OLG Köln NJW **1970** 261.
[10] BayObLG BayJMBl. **1953** 185; OLG Bremen JZ **1953** 150 mit zust. Anm. *Busch*; OLG Oldenburg MDR **1952** 568 mit Anm. *Dallinger* = NJW **1952** 839; OLG Nürnberg MDR **1960** 68.
[11] BayObLG aaO; zustimmend *Schroeder* MDR **1965** 177, 179.
[12] OLG Schleswig SchlHA **1967** 229.
[13] OLG Bamberg MDR **1957** 117.
[14] BGH bei *Herlan* GA **1963** 100; OLG Stuttgart Die Justiz **1977** 278.
[15] BGH NJW **1960** 543; OLG Schleswig SchlHA **1956** 23; **1967** 269.
[16] RGSt **59** 57; **62** 265.
[17] BGHSt **14** 17 = NJW **1960** 542.

§ 24 GVG Gerichtsverfassungsgesetz

Auffassung des zuerst angegangenen Gerichts gefährdet erscheint — wäre ein Verstoß gegen den Grundsatz des gesetzlichen Richters (Art. 101 Abs. 1 Satz 2 GG) und würde für das später angegangene Gericht den Mangel der Zuständigkeit (§ 338 Nr. 4 StPO) begründen[18]. Nach Eröffnung des Hauptverfahrens ist eine Änderung der getroffenen Entschließung grundsätzlich ausgeschlossen (s. dazu LR-*Rieß* StPO § 156, 9).

17 e) **Gerichtliche Nachprüfung.** Der Eröffnungsrichter ist bei der ihm obliegenden selbständigen Prüfung des unbestimmten Rechtsbegriffs der besonderen Bedeutung des Falles an die Auffassung der Staatsanwaltschaft, daß ein Fall von besonderer Bedeutung vorliege oder nicht vorliege, nicht gebunden[19]. Demgemäß legt das Schöffengericht, bei dem die Anklage erhoben ist, wenn es dem Fall besondere Bedeutung beimißt, gemäß § 209 Abs. 2 StPO die Akten durch Vermittlung der StA dem LG zur Entscheidung vor. Denn bei einer Anklage zum Schöffengericht sind im Sinn des § 209 Abs. 3 Satz 2 StPO die für die Zuständigkeit des Schöffengerichts maßgebenden Voraussetzungen nicht erfüllt, wenn nach dem Ergebnis der Prüfung ein Fall von besonderer Bedeutung vorliegt. Bei einer Anklage zur Strafkammer muß diese, wenn sie dem Fall besondere Bedeutung abspricht, nach § 209 Abs. 1 StPO das Verfahren vor dem Schöffengericht, im Fall des § 25 Nr. 2 und 3 vor dem Strafrichter eröffnen. Der Staatsanwaltschaft steht dagegen Beschwerde nach § 210 Abs. 2 StPO zu; das Beschwerdegericht prüft selbständig, ob dem Fall besondere Bedeutung zukommt[20], und ist auch bei seiner Nachprüfung nicht an die rechtliche Bewertung der Tat durch das eröffnende Gericht gebunden (OLG Köln NJW **1970** 260). Hat aber die Strafkammer in der Annahme besonderer Bedeutung des Falles die Eröffnung vor der Strafkammer beschlossen, so bleibt (§ 269 StPO) ihre Zuständigkeit unanfechtbar bestehen, auch wenn bei näherer Prüfung die besondere Bedeutung zu verneinen ist[21]. Umgekehrt bleibt, wenn vor dem Amtsgericht eröffnet ist, weil dem Fall die besondere Bedeutung fehle, dessen Zuständigkeit bestehen, auch wenn sich in der Hauptverhandlung die besondere Bedeutung des Falles ergibt, denn nach Sinn und Zweck des Gesetzes beschränkt sich, wie auch die vergleichbaren Regelungen in § 120 Abs. 2 Satz 2 zeigen, die Prüfung der sachlichen Zuständigkeit im Hinblick auf das Merkmal der besonderen Bedeutung des Falles auf das Stadium von Anklageerhebung und Eröffnung des Hauptverfahrens[22]; es sei denn, daß bei der Auslegung des normativen Merkmals der besonderen Bedeutung objektiv willkürlich verfahren worden wäre[23].

IV. Grenze der Strafgewalt des Amtsgerichts (Absatz 2)

18 1. **Bedeutung der Vorschrift.** Absatz 2 umgrenzt die Strafgewalt des Amtsgerichts (des Schöffengerichts wie des Strafrichters), die es bei der Urteilsfällung nicht überschreiten darf. Aus § 24 Abs. 1 Nr. 2 würde sich eine solche Begrenzung noch nicht ergeben. Denn wenn dort auch die amtsgerichtliche Zuständigkeit auf Fälle beschränkt ist, in denen die Überschreitung einer bestimmten Strafhöhe und die Anordnung der Unterbringung in einem psychiatrischen Krankenhaus oder in der Sicherungsverwahrung

---

[18] Aber auch – abweichend – BVerfGE **18** 423, 428 in Fußn. zu § 16, 14 und zur Stellungnahme des Schrifttums LR-*Rieß* StPO § 156, 8.

[19] Dazu LR-Einl. Kap. **13** 119; § 16, 7 ff; LR-*Rieß* § 209 StPO Rdn. 24 ff, sowie oben Rdn. 5.

[20] LR-*Rieß*, § 210 StPO, 22.

[21] BGH bei *Herlan* GA **1963** 100; VRS **23** 267.

[22] LR-*Rieß* § 209 StPO, 48, 49 mit Nachw.

[23] BGH GA **1981** 321; *Rieß* aaO.

nicht zu erwarten ist (nämlich im Zeitpunkt der Eröffnung des Hauptverfahrens), so würde daraus noch nicht folgen, daß die einmal begründete Zuständigkeit entfiele, wenn sich erst in der Hauptverhandlung die Notwendigkeit einer höheren Strafe oder der genannten freiheitsentziehenden Maßregeln ergibt (dazu § 25, 6). Erst § 24 Abs. 2 begründet diese Folgerung.

2. Freiheitsstrafe. Mit einer drei Jahre nicht übersteigenden Freiheitsstrafe können Geldstrafe (im Fall des § 53 Abs. 2 Satz 2 StGB, auch wenn die Summe der Ersatzfreiheitsstrafe und der primären Freiheitsstrafe drei Jahre übersteigt), Nebenstrafen und Nebenfolgen sowie sämtliche Maßregeln der Besserung und Sicherung mit Ausnahme der zu Rdn. 18 bezeichneten verbunden werden, ohne daß die Strafgewalt damit überschritten würde (ebenso *Müller/Sax* 4 b, aa, 1). **19**

3. Gesamtstrafe. Drei Jahre Freiheitsstrafe stellt die höchste Strafe dar, die das Amtsgericht in einem Uteil aussprechen kann, gleichviel ob diese Strafe für eine Tat oder als Gesamtstrafe für mehrere Taten verhängt wird. Dies ist im § 462 a Abs. 3 Satz 4 StPO bzgl. der nachträglichen Festsetzung einer Gesamtstrafe durch Beschluß ausdrücklich ausgesprochen und gilt daher auch für die urteilsmäßig gebildete Gesamtstrafe, gleichviel ob das erste Urteil die Gesamtstrafe festsetzt, oder ob es sich um eine Gesamtstrafe gemäß § 55 StGB handelt[24]. Infolgedessen ist die amtsgerichtliche Zuständigkeit zur Verhängung einer zu einer Gesamtstrafe zu vereinigenden Zusatzstrafe ohne Rücksicht auf deren Höhe ausgeschlossen, wenn bereits eine rechtskräftige Einsatzstrafe von drei Jahren Freiheitsstrafe oder mehr vorliegt, oder wenn sie zwar geringer ist, aber bei Einbeziehung der vorangegangenen Strafe eine drei Jahre übersteigende Freiheitsstrafe zu erwarten ist[25]. Dagegen ist es dem AG und ebenso dem LG als Berufungsgericht nicht verwehrt, gegen denselben Angeklagten mehrere Strafen von jeweils weniger als drei Jahren, deren Summe aber drei Jahre überschreitet, dann zu verhängen, wenn die Voraussetzungen für die Bildung einer Gesamtstrafe oder deren Nachholung (§ 55 Abs. 1 StGB) nicht vorliegen[26]. Ist dagegen die erste Strafe noch nicht rechtskräftig und infolgedessen eine Gesamtstrafenbildung mit einer neu zu erkennenden nicht zulässig, so kann das Amtsgericht bei der neuen Strafe seine Strafgewalt ausschöpfen (BGH aaO); die nachträgliche Gesamtstrafenbildung steht dann gemäß § 462 a Abs. 3 Satz 4 StPO, wenn eine Gesamtstrafe von mehr als drei Jahren Freiheitsstrafe in Frage steht, dem Landgericht zu. **20**

4. Strafgewalt des Berufungsgerichts. Überleitung eines Berufungsverfahrens in ein erstinstanzliches Verfahren[27]. Durch § 24 Abs. 2 ist auch die **Strafgewalt der Strafkammer als Berufungsgericht** begrenzt[28]. Anders liegt es, wenn die *große* Strafkammer **21**

---

[24] H. M, z. B. OLG Hamm JMBlNRW **1953** 287; *Müller/Sax*[6] 4 b, aa, 1.
[25] OLG Schleswig SchlHA **1951** 143.
[26] BGHSt **34** 159 = NStZ **1987** 33 = JR **1988** 128 mit Stellungnahme *Fezer*; JR **1988** 89; *Kleinknecht/Meyer*[39] 9; **a. M** *Schnarr* NStZ **1987** 236; s. auch BGH NStZ **1988** 270.
[27] S. dazu ergänzend LR-*Gollwitzer* § 328 StPO, 33 ff; **Schrifttum** *Fezer* Zur „Überleitung" einer Berufungshauptverhandlung der Großen Strafkammer in eine erstinstanzliche Hauptverhandlung mit scharfer Kritik an der von der h. M vertretenen Überleitungslehre und – S. 92 – „Vorschlag für eine andere Überleitungspraxis" zur Schaffung von Rechtssicherheit und Rechtsklarheit; darauf im einzelnen einzugehen, ist an dieser Stelle nicht möglich.
[28] BGH NStZ **1987** 33; BGHSt **34** 204 = JR **1987** 515 mit Anm. *Wendisch*; BGH bei *Miebach* NStZ **1988** 211; OLG Düsseldorf MDR **1957** 118; OLG Celle NJW **1961** 791; MDR **1963** 522.

im Rahmen ihrer sachlichen Zuständigkeit gegen denselben Angeklagten zugleich auf die bei ihr erhobene Anklage erstinstanzlich und auf Berufung gegen ein amtsgerichtliches Urteil als Berufungsgericht zu entscheiden hat. In diesem Falle kann sie, wenn sie in der Berufungssache eine die Grenzen des § 24 Abs. 2 übersteigende Strafe für geboten hält, selbst auf diese erkennen, indem sie das Berufungsverfahren in ein erstinstanzliches Verfahren überleitet und unter Beachtung der für die erstinstanzliche Strafkammer geltenden Vorschriften verfährt; das Urteil ist dann ein erstinstanzliches Strafkammerurteil, und die Revision geht an den BGH[29]. Und zwar darf die große Strafkammer auch ohne nähere Sachprüfung alsbald zu Beginn der Hauptverhandlung als Gericht des ersten Rechtszuges verhandeln, wenn die bisherigen Verfahrensergebnisse und die Verfahrenslage die Annahme nahelegen, daß die Strafgewalt des Schöffengerichts überschritten werden wird. Dieses Verfahren wird nicht dadurch unzulässig, daß die Strafkammer schließlich doch eine Strafe innerhalb des amtsgerichtlichen Strafbanns ausspricht, denn wenn sie einmal ihre erstinstanzliche Zuständigkeit angenommen hat, darf sie nicht mehr als Berufungsgericht verhandeln (BGHSt 21 229), wie auch eine Zurücknahme der Berufung nicht mehr in Betracht kommt[30]. Ein Urteil der großen Strafkammer ist ferner auch dann bei Überschreitung der Grenzen des § 24 Abs. 2 als erstinstanzliches Urteil anzusehen und als solches mit der Revision beim BGH anfechtbar, wenn die Strafkammer zwar keinen Überleitungsbeschluß erlassen hat, aber die für das Verfahren in erstinstanzlichen Verhandlungen geltenden Vorschriften (von gewissen Ausnahmen abgesehen, BGH JR **1987** 515) beachtet hat, insbesondere nicht von dem Grundsatz der Unmittelbarkeit der Beweisaufnahme abgewichen ist; es spielt dann keine Rolle, daß sie erkennbar als Berufungsgericht tätig werden wollte[31]. Hat die Strafkammer dagegen — weil sie nur eine Berufungsverhandlung durchführte — nur als Berufungsgericht gehandelt, so ist ein gleichwohl ergangener „Überleitungsbeschluß" ohne rechtliche Wirkung, und es kann das Urteil nicht als erstinstanzliches behandelt werden; der Fehler ist trotz des § 338 Nr. 4 StPO als Mangel einer Prozeßvoraussetzung von Amts wegen zu beachten[32]. Ein BerGer ist zur nachträglichen Gesamtstrafenbildung nach § 55 StGB nicht verpflichtet, wenn dies zum Wechsel vom Berufungs- in das erstinstanzliche Verfahren führen muß. In einem solchen Fall empfiehlt es sich vielmehr, die nachträgliche Gesamtstrafenbildung dem Beschlußverfahren nach §§ 460, 462 StPO zu überlassen[33]. Wegen weiterer hier nicht zu erörternder Einzelheiten, wie z. B. zur Frage zweckmäßiger Gesamtstrafenbildung, ist auf *Wendisch* JR **1987** 516, im übrigen auf LR-*Gollwitzer* StPO § 328, 33 ff zu verweisen. Zu der Frage, ob für die Revision das OLG oder der BGH zuständig ist, wenn die Strafkammer als Berufungsgericht zu Unrecht die Grenze des § 24 überschritten hat, vgl. auch OLG Celle MDR **1963** 522; *Sarstedt/Hamm* S. 39 Fn. 9; *Kappe* JR **1958** 209; *Kissel* 26; *Fezer* JR **1988** 92.

22 **5. Wirkung der Überschreitung der Strafgewalt.** Sie macht die Entscheidung anfechtbar; wird die Entscheidung aber rechtskräftig, so heilt die Rechtskraft den Mangel.

---

[29] BGHSt **21** 229, 230; **34** 159 und 204.
[30] BGHSt **34** 159, 164; BGH bei *Miebach* NStZ **1988** 211 (zu § 237 StPO).
[31] BGHSt **23** 283 = NJW **1970** 1614; BGHSt **31** 63, 64 = NJW **1982** 2674; BGH bei *Pfeiffer/Miebach* NStZ **1985** 208; BGHSt **34** 159 = NStZ **1987** 33 = JR **1988** 128 mit krit. Stellungnahme *Fezer* JR **1988** 89; *Kissel* 19.
[32] BGH NJW **1970** 155; NStZ **1987** 33; OLG Köln GA **1971** 27.
[33] Vgl. BGHSt **34** 204, 206, 207; BGHSt vom 27. 6. 1989 bei *Miebach* NStZ **1990** 29 Nr. 27.

Das Revisionsgericht berücksichtigt die Überschreitung der Rechtsfolgengewalt von Amts wegen mit der Folge der Urteilsaufhebung wegen Fehlens der sachlichen Zuständigkeit[34].

V. Zuständigkeit der Jugendgerichte

Zur Zuständigkeit der Jugendgerichte s. §§ 40, 47a, 108 JGG. Insoweit muß hier auf die Erläuterungswerke zum JGG und ergänzend auf den Überblick über die neueste Rechtsprechung bei *Böhm* NStZ **1988** 493 verwiesen werden. **23**

§ 25

Der Richter beim Amtsgericht entscheidet als Strafrichter bei Vergehen
1. **wenn sie im Wege der Privatklage verfolgt werden,**
2. **wenn die Tat mit keiner höheren Strafe als Freiheitsstrafe von sechs Monaten bedroht ist oder**
3. **wenn die Staatsanwaltschaft Anklage vor dem Strafrichter erhebt und keine höhere Strafe als Freiheitsstrafe von einem Jahr zu erwarten ist.**

Entstehungsgeschichte. Durch das 1. StRG 1969 wurden in den damaligen Nr. 2b und c das Wort „Gefängnis" durch „Freiheitsstrafe" ersetzt und die frühere Nr. 3 (betr. Rückfallverbrechen) gestrichen. Durch Art. II Nr. 6 des PräsVerfG wurde das Wort „Amtsrichter" durch „Richter beim Amtsgericht" ersetzt. Die jetzige Fassung beruht (nach Beseitigung der Übertretungen — frühere Nr. 1 —) auf Art. 20 Nr. 1 EGStGB 1974; Art. 2 Nr. 3 des 1. StVRG vom 9. 12. 1974 ersetzte „Der Richter beim Amtsgericht allein" durch „Der Richter beim Amtsgericht... als Strafrichter".

Übersicht

	Rdn.		Rdn.
1. Bedeutung der Vorschrift	1	c) Bindung der Staatsanwaltschaft durch Richtlinien?	5a
2. Im Wege der Privatklage verfolgte Vergehen (Nr. 1)	2	d) Änderung der Bewertung der „minderen Bedeutung"	6
3. Nur mit Freiheitsstrafe von sechs Monaten bedrohte Taten (Nr. 2)	3	e) Überschreitung der Straferwartung . .	7
4. Zuständigkeit kraft Straferwartung a) Anwendungsbereich	4	5. Entscheidung durch das zuständige Gericht	8
b) Voraussetzungen der Anklage zum Strafrichter	5	6. Amtsgericht ohne Schöffengericht	10
		7. Verfahren in Feld- und Forstrügesachen .	11

1. Bedeutung der Vorschrift. Während § 24 die Zuständigkeit des Amtsgerichts gegenüber der des Landgerichts und anderen Gerichten höherer Ordnung abgrenzt, regelt § 25 die Aufteilung der amtsgerichtlichen Zuständigkeit zwischen dem Richter als Strafrichter (= Einzelrichter ohne Schöffen), die sich auf Vergehen (§ 12 Abs. 2, 3 StGB) beschränkt, und dem Schöffengericht, dem die nicht dem Strafrichter nach § 25 **1**

---
[34] BGHSt **18** 79, 81; NJW **1970** 155; KK-*Kissel*[2] 15; *Kleinknecht/Meyer*[39] 9.

übertragene amtsgerichtliche Zuständigkeit zufällt (§ 28). Und zwar ist in den Fällen der Nummern 1, 2 und, wenn nicht die landgerichtliche Zuständigkeit nach § 24 Abs. 1 Nr. 3 in Betracht kommt, in den Fällen der Nr. 3 nur die Zuständigkeit des Strafrichters gegeben. Wegen der Bedeutung des § 25 Nr. 3 vgl. unten 4 ff.

2. Im Wege der Privatklage verfolgte Vergehen (Nr. 1). Hier ergibt sich eine Problematik, wenn die Staatsanwaltschaft gemäß § 377 Abs. 2 StPO in einer Strafsache, die der Verletzte im Wege der Privatklage betreibt, im Lauf des Verfahrens die Verfolgung übernimmt[1]. Denn die mit Privatklage verfolgbaren Vergehen unterliegen der unbedingten Zuständigkeit des Strafrichters nach § 25 Nr. 1 nur, wenn sie tatsächlich im Wege der Privatklage verfolgt werden. Anderenfalls gehören sie zur Zuständigkeit des Schöffengerichts, können aber von der Staatsanwaltschaft sowohl beim Strafrichter (§ 25 Nr. 3) als auch wegen besonderer Bedeutung (§ 24 Abs. 1 Nr. 3) bei der Strafkammer angeklagt werden. Es fragt sich, ob die durch Erhebung der Privatklage begründete Zuständigkeit erlischt, wenn die Staatsanwaltschaft das Verfahren übernimmt, und ob — im Falle der Bejahung oder der Verneinung dieser Frage — die Staatsanwaltschaft bei oder nach der Übernahme die sachliche Zuständigkeit noch beeinflussen kann. Nach h. M. tritt die StA in das laufende Verfahren ein; sie übernimmt es in der Lage, in der sie es vorfindet, und setzt es in dieser Lage fort[2]. Daraus ergibt sich, daß, unabhängig von der Zuständigkeit, die bestünde, wenn die Staatsanwaltschaft von vornherein die öffentliche Klage erhebt (§ 376 StPO), die Zuständigkeit des Strafrichters bestehen bleibt, wenn die Staatsanwaltschaft in das Verfahren eintritt. Allerdings richtet sich von der Übernahme an das Verfahren nach den Vorschriften über das auf öffentliche Klage erhobene Verfahren. Daraus ergibt sich aber nicht, daß die Staatsanwaltschaft gemäß § 156 StPO die Klage zurücknehmen kann, solange das Hauptverfahren noch nicht eröffnet ist, oder daß bei einer Übernahme des Verfahrens nach Eröffnung des Privatklageverfahrens die Zuständigkeit des Strafrichters beendet wäre, wenn die StA die Verfolgung aufgibt, etwa weil sie einen hinreichenden Tatverdacht verneint. Allerdings kann das nicht — wie vor der Aufhebung des § 377 Abs. 3 StPO — damit begründet werden, es werde dadurch der bisherige Privatkläger, der durch die Übernahme Nebenkläger wurde, rechtlos gestellt, es sei denn, daß er seine Zustimmung erteile. Vielmehr bleibt die Zuständigkeit des Strafrichters bestehen, weil, wenn die StA die Verfolgung aufgibt, das Privatklageverfahren wieder auflebt und der Privatkläger seine Stellung als solche wieder erhält[3].

3. Nur mit Freiheitsstrafe von sechs Monaten bedrohte Taten (Nr. 2). Die Bedeutung der Vorschrift ist gering, da es nicht auf die bei der betreffenden Tat verwirkte Strafe ankommt, sondern es sich um eine Straftat handeln muß, die in abstracto — also z. B. ohne Rücksicht auf die bei Beihilfe zwingend vorgeschriebene Milderung (§§ 27 Abs. 2, 49 StGB) — mit Freiheitsstrafe von höchstens sechs Monaten bedroht ist. Diese Fälle sind selten (vgl. z. B. §§ 106 a Abs. 1, 107 b, 184 a StGB, § 21 Abs. 2 GJS, § 38 Abs. 2

---

[1] Der frühere Absatz 3 des § 377 („Übernimmt die Staatsanwaltschaft die Verfolgung, so erhält der Privatkläger die Stellung eines Nebenklägers") wurde durch Art. 1 Nr. 3 des OpferschutzG v. 18. 12. 1986 (BGBl. I 2496) aufgehoben. Wegen der Gründe (Lösung der Nebenklage von der Privatklage) und der Neuregelung des Anschlusses als Nebenkläger in §§ 395, 396 n. F StPO vgl. die Erläuterungen von *Hilger* in LR-Nachtrag zur StPO.
[2] BGHSt **11** 56, 61 = NJW **1958** 229; LR-*Wendisch* § 377 StPO, 21; *Kissel* 3; *Kleinknecht/Meyer*[39] 2.
[3] LR-*Hilger* Nachtrag StPO § 377, 5.

BJG). Daß es sich um ein nach Art und Höchstmaß der Strafe leichtes Vergehen handelt, bildet den Grund für die Zuweisung in die einzelrichterliche Zuständigkeit. Infolgedessen greift Nr. 2 auch Platz, wenn eine Mehrheit derartiger Straftaten angeklagt wird, auch wenn eine sechs Monate übersteigende Gesamtstrafe zu erwarten ist[4]. Wie bei § 24 Abs. 2 GVG (dort Rdn. 19), so ist auch hier nur die Androhung von Freiheitsstrafe als der schwersten Strafart maximal begrenzt. Die Voraussetzung der Nr. 2 ist auch gegeben, wenn die Summe einer primären Freiheitsstrafe und der Ersatzfreiheitsstrafe für eine daneben angedrohte Geldstrafe (§ 41 StGB) sechs Monate überschreiten kann. Daß neben der angedrohten Höchstfreiheitsstrafe auch zulässige Nebenfolgen (Verfall, Einziehung) und andere als die nach § 24 Abs. 2 vom Strafbann des Amtsgerichts ausgeschlossenen Maßregeln der Besserung und Sicherung in Betracht kommen, schließt die strafrichterliche Zuständigkeit nach § 25 Nr. 2 nicht aus[5]. § 25 Nr. 2 begründet im Verhältnis zum Schöffengericht die Zuständigkeit des Strafrichters dergestalt, daß die Staatsanwaltschaft Anklage nur vor ihm, nicht vor dem Schöffengericht erheben kann; dagegen bleibt es der Staatsanwaltschaft unbenommen, wegen der besonderen Bedeutung des Falles gemäß § 24 Abs. 1 Nr. 3 Anklage beim Landgericht zu erheben.

4. Zuständigkeit kraft Straferwartung (Nr. 3)

a) Anwendungsbereich. Die Vorschrift bezweckt, geeignete einfachere Sachen im Interesse der Beschleunigung und Vereinfachung vor den Strafrichter zu bringen. Nach Nr. 113 Abs. 4 RiStBV soll die Staatsanwaltschaft von der Befugnis zur Anklage beim Strafrichter weitgehend Gebrauch machen (dazu unten Rdn. 5a). Nr. 3 stellt — wie § 24 Abs. 1 Nr. 2 —, wenn eine höhere Strafe als Freiheitsstrafe von sechs Monaten angedroht ist, auf das Höchstmaß der im Einzelfall zu erwartenden Strafe ab; bei Tatmehrheit kommt es — anders als bei § 25 Nr. 2 — auf die zu erwartende Höhe der Gesamtfreiheitsstrafe an (ebenso *Müller/Sax* 3 b). Auch hier gilt (wie bei § 25 Nr. 2; Rdn. 3), daß durch neben der Freiheitsstrafe angedrohte andere Rechtsfolgen im Rahmen des amtsgerichtlichen Strafbanns die Zuständigkeit nicht berührt wird[6]. **4**

b) Voraussetzungen der Anklage zum Strafrichter. Nach dem Gesetzeswortlaut ist Voraussetzung der Zuständigkeit des Strafrichters, daß die Staatsanwaltschaft vor ihm Anklage erhebt. Das wurde früher dahin verstanden, daß der Staatsanwaltschaft ein „Wahlrecht" eingeräumt sei, Anklage zum Strafrichter oder zum Schöffengericht zu erheben; der angegangene Einzelrichter habe nur die Höchststraferwartung zu prüfen, die Ausübung des „Wahlrechts" sei einer gerichtlichen Nachprüfung entzogen; demgemäß bedürfe es auch keiner Darlegung in der Anklageschrift über die Gründe für die Ausübung des „Wahlrechts" in diesem oder jenem Sinn[7]. Dieser Betrachtungsweise ist durch BVerfGE **22** 254 = NJW **1967** 2151 (mit fast allgemeiner Zustimmung des Schrifttums; kritisch *Schmidt-Salzer* NJW **1968** 32; *Grünwald* JuS **1968** 452) der Boden entzogen. Danach verlangt der Grundsatz des gesetzlichen Richters (Art. 101 Abs. 1 Satz 2 GG) eine verfassungskonforme Auslegung des § 25 Nr. 3 dahin, daß er sich nur auf Strafsachen „von minderer Bedeutung" bezieht, d. h. auf Strafsachen, die sich von durchschnittlichen Strafsachen mit der Rechtsfolgeerwartung der Nr. 3 nach unten abheben, etwa im Hinblick auf den Umfang der Sache, die Schwere des Rechtsverstoßes oder ihre Bedeutung für Täter und Verletzten. Die Staatsanwaltschaft hat danach kein „Wahlrecht", sondern nur den dem unbestimmten Rechtsbegriff der „Sache von minde- **5**

---

[4] Ebenso *Kleinknecht/Meyer*[39] 5 – aber nicht ein Jahr (Nr. 3) –; *Eb. Schmidt* 4.
[5] OLG Tübingen NJW **1953** 1444.
[6] OLG Tübingen NJW **1953** 1444.
[7] OLG Köln NJW **1962** 1358.

§ 25 GVG   Gerichtsverfassungsgesetz

rer Bedeutung" entsprechenden Beurteilungsspielraum. Die Anklageerhebung zum Strafrichter oder zum Schöffengericht ist aber für diese nicht bindend; sie bedeutet nur einen Zuständigkeitsvorschlag; der Eröffnungsrichter hat selbständig zu prüfen, ob die Rechtsfolgeerwartung gegeben ist *und* ob es sich um eine „Sache von minderer Bedeutung" handelt. Der Strafrichter, bei dem angeklagt wird, verfährt also, wenn er die mindere Bedeutung verneint, nach § 209 Abs. 2 StPO[8]. Wird Anklage zum Schöffengericht erhoben, und mißt der Vorsitzende der Sache nur mindere Bedeutung bei, so eröffnet er nach § 209 Abs. 1 vor dem Strafrichter[9].

5a c) **Bindung der Staatsanwaltschaft durch Richtlinien?** Nr. 113 Abs. 4 RiStBV bestimmt: „Ist keine höhere Strafe als Freiheitsstrafe von einem Jahr zu erwarten, so erhebt der Staatsanwalt Anklage vor dem Strafrichter, es sei denn, daß die Sache nicht von minderer Bedeutung ist". Nach *Hohendorf* NStZ **1987** 391 (unter II 4) ist diese Weisung „wegen Verstoßes gegen §§ 24, 25, 28 GVG als untergesetzliche Vorschrift gesetzwidrig, nichtig und unbeachtlich; sie sollte entweder ersatzlos gestrichen oder der geltenden Rechtslage angepaßt werden". Und zwar sieht *Hohendorf* in Nr. 113 Abs. 4 RiStBV die Weisung an die Staatsanwaltschaft, „von der Befugnis, Anklage vor dem Strafrichter zu erheben, weitgehend Gebrauch zu machen", und daraus folgert er: Der weisungsgebundene Staatsanwalt „wird im Zweifel unter Berufung auf Nr. 113 Abs. 4 RiStBV beim Strafrichter statt beim Schöffengericht Anklage erheben". Der richtig verstandene Wortlaut der Nr. 113 Abs. 4 begründet aber die Befürchtung einer solchen Verfahrensweise der Staatsanwaltschaft nicht: denn er besagt, daß das Recht *und die Pflicht* des Staatsanwalts, die Anklage zum Strafrichter zu erheben, unter dem Gesichtspunkt des gesetzlichen Richters nicht nur die Rechtsfolgenerwartung des § 25 Nr. 3 GVG, sondern auch das verfassungsrechtlich gebotene, aber im Gesetzeswortlaut nicht ausdrücklich genannte Erfordernis einer minderen Bedeutung des Falles voraussetzt. Ein Zweifel des Staatsanwalts hinsichtlich dieser beiden Erfordernisse nötigt ihn zur Anklage beim Schöffengericht.

6 d) **Änderung der Bewertung der „minderen Bedeutung".** Ist das Hauptverfahren in der Annahme einer minderen Bedeutung des Falles unanfechtbar (vgl. § 210 StPO) eröffnet, so bleibt in gleicher Weise wie bei den anderen normativen Zuständigkeitsmerkmalen der „besonderen Bedeutung des Falles" und des Erfordernisses der „Kenntnisse des Wirtschaftslebens" (§ 74 c Abs. 1 Nr. 6 — vom Fall der „Willkür" bei der früheren Beurteilung abgesehen (§ 24 Rdn. 17 a. E.) — nach fast einhelliger Auffassung[10] die Zuständigkeit des Strafrichters für das weitere Verfahren bestehen, und es kommt, wenn er in der Hauptverhandlung erkennt, daß der Sache eine mindere Bedeutung nicht mehr zukommt, eine Zuständigkeitsverschiebung weder nach § 225 a, noch nach § 270 StPO in Betracht[11].

7 e) **Überschreitung der Strafterwartung.** Streit besteht, wie der Strafrichter zu verfahren hat, wenn er nach dem Ergebnis der Hauptverhandlung eine Freiheitsstrafe von mehr als einem Jahr für verwirkt ansieht. Nach der einen Auffassung begrenzt § 25 Nr. 3 die Strafgewalt des Strafrichters dergestalt, daß er auf eine ein Jahr übersteigende Freiheitsstrafe nicht erkennen darf, vielmehr die Sache gemäß § 270 StPO vor das Schöffen-

---

[8] LR-*Rieß* § 209 StPO, 33.
[9] LR-*Rieß* § 209 StPO, 25.
[10] Z. B. BayObLGSt **1985** 33 = NStZ **1985** 470; LR-*Rieß* § 209 StPO, 48, 49; *Kleinknecht/Meyer*[39] § 225a StPO, 19 und § 25, 9; KK-*Kissel*[2] § 25, 6.
[11] A. M *Achenbach* NStZ **1985** 471; *Hohendorf* NStZ **1987** 393 (zu IV 3), 396 (zu V).

gericht verweisen muß[12]. Nach der herrschenden Auffassung verbleibt es bei der durch Erhebung der Anklage und Eröffnung des Hauptverfahrens begründeten Zuständigkeit des Strafrichters dergestalt, daß er auf jede in die Strafgewalt des Amtsgerichts fallende Strafe (§ 24 Abs. 2) erkennen darf[13]. Den Vorzug verdient die letztere Auffassung. § 24 Abs. 2, auf den die Gegenmeinung verweist, ist, wie in § 24, 18 dargelegt ist, keineswegs eine Vorschrift, die lediglich den Sinn des § 24 Abs. 1 Nr. 2 klarstellt, sondern ist eine Vorschrift von selbständiger Bedeutung. Daß, wo das Gesetz die Zuständigkeit oder die Zulässigkeit eines bestimmten Verfahrens nach der zu erwartenden Strafe bemißt, eine solche Vorschrift nicht ohne weiteres das Verbot enthält, eine höhere als die bei Eröffnung des Verfahrens zu erwartende Strafe zu verhängen, zeigt deutlich der vergleichbare § 39 JGG. Dessen Absatz 1 bestimmt, daß der Jugendrichter als Einzelrichter zuständig ist, wenn nur Erziehungsmaßregeln, Zuchtmittel und zulässige Nebenstrafen und -folgen zu erwarten sind und der Staatsanwalt Anklage beim Einzelrichter erhebt; gleichwohl kann der Jugendrichter, wenn sich entgegen der ursprünglichen Erwartung später herausstellt, daß Jugendstrafe erforderlich ist, auf diese erkennen, denn § 39 Abs. 2 JGG verbietet dem Jugendrichter nur, auf Jugendstrafe von mehr als einem Jahr oder von unbestimmter Dauer zu erkennen[14]. In § 232 Abs. 2 Satz 1 StPO ist zwar die Zulässigkeit einer Hauptverhandlung gegen den ausgebliebenen Angeklagten auf den Fall beschränkt, daß nur bestimmte Rechtsfolgen zu erwarten sind und zugleich das Verbot der Verhängung darüber hinausgehender Rechtsfolgen ausgesprochen; aber hier hat der Gestzgeber eine ausdrückliche begrenzende Vorschrift für erforderlich erachtet (§ 232 Abs. 1 Satz 2). Es hätte mithin, um die Strafgewalt des Strafrichters nach § 25 GVG zu begrenzen, einer ausdrücklichen Vorschrift bedurft, die den Strafbann beschränkt, wie das auch in § 212 b Abs. 1 Satz 2 bezgl. des Strafbanns von Strafrichter und Schöffengericht im beschleunigten Verfahren geschehen ist[15]. Aus dem Fehlen einer solchen Vorschrift kann nur der Schluß gezogen werden, daß im Fall des § 25 Nr. 3, wenn eine Überschreitung der zunächst erwarteten höchsten Strafe sich später als erforderlich erweist, der Strafrichter, ohne seine Zuständigkeit zu verlieren, diese im Rahmen des § 24 Abs. 2 auszusprechen hat. Dies Ergebnis ist um so weniger befremdlich, als der Strafrichter nach § 25 Nr. 1 (z. B. wegen Verleumdung, § 187 StGB in Verb. mit § 374 Abs. 1 Nr. 2 StPO) und nach § 25 Nr. 3 (bei Tatmehrheit) auf eine ein Jahr übersteigende Freiheitsstrafe erkennen kann.

5. Entscheidung durch das zuständige Gericht. Das Vorhandensein der sachlichen **8** Zuständigkeit ist in jeder Lage des Verfahrens **von Amts wegen** für alle Instanzen zu prüfen (Einleitung Kap. **12** 136). Hat der Strafrichter in einem Fall entschieden, in dem wegen Fehlens der Voraussetzungen des § 25 das Schöffengericht hätte entscheiden müssen, so ist in den Rechtsmittelzügen das Urteil (nach § 328 Abs. 3 oder § 355 StPO)

---

[12] So *Schwitzke* NJW **1953** 930; KMR-*Müller* 6; *Eb. Schmidt* 10; *Peters* 126; *Achenbach* NStZ **1985** 471; *Hohendorf* NStZ **1987** 393 (zu IV 2), 396.

[13] So BGHSt **16** 248 = NJW **1961** 2316; BayObLGSt **1951** 452; NStZ **1985** 470; OLG Braunschweig NJW **1951** 674; OLG Köln GA **1957** 24; *Brandstetter* DRZ **1950** 514; *Geiger* SJZ **1950** 712; *Kern* MDR **1950** 584; *Nüse* JR **1950** 517; **1951** 31; *Dalcke/Fuhrmann/Schäfer* Anm. 4; KK-*Kissel*² § 24, 13; § 25, 7; *Kissel* 9.

[14] S. dazu auch OLG Stuttgart NStZ **1988** 225.

[15] S. dazu auch OLG Celle JR **1984** 74 mit Anm. *Meyer-Goßner*; OLG Oldenburg NStZ **1987** 90 – Vorlagebeschluß nach § 121 Abs. 2 – und BGHSt **35** 251 = JR **1989** 119 mit Anm. *Terhorst* = NStZ **1988** 323 betr. Korrektur durch das Berufungsgericht, wenn der Strafrichter im beschleunigten Verfahren eine Strafe verhängte, die den Rahmen des § 212 b Abs. 1 Satz 2 StPO überschritt.

aufzuheben, und die Sache ist an das sachlich zuständige Gericht zurückzuverweisen; denn Strafrichter und Schöffengericht sind im Sinne der Zuständigkeitsvorschriften Gerichte verschiedener Ordnung[16]. Das gleiche gilt für Jugendrichter und Jugendschöffengericht[17]. Das Revisionsgericht hat in einem solchen Falle nach heute h. M unmittelbar an das Schöffengericht zurückzuverweisen[18]. Die Zurückverweisung kann aber in sinngemäßer Anwendung des § 354 Abs. 3 StPO nach Zweckmäßigkeitsgründen an den Strafrichter erfolgen, wenn infolge Beschränkung des Rechtsmittels nur noch über einen Nebenpunkt zu entscheiden ist, für den die Zuständigkeit des Strafrichters ausreicht[19].

9 Anders liegt es, wenn infolge **irrtümlicher Beurteilung** bei der Eröffnung statt des Strafrichters das Schöffengericht entschieden hat; dann steht einer Zurückverweisung § 269 StPO entgegen (*Rieß* GA **1976** 11).

10 6. Wird eine zur Zuständigkeit des Schöffengerichts gehörige Strafsache bei einem **Amtsgericht ohne Schöffengericht** anhängig gemacht, so legt der Strafrichter die Sache dem Vorsitzenden des Schöffengerichts (§ 58) vor; die frühere Auffassung, daß die Entscheidung über die Anklage abzulehnen oder der Staatsanwaltschaft die Zurücknahme anheimzugeben sei[20], ist (Neufassung des § 209 StPO) überholt (*Rieß* GA **1976** 13).

11 7. **Verfahren in Feld- und Forstrügesachen.** Auf Grund des § 3 Abs. 3 EGStPO erlassene landesrechtliche Vorschriften, nach denen in Feld- und Forstrügesachen der Strafrichter allein entscheidet, werden durch die Regelung in §§ 24, 25 nicht berührt. Das gilt auch, soweit es sich bei den in diesem Verfahren abzuurteilenden Strafsachen um Vergehen handelt, die mit einer höheren Strafe als Freiheitsstrafe von sechs Monaten bedroht sind, also nach den allgemeinen Zuständigkeitsvorschriften zur Zuständigkeit des Schöffengerichts (mit „Wahlrecht" sowohl zum Strafrichter als auch zur Strafkammer) gehören würden. Solche landesrechtlichen Zuständigkeitsvorschriften gelten aber nicht bei Verfehlungen Jugendlicher und Heranwachsender, auch wenn das Landesrecht sie nicht ausdrücklich von der Geltung dieser Vorschriften ausnimmt. Das ergibt sich daraus, daß das JGG keine Abweichungen von seiner Zuständigkeitsregelung für Feld- und Forstrügesachen vorsieht und landesrechtliche Abweichungen mit der Grundkonzeption des JGG unvereinbar sind (dazu eingehend LR[21] § 24, 12).

§ 26

(1) ¹Für Straftaten Erwachsener, durch die ein Kind oder ein Jugendlicher verletzt oder unmittelbar gefährdet wird, sowie für Verstöße Erwachsener gegen Vorschriften, die dem Jugendschutz oder der Jugenderziehung dienen, sind neben den für allgemeine Strafsachen zuständigen Gerichten auch die Jugendgerichte zuständig. ²Die §§ 24 und 25 gelten entsprechend.

---

[16] RGSt **62** 265, 270; BGHSt **18** 79, 83, 173, 176; **19** 177; NJW **1964** 505.
[17] BayObLG Zbl. JR **1961** 335.
[18] LR-*Hanack* § 355 StPO, 10 mit Nachw. in Fn. 11.
[19] BayObLGSt **1962** 85.
[20] So BayObLG HRR **1926** Nr. 641 und LR[22] § 25, 7.

(2) In Jugendschutzsachen soll der Staatsanwalt Anklage bei den Jugendgerichten nur erheben, wenn in dem Verfahren Kinder oder Jugendliche als Zeugen benötigt werden oder wenn aus sonstigen Gründen eine Verhandlung vor dem Jugendgericht zweckmäßig erscheint.

Entstehungsgeschichte. Die Fassung des § 26 beruht auf § 121 JGG. § 26 knüpft an die Regelung an, die unter der Herrschaft des RJGG 1943 die sog. Jugendschutzsachen in II der AV des RJustMin vom 14. 1. 1944 (DJ S. 37) gefunden hatten. Dort waren eine Reihe von Gesetzesverstößen Erwachsener gegen Kinder und Jugendliche und gegen Vorschriften zum Schutz von Kindern und Jugendlichen dem Jugendrichter und der Jugendkammer im Wege der Geschäftsverteilung zur Aburteilung zugewiesen.

1. Anwendungsbereich. Grundgesetzmäßigkeit. Während die §§ 39 ff, 108 JGG die sachliche Zuständigkeit des Gerichts in den Fällen regeln, in denen Jugendliche oder Heranwachsende strafbarer Handlungen beschuldigt werden, regelt § 26 in Verb. mit § 74 b die Zuständigkeit in dem Fall, daß sich die Straftat eines **Erwachsenen** *gegen* ein Kind oder einen Jugendlichen richtet oder eine dem Jugendschutz oder der Jugenderziehung dienende Vorschrift verletzt. Hier wird zunächst dem Staatsanwalt ein Beurteilungsspielraum eingeräumt, ob die Anklage vor dem an sich zuständigen allgemeinen Gericht (dem „Erwachsenengericht") zu erheben oder ob die Sache vor die (an sich nicht zuständigen) Jugendgerichte (§ 33 Abs. 2 bis 4 JGG) zu bringen ist. Das verstößt nicht gegen Art. 101 Abs. 1 Satz 2 GG[1]. Denn sieht man davon ab, daß es sich hier nur um das Angehen gleichgeordneter Gerichte handelte, so war der Beurteilungsspielraum der Staatsanwaltschaft schon früher durch die Richtlinien des Absatzes 2 begrenzt. Darüber hinaus verfolgt der durch StVÄG 1979 eingefügte § 209 a StPO (dort Nr. 2 b) ausweislich der Begründung (BTDrucks. 8 976 S. 44) das Ziel, eine gerichtliche Kontrolle (unten Rdn. 7) der vorläufigen „Wahl" der Staatsanwaltschaft zwischen Jugend- und Erwachsenengerichten zu gewährleisten und damit den immer noch im Schrifttum erhobenen verfassungsrechtlichen Bedenken gegen das „Wahlrecht"[2] entgegenzutreten; daneben sollte in einfacher Weise die Klärung von Zuständigkeitskonflikten im Eröffnungsverfahren ermöglicht werden.

2. Zweck der Vorschrift ist, in geeigneten Fällen die besondere Sachkunde und Erfahrung des Jugendgerichts nutzbar zu machen, z. B. wenn es sich um die Bewertung der Aussagen von Kindern oder Jugendlichen als Zeugen oder um die für das Ob und Wie der Bestrafung erforderliche sachkundige Abmessung des durch eine Straftat angerichteten Schadens handelt. Nicht hierher gehören die Fälle, daß an einer Straftat der in Frage kommenden Art Erwachsene und Jugendliche beteiligt sind (hierzu § 103 JGG) oder daß jemand mehrere der in § 26 bezeichneten Straftaten teils als Erwachsener, teils als Heranwachsender oder Jugendlicher begangen hat, die gleichzeitig abgeurteilt werden (hierzu § 32 JGG).

3. Begriff der Jugendschutzsachen (Absatz 1). § 26 setzt voraus, daß der Täter die Tat als Erwachsener, d. h. nach Vollendung des 21. Lebensjahres begangen hat. Und zwar kommen als „Jugendschutzsachen" in Betracht:

---

[1] BGHSt **13** 297 = NJW **1960** 56 = LM Nr. 3 mit Anm. *Kohlhaas*; h. M auch im Schrifttum, z. B. *Kissel* 1, 9; KK-*Kissel*[2] 1; *Kleinknecht/Meyer*[39] 4, 5; *Engelhard* DRiZ **1982** 420; KMR GVG 41.

[2] S. z. B. *Achenbach* FS Wassermann (1985) S. 853.

§ 26 GVG

4 **a) Straftaten jeder Art, durch die ein Kind** (eine Person unter 14 Jahren, § 1 Abs. 3 JGG) **oder ein Jugendlicher** (eine Person unter 18 Jahren, § 1 Abs. 2 JGG) **verletzt oder unmittelbar gefährdet worden ist.** Verletzung ist jede Beeinträchtigung der körperlichen, geistigen, sittlichen oder charakterlichen Entwicklung. Eine unmittelbare Gefährdung ist die Schaffung der unmittelbaren Gefahr einer solchen Beeinträchtigung[3]. In Betracht kommen z. B. Körperverletzung (insbes. § 223 b StGB), Abgabe von Betäubungsmitteln (§§ 29, 30 BtMG), Verletzung der Unterhaltspflicht gegenüber dem Kind, aber z. B. im allgemeinen nicht Vermögensdelikte gegen die Eltern des Kindes, die mittelbar dessen vermögensrechtliche Interessen beeinträchtigen (*Eb. Schmidt* 4). Straftaten gegen Heranwachsende (18 bis noch nicht 21 Jahre alte Personen, § 1 Abs. 2 JGG) gehören nicht hierher, es sei denn, daß eine Jugendschutzvorschrift auch Heranwachsende schützt (BGHSt **13** 58).

5 **b) Straftaten gegen Vorschriften, die nach ihrem Inhalt gerade dem Schutz** oder der Erziehung **der Jugend** dienen, wobei „Jugend" hier in einem weiteren, auch die Heranwachsenden umfassenden Sinn zu verstehen ist. Hierher gehören z. B. Straftaten nach § 174 StGB (BGHSt **13** 53, 58), §§ 175, 176, 180, 182 StGB, ferner, soweit sie mit krimineller Strafe bedroht sind, Verstöße gegen Schulpflichtvorschriften, gegen das Jugendarbeitsschutzgesetz vom 12. 4. 1976 (BGBl. I 935), das Ges. zum Schutz der Jugend in der Öffentlichkeit vom 27. 7. 1957 (BGBl. I 1058), das Gesetz über die Verbreitung jugendgefährdender Schriften i. d. F. vom 29. 4. 1961 (BGBl. I 497) mit späteren Änderungen.

6 **c)** Ist der Verletzte durch die Straftat **ums Leben gekommen**, so ist § 26 unanwendbar, da es dann keiner besonderen jugendrichterlichen Erfahrung bedarf, um die Schwere des dem Verletzten durch die Tat zugefügten Schadens zu ermessen; es fehlt also an einem die Angehung des Jugendgerichts rechtfertigenden Grund[4].

7 **4. Zuständigkeitsprüfung.** Auf die ausführliche Darstellung in LR-*Rieß* § 209 a StPO, 31 ff wird verwiesen. Auf die unrichtige Beurteilung der Zuständigkeit kann die Revision nicht gestützt werden, sofern das Gericht seine Zuständigkeit nur irrtümlich (nicht willkürlich) angenommen hat[5].

8 **5. Zuständigkeitsrichtlinie (Absatz 2).** Die Anklage vor dem Jugendgericht ist, wie Absatz 2 ergibt, als Ausnahme gedacht, die durch triftige Gründe gerechtfertigt sein muß („soll nur erheben, wenn. . ."). Absatz 2 will verhindern, daß durch eine großzügige Anklagepraxis die Jugendgerichte in ihrer eigentlichen Aufgabe, über Verfehlungen von Jugendlichen und Heranwachsenden zu entscheiden, gehemmt werden. Nur wo die besondere Sachkunde und Erfahrung des Jugendgerichts für die angemessene und richtige Behandlung des Falles ersichtlich bedeutsam ist (z. B. zur Glaubwürdigkeit kindlicher und jugendlicher Zeugen[6] — oder auch, wenn es sich um die richtige Würdigung der Aussagen von Belastungszeugen über Erlebnisse aus ihrer Jugendzeit handelt[7], soll der Staatsanwalt in der Lage sein, vor dem Jugendgericht anzuklagen. Daß er unter diesen Voraussetzungen das Jugendgericht angehen müsse, besagt Absatz 2 aber nicht, er kann vielmehr auch dann vor dem Erwachsenengericht anklagen (BGHSt **13** 297). Sind

---

[3] Ebenso *Dallinger/Lackner*[1] § 121, 9 JGG; *Eb. Schmidt* 4.
[4] S. oben Rdn. 2, ebenso OLG Hamm und OLG Düsseldorf, JMBlNRW **1963** 34, 166.
[5] BGH bei *Herlan* GA **1971** 34; LR-*Rieß* § 209 a, 47.
[6] Vgl. *Brunner* JGG[8] zu § 74 b GVG.
[7] BGHSt **13** 53, 59.

im Wege der Geschäftsverteilung einer bestimmten Abteilung des Amtsgerichts oder, wie dies die Richtlinien zum JGG (zu § 121) empfehlen, einer bestimmten Kammer des Landgerichts die Jugendschutzsachen zugewiesen, so wird meist kein Bedürfnis zur Angehung der Jugendgerichte bestehen, weil dann ein besonders sachkundiges Gericht bereits zur Verfügung steht[8].

6. Entsprechende Anwendung der §§ 24, 25 (§ 26 Abs. 1 Satz 2). Da die §§ 24, 25 entsprechend gelten, kann vor dem Jugendrichter (Einzelrichter) Anklage erhoben werden, wo nach § 25 Anklage zum Strafrichter erhoben werden kann, und Anklage vor dem Jugendschöffengericht in den Fällen, in denen sonst nach § 24 die Sache vor das Schöffengericht gebracht werden könnte. In gleicher Weise kann nach § 74 b (unter den Voraussetzungen des § 26 Abs. 2) vor der Jugendkammer als Gericht erster Instanz Anklage insoweit erhoben werden, als nach §§ 24, 74 sonst Anklageerhebung vor der erstinstanzlichen Strafkammer zulässig oder geboten ist. Die Staatsanwaltschaft muß mithin eine in die amtsgerichtliche Zuständigkeit fallende Sache, die sie sonst wegen ihrer besonderen Bedeutung vor die Strafkammer bringen müßte, bei der Jugendkammer anklagen, wenn sie das Jugendschutzgericht angehen will (§ 24 Abs. 1 Nr. 3). Die besondere Bedeutung des Falles kann aber nicht lediglich damit begründet werden, daß eine zweite Tatsacheninstanz wegen der u. U. notwendig werdenden Wiederholung der Vernehmung kindlicher Zeugen in der Berufungsinstanz unerwünscht sei (*Dallinger/Lackner*[1] § 121, 17 JGG). Die Zuständigkeit der Jugendschutzgerichte entfällt bei Strafsachen, die zur Zuständigkeit des Schwurgerichts (§ 74 Abs. 2) gehören (oben Rdn. 6) oder zu derjenigen der mit spezieller Sachkenntnis ausgestatteten Staatsschutzstrafkammer (§ 74 a) und Wirtschaftsstrafkammer (§ 74 c); vgl. dazu LR-*Rieß* § 209 a, 37.

9

7. Die Besonderheit des Verfahrens besteht, wenn vor dem Jugendgericht Anklage erhoben ist, lediglich darin, daß das Jugendgericht — und zwar Jugendschöffengericht und Jugendkammer in der Hauptverhandlung in der gemäß § 33 Abs. 3 JGG vorgeschriebenen Besetzung, also mit Jugendschöffen — die Aufgaben zu erfüllen hat, die sonst dem entsprechenden Erwachsenengericht obliegen. Das Jugendgericht wendet also nicht Jugendstrafverfahrensrecht, sondern die allgemeinen Verfahrensvorschriften an. Es gilt mithin auch § 209 Abs. 2 StPO, wonach die Jugendkammer, wenn bei ihr gemäß § 24 Abs. 1 Nr. 3 GVG Anklage erhoben ist, unter Verneinung der besonderen Bedeutung des Falles das Hauptverfahren vor dem Jugendschöffengericht eröffnen kann, und die Strafgewalt von Jugendrichter und Jugendschöffengericht bemißt sich nach § 24 Abs. 2. Die in § 74 b Satz 2 GVG angeordnete entsprechende Anwendung des § 74 besagt, daß auch § 74 Abs. 3 anwendbar ist, d. h. daß stets die Jugendkammer über die Berufung gegen Urteile des Jugendrichters und des Jugendschöffengerichts entscheidet. Und zwar ist sie auch bei Berufung gegen Urteile des Jugendrichters mit drei Richtern und zwei Jugendschöffen besetzt (§ 33 Abs. 3, 41 Abs. 2 JGG). Denn § 76, der bei Berufung gegen ein Urteil des Strafrichters die Besetzung der (kleinen) Strafkammer abweichend regelt, ist in § 74 b nicht für entsprechend anwendbar erklärt. Es ist auch, nachdem einmal die Zuständigkeit des Jugendrichters durch Eröffnung des Hauptverfahrens begründet worden ist, nicht denkbar, daß zur Entscheidung über die Berufung ein anderes Gericht als das Jugendberufungsgericht in der dafür vorgeschriebenen Besetzung zuständig sein könnte. Es liegt daher nicht in der Macht des Präsidiums, im Weg

10

---

[8] Dazu *Dallinger/Lackner* § 121, 5 JGG; LR-*Rieß* § 209 a StPO, 31.

§ 27 GVG Gerichtsverfassungsgesetz

der Geschäftsverteilung die Entscheidung über Berufungen gegen Urteile des Jugendrichters und Jugendschöffengerichts in Jugendschutzsachen einer allgemeinen Strafkammer zuzuweisen[9]. Über Beschwerden gegen Entscheidungen des Jugendrichters und des Jugendschöffengerichts entscheidet nach § 74 b ebenfalls die Jugendkammer.

11 8. Wegen der **Öffentlichkeit** der Hauptverhandlung der Jugendgerichte in Jugendschutzsachen vgl. BGH MDR **1955** 246; wegen der Zuziehung eines zweiten Richters § 29, 12.

§ 26 a

(weggefallen).

§ 27

Im übrigen wird die Zuständigkeit und der Geschäftskreis der Amtsgerichte durch die Vorschriften dieses Gesetzes und der Prozeßordnungen bestimmt.

1 1. **Bedeutung der Vorschrift.** § 27 enthält, indem er wegen weiterer amtsgerichtlicher Zuständigkeiten außer auf andere Vorschriften des GVG und solche der „Prozeßordnungen" verweist, einen deklaratorischen Hinweis, der heute „überflüssig und unverständig" ist[1]. Die Aufnahme der Vorschrift in das GVG erklärt sich hierdurch aus den Verhältnissen z. Zt. der Schaffung des GVG. Durch sie „war die Möglichkeit gegeben, weitere Angelegenheit gesetzlich dem AG zuzuweisen und sie damit justitiabel zu machen, andererseits aber auch öffentliche Aufgaben ohne Rücksicht auf die damals noch nicht ausgeprägte Grenze zwischen Rechtsprechung und Verwaltung einer fachkundigen, objektiven staatlichen Stelle mit relativ breiter geographischer Streuung im Lande zur optimalen Erledigung zu überragen"[2].

2. **Kurzübersicht über die weiteren amtsgerichtlichen Zuständigkeiten im strafrechtlichen Bereich** (im weiteren Sinn)

2 a) **Geschäftskreis nach der StPO, dem GVG und dem JGG.** Hier ist in Strafsachen der Geschäftskreis der Richter beim Amtsgericht folgender: a) sie nehmen die im Ermittlungsverfahren erforderlichen gerichtlichen Untersuchungshandlungen und sonstigen Aufgaben vor (§§ 162, 165, 166 StPO); insbesondere entscheiden sie über körperliche Untersuchungen, Beschlagnahmen und Durchsuchungen, über Überwachung des Fernmeldeverkehrs, über die Notveräußerung beschlagnahmter Gegenstände, die vorläufige Entziehung der Fahrerlaubnis und das vorläufige Berufsverbot, die Anordnung des dinglichen Arrests zur Sicherung von Verfall oder Einziehung von Wertersatz und die Vermögensbeschlagnahme bei Staatsschutzdelikten (§§ 81 a, 81 c, 98, 100,

---

[9] OLG Saarbrücken NJW **1965** 2313; Kissel 12; Dallinger-Lackner[1] 21; Müller/Sax 2b.

[1] Eb. Schmidt Anm. zu § 27; Kissel 2.
[2] Kissel 3.

100b, 105, 111a, 111b, 111d, 132a, 443 StPO); b) sie erlassen die nach einer Festnahme erforderlichen Verfügungen (§§ 128, 129, 131 StPO) und die Haft- und Unterbringungsbefehle, die der Erhebung der öffentlichen Klage vorausgehen (§§ 125, 126, 126a StPO) und führen bei Vorführung die Vernehmung des Ergriffenen durch (§§ 115, 115a, 126a StPO); c) die Mitwirkung bei Strafaussetzung zur Bewährung kann ihnen übertragen werden (§ 462a Abs. 2 Satz 2 StPO); d) sie sind Mitglieder (Vorsitzende) des Schöffengerichts und erlassen an dessen Stelle die außerhalb (vor oder nach) der Hauptverhandlung erforderlichen Entscheidungen (§§ 29, 30 Abs. 2 GVG); e) sie erlassen die Strafbefehle (§§ 407, 408 StPO); f) sie nehmen die Handlungen der Rechtshilfe vor (§ 157 GVG; vgl. auch § 173 Abs. 3 StPO); g) Richter beim Amtsgericht können Mitglieder der auswärtigen Strafkammer und der Strafvollstreckungskammer sein (§§ 78 Abs. 2, 78b Abs. 2 GVG).

b) Erledigung durch Geschäftsstellen des Amtsgerichts. Den Amtsgerichten sind einzelne Geschäfte besonders übertragen, die die **Geschäftsstellen** zu erledigen haben, ohne daß es der Mitwirkung eines Richters bedarf (vgl. z. B. §§ 158, 299 StPO). **3**

c) Nach Vorschriften außerhalb von StPO, GVG und JGG sind den Amtsgerichten Aufgaben insbesondere übertragen a) nach § 62 OWiG die Entscheidungen über Maßnahmen der Verwaltungsbehörde im Bußgeldverfahren, wenn der Betroffene gerichtliche Entscheidung beantragt, und nach § 68 OWiG die Entscheidung nach Einspruch gegen den Bußgeldbescheid der Verwaltungsbehörde. Vgl. ferner §§ 85 Abs. 4, 87 Abs. 4, 96, 104 OWiG; b) nach §§ 21, 22, 28, 39 Abs. 2 des Gesetzes über die internationale Rechtshilfe in Strafsachen (IRG) vom 23. 12. 1982 (BGBl. I 2071) betr. Maßnahmen einer Vernehmung des nach Erlaß eines Auslieferungshaftbefehls oder nach vorläufiger Festnahme vorgeführten Verfolgten und die Vernehmung des Verfolgten zum Auslieferungsersuchen. **4**

VIERTER TITEL

Schöffengerichte

Schrifttum. *Schorn* Der Laienrichter in der Strafrechtspflege, 1955; *Rüping* Funktionen der Laienrichter im Strafverfahren, JR **1976** 269. Belehrungsliteratur für Laienrichter: *Schulz* Schöffenfibel 1954; *Grabert-Zoebe* Schöffen und Geschworene, Ein Leitfaden für den Strafprozeß, 1970; *Klausa* Ehrenamtliche Richter, 1972. S. auch LR Einl. *K. Schäfer* Kap. **15** m. weit. Schrifttumsnachw.

§ 28

Für die Verhandlung und Entscheidung der zur Zuständigkeit der Amtsgerichte gehörenden Strafsachen werden, soweit nicht der Strafrichter entscheidet, bei den Amtsgerichten Schöffengerichte gebildet.

Entstehungsgeschichte. Durch Art. II Nr. 6 PräsVerfG wurde „Amtsrichter" durch „Richter beim Amtsgericht", und durch Art. 2 Nr. 4 des 1. StVRG 1974 wurden die Worte „Richter beim Amtsgericht allein" durch „Strafrichter" ersetzt.

1 **Allgemeines zur Mitwirkung von Schöffen.** Über die Bedeutung der Mitwirkung von Schöffen im allgemeinen und die Entwicklung der das Schöffenwesen betreffenden Gesetzgebung vgl. Einleitung Kap. **15**. Der Vorbereitung der gewählten Schöffen (§ 42) auf ihre Aufgaben dienen — abgesehen von dem Vor § 28 angeführten Schrifttum und regional von der Justizverwaltung veranstalteten Informationsvorträgen — ein Merkblatt für Schöffen, das den Gewählten übersandt wird (§ 30, 4).

2 2. Wegen des **Verhältnisses der Schöffengerichte zu dem Strafrichter** s. § 25, 8. Schöffengerichte bestehen in den meisten deutschen Ländern nicht bei allen AGen. Sie sind vielmehr aufgrund des § 58 GVG bei größeren AGen, regelmäßig mindestens denen der Landgerichtsorte und der größeren Städte zusammengefaßt worden.

§ 29

(1) ¹Das Schöffengericht besteht aus dem Richter beim Amtsgericht als Vorsitzenden und zwei Schöffen. ²Ein Richter auf Probe darf im ersten Jahr nach seiner Ernennung nicht Vorsitzender sein.

(2) ¹Bei Eröffnung des Hauptverfahrens kann auf Antrag der Staatsanwaltschaft die Zuziehung eines zweiten Richters beim Amtsgericht beschlossen werden, wenn dessen Mitwirkung nach dem Umfang der Sache notwendig erscheint. ²Eines Antrages der Staatsanwaltschaft bedarf es nicht, wenn ein Gericht höherer Ordnung das Hauptverfahren vor dem Schöffengericht eröffnet.

Vierter Titel. Schöffengerichte § 29 GVG

Schrifttum: *Deisberg/Hohendorf* Das erweiterte Schöffengericht — ein Stiefkind der Strafrechtspflege, DRiZ **1984** 261.

Entstehungsgeschichte. VO vom 4. 1. 1924 § 10 (RGBl. I 16). Bek. vom 22. 3. 1924 (RGBl. I 303). VO des Reichspräs. über Maßnahmen auf dem Gebiete der Rechtspflege und Verwaltung vom 14. 6. 1932 (RGBl. I 285) erster Teil Kapitel I Art. 1 § 1 Nr. 3. Art. 1 Nr. 26 des VereinhG 1950. Art. 3 Nr. 1 des 3. StRÄG 1953. § 29 Abs. 1 Satz 2 ist angefügt durch § 85 Nr. 4 DRiG 1961. Durch Art. II Nr. 6 des PräsVerfG wurde in den Absätzen 1, 2 „Amtsrichter(s)" durch „Richter(s) beim Amtsgericht" ersetzt.

Übersicht

	Rdn.		Rdn.
I. Besetzung des Gerichts (Absatz 1)		4. Zuziehung ohne Antrag	6
1. Frauen als Schöffen	1	5. Zuständigkeit zur Entscheidung über	
2. Vorsitzender	2	die Zuziehung	7
II. Erweitertes Schöffengericht		6. Zeitpunkt der Entscheidung	8
1. Entwicklungsgeschichte. Zweck der		7. Wirkung des Zuziehungsbeschlusses	9
Vorschrift	3	8. Bestimmung des zweiten Richters . . .	10
2. Antrag der Staatsanwaltschaft	4	9. Abstimmung	11
3. Zurücknahme des Antrags	5	10. Jugendgerichtsgesetz	12

I. Besetzung des Gerichts (Absatz 1)

1. Frauen als Schöffen. § 29 Abs. 1 in der Fassg. der Bek. vom 22. 3. 1924 schrieb **1** in Satz 2 vor: „Mindestens ein Schöffe muß ein Mann sein." Eine entsprechende Vorschrift sah auch der Entw. des VereinhG 1950 (Art. 1 Nr. 25) vor; sie ist in das Gesetz nicht aufgenommen worden und wäre mit dem Grundsatz der Gleichberechtigung von Mann und Frau (Art. 3 GG) unvereinbar. Es können also beide Schöffen Frauen, aber auch beide Schöffen Männer sein, und es kann aus einer solchen Besetzung weder aus der Art des den Gegenstand des Verfahrens bildenden Delikts noch aus dem Geschlecht des Angeklagten oder Geschädigten ein Ablehnungsgrund hergeleitet werden[1]. Wenn § 33 Abs. 3 JGG bestimmt: „Als Jugendschöffen sollen zu jeder Hauptverhandlung ein Mann und eine Frau herangezogen werden," so liegt dem nicht der Gedanke zugrunde, die Gleichberechtigung von Mann und Frau schematisch zum Ausdruck zu bringen, sondern der ganz andere Gedanke, daß es gerade bei Verfehlungen Jugendlicher und Heranwachsender für die richtige Wertung der Tat erwünscht ist, wenn sie von verschiedenen Blickpunkten aus gesehen wird. Die Eigenschaft als „Frau" ist selbstverständlich kein Grund zur Ablehnung wegen Befangenheit (RG DRiZ **1929** Nr. 1120).

2. Vorsitzender. Nach § 28 Abs. 2 DRiG darf Vorsitzender eines Gerichts nur ein **2** Richter sein. Wird ein Gericht in der Besetzung mit mehreren Richtern (d. h. Berufsrichtern, § 2 DRiG) tätig, so muß ein Richter auf Lebenszeit den Vorsitz führen. Da beim einfachen Schöffengericht (§ 29 Abs. 1 Satz 1) nur ein Berufsrichter mitwirkt, kann dieser auch ein Richter auf Probe (§ 12 DRiG) oder kraft Auftrags (§ 14 DRiG) oder ein abgeordneter Richter (§ 37 DRiG) sein. § 29 Abs. 1 Satz 2 schränkt aber die Verwendung von Richtern auf Probe als Vorsitzende des Schöffengerichts dahin ein, daß ein solcher im ersten Jahr nach seiner Ernennung (i. S. des § 17 DRiG) nicht Vorsitzender sein kann

---

[1] BayObLG DRiZ **1980** 432; *Kissel* 4.

(Grundgedanke: als Vorsitzende im Schöffengericht sollen nur Richter mit einer gewissen längeren richterlichen Erfahrung tätig werden). Bei Verstoß gegen diese Vorschrift ist das Schöffengericht nicht vorschriftsmäßig besetzt (§ 338 Nr. 1 StPO). Als Vorsitzender des Schöffengerichts i. S. des § 29 Abs. 1 Satz 2 wird aber nicht der Richter tätig, der das Verfahren vor dem Schöffengericht eröffnet und andere Beschlüsse außerhalb der Hauptverhandlung an Stelle des Schöffengerichts erläßt (§ 30, 5). Für Richter kraft Auftrags gilt die Beschränkung des § 29 Abs. 1 Satz 2 nicht. Beim **erweiterten Schöffengericht** (§ 29 Abs. 2) kann nur ein Richter auf Lebenszeit den Vorsitz führen (§ 28 Abs. 2 DRiG), ein Richter auf Probe oder kraft Auftrags also nur als Beisitzer verwendet werden. Ist nach der Geschäftsverteilung Vorsitzender des Schöffengerichts ein Richter auf Probe, so muß als zweiter Richter in der Geschäftsverteilung (unten Rdn. 8) ein Richter auf Lebenszeit bestimmt sein, der dann den Vorsitz übernimmt.

II. Erweitertes Schöffengericht (Absatz 2)

3   1. **Entwicklungsgeschichte, Zweck der Vorschrift.** Das erweiterte Schöffengericht wurde durch die EmmingerVO 1924 eingeführt; dadurch sollte — nach dem Wegfall der erstinstanzlichen Strafkammer — ermöglicht werden, auch solche Sachen sachgemäß vor dem Schöffengericht zu erledigen, die nach ihrem Umfang die Kraft des im wesentlichen durch die Verhandlungsleitung in Anspruch genommenen Vorsitzenden überstiegen oder deren Bedeutung die Mitwirkung zweier Berufsrichter notwendig erscheinen ließ. Der Bedeutung dieser Sachen entsprach es, daß die Revision gegen Berufungsurteile an das Reichsgericht ging, wenn im ersten Rechtszug das erweiterte Schöffengericht geurteilt hatte. Bei der Wiedereinführung der erstinstanzlichen (großen) Strafkammer durch die 4. AusnVO — erster Teil Kap. I Art. 1, § 1 — wurde gleichzeitig das erweiterte Schöffengericht aufgehoben (§ 1 Nr. 3). Dabei blieb es auch, als das VereinhG 1950 die Möglichkeit eröffnete, an sich in die Zuständigkeit des Schöffengerichts fallende Sachen dadurch vor die erstinstanzliche (große) Strafkammer zu bringen, daß der Staatsanwalt wegen der besonderen Bedeutung des Falles Anklage beim Landgericht erhebt (§ 24 Abs. 1 Nr. 3). Die Wiedereinführung des erweiterten Schöffengerichts durch das 3. StRÄndG 1953 will den Fällen Rechnung tragen, in denen zwar nicht die besondere Bedeutung des Falles die Anklageerhebung beim Landgericht rechtfertigt, aber der Umfang der Sache (z. B. wegen der Zahl der Angeklagten oder des umfangreichen Beweismaterials) die Mitwirkung eines zweiten Richters erforderlich macht, weil es für *einen* Richter zu schwierig ist, die Verhandlung zu leiten und zugleich ihre Ergebnisse für die Beratung und die Urteilsbegründung festzuhalten. Damit will das Gesetz gleichzeitig eine Entlastung des BGH erreichen, indem vermieden werden soll, daß Sachen beim Landgericht angeklagt werden, bei denen in Wirklichkeit nicht die besondere Bedeutung, sondern nur der Umfang der Sache die Staatsanwaltschaft zur Anklage beim Landgericht veranlaßte[2]. Die Bedeutung einer Sache allein, die nicht auch in deren Umfang zum Ausdruck kommt, rechtfertigt die Zuziehung eines zweiten Richters nicht[3]. — Das erweiterte Schöffengericht ist gegenüber dem einfachen Schöffengericht, da sein Strafbann (§ 24 Abs. 2) sich nicht verändert, kein Gericht höherer Ordnung, sondern lediglich ein anders zusammengesetztes Gericht[4].

---

[2] *Dallinger* JZ **1953** 433.
[3] *Eb. Schmidt* 12; *Kissel* 14; *Kleinknecht/Meyer*[39] 3.
[4] RGSt **62** 270; KG JR **1976** 209; OLG Düsseldorf JMBlNRW **1964** 260; OLG Hamm MDR **1988** 696; *Kissel* 7.

2. Antrag der Staatsanwaltschaft. Nach § 29 Abs. 2 entscheidet der die Eröffnung 4 des Hauptverfahrens beschließende Richter beim AG über die Notwendigkeit der Heranziehung wegen des Umfangs der Sache. Damit ist — i. S. des „gesetzlichen Richters" — die Besetzung des Gerichts an gesetzliche Voraussetzungen gebunden; es entscheidet nicht freies Ermessen. Allerdings fordert das Gesetz einen Antrag des Staatsanwalts. Aber auch dieser handelt nicht nach freiem Ermessen, sondern darf seinerseits den Antrag (bei verfassungskonformer Auslegung) nur stellen, muß ihn dann aber auch stellen — was Nr. 113 Abs. 3 RiStBV deutlich macht —, wenn er die Notwendigkeit der Mitwirkung des zweiten Richters bejaht; er hat „kein Wahlrecht". Schon damit entfallen die z. T. im Schrifttum[5] gegen die Verfassungsmäßigkeit des § 29 Abs. 2 unter dem Gesichtspunkt der „beweglichen Zuständigkeit" (§ 16, 7) geäußerten Bedenken; s. im übrigen auch § 16, 12. Der Antrag wird im allgemeinen bei Einreichung der Anklageschrift gestellt werden; doch ist dies — wie nach § 29 Abs. 2 i. d. F. der Bek. von 1924 (RGSt **62** 269) — nicht erforderlich, vielmehr kann der Antrag nach Einreichung der Anklage, insbes. auf Anregung des Gerichts, bis zum Ergehen des Eröffnungsbeschlusses nachgeholt werden (h. M). Wird dem Antrag nicht stattgegeben, so begründet dies keine Anfechtbarkeit nach § 210 Abs. 2 StPO, da das erweiterte Schöffengericht gegenüber dem einfachen Schöffengericht kein Gericht höherer Ordnung, sondern nur ein anders besetztes Gericht gleicher Ordnung ist[6]. Wird (versehentlich) die Zuziehung beschlossen, ohne daß ein Antrag vorliegt, so besteht nach § 210 Abs. 2 StPO ebenfalls kein Beschwerderecht. Jedoch ist dann das Gericht nach h. M nicht vorschriftsmäßig besetzt (§ 338 Nr. 1 StPO), da es nicht darauf ankommt, ob das Gericht „besser" besetzt ist, als es dem Gesetz entspricht[7].

3. Zurücknahme des Antrags. Solange das Hauptverfahren nicht eröffnet ist, 5 kann die StA den Zuziehungsantrag zurücknehmen. Ein innerer Grund, den Antrag, der ja keinen Bestandteil der Anklage bildet, als unwiderruflich anzusehen, ist nicht erkennbar; andernfalls müßte die StA die Anklage zurücknehmen (§ 156 StPO) und erneut Anklage ohne entsprechenden Antrag erheben[8].

4. Zuziehung ohne Antrag. Eines Antrags bedarf es nicht, die Entscheidung über 6 die Zuziehung erfolgt also von Amts wegen, **wenn ein Gericht höherer Ordnung** das Hauptverfahren vor dem Schöffengericht **eröffnet** (§§ 209, 210 Abs. 2 StPO); in diesem Falle trifft das eröffnende Gericht, nicht der Vorsitzende des Schöffengerichts die Entscheidung über die Zuziehung des zweiten Richters[9], und die Entscheidung des eröffnenden Gerichts kann auch hier nicht deshalb nach § 210 Abs. 2 StPO angefochten werden, weil die Zuziehung eines zweiten Richters nicht beschlossen worden ist[10].

5. Zuständigkeit zur Entscheidung über die Zuziehung. Über die Zuziehung ent- 7 scheidet der Richter der nach der Geschäftsverteilung zuständigen Schöffenabteilung.

---

[5] Bettermann in „Die Grundrechte" III 2, 571; Schorn Der Schutz der Menschenwürde im Strafverf. 43.
[6] Rdn. 3; RGSt **62** 270; KG JR **1976** 209; Kissel 17; Kleinknecht/Meyer³⁹ 6.
[7] So BAG NJW **1961** 1945; OLG Bremen NJW **1958** 432; OLG Düsseldorf JMBlNRW **1964** 260; Kissel 13; Kleinknecht/Meyer³⁹ 6.
[8] Ebenso Kissel 13; Kleinknecht/Meyer³⁹ 3; Eb. Schmidt 7; a. M Dallinger JZ **1953** 433 Fn. 13.
[9] Ebenso KG JR **1976** 209; OLG Bremen NJW **1958** 432; Eb. Schmidt 12; a. M Kern GA **1953** 45.
[10] KG JR **1976** 209.

Es ist nicht unzulässig, im Geschäftsverteilungsplan einer bestimmten Abteilung diejenigen Sachen zuzuweisen, in denen bei Erhebung der Anklage die Staatsanwaltschaft den Antrag nach § 29 Abs. 2 stellt[11].

8   6. **Zeitpunkt der Entscheidung.** Die Zuziehung kann nur **gleichzeitig mit der Eröffnung** beschlossen werden. Nach Eröffnung ist eine nachträgliche Zuziehung ausgeschlossen; das gebietet der Grundsatz des gesetzlichen Richters, Art. 101 Abs. 1 Satz 2 GG[12]. Infolgedessen entfällt die Möglichkeit einer Zuziehung überall da, wo eine Sache ohne vorangegangenen Eröffnungsbeschluß zur Aburteilung an das Schöffengericht gelangt[13], also im beschleunigten Verfahren (§ 212 a StPO), im Verfahren nach Erlaß eines Strafbefehls (§ 411 StPO), bei Nachtragsanklage (§ 266 Abs. 1 StPO) und nach Zurückverweisung einer Sache an das Schöffengericht durch das Rechtsmittelgericht (§ 328 Abs. 2, § 354 Abs. 2 StPO — bei Sprungrevision). Dem zurückverweisenden Rechtsmittelgericht steht ebenfalls nicht das Recht zu, die Sache an das erweiterte Schöffengericht zurückzuverweisen, wenn im ersten Rechtszug das einfach besetzte Schöffengericht geurteilt hat, denn § 29 Abs. 2 hat mit gutem Grund die Entscheidung, ob der Umfang der Sache die Zuziehung eines zweiten Richters fordert, in die Beurteilung des das Hauptverfahren eröffnenden Gerichts gestellt[14]. Die Möglichkeit einer Zuziehung entfällt auch, wenn der Strafrichter wegen Überschreitung seiner sachlichen Zuständigkeit die Sache an das Schöffengericht verweist, denn der Verweisungsbeschluß hat zwar die Wirkung eines Eröffnungsbeschlusses (§ 270 Abs. 3 StPO), ist aber kein solcher[15]. Die die Zuziehung des zweiten Richters anordnende oder ablehnende Entscheidung ist als Bestandteil des Eröffnungsbeschlusses nicht anfechtbar[16].

9   7. **Wirkung des Zuziehungsbeschlusses.** Der Zuziehungsbeschluß bewirkt, daß das Schöffengericht in der Hauptverhandlung nur ordnungsgemäß besetzt ist, wenn ein zweiter Richter mitwirkt. Werden mehrere Sachen verbunden, so muß die Hauptverhandlung mit zwei Richtern stattfinden, wenn dies auch nur in einer der Sachen beschlossen war, gleichviel vor welchem Schöffengericht verhandelt wird[17]. Der einmal erlassene Beschluß kann (in der Zeit zwischen Eröffnungsbeschluß und Hauptverhandlung) selbstverständlich nicht wieder aufgehoben werden; das verstieße gegen Art. 101 Absatz 1 Satz 2 GG. Abweichend von dem Recht der VO 1924 (oben 3) ändert sich nichts an der Zuständigkeit des OLG zur Entscheidung über die Revision (§ 121 Abs. 1 Nr. 1 b GVG). Die einmal begründete Zuständigkeit des erweiterten Schöffengerichts bleibt auch bei Zurückverweisung der Sache an die erste Instanz durch das Rechtsmittelgericht und ebenso für die erneute Hauptverhandlung im Wiederaufnahmeverfahren sowie im Nachverfahren (§§ 439, 441 StPO) bestehen.

10   8. **Bestimmung des zweiten Richters.** Welcher Richter als zweiter Richter zur Mitwirkung (als Beisitzer) berufen ist, bestimmt die Geschäftsverteilung des Amtsgerichts

---

[11] Vgl. dazu die Bedenken bei *Meyer* DRiZ **1969** 284.

[12] So mit Recht *Dallinger* JZ **1953** 434; *Kleinknecht/Meyer*[39] 5; *Kissel* 13; *Eb. Schmidt* 7 und für das frühere Recht RGSt **62** 269.

[13] OLG Düsseldorf JMBlNRW **1964** 260; LR-*Rieß* § 212, 10 StPO; *Kleinknecht/Meyer*[39] 6; *Kissel* 19; **a. M** KMR *Paulus* StPO § 212, 2; *Deisberg/Hohendorf* DRiZ **1984** 264.

[14] Ebenso *Dallinger* JZ **1953** 414 Anm. 14; *Kleinknecht/Meyer*[39] 5.

[15] H. M; **a. M** *Deisberg/Hohendorf* DRiZ **1984** 265.

[16] H. M; s. z. B. *Eb. Schmidt* 13 und oben Rdn. 4.

[17] *Dallinger* JZ **1953** 433; *Kissel* 20; *Kleinknecht/Meyer*[39] 5.

(§ 21 b). Sie muß, wenn mehrere Richter benannt sind, die Reihenfolge festlegen, in der sie zum Zuge kommen (s. auch oben Rdn. 2, 7).

9. Wegen der **Abstimmung** beim erweiterten Schöffengericht vgl. § 196 Abs. 4 **11** GVG; über die Frage, wie Meinungsverschiedenheiten auszutragen sind, die nach der Hauptverhandlung zwischen den beiden Amtsrichtern über die Abfassung des Urteils hervortreten, vgl. § 30, 7.

10. Das **Jugendgerichtsgesetz** kennt kein erweitertes Jugendschöffengericht (§ 33 **12** Abs. 3); statt dessen ist in § 40 Abs. 2 dem Jugendschöffengericht das Recht eingeräumt, bis zur Eröffnung des Hauptverfahrens von Amts wegen die Sache der Jugendkammer vorzulegen, ob sie sie wegen ihres besonderen Umfangs übernehmen will. Wird aber vor dem Jugendschöffengericht in einer Jugendschutzsache (§ 26 GVG) Anklage erhoben, so kann wohl auch die Zuziehung eines zweiten Richters beantragt werden, da dann für das Verfahren die allgemeinen Vorschriften des Erwachsenenverfahrensrechts gelten; und so gut wegen der besonderen *Bedeutung* einer Sache Anklage vor der Jugendkammer erhoben werden kann (§ 26 Abs. 1 Satz 2, § 24 Abs. 1 Nr. 3 GVG), ebensogut kann wohl auch wegen des besonderen Umfangs der Antrag nach § 29 Abs. 2 gestellt werden; die herrschende Meinung lehnt diese Folgerung indessen ab[18].

§ 30

(1) Insoweit das Gesetz nicht Ausnahmen bestimmt, üben die Schöffen während der Hauptverhandlung das Richteramt in vollem Umfang und mit gleichem Stimmrecht wie die Richter beim Amtsgericht aus und nehmen auch an den im Laufe einer Hauptverhandlung zu erlassenden Entscheidungen teil, die in keiner Beziehung zu der Urteilsfällung stehen, und die auch ohne mündliche Verhandlung erlassen werden können.

(2) Die außerhalb der Hauptverhandlung erforderlichen Entscheidungen werden von dem Richter beim Amtsgericht erlassen.

Entstehungsgeschichte. Durch Art. II Nr. 6 PräsVerfG ist in Absatz 1, 2 „Amtsrichter" durch „Richter beim Amtsgericht" ersetzt worden.

1. Mitwirkung der Schöffen während der Hauptverhandlung (Absatz 1)
a) **Grundsatz.** Bei der Urteilsfällung und den das Urteil ergänzenden und mit **1** dem Erlaß des Urteils zu verbindenden Beschlüssen (§§ 268 a, 268 b, 456 c StPO) wirken die Schöffen uneingeschränkt in gleichem Umfang mit wie die Berufsrichter. Ihre Mitwirkung erstreckt sich aber auch auf alle sonstigen im Laufe der Hauptverhandlung zu erlassenden **Beschlüsse.** So entscheiden z. B. die Schöffen auch darüber mit, ob beim Ausbleiben des Beschuldigten ein Haftbefehl nach § 230 Abs. 2 zu erlassen[1], ob zur Verhandlung zu schreiten (StPO § 232), ob eine Zeugnisverweigerung als berechtigt anzusehen ist, ob eine Vorlegung an das BVerfG nach Art. 100 Absatz 1 GG, § 80 BVerfGG zu erfolgen hat[2]. Es macht dabei nach der ausdrücklichen Bestimmung des Gesetzes keinen Unterschied, ob eine Entscheidung in Beziehung zu der Urteilsfällung steht oder

---

[18] *Dallinger/Lackner* § 33, 6 JGG; *Eb. Schmidt* 5; *Potrykus* NJW **1956** 656; *Kissel* 12.

[1] OLG Bremen MDR **1960** 244.
[2] BVerfGE **19** 71 = MDR **1965** 722.

nicht; daher haben die Schöffen auch bei den Entscheidungen mitzuwirken, die bei Ausübung der Sitzungspolizei vom Gericht zu treffen sind (vgl. §§ 177 Satz 2 Halbsatz 2, 178 Abs. 2 Halbsatz 2). Eine Ausnahme gilt nur bei der Entscheidung über Ausschließung oder Ablehnung von Schöffen (§ 31 Abs. 2 StPO). Eine besondere Lage ergibt sich, wenn während der Hauptverhandlung vor dem Schöffengericht die Staatsanwaltschaft gemäß § 408 a StPO einen Strafbefehlsantrag stellt und der Richter ihm gemäß § 408 a Abs. 2 entspricht oder ihn ablehnt; mit *Rieß* JR **1988** 135 und JR **1989** 172 Fußn. 12 ist wohl davon auszugehen, daß es sich hier dogmatisch nicht um einen Bestandteil der Hauptverhandlung, sondern eine außerhalb der Hauptverhandlung erforderliche Entscheidung (§ 30 Abs. 2) handelt und deshalb die Schöffen nicht mitwirken.

2   **b) Umfang der Mitwirkung.** Abgesehen von der Beteiligung an den zu erlassenden Entscheidungen steht den Schöffen das Recht der unmittelbaren Befragung von Angeklagten, Zeugen und Sachverständigen zu (§ 240 Abs. 2 StPO). Der Vorsitzende hat die Verhandlung so zu führen, daß die Laienrichter ihm folgen können (Nr. 126 Abs. 2 RiStBV). Wegen der Abstimmung vgl. § 197 und wegen der erforderlichen Stimmenzahl § 263 StPO.

2a   **c) Aktenkenntnis der Schöffen.** Da dem Vorsitzenden (beim erweiterten Schöffengericht dem zweiten Richter und bei großen Strafkammern den beiden Beisitzern — dazu § 77 Abs. 1 —) unzweifelhaft das Recht der Kenntnis des Inhalts des Ermittlungs- und des Eröffnungsverfahrens einschließlich des Inhalts des Ermittlungsergebnisses der Anklageschrift zusteht, würde sich aus dem Wortlaut des § 30 Abs. 1 ergeben, daß diese Befugnis auch den Schöffen zukommt. Diese Folgerung hat jedoch, wie in LR-*Gollwitzer* § 261 StPO, 31 und LR-*K. Schäfer* Einl Kap **13** 61 dargestellt, die Rechtsprechung des RG und des BGH nicht gezogen, sondern einen Verstoß gegen die Grundsätze der Unmittelbarkeit und Mündlichkeit (§§ 249, 261 StPO) darin gesehen, wenn die mitwirkenden Laienrichter vor oder während der Hauptverhandlung in das Ermittlungsergebnis der Anklageschrift Einblick nehmen — und zwar selbst dann, wenn dies nur dadurch möglich war, weil der Schöffe dem armamputierten Richter beim Umblättern der Akten half (BGHSt **13** 73) — weil diese Lektüre geeignet sei, die Unbefangenheit der Laienrichter im Sinne einer Vorverurteilung zu beeinträchtigen.

2b   Dieses Problem ist hier, da die Argumente nicht dem GVG sondern der StPO entnommen sind, nur zu streifen. Waren schon früher im Schrifttum **Einwendungen** gegen diese Rechtsprechung erhoben worden (Nachw. z. B. Einl.Kap. **13** Fußn. 108), so verstärkten sie sich, als zunächst § 249 Abs. 2 StPO i. d. F. des StVÄG 1979 in gewissem Umfang das sog. Selbstleseverfahren von Urkunden zuließ und das StVÄG 1987 durch nochmalige Änderung des § 249 Abs. 2 die für Schöffen noch bestehende Beschränkung („Schöffen ist hierzu erst nach Verlesung des Anklagesatzes Gelegenheit zu geben") beseitigte. Die Begründung des RegEntw. (BTDrucks. **10** 1313 S. 29) führt zu der letzteren Maßnahme an: es könne „abweichend von der sehr starren und schematischen Regelung des geltenden Rechts" zweckmäßig sein, daß die Schöffen auch schon vor Verlesung des Anklagesatzes „in besonders gelagerten Einzelfällen" Kenntnis nehmen: „die Neufassung stellt klar, daß dies rechtlich nicht unzulässig ist". Die unmittelbare Beziehung der Neufassung des § 249 Abs. 2 StPO zu dem Problem einer Befangenheit des Schöffen durch die bloße Erlangung der Kenntnis von der Darstellung des Ermittlungsergebnisses in der Anklageschrift ergibt sich daraus, daß „die ohnehin problematische Bewertung der Voreingenommenheitsgefahr in der Situation, die BGHSt **13** 73 zugrunde lag, wohl kaum noch haltbar" ist (*Rieß* JR **1987** 392, 393). Eine Wende der oberstgerichtlichen Rechtsprechung bei der Beurteilung der Befangenheitsfrage scheint sich anzubahnen. Schon die (unveröffentlichte) Entscheidung des BGH vom 27. 8. 1968

Stand: 1. 5. 1990

— 1 StR 361/68 — hatte ausgesprochen, daß zwischen der dauernden Überlassung der Anklageschrift an die Schöffen und deren (einmaliger) Verlesung unterschieden werden müsse, weil „durch ein einmaliges Verlesen ... auch Laienrichter regelmäßig nicht so stark beeinträchtigt werden, daß sie das wirkliche Ergebnis der Hauptverhandlung nicht mehr unbefangen in sich aufnehmen können". Unter Berufung auf diese Entscheidung wies BGH NJW **1987** 1209[3] eine Revisionsrüge zurück, die darauf gestützt war, das Urteil beruhe auf der Verlesung eines Anklagesatzes, der deshalb nicht dem Gesetz entspreche, weil der Anklagesatz eine Beweiswürdigung enthalte, so daß in der Hauptverhandlung gemäß § 243 Abs. 3 Satz 1 StPO ein nicht dem Gesetz entsprechender Anklagesatz verlesen wurde. Die Begründung ist allerdings einzelfallbezogen: der verlesene Anklagesatz richtete sich gegen eine Mehrzahl von Angeklagten, umfaßte 32 Schreibmaschinenseiten, und die Hauptverhandlung dauerte 30 Tage; unter diesen Umständen scheide aus, daß der verlesene Anklagesatz noch irgendwie überzeugungsbildende Kraft habe entfalten können. Für die hier bei der Auslegung des § 30 in Frage stehende „Befangenheits"-Rechtsprechung ist aber der allgemeine Ausspruch in BGH NJW **1987** 1209 von Bedeutung, es könne „dahingestellt bleiben, ob die vom RG übernommene Rechtsprechung des BGH[4] in vollem Umfang aufrechtzuerhalten ist oder der Nachprüfung bedarf". Auf die Folgerungen, die *Rieß* in der Anm. zu BGH JR **1987** 389 behandelt, ist bereits oben hingewiesen worden. Auch im übrigen hat im Schrifttum die Zahl der Autoren, die für die dem Wortlaut des § 30 entsprechende Gleichstellung der Schöffen mit den Berufsrichtern, mit denen sie die Verantwortung für die richtige Entscheidung teilen, in neuer und neuester Zeit sich so vermehrt[5], daß sie sich in Verbindung mit den früheren Opponenten wohl schon einer herrschenden Meinung nähert.

d) Befugnisse des Vorsitzenden. Die Bestimmungen, durch die gewisse Verfügungen dem Vorsitzenden als solchem übertragen sind (vgl. z. B. §§ 231 Abs. 1, 238 Abs. 1 StPO; §§ 176, 177, 178 Abs. 2 GVG) gelten selbstverständlich auch für das Schöffengericht und werden von § 30 nicht berührt. **3**

e) Merkblatt. Um die Schöffen von vornherein über ihre Aufgaben und Obliegenheiten zu unterrichten, ist im Verwaltungsweg ein Merkblatt geschaffen worden, das ihnen bei der Benachrichtigung von ihrer Wahl übermittelt wird (Nr. 126 Abs. 1 RiStBV und die die Vorbereitungen der Sitzungen der Schöffengerichte und Strafkammern regelnden landesrechtlichen Justizverwaltungsvorschriften). **4**

2. Mitwirkung der Schöffen außerhalb der Hauptverhandlung (Absatz 2)

a) Grundsatz. Wenngleich während der Hauptverhandlung die Schöffen auch bei den Beschlüssen mitzuwirken haben, so ist der eigentliche Zweck ihrer Berufung doch nur der, an der Urteilsfällung teilzunehmen. Demgemäß tritt das Schöffengericht nur zur Hauptverhandlung und Urteilsfällung zusammen; außerhalb der Hauptverhandlung handelt und entscheidet der Richter an Stelle des Schöffengerichts (aber nicht als dessen „Vorsitzender"; *Eb. Schmidt*[6]), und zwar bei mehrgliedrigen Amtsgerichten der Richter, der geschäftsplanmäßig dazu bestimmt ist (dazu § 29, 2). **5**

b) Zum Begriff „außerhalb der Hauptverhandlung". Absatz 2 gilt gleichmäßig für die Entscheidungen, die vor der Hauptverhandlung, wie für die, die nachher zu erlassen sind. Insbesondere beschließt der Richter beim Amtsgericht an Stelle des Schöffenge- **6**

---

[3] = JR **1987** 389 mit Anm. *Rieß* = MDR **1987** 336.
[4] RGSt **69** 120; BGHSt **5** 261; **13** 73.
[5] Vgl. z.B. *Kissel* 3, 4; KK-*Kissel*[2] 2; *Kleinknecht/Meyer*[39] 2; *Volk* FS Dünnebier 382.

richts über die Eröffnung des Hauptverfahrens (§§ 199 ff StPO). Wegen des Sonderfalles der Bescheidung eines Antrags nach § 408 a StPO s. oben Rdn. 1 am Ende. Von den Entscheidungen, die der Hauptverhandlung nachfolgen, sind hervorzuheben die die Wiederaufnahme des Verfahrens betreffenden (§§ 367 ff StPO), soweit nach § 140 a ein Schöffengericht zuständig ist, sowie die richterlichen Entscheidungen, die bei der Strafvollstreckung und nach einer Strafaussetzung zur Bewährung notwendig werden, soweit nach § 462 a StPO das Schöffengericht als Gericht des ersten Rechtszuges dafür zuständig ist. Auch die Nachholung der in der Hauptverhandlung unterbliebenen Beschlußfassung über die Verpflichtung der Staatskasse zur Entschädigung für Strafverfolgungsmaßnahmen (§ 8 Abs. 1 Satz 2 StrEG) gehört hierher. Absatz 2 findet auch Anwendung, wenn es sich um die zulässige Zurücknahme eines Beschlusses des Schöffengerichts handelt; so darf der Richter beim AG den Beschluß, durch den das Schöffengericht gegen einen ausgebliebenen Zeugen Ordnungsmittel festgesetzt hat, im Falle der nachträglichen Entschuldigung des Zeugen (§ 51 Abs. 2 StPO) wieder aufheben (h. M). Auch wenn eine Hauptverhandlung unterbrochen ist, entscheidet der Richter beim AG allein über Anordnungen, die nicht im Laufe einer Hauptverhandlung erlassen werden müssen, in keiner Beziehung zur Urteilsfällung stehen und auch ohne mündliche Verhandlung erlassen werden können, z. B. über Anordnung oder Fortdauer der Untersuchungshaft (*Kleinknecht/Meyer*[39] 3) und über die Unterbrechung nach § 229 Abs. 2 StPO (BGHSt 34 154, 155).

7 **c) Erweitertes Schöffengericht** (§ 29 Abs. 2). Daß außerhalb der Hauptverhandlung der Richter allein entscheidet, gilt auch für das erweiterte Schöffengericht. Welcher Richter außerhalb der Hauptverhandlung entscheidet, richtet sich nach der Geschäftsverteilung (*Eb. Schmidt* 6). Zweifel bestehen darüber, wie ein Streit über die Abfassung des Urteils zu lösen ist, der zwischen den beiden in der Hauptverhandlung mitwirkenden Richtern entsteht[6]. Der einzig mögliche Weg zur Lösung des Streites ist der, daß „das Schöffengericht" (einschließlich der Schöffen) nochmals zusammentritt und über die Fassung entscheidet[7].

§ 31

[1]Das Amt eines Schöffen ist ein Ehrenamt. [2]Es kann nur von Deutschen versehen werden.

1 **1. Ehrenamt.** Schöffen sind **ehrenamtliche Richter** i. S. der §§ 44, 45 DRiG. Nach § 45 a DRiG führen alle ehrenamtlichen Richter in der Strafgerichtsbarkeit die Bezeichnung „Schöffe" (die frühere Bezeichnung „Geschworener" für die in Schwurgerichtssachen tätigen ehrenamtlichen Richter ist weggefallen). Jedoch unterscheidet das Gesetz, zwischen „Schöffen für das Schöffengericht" und „Schöffen für die Strafkammer" (vgl. §§ 43, 44, 77). Die Kennzeichnung als **Ehrenamt** bedeutet, daß es unentgeltlich zu versehen ist (Begr. 43). Daran ändert auch nichts die nach § 55 zu gewährende Entschädigung, obwohl sie auch einen etwaigen Verdienstausfall umfaßt. Denn diese Entschädigung bedeutet keine Entlohnung, sondern lediglich einen Ersatz des sonst entstehenden Schadens.

---

[6] Dazu *Sachs* DRiZ **1925** 154; *Kroffebert* und *Knoth* DRiZ **1926** 176, 177.

[7] Ebenso *Eb. Schmidt* § 29, 15.

2. Straf- und haftungsrechtliche Stellung. Schöffen als ehrenamtliche Richter sind 2 gemäß § 11 Abs. 1 Nr. 2, 3 StGB sowohl Amtsträger wie auch Richter im Sinne solcher Vorschriften des Strafgesetzbuches, die Straftaten von Amtsträgern oder Richtern oder Straftaten gegen Amtsträger oder Richter betreffen, oder in denen Amtsträger oder Richter als Begünstigte einer Straftat besonders genannt sind; hier sind insbesondere die §§ 331 (Vorteilsannahme), 332 (Bestechlichkeit), 333 (Vorteilsgewährung), 334 (Bestechung) und 336 StGB (Rechtsbeugung) zu nennen. Wegen der Haftung für Amtspflichtverletzungen der Schöffen vgl. RG JW **1924** 192.

3. Der Begriff „Deutscher" (Satz 2) ist der gleiche wie der des „Deutschen" in 3 § 7 StGB und des für Berufsrichter geltenden § 9 Nr. 1 DRiG, so daß wegen der Einzelheiten in erster Linie auf die Erläuterungswerke zum Strafgesetzbuch[1] verwiesen werden kann. Er bestimmt sich nach der Erweiterung des Begriffs des Deutschen durch Art. 116 GG, wonach insbesondere auch die Bewohner der DDR „Deutsche" sind (s. aber § 33 Nr. 3). Daß der deutsche Schöffe auch der deutschen Sprache mächtig ist, ist keine gesetzliche Voraussetzung für die Berufung zu dem Amt; es ist dann aber nach § 185 zu verfahren[2].

4. Ausländer und Staatenlose — Nichtdeutsche — sind, wie der Wortlaut der Be- 4 stimmung („kann nur") ergibt, unfähig zum Schöffenamt; die Mitwirkung eines Nichtdeutschen als Schöffen ist unbedingter Revisionsgrund i. S. des § 338 Nr. 1 StPO (3 Vor §§ 32 bis 35 und § 32, 2). Besitzt ein Deutscher zugleich eine außerdeutsche Staatsangehörigkeit, so ist er schöffenfähig[3].

Vorbemerkungen
zu §§ 32 bis 35

1. Über die entsprechende Anwendung der §§ 32 bis 35 auf die Schöffen bei der 1 Strafkammer s. § 77.

2. Allgemeiner Zugang zum Ehrenamt. Das GVG hat den von den meisten der 2 früheren Landesgesetze vor dem 1. 10. 1879 befolgten Grundsatz, den Kreis der zum Schöffenamt zu berufenden Personen durch Aufstellung besonderer Voraussetzungen (z. B. Vorhandensein eines bestimmten Vermögens oder einer gewissen Bildung) zu beschränken, vollständig aufgegeben. Die Gewähr dafür, daß zu Schöffen nur Personen berufen werden, die die zu diesen Ämtern erforderlichen Eigenschaften besitzen, soll das vorgeschriebene Wahlverfahren bieten — und darüber hinaus im Anwendungsbereich der Rügepräklusion (§ 222 a StPO) die vorgesehene Besetzungsmitteilung mit der Gelegenheit ihrer Nachprüfung. Schon seit langem schlugen frühere Reformentwürfe (dazu LR[22] Vor §§ 32 bis 35, 2) gesetzliche Richtlinien vor, die die gleichmäßige Heranziehung aller Bevölkerungskreise und -schichten gewährleisten sollten. In Anknüpfung an solche Vorschläge und auch zur Verwirklichung des Art. 3 GG sieht § 36 Abs. 2 vor,

---

[1] Z. B. *Dreher/Tröndle*[44] § 7, 2; 3.
[2] RGSt **30** 399; *Kissel* 11 – h. M –; a. M *Eb. Schmidt* 4; *Kleinknecht/Meyer*[39] 3.
[3] H. M; z. B. RGSt **25** 415; RG JW **1924** 1529.

daß die von der Gemeinde aufzustellende Vorschlagsliste für Schöffen alle Gruppen der Bevölkerung nach Geschlecht, Alter, Beruf und sozialer Stellung angemessen berücksichtigen soll; diese Vorschrift richtet sich gemäß § 42 Abs. 2 auch an den Wahlausschuß bei der Auswahl der vorgeschlagenen Schöffen. Mit §§ 36 Abs. 2, 42 Abs. 2 („angemessen berücksichtigen") steht es im Einklang, wenn III 6 der Gemeinsamen Verfügung des Niedersächsischen Justiz- und Innenministers vom 17. 3. 1976 (§ 57, 2) auch darauf hinweist, es sei bei der Wahl — und für die Aufstellung der Vorschlagsliste kann nichts anderes gelten — darauf zu achten, „daß die zu Wählenden nach ihrer körperlichen und geistigen Veranlagung und ihrer im praktischen Leben bewiesenen Tüchtigkeit in der Lage sind, den hohen Anforderungen des Richteramts zu genügen". Eine Reihe der durch das 1. StVRG 1974 durchgeführten Änderungen schöffenrechtlicher Vorschriften (vgl. § 33 Nr. 2, § 34 Abs. 3 Nr. 7, § 35 Nr. 2, § 43 Abs. 2) beruht (auch) auf dem Bestreben, zu vermeiden, daß weitgehend immer die gleichen Personen zu Schöffen vorgeschlagen und gewählt werden und dient so den gesetzgeberischen Intentionen (§§ 36 Abs. 2, 42 Abs. 2) nach Heranziehung eines möglichst breitgefächerten Personenkreises zum Schöffenamt.

3   3. **Schöffenunfähigkeit. Schöffenungeeignetheit. Ablehnung der Berufung.** Das Gesetz unterscheidet zwischen Personen, die zu dem Schöffenamt unfähig sind (§ 31 Satz 2, § 32), Personen, die nicht berufen werden sollen — sog. Schöffenungeeignetheit — (§§ 33, 34) und Personen, die die Berufung ablehnen dürfen (§ 35). Unfähige Personen dürfen als Schöffen im Verfahren nicht mitwirken; wirkt eine solche Person gleichwohl mit, so begründet dies die Verfahrensrüge (§ 344 Abs. 2 StPO) der vorschriftswidrigen Besetzung des Gerichts (§ 388 Nr. 1 StPO) und zwar unabhängig davon, ob es in einem Verfahren nach § 52 zu einer Streichung von der Schöffenliste gekommen ist, und auch unabhängig davon, ob ein solches Verfahren überhaupt eingeleitet war[1]. Personen, die nicht zum Schöffendienst berufen werden sollen, sind dagegen zu diesem Dienst nicht unfähig. Die Rücksichten, aus denen ihre Berufung verhindert werden soll, sind nicht von solcher Bedeutung, daß ihre Nichtbeachtung das Urteil anfechtbar macht. Immerhin beruhen aber auch diese Rücksichten auf dem öffentlichen Interesse; deshalb ist die Streichung von der Schöffenliste wegen des Eintretens oder Bekanntwerdens von Umständen, bei deren Vorhandensein eine Berufung zum Schöffenamt nicht erfolgen soll (§ 52 Abs. 1 Nr. 2), nicht an den Antrag des Beteiligten und an keine Frist gebunden (§ 52). Die Personen endlich, die die Berufung ablehnen dürfen, finden nur Berücksichtigung aus gewissen Billigkeitsrücksichten, die mit den Interessen der Rechtspflege nicht im Zusammenhang stehen. Die Ablehnungsgründe brauchen nicht, aber sie können bei Auswahl der zu berufenden Personen von Amts wegen berücksichtigt werden. Werden sie nicht schon von Amts wegen bei Aufstellung der Vorschlags- und Schöffenlisten berücksichtigt, so müssen sie von den Beteiligten binnen einer Ausschlußfrist geltend gemacht werden (§ 53).

4   4. Wird die unter **Mitwirkung eines unfähigen Schöffen erlassene Entscheidung** nicht mit dem gesetzlichen Rechtsmittel angefochten oder ist sie überhaupt nicht anfechtbar, so ist sie wirksam; die Rechtskraft heilt den Mangel. Von einer Nichtigkeit des rechtskräftigen Urteils (dazu Einleitung Kap. **16** 9 a) kann keine Rede sein[2].

---

[1] BGHSt **27** 105, 107; BGHSt **35** 28 = NStZ **1987** 566; s. auch § 32, 8 und LR-*Hanack* § 338 StPO, 33.

[2] H. M; z. B. *Kissel* § 32, 1; *Kleinknecht/Meyer*[39] § 32, 7; *Eb. Schmidt* § 32, 6; **a. M** *Steinbeck* GA **76** (1932) 12; *Schorn* Laienrichter 51 ff.

5. Ausschließung. Ablehnung. Verschieden von den Fällen der Untauglichkeit **5** zum Schöffenamt nach den §§ 33 bis 35 ist der Fall, daß in einer einzelnen Strafsache die Ausschließung oder Ablehnung eines Schöffen begründet ist; hierüber s. § 31 StPO.

§ 32

Unfähig zu dem Amt eines Schöffen sind:
1. Personen, die infolge Richterspruchs die Fähigkeit zur Bekleidung öffentlicher Ämter nicht besitzen oder wegen einer vorsätzlichen Tat zu einer Freiheitsstrafe von mehr als sechs Monaten verurteilt sind;
2. Personen, gegen die ein Ermittlungsverfahren wegen einer Tat schwebt, die den Verlust der Fähigkeit zur Bekleidung öffentlicher Ämter zur Folge haben kann;
3. Personen, die infolge gerichtlicher Anordnung in der Verfügung über ihr Vermögen beschränkt sind.

Entstehungsgeschichte. Das VereinhG 1950 erweiterte die Unfähigkeitsgründe durch Änderung der Nr. 1 und 2. Durch das 1. StRG 1969 wurden die Nr. 1, 2 neu gefaßt. Es lauteten zuvor a) Nr. 1: „Personen, welche die Befähigung infolge strafgerichtlicher Verurteilung verloren haben oder wegen eines Verbrechens oder eines vorsätzlichen Vergehens zu... verurteilt sind"; b) Nr. 2: „Personen, gegen die ein Ermittlungsverfahren wegen eines Verbrechens oder Vergehens schwebt, das die Aberkennung der bürgerlichen Ehrenrechte oder der Fähigkeit... haben kann".

Übersicht

	Rdn.		Rdn.
1. Begriff der Unfähigkeit	1	4. Schwebende Strafverfahren (Nummer 2)	
2. Maßgebender Zeitpunkt	2	a) Bedeutung der Vorschrift	6
3. Amtsunfähigkeit, erhebliche Bestrafung (Nummer 1)		b) Bedenken gegen die Verfassungsmäßigkeit	7
a) Grundsatz	3	c) Schattenseiten	8
b) Unfähigkeit als Folge des Verlusts der Amtsfähigkeit	4	d) Verwaltungsmaßnahmen	8a
c) Unfähigkeit als Folge der Verurteilung wegen vorsätzlicher Tat	5	e) Ermittlungsverfahren	9
		f) Beurteilungsmaßstab	10
		5. Verfügungsbeschränkung infolge gerichtlicher Anordnung (Nummer 3)	11

1. Wegen des **Begriffs der „Unfähigkeit"** vgl. Vor §§ 32 bis 35, 1 ff insbes. 3. Die **1** Gründe der Unfähigkeit sind in § 31 (fehlende deutsche Staatsangehörigkeit, dort Rdn. 3) und § 32 erschöpfend aufgeführt. Körperliche und geistige Gebrechen fallen, soweit nicht § 32 Nr. 3 vorliegt, nur unter § 33 Nr. 4[1]. S. dazu aber auch Vor §§ 32 bis 35, 2.

2. Maßgebender Zeitpunkt für das Vorliegen der Unfähigkeit und die Folgen für **2** das Urteil (§ 338 Nr. 1 StPO) ist der der tatsächlichen Ausübung des Schöffenamts, nicht der Zeitpunkt der Bildung der Schöffenliste[2]. Auf die Fernhaltung unfähiger Schöffen

---

[1] RGSt **22** 106; **30** 399; a. M *Oetker* GA **49** (1903) 98.
[2] RGSt **2** 241; **21** 292; h. M; a. M *Friedländer* GerS **46** (1892) 433.

ist zwar in allen Stadien von der Aufstellung der Vorschlagsliste an von Amts wegen zu achten[3]; die Nachprüfung eines Urteils erfolgt aber nur auf entsprechende Verfahrensrüge. Wegen der Streichung von der Schöffenliste bei Eintritt oder Bekanntwerden der Schöffenunfähigkeit s. § 52 Abs. 1 Nr. 1.

3. Amtsunfähigkeit; erhebliche Bestrafung (Nr. 1)

3 a) **Grundsatz.** Hier unterscheidet das Gesetz zwei Gründe der Schöffenunfähigkeit, nämlich a) Nichtbesitz der Fähigkeit zur Bekleidung öffentlicher Ämter infolge Richterspruchs, b) Verurteilung wegen einer vorsätzlichen Tat zu einer Freiheitsstrafe von mehr als sechs Monaten. In beiden Fällen knüpft die Folge der Schöffenunfähigkeit nur an die Verurteilung durch ein Strafgericht im räumlichen Geltungsbereich des StGB an[4].

4 b) Die **Schöffenunfähigkeit als Folge des Verlusts der Amtsfähigkeit** (§ 45 Abs. 1, 2 StGB) ist eine zeitweilige. Sie dauert beim automatischen Verlust als Folge der Verurteilung wegen eines Verbrechens zu Freiheitsstrafe von mindestens einem Jahr fünf Jahre (§ 45 Abs. 1 StGB) und bei der — fakultativen — Aberkennung der Amtsfähigkeit unter den Voraussetzungen des § 45 Abs. 2 zwei bis fünf Jahre. Wegen des Eintritts und der Dauer der Amtsunfähigkeit vgl. § 45 a StGB. Die Schöffenunfähigkeit endet mit dem Ablauf der Dauer der Amtsunfähigkeit; sie kann vorzeitig enden durch gerichtliche Wiederverleihung der Amtsfähigkeit durch gerichtliche Entscheidung (§ 45 b StGB) oder durch Gnadenerweis des Inhabers des Gnadenrechts.

5 c) Dagegen ist die **Schöffenunfähigkeit als automatische Folge der Verurteilung wegen einer vorsätzlichen Tat** (Verbrechen oder Vergehen) zu einer Freiheitsstrafe von mehr als sechs Monaten eine dauernde. Diese — durch das VereinhG 1950 eingeführte — sehr wesentliche Erweiterung der Schöffenunfähigkeit beruht auf dem Gedanken, daß ungeeignet ist, über andere zu richten, wer selbst vorsätzliche Gesetzesverstöße begangen hat, die zu einer nicht unerheblichen Freiheitsstrafe geführt haben. Gemeint ist hier — wie auch sonst, wenn an eine Verurteilung Nebenfolgen geknüpft sind — eine rechtskräftige Verurteilung (h. M; **a. M** *Schorn* Laienrichter 49). Die Voraussetzungen der Nr. 1 sind auch dann gegeben, wenn auf Jugendstrafe (§ 17 JGG) oder wenn wegen mehrerer vorsätzlicher Taten auf eine sechs Monate übersteigende Gesamtfreiheitsstrafe erkannt worden ist, auch wenn keine der Einzelstrafen sechs Monate erreicht[5]. Bei einer Gesamtstrafe wegen einer vorsätzlichen und einer fahrlässigen Tat ist die Einsatzstrafe für die vorsätzliche Tat maßgebend[6]. Verurteilung wegen Fahrlässigkeitsdelikts begründet keine Schöffenunfähigkeit (OLG Hamm NJW **1957** 1121). Die mit der Rechtskraft eines solchen Urteils eintretende Schöffenunfähigkeit ist zeitlich unbeschränkt. Sie wird nicht dadurch ausgeschlossen, daß die Freiheitsstrafe, sei es gemäß §§ 56 ff StGB, sei es im Gnadenwege, zur Bewährung ausgesetzt und später erlassen, oder daß sie im Gnadenwege auf sechs Monate und weniger herabgesetzt wird. Sie endet erst mit der Tilgung des Strafvermerks im Bundeszentralregister oder der Tilgungsreife (§ 51 Abs. 1 BZRG). Darüber hinaus kann die Schöffenunfähigkeit auch durch einen Gnadenerweis beseitigt werden, der ausdrücklich den Wegfall der Schöffenunfähigkeit zum Gegenstand hat. Es kann danach sein, daß bei einer sechs Monate übersteigenden Freiheitsstrafe, die mit dem Ausspruch der Amtsunfähigkeit verbunden

---

[3] Vor §§ 32 bis 35, 3 und RGSt **25** 415.
[4] *Eb. Schmidt* 9; *Kleinknecht/Meyer*[39] 3.
[5] OVG Lüneburg MDR **1954** 126 zu der entsprechenden Vorschrift des § 48 BBG; *Kissel* 5.
[6] *Kissel* 5; *Eb. Schmidt* 10.

ist, zwar mit dem Ablauf der Zeitdauer dieser Nebenfolge die darauf beruhende Schöffenunfähigkeit endet, die Unfähigkeit aber, soweit sie an die Verurteilung zu einer sechs Monate übersteigenden Freiheitsstrafe anknüpft, bestehen bleibt. Zur Revisionsbegründung vgl. BGHSt 33 261, 269.

4. Schwebendes Strafverfahren (Nr. 2)
a) Bedeutung der Vorschrift. Nach § 32 Nr. 2 in der vor dem VereinhG 1950 geltenden Fassung trat Schöffenunfähigkeit ein, wenn das Hauptverfahren wegen eines Verbrechens oder Vergehens eröffnet wurde, das (Ehrverlust oder) Amtsunfähigkeit zur Folge haben konnte. Durch das VereinhG 1950 wurde der Eintritt der Schöffenunfähigkeit schon auf den Beginn eines entsprechenden Ermittlungsverfahrens vorverlegt. Dem liegt offensichtlich die Erwägung zugrunde, schon der durch die Einleitung eines Ermittlungsverfahrens begründete Verdacht einer Straftat von erheblicher Schwere mindere das Vertrauen der Rechtsgenossen, die dem verdachtsbeladenen Schöffen als Angeklagte gegenübertreten müssen, und es könne von einem Schöffen, der selbst in ein Strafverfahren verstrickt ist, eine sachgemäße Mitwirkung bei der Entscheidung über Schuld und Strafe gegen andere nicht erwartet werden[7].

b) Bedenken gegen die **Verfassungsmäßigkeit** der Vorschrift sind im Schrifttum, anknüpfend an den Fall, daß ein schon ausgeloster Schöffe wegen Einleitung eines Ermittlungsverfahrens gemäß § 52 von der Schöffenliste gestrichen wird, erhoben worden. Nach *Moller* (MDR 1965 534) genießt in entsprechender Anwendung des Art. 97 Abs. 2 GG auch der ehrenamtliche Richter als Voraussetzung seiner sachlichen Unabhängigkeit die Garantie der persönlichen Unabhängigkeit in dem Sinn, daß er vor Ablauf seiner Amtszeit nur unter gesetzlich bestimmten Voraussetzungen und kraft Richterspruchs abberufen werden kann. Dem entspreche § 44 Abs. 2 DRiG. Die in dieser Vorschrift geforderte richterliche Entscheidung liege aber nicht vor, wenn der Richter beim Amtsgericht (§ 52 Abs. 3) als automatische Folge — also ohne eigenen Beurteilungsspielraum — einer Maßnahme der Exekutive (der Einleitung eines Ermittlungsverfahrens) die Streichung anordnen müsse. § 32 Nr. 2 müsse deshalb verfassungskonform dahin ausgelegt werden, daß erst die gerichtliche Eröffnung des Hauptverfahrens die Streichung rechtfertige, und § 44 Abs. 2 DRiG sei dahin auszulegen, daß mit ihm gesetzliche Vorschriften aufgehoben seien, soweit sie in weiterem Umfang eine Streichung von der Schöffenliste vorsehen. Dem kann nicht gefolgt werden. Vielmehr ist davon auszugehen, daß gegen die unmittelbare Auswirkung eines nichtrichterlichen Ermittlungsverfahrens auf die Besetzung eines Gerichts keine rechtsstaatlichen Bedenken zu erheben sind[8].

c) Die (unvermeidliche) **Schattenseite** der gesetzlichen Regelung, daß schon das Schweben eines Ermittlungsverfahrens zur Schöffenunfähigkeit führt, besteht darin, daß auch der den Verfahrensbeteiligten unbekannt gebliebene Mangel eines mitwirkenden Schöffen die Besetzungsrüge des § 338 Nr. 1 StPO begründet. Denn der im Zeichen der Bemühungen um eine Verringerung erfolgreicher Besetzungsrügen geschaffene Einwand der Rügenpräklusion entfällt, weil die von der Revision gerügte Schöffenunfähigkeit einem Mangel in der Person eines Richters gleichzusetzen ist, der durch die §§ 222 a, 222 b StPO nicht erfaßt wird[9], darüber hinaus auch, weil der Besetzungsfehler

---

[7] BGHSt 35 28 = JR 1989 35 mit Anm. *Katholnigg* = NStZ 1987 567; OLG Bremen MDR 1964 244.

[8] BGHSt 35 28; OLG Bremen MDR 1964 244; *Kissel* 7, 8, **h. M.**

[9] BGHSt 34 236; 35 28 = NStZ 1987 567.

während der Hauptverhandlung weder für den Angeklagten noch für seinen Verteidiger erkennbar war[10]. Die Möglichkeiten, durch Maßnahmen innerhalb des Justizbereichs der Gefahr erfolgreicher Besetzungsrügen wegen Schöffenunfähigkeit entgegenzuwirken, sind nicht gerade groß; sie bestehen etwa in der sorgfältigen Beachtung der Nr. 13 Abs. 2 RiStBV (Befragung eines Beschuldigten bei seiner Vernehmung im Vorverfahren, ob er als Schöffe gewählt oder ausgelost ist) und Nr. 126 Abs. 1 RiStBV (Belehrung der mitwirkenden Schöffen über die Unfähigkeitsgründe der §§ 31, 32 durch den Vorsitzenden). Der Entwurf EGStGB 1930 (dazu LR Einl. Kap. 4 8 ff) hatte aus solcher Besorgnis die Überführung der Nr. 2 in den § 33 vorgesehen. Diese Besorgnis ist offenbar auch der Grund, daß Vorschriften über die Besetzung der Gerichte der übrigen Gerichtsbarkeitszweige mit ehrenamtlichen Richtern wie z. B. § 21 Abs. 2 Nr. 2 ArbGG, § 21 Nr. 2 VwGO u. a. weniger weit als § 32 Nr. 2 GVG gehen, indem sie die Unfähigkeit erst mit der Erhebung der Anklage oder mit der Eröffnung des Hauptverfahrens eintreten lassen. Gesetzgeberische Maßnahmen, die das Risiko gesetzwidriger Besetzung deutlich vermindern, sind auch neuerdings von *Katholnigg* JR **1989** 37 f wieder gefordert worden. Wenn der geltende § 32 Nr. 2 sich solchen Abmilderungen bisher versagt hat, so ist das höhere Risiko der erfolgreichen Besetzungsrüge eben der Preis für eine größere Rechtsstaatlichkeit der Vorschrift.

8a d) **Verwaltungsmaßnahmen.** Die Innen- und Justizverwaltungen der Länder versuchen, Schwierigkeiten, die sich aus § 32 Nr. 2 ergeben könnten, dadurch auszuräumen, daß sie, wie z. B. in Niedersachsen die in Rdn. 2 Vor §§ 32 bis 35 angeführte Gemeinschaftliche Verfügung vom 17. 3. 1976 unter II 6 und 7, den zur Aufstellung der Vorschlagsliste berufenen Gemeinden Rückfragen bei der zuständigen Staatsanwaltschaft empfehlen, ob bei einer in Aussicht genommenen Person Ermittlungsverfahren schweben, die u. U. die Schöffenunfähigkeit begründen können. Weiterhin ist vorgesehen, daß eine Gemeinde, die ausnahmsweise wegen der großen Zahl der in die Vorschlagsliste aufzunehmenden Personen zu einer solchen Prüfung nicht in der Lage war, diese auf Ersuchen des Richters beim Amtsgericht im Wege der Amtshilfe so rechtzeitig nachzuholen habe, daß dieser bzw. die Strafkammer vor Beginn der Wahlperiode gemäß §§ 52, 77 Abs. 3 verfahren kann, wenn schöffenunfähige Personen gewählt worden sind.

9 e) **Ermittlungsverfahren** i. S. der Nr. 2 ist im Stadium des Vorverfahrens nur das von der StA (§ 160 StPO) oder in ihrem Auftrag von der Polizei (§ 161 StPO) betriebene Verfahren, nicht auch das Verfahren der Polizei im ersten Angriff (§ 163 StPO); zu dieser Einschränkung nötigen die gegen die Vorschrift bestehenden rechtspolitischen Bedenken[11]. Das Ermittlungsverfahren und die durch dessen Beginn begründete Schöffenunfähigkeit endet mit dessen Einstellung nach §§ 153 ff, 170 Abs. 1 StPO oder der Ablehnung der Eröffnung des Hauptverfahrens (§ 204 StPO). Wegen des Falles, daß ein Schöffe gemäß § 52 Abs. 1 Nr. 1 von der Schöffenliste gestrichen wurde und erst danach das Ermittlungsverfahren und die Schöffenunfähigkeit durch Einstellung usw. endet, vgl. § 52 Rdn. 3.

10 f) **Beurteilungsmaßstab.** Nach dem Gesetzeswortlaut tritt die Schöffenunfähigkeit ein, „sobald ein Ermittlungsverfahren schwebt, das den Verlust der Amtsfähigkeit zur Folge haben **kann**". An dieses „Kann" anknüpfend bestanden im Schrifttum gewisse unterschiedliche Auffassungen über die Auslegung der Vorschrift. Nach der strengeren Auslegung[11a] genügt es zur Annahme der Schöffenunfähigkeit schon, wenn Gegen-

---

[10] BGH NStZ **1987** 567.

[11] *Eb. Schmidt* 13; *Schorn* Laienrichter 50; *Kissel* 7; *Kleinknecht/Meyer*[39] 3.

[11a] Z. B. *Kissel* 7 und 9; KK-*Kissel*[2] 5; *Kleinknecht/Meyer*[39] 5.

stand des Ermittlungsverfahrens eine Tat ist, bei der nach der Strafdrohung in abstracto (theoretisch) die Möglichkeit der Verurteilung mit der Folge des automatischen Verlusts der Amtsfähigkeit (§ 45 Abs. 1 StGB) oder deren förmlicher Aberkennung (§ 45 Abs. 2) besteht. Gegen diese Auffassung wurde eingewandt (vgl. LR[23] § 32, 10), daß schon jede Anzeige, die die StA zu Ermittlungen nötigt, die Schöffenunfähigkeit begründet, auch wenn sie sich in kurzer Zeit als völlig unbegründet erweist, oder daß Schöffenunfähigkeit schon eintrete, wenn zwar bereits ein begründeter Tatverdacht besteht, aber nach dem Stand der Ermittlungen ohne weiteres vorauszusehen sei, daß auch eine Verurteilung nicht zur Amtsunfähigkeit führen wird. Es werde also wenigstens zu fordern sein, daß nach Lage des Falles eine mit Amtsunfähigkeit verbundene Verurteilung nicht auszuschließen ist. Nr. 2 ist aber unanwendbar, wenn schon vor dem endgültigen Abschluß des Verfahrens aus verfahrensrechtlichen Gründen ein entsprechender Strafausspruch nicht mehr in Betracht kommt, z. B. bei Teilrechtskraft wegen Teilanfechtung oder Teilaufhebung[12].

10a Inzwischen liegt mit BGHSt 35 28 = NStZ **1987** 567 = JR **1989** 35 m. Anm. *Katholnigg* die (wie es scheint) erste **obergerichtliche Entscheidung** vor, die zu der Streitfrage Stellung nimmt. In diesem Fall schwebte gegen einen der im erstinstanzlichen landgerichtlichen Verfahren mitwirkenden Schöffen ein Ermittlungsverfahren wegen Körperverletzung im Amt (§§ 340, 358, 45 Abs. 2 StGB), noch während seiner Mitwirkung als Schöffe wurde gegen ihn die Anklage erhoben, er richtete aber weiter mit und erst nach Abschluß des mit einer Verurteilung des Angeklagten endenden Verfahrens wurde der Schöffe selbst von der Anklage der Körperverletzung im Amt freigesprochen. Die Besetzungsrüge des verurteilten Angeklagten hatte Erfolg. Zwar brauche, so wird unter Hinweis auf LR[23] § 32, 10 ausgeführt, der Senat nicht zu entscheiden, ob bereits Ermittlungen, die wegen des Gegenstandes des Vorwurfs nur theoretisch den Verlust der Amtsunfähigkeit zur Folge haben können, ohne nähere Prüfung des Einzelfalls zur Schöffenunfähigkeit führen, da jedenfalls dann, wenn gegen den Schöffen die Anklage erhoben sei, die Aberkennung der Amtsfähigkeit nicht mehr auszuschließen sei. Aber trotz dieser reservatio bekennt sich der BGH (aaO S. 568) unzweideutig zu der im Schrifttum vertretenen engeren Auslegung des „Kann" (auf deren Vertreter er sich auch bezieht), wenn dort ausgeführt wird, § 32 Nr. 2 wolle dem Vertrauensverlust entgegenwirken, der bei dem Angeklagten entstehen könnte, falls in seinem Verfahren ein Schöffe mitwirke, der selbst durch ein schwebendes Ermittlungsverfahren einer schweren Straftat verdächtig ist; diese Gefahr könne zwar möglicherweise später durch das endgültige Ergebnis (Freispruch) seines Strafverfahrens ausgeräumt werden, „nicht aber durch irgendeine Bewertung des vermutlichen Ergebnisses des Strafverfahrens gegen den Schöffen zu einem früheren Zeitpunkt" (und — selbstverständlich — auch ohne eine die damalige Schöffenunfähigkeit heilende Rückwirkung des späteren Freispruchs). Es bleibt nichts übrig, als der strengeren Auslegung des „kann" als einer unvermeidlichen Konsequenz aus der Vorverlegung des Beginns der Schöffenunfähigkeit des § 32 Abs. 2 durch das VereinhG 1950 zuzustimmen.

11 **5. Verfügungsbeschränkung infolge gerichtlicher Anordnung (Nr. 3).** Die Vorschrift bezieht sich auf die Fälle einer Verfügungsbeschränkung über das Vermögen insgesamt wie bei allen wegen Geisteskrankheit, Geistesschwäche, Verschwendung, Trunk- oder Rauschgiftsucht Entmündigten oder unter vorläufige Vormundschaft Ge-

---

[12] *Eb. Schmidt* 15. Vgl. auch § 52, 3.

stellten (BGB §§ 6, 104, 114, 1906). Ferner fallen unter Nr. 3 die Gemeinschuldner im Konkurs, Personen, gegen die ein allgemeines Veräußerungsverbot (§ 106 KO; § 59 VerglO) ergangen ist, auch die Gesellschafter einer offenen Handelsgesellschaft oder Kommanditgesellschaft, wenn durch gerichtliche Anordnung der Konkurs über das Vermögen dieser Gesellschaft eröffnet wird oder gegen diese ein allgemeines Veräußerungsverbot ergangen ist[13]. Mit dem Wegfall der Beschränkung hört auch die Unfähigkeit zum Schöffenamt auf. Auch die Einstellung dieses Grundes in die Unfähigkeitsgründe nötigt — wie bei Nr. 2 (oben Rdn. 8) — vor Aufstellung der Vorschlagsliste bzw. vor der Wahl zu Ermittlungen; wegen der Besorgnis praktischer Unzuträglichkeiten war auch für ihn im Entwurf des EGStGB 1930 die Überführung nach § 33 in Aussicht genommen. Wegen verfassungsrechtlicher Bedenken gegen Nr. 3 vgl. *App* MDR **1987** 106.

§ 33

Zu dem Amt eines Schöffen sollen nicht berufen werden:
1. Personen, die bei Beginn der Amtsperiode das fünfundzwanzigste Lebensjahr noch nicht vollendet haben würden;
2. Personen, die das siebzigste Lebensjahr vollendet haben oder es bis zum Beginn der Amtsperiode vollendet haben würden;
3. Personen, die zur Zeit der Aufstellung der Vorschlagsliste noch nicht ein Jahr in der Gemeinde wohnen;
4. Personen, die wegen geistiger oder körperlicher Gebrechen zu dem Amt nicht geeignet sind.

Entstehungsgeschichte. Nach vorausgegangenen Änderungen durch Art. I Nr. 6 des Gesetzes vom 11. 3. 1921 (RGBl. 230) und durch das Gesetz vom 13. 2. 1926 (RGBl. I 99) lautete die auf dem VereinhG 1950 beruhende Fassung des § 33 bis zum 31. 12. 1974:
Zu dem Amt eines Schöffen sollen nicht berufen werden:
1. Personen, die zur Zeit der Aufstellung der Vorschlagsliste für Schöffen das dreißigste Lebensjahr noch nicht vollendet haben;
2. Personen, die zur Zeit der Aufstellung der Vorschlagsliste noch nicht ein Jahr in der Gemeinde wohnen;
3. Personen, die wegen geistiger oder körperlicher Gebrechen zu dem Amt nicht geeignet sind.

Die geltende Fassung beruht auf Art. 2 des 1. StVRG 1974.

1 **1. Sollvorschrift.** Die in §§ 33, 34 aufgeführten Personen sind nicht „unfähig" zum Schöffenamt (Vor §§ 32 bis 35, 3). Die Berufung der im § 33 genannten Personen soll im Interesse der Rechtspflege (Nr. 1: Mangel breiter und ausgeglichener Lebenserfahrung; Nr. 2: hohes Lebensalter, bei dem vielfach die Person den körperlichen und geistigen Anstrengungen des Schöffenamtes nicht mehr gewachsen ist; dazu auch § 35 Nr. 6; 3: mangelnde Vertrautheit mit den örtlichen Verhältnissen) unterbleiben. Bei den im § 34 Aufgeführten sind andere Rücksichten, insbesondere die auf die allgemeinen Interessen des öffentlichen Dienstes, maßgebend. Beide Paragraphen enthalten lediglich Ordnungsvorschriften, deren Verletzung die Revision nicht begründen kann[1].

---

[13] RGSt **46** 77; **69** 65.
[1] RGSt **39** 307; RG JW **1890** 345; Recht **1915** Nr. 2192; BGHSt **30** 255, 257; **33** 261, 269; BGH GA **1961** 206.

2. Folge der Nichtbeachtung. Werden Personen, die nach §§ 33, 34 nicht berufen werden sollen, dennoch berufen, so ist nach § 52 Abs. 1 Nr. 2, Abs. 3 zu verfahren. Der betreffende Schöffe kann eine Entscheidung des Richters beim Amtsgericht (§ 52 Abs. 3) anregen. Bevor sie ergeht (dazu auch § 52, 10), ist er aber nicht berechtigt, die Dienstleistung zu verweigern[2]. Vgl. aber auch § 56, 1.

3. Maßgeblicher Zeitpunkt. Der für die Nummern 1 und 2 maßgebliche Zeitpunkt ist der Beginn der vierjährigen Amtsperiode (§ 42 Abs. 1). Es darf also ein Vierundzwanzigjähriger in die Vorschlagsliste aufgenommen werden, wenn er — was sich aus seinem in der Vorschlagsliste vermerkten Geburtsdatum (§ 36 Abs. 2) ergibt — bis zum Beginn der Wahlperiode das fünfundzwanzigste Lebensjahr vollendet haben wird. Umgekehrt ist ein bei der Aufstellung der Vorschlagsliste Neunundsechzigjähriger nicht mehr aufzunehmen, wenn er in der Zwischenzeit bis zum Beginn der Wahlperiode das siebzigste Lebensjahr vollendet haben würde. Der für § 33 Nr. 3 maßgebliche Zeitpunkt bestimmt sich nach § 57 (RGSt **39** 277). „Wohnen" im Sinn dieser Vorschrift erfordert nach ihrem Zweck, der eine gewisse Vertrautheit mit den örtlichen Verhältnissen sichern soll, nicht rechtliche Wohnsitzbegründung, sondern tatsächlichen Aufenthalt[3] (h. M). Wegen der Bedeutung nachträglichen Wohnsitzwechsels s. § 52, 6.

4. Darüber, daß **körperliche oder geistige Gebrechen** eines Schöffen, obwohl § 33 Nr. 4 nur eine Sollvorschrift ist, einen Revisionsgrund (§ 338 Nr. 1) abgeben, wenn sie dessen Verhandlungsunfähigkeit begründen, vgl. BGH bei *Dallinger* MDR **1971** 723; *Kissel* 6; *Kleinknecht/Meyer*[39] 5. Vgl. auch § 31, 4; § 32, 1 und § 52, 12. Über hochgradige Schwerhörigkeit als körperliches Gebrechen vgl. BGHSt **22** 289, 290.

§ 34

(1) Zu dem Amt eines Schöffen sollen ferner nicht berufen werden:
1. der Bundespräsident;
2. die Mitglieder der Bundesregierung oder einer Landesregierung;
3. Beamte, die jederzeit einstweilig in den Warte- oder Ruhestand versetzt werden können;
4. Richter und Beamte der Staatsanwaltschaft, Notare und Rechtsanwälte;
5. gerichtliche Vollstreckungsbeamte; Polizeivollzugsbeamte, Bedienstete des Strafvollzugs sowie hauptamtliche Bewährungs- und Gerichtshelfer;
6. Religionsdiener und Mitglieder solcher religiöser Vereinigungen, die satzungsgemäß zum gemeinsamen Leben verpflichtet sind;
7. Personen, die acht Jahre lang als ehrenamtlicher Richter in der Strafrechtspflege tätig gewesen sind und deren letzte Dienstleistung zu Beginn der Amtsperiode weniger als acht Jahre zurückliegt.

(2) Die Landesgesetze können außer den vorbezeichneten Beamten höhere Verwaltungsbeamte bezeichnen, die zu dem Amt eines Schöffen nicht berufen werden sollen.

---

[2] Ebenso *Kissel* 8; *Eb. Schmidt* 2; *Schorn* Laienrichter 37; *Kleinknecht/Meyer*[39] 1.   [3] BGHSt **28** 61 = NJW **1978** 2162.

§ 34 GVG   Gerichtsverfassungsgesetz

Entstehungsgeschichte. § 34 wurde geändert durch Ges. vom 17. 8. 1920 (RGBl. 1579), Art. II § 3 Abs. 2 — Aufhebung der früheren Nr. 9 betr. Wehrmachtangehörige —; Ges. vom 11. 3. 1921 (RGBl. 230) Art. I Nr. 6 — Aufhebung der früheren Nr. 8 betr. Volksschullehrer —; Ges. vom 25. 4. 1922 (RGBl. I 465). Die auf der Bek. vom 22. 3. 1924 (RGBl. I 303) beruhende Fassung wurde geändert durch Ges. vom 27. 3. 1930 (RGBl. I 96) § 27 IV — Einfügung eines Absatzes 3 betr. Reichsminister —. Die heutige Fassung beruht im wesentlichen auf dem VereinhG 1950, das die Vorschrift den staatsrechtlichen Verhältnissen anpaßte und in Nr. 4 die Notare und Rechtsanwälte aufnahm. Durch Art. 2 des 1. StVRG 1974 wurde die Nr. 5 (bis dahin: „gerichtliche und polizeiliche Vollstreckungsbeamte") erweitert und die Nr. 7 neu eingefügt.

1 **1. Sollvorschrift.** § 34 Abs. 1 enthält, ebenso wie § 33 (dort Rdn. 1) lediglich Ordnungsvorschriften (RG JW **1927** 793).

2 **2. Grundgedanke.** § 34 Abs. 1 zählt unter Nr. 1 bis 6 eine Reihe von Personen auf, bei denen es mit Rücksicht auf die Bedeutung ihrer Tätigkeit für das öffentliche Leben nicht angezeigt erscheint, sie, wenn auch nur vorübergehend, ihrer eigentlichen Tätigkeit für Zwecke der Strafrechtspflege zu entziehen. Bei den Richtern (Nr. 4), soweit sie Berufsrichter sind, tritt in ähnlicher Weise wie auch bei den übrigen in Nr. 4 bezeichneten Personen zu dem Gedanken, ihre hauptamtliche Tätigkeit nicht zu beeinträchtigen, die Erwägung hinzu, daß es dem Sinn der Beteiligung von ehrenamtlichen Richtern neben Berufsrichtern (Einleitung Kap. 15 8) geradezu widerspricht, Berufsrichter als ehrenamtliche Richter zu verwenden[1]. Erklärungen wie die, daß Absatz 1 Nr. 4 (Beamte der Staatsanwaltschaft) auf dem Gedanken der Trennung des Richteramts von der Anklagebehörde beruhe[2], lagen dem Gesetzgeber wohl fern (vgl. „Notare und Rechtsanwälte"). Auch die Erweiterung der Nr. 5 auf Bedienstete des Strafvollzugs und hauptamtliche Bewährungs- und Gerichtshelfer beruht nicht nur auf dem Gedanken, sie nicht ihrer hauptamtlichen Tätigkeit zu entziehen, sondern dient auch der Vermeidung von Spannungen im Verhältnis des Beschuldigten zum Schöffen (unten Rdn. 9). Andere Zwecke verfolgt die durch das 1. StVRG 1974 eingeführte Nummer 7; sie soll — so die amtl. Begründung — verhindern, daß ständig dieselben Personen zu Schöffen gewählt werden, und damit zugleich eine Mitwirkung der Bevölkerung in weiterem Umfang als bisher sichern; das liegt in der Zielrichtung des § 36 Abs. 2.

3 **3. Abzulehnende weitergehende Berufungshindernisse.** *Meier* (NJW **1962** 1999) will aus Art. 20 Abs. 2; 97 Abs. 1 GG; § 45 Abs. 1 DRiG herleiten, daß Mitglieder kommunaler Selbstverwaltungskörperschaften nicht wählbar seien, weil die gleichzeitige Tätigkeit als (ehrenamtliche) Richter mit dem Grundsatz der Gewaltenteilung nicht vereinbar sei; ihnen fehle auch, da sie in ihrem Hauptamt weisungsgebundene Verwaltungstätigkeit ausübten, die sachliche Unabhängigkeit bei Ausübung des Schöffenamts. Diese Bedenken sind unzutreffend[3]. Es müßten ja sonst alle staatlichen und kommunalen Ver-

---

[1] Vgl. § 22 Nr. 2 VwGO – Berufsrichter können nicht zu ehrenamtlichen Richtern berufen werden – und BSG NJW **1962** 1462 betr. Ausschluß der Verwendung von Berufsrichtern anderer Gerichtsbarkeitszweige als ehrenamtliche Richter in der Sozialgerichtsbarkeit; s. dazu auch *Mellwitz* JR **1963** 455.

[2] So *Bettermann* in „Die Grundrechte" III 2, 623.

[3] Ebenso *Birmanns* NJW **1963** 144, *Liekefett* NJW **1964** 391; *Isatsos* DRiZ **1964** 256; s. auch *Kissel* 7 zu § 31; *Kleinknecht/Meyer*[39] 1; BGHSt **22** 85 = MDR **1968** 427, wonach der Grundsatz der Gewaltenteilung nicht verbietet, daß ein Bundestagsabgeordneter als Schöffe tätig wird.

waltungsbeamten von der Wählbarkeit ausgeschlossen sein, und § 34 wäre in der Hauptsache nicht nur überflüssig, sondern, da er nur eine Sollvorschrift darstellt, grundgesetzwidrig. Entsprechendes würde für § 35 Nr. 1 gelten. § 4 DRiG beschränkt aber mit gutem Grund den Grundsatz von der Unvereinbarkeit von Rechtsprechungsaufgaben und Aufgaben der gesetzgebenden oder vollziehenden Gewalt auf die Berufsrichter. Diese sind überdies von der Mitwirkung in Gemeindeparlamenten nicht ausgeschlossen, wie sich aus § 36 Abs. 2 DRiG ergibt. Bei den ehrenamtlichen Richtern genügt es, daß ihre persönliche Unabhängigkeit nach Maßgabe des § 44 Abs. 2 DRiG garantiert ist. Auch bei den Richtern der früheren Gemeindegerichte (§ 14 Nr. 2 a. F GVG) ergaben sich keine Bedenken daraus, daß sie zugleich Bürgermeister, Mitglieder der Gemeindevertretung oder Beamte oder Angestellte der Gemeinde waren[4].

4. Mitglieder von Bundes- oder Landesregierungen (Nr. 2). Die Bundesregierung besteht nach Art. 62 GG aus dem Bundeskanzler und den Bundesministern. Wer Mitglied einer Landesregierung ist, bestimmt sich nach Landesverfassungsrecht.

5. Jederzeit einstweilig in den Warte- oder Ruhestand versetzbare Beamte (Nr. 3). Hierunter fallen die sog. politischen Beamten des Bundes und der Länder. Für die Bundesbeamten vgl. § 36 BBG; die Landesbeamtengesetze bestimmen, welche Landesbeamten politische Beamte i. S. der Nr. 3 sind (§ 31 BRRG). Gesetzliche Vorschriften, die bei einer Änderung der Behördeneinrichtung oder bei einem allgemeinen Beamtenabbau die Versetzung von Beamten in den einstweiligen Ruhestand zulassen, kommen nicht in Betracht („jederzeit"). Die im Warte- oder einstweiligen Ruhestand befindlichen Beamten gehören nicht hierher.

6. Rechtspflegeorgane (Nr. 4)
a) **Richter** sind die Berufsrichter aller Gerichtsbarkeitszweige, ohne Rücksicht darauf, ob sie auf Lebenszeit ernannt oder Richter auf Probe oder kraft Auftrags sind (§§ 12, 14 DRiG) und ohne Rücksicht darauf, ob sie im gegenwärtigen Zeitpunkt richterliche Aufgaben versehen oder kraft Abordnung (§ 37 DRiG) bei anderen Stellen tätig sind. Ehrenamtliche Richter fallen nicht unter Nr. 4; für sie gilt § 35 Nr. 2.

b) **Beamte der Staatsanwaltschaft** (der Ausdruck findet sich z. B. auch in §§ 145 bis 147) sind, wie sich im übrigen auch aus der Gleichstellung mit den Richtern ergibt, nur die Staats- und Amtsanwälte, nicht auch sonstige bei der Staatsanwaltschaft tätige Beamte wie z. B. Justizinspektoren. Die Hilfsbeamten der Staatsanwaltschaft (§ 152) gehören ebenfalls nicht hierher, fallen aber möglicherweise unter Nr. 5.

c) **Rechtsanwälte** und **Notare** sind seit dem VereinhG 1950 befreit, weil auch sie ihrer Aufgabe bei Ausübung der Rechtspflege nicht entzogen werden sollen. Notare sind auch die Anwärter für diesen Beruf (Notariatsassessoren und bestellte Notariatsvertreter). Ob der Rechtsanwalt neben seiner Anwaltstätigkeit noch eine andere Tätigkeit betreibt (z. B. als Syndikus eines privaten Unternehmens), ist ohne Bedeutung; entscheidend ist, ob jemand nach Maßgabe der Bundesrechtsanwaltsordnung als Rechtsanwalt zugelassen ist. Amtlich bestellte Anwaltsvertreter, die nicht Rechtsanwälte sind, sind für die Dauer der Vertretung „Rechtsanwälte" i. S. der Nr. 4. Sonstige Personen, die berufsmäßig als Parteivertreter tätig werden, z. B. Patentanwälte, Prozeßagenten, Rechtsbeistände fallen nicht unter Nr. 4 (im Gegensatz zu § 22 Nr. 5 VwGO, wonach außer

---
[4] BVerfGE 14 56, 68 = NJW 1962 1611.

Rechtsanwälten und Notaren alle Personen, die fremde Rechtsangelegenheiten geschäftsmäßig besorgen, nicht zu ehrenamtlichen Richtern bei Verwaltungsgerichten berufen werden können).

9 7. **Vollstreckungs- und Vollzugsbeamte (Nr. 5). Gerichtliche Vollstreckungsbeamte** sind in erster Linie die Gerichtsvollzieher (§ 154) und die in den Ländern zur Beitreibung gerichtlicher Kosten bestellten Justizvollstreckungsassistenten, dagegen nicht die Justizwachtmeister. Zu den **Polizeivollzugsbeamten** gehören nicht nur die im Vollzugsdienst tätigen Beamten der Schutz- und Kriminalpolizei und der polizeilichen Sonderzweige (z. B. Bahnpolizei), sondern auch die kraft ihrer Bestellung zu Hilfsbeamten der Staatsanwaltschaft (§ 152) oder zu Hilfspolizeibeamten mit Vollzugsaufgaben polizeilicher Art betrauten Angehörigen anderer Verwaltungszweige, z. B. die Forstschutzbeamten, die Beamten des Zollfahndungsdienstes, des Grenzzolldienstes. Polizeibeamte, die nicht Vollzugsbeamte sind (Polizeiverwaltungsbeamte), dürfen zum Schöffenamt berufen werden. **Bedienstete des Strafvollzuges** (§ 155 StVollzG) sollen nicht nur deshalb nicht zum Schöffenamt berufen werden, um sie nicht der Tätigkeit in ihrem Hauptamt zu entziehen, sondern auch um Unzuträglichkeiten auszuschalten, die sich ergeben, wenn ein Angeklagter einem Schöffen gegenübersteht, der ihn als Vollzugsbeamter während der Untersuchungshaft bewacht hat, oder wenn ein Verurteilter im Vollzug einem seiner Richter nunmehr als Vollzugsbeamten wiederbegegnet. (Begr. des RegEntw. des 1. StVRG 1974 zu Art. 2 Nr. 6, BTDrucks. 7 551 S. 98). Entsprechende Gesichtspunkte gelten auch für die Nichtberufung der **hauptamtlichen Bewährungs- und Gerichtshelfer** (§ 463 d, 1 ff StPO).

10 **Andere Gruppen von Beamten; Soldaten.** Auch ohne daß dies in § 34 förmlich verlautbart wäre, darf das dienstliche Interesse anderer Behörden, ihre Angehörigen nicht ihrer Haupttätigkeit zu entziehen, bei Berufung gewisser Gruppen von Beamten, z. B. der Eisenbahnbeamten, nicht außer Acht gelassen werden (AV des pr. JM vom 13. 11. 1933, DJ 673, zu B III Abs. 2). Das gleiche gilt für Berufssoldaten oder Soldaten auf Zeit, die nach § 22 Nr. 4 VwGO nicht zu ehrenamtlichen Richtern berufen werden können.

11 8. **Religionsdiener usw. (Nr. 6).** Der früher auch im Strafgesetzbuch (z. B. § 130 a a. F, § 196 a. F StGB) verwendete Begriff des Religionsdieners entspricht dem im allgemeinen in der neueren Gesetzessprache verwendeten Begriff des „Geistlichen" (z. B. § 139 StGB, § 53 StPO). Darunter fallen die Personen, die von einer Religions- oder Glaubensgemeinschaft zur Vornahme gottesdienstlicher oder entsprechender kultischer Handlungen bestimmt sind, also nicht etwa nur die Geistlichen der mit öffentlich-rechtlichen Korporationsrechten ausgestatteten Kirchen und Religionsgemeinschaften, z. B. auch der Pfarrer einer „Freien Christengemeinde"[5]. Die Begr. S. 45 bemerkt dazu: „Es mußte bei der Verschiedenheit der Stellung der einzelnen Staaten zu den verschiedenen Religionsgesellschaften davon Abstand genommen werden, den Begriff einzuschränken und etwa einen Unterschied rücksichtlich der staatlich anerkannten oder privilegierten Religionsgesellschaften und bloß geduldeter Religionsübung zu machen. Es wird dies einer der Fälle sein, in denen es leichter vorkommen kann, daß der Befreiungsgrund, statt von Amts wegen berücksichtigt zu sein, von den Beteiligten selbst unter Darlegung der obwaltenden tatsächlichen Verhältnisse geltend gemacht werden muß." Durch Ges. vom 25. 4. 1922 (RGBl. I 465) sind hinter dem Wort „Religionsdiener" die

---

[5] OLG Köln MDR **1970** 864.

Worte beigefügt worden „und Mitglieder solcher religiöser Vereinigungen, die satzungsgemäß zu gemeinsamem Leben verpflichtet sind."

9. Frühere Schöffentätigkeit (Nr. 7). Die durch das 1. StVRG 1974 eingefügte **12** Vorschrift „soll verhindern, daß ständig dieselben Personen zum ehrenamtlichen Richter in Strafsachen gewählt werden und damit zugleich eine Mitwirkung der Bevölkerung an der Strafrechtpflege in weiterem Umfang als bisher sichern" (Begr. zu Art. 2 Nr. 6 des RegEntw., BTDrucks. 7 551 S. 99). Die Voraussetzungen der Vorschrift sind erfüllt, wenn der Betreffende in der Zeit vor Beginn der Amtsperiode insgesamt — wenn auch nicht zusammenhängend — acht Jahre lang das Amt eines Haupt- oder Hilfsschöffen bekleidete und die letzte Dienstleistung (d. h. Mitwirkung als Schöffe bei einer Verhandlung) bei Beginn der Amtsperiode weniger als acht Jahre zurückliegt. Vgl. ergänzend § 35 Nr. 2.

10. Landesrecht (Absatz 2). § 34 Absatz 2 trägt den besonderen Verhältnissen der **13** Länder Rechnung. Auch Bundesbeamte dürfen landesgesetzlich von der Berufung zum Schöffenamt ausgeschlossen werden (Prot. 384). Wegen der früher in den Ländern erlassenen Vorschriften vgl. die Aufzählung in LR[19] Anm. 11.

§ 35

Die Berufung zum Amt eines Schöffen dürfen ablehnen:
1. Mitglieder des Bundestages, des Bundesrates, eines Landtages oder einer zweiten Kammer;
2. Personen, die in der vorhergehenden Amtsperiode die Verpflichtung eines ehrenamtlichen Richters in der Strafrechtspflege an vierzig Tagen erfüllt haben, sowie Personen, die bereits als ehrenamtliche Richter tätig sind;
3. Ärzte, Zahnärzte, Krankenschwestern, Kinderkrankenschwestern, Krankenpfleger und Hebammen;
4. Apothekenleiter, die keinen weiteren Apotheker beschäftigen;
5. Personen, die glaubhaft machen, daß ihnen die unmittelbare persönliche Fürsorge für ihre Familie die Ausübung des Amtes in besonderem Maße erschwert;
6. Personen, die das fünfundsechzigste Lebensjahr vollendet haben oder es bis zum Ende der Amtsperiode vollendet haben würden.

Entstehungsgeschichte. Ges. vom 25. 4. 1922 (RGBl. I 465) — Einfügung der Krankenpfleger und Hebammen; Ges. vom 25. 4. 1922 (RGBl. I 561 — Streichung der ursprünglichen Nr. 6 betr. Personen, die den Aufwand des Amtes nicht tragen können. — VO vom 14. 6. 1932 (RGBl. I 285) erster Teil Kapitel I Art. 8. Das VereinhG 1950 änderte die Nr. 1 und 2. Der Entw. dieses Gesetzes wollte die Nr. 6 nach § 33 übernehmen. Unter Berücksichtigung von Anpassungsänderungen der Nummer 2 durch das Gesetz vom 26. 5. 1972 (BGBl. I 841) — „Schöffe" statt „Geschworener" — galt danach § 35 Nr. 2 bis 6 bis zum 31. 12. 1974 in folgender Fassung:

2. Personen, die im letzten Geschäftsjahr die Verpflichtung eines Schöffen beim Schwurgericht oder an wenigstens zehn Sitzungstagen die Verpflichtung eines Schöffen beim Schöffengericht oder bei der Strafkammer erfüllt haben;
3. Ärzte, Krankenpfleger und Hebammen;

4. Apotheker, die keine Gehilfen haben;
5. Frauen, die glaubhaft machen, daß ihnen die Fürsorge für ihre Familie die Ausübung des Amtes in besonderem Maße erschweren würde;
6. Personen, die zur Zeit der Aufstellung der Vorschlagsliste das fünfundsechzigste Lebensjahr vollendet haben oder es bis zum Ablauf des Geschäftsjahres vollenden würden.

Die Änderungen der Nummern 2 bis 6 beruhen auf dem 1. StVRG 1974.

1 **1. Allgemeines.** Die in § 35 aufgezählten **Ablehnungsgründe** — über ihre allgemeine Bedeutung vgl. Vor §§ 32 bis 35, 3 — sind abschließend; das Gesetz kennt z. B. keine Ablehnung aus Gewissensgründen (KG JR **1966** 188). Die Ablehnungsgründe kann schon die Gemeindevertretung (§ 36) und der Ausschuß (§ 40) von Amts wegen berücksichtigen, und zwar dadurch, daß sie die Aufnahme in die Vorschlagsliste (§ 36) oder Schöffenliste (§ 44) unterlassen. Eine solche Berücksichtigung ist angezeigt, wenn vorauszusehen ist, daß der Berechtigte im Falle der Berufung die Wahl gemäß § 53 ablehnt. Lehnt er schon vor der Aufstellung der Vorschlags- oder Schöffenliste ab, so wird dies berücksichtigt werden müssen, da sonst die Ablehnung gemäß § 53 voraussichtlich wiederholt, also eine nutzlose Weiterung veranlaßt würde[1]. Ist der Ablehnungsberechtigte zum Schöffen gewählt worden, so greift § 53 ein. Das gilt auch, wenn der Gewählte den Ablehnungsgrund bereits vorher erfolglos geltend gemacht hatte; diese Geltendmachung wird durch die Aufnahme in die Schöffenliste bedeutungslos (§ 41, 2).

2 **2. Zeitliche Wirksamkeit.** Die Ablehnungserklärung ist stets nur für die einzelne Amtsperiode (§ 42) wirksam, der Ausschuß also nicht gehindert, den Berechtigten in die nächste Schöffenliste aufzunehmen. Selbstverständlich kann die Ablehnung, solange der Ablehnungsgrund fortbesteht, in jeder Amtsperiode wiederholt werden.

3 **3. Parlamentarier (Nr. 1).** Die Zugehörigkeit zu einer gesetzgebenden Körperschaft und die Tätigkeit als Schöffe werden durch den Grundsatz der Gewaltenteilung (Art. 20 Abs. 2 Satz 2 GG) nicht ausgeschlossen[2]; davon geht Nr. 1 aus. Macht der Ablehnungsberechtigte von der Berechtigung keinen Gebrauch, so ist doch seine Entbindung von der Dienstleistung an einzelnen Sitzungstagen des Schöffengerichts (§ 54 Abs. 1) nicht ausgeschlossen, wenn die Ausübung der Tätigkeit als Abgeordneter usw. es erfordert (Begr. 45).

3a Zu den ausdrücklich als ablehnungsberechtigt bezeichneten Personen gehören auch die Mitglieder „einer zweiten Kammer". Eine solche besteht z. Zt. nur in Bayern in der Form des **Bayerischen Senats**, dessen Mitwirkung im Gesetzgebungsverfahren sich auf eine beratende Funktion beschränkt[3]. Streit besteht, ob auch die deutschen Mitglieder des **Europäischen Parlaments** das Schöffenamt ablehnen dürfen. LG Heidelberg NStZ **1988** 316 verneint dies — unter Berufung auf BGHSt **9** 203, 206 —, weil sie

---

[1] Zum RegEntw des StVÄG 1987 hatte der Bundesrat unter Zustimmung der Bundesregierung (BTDrucks. **10** 1313, S. 54, 60) vorgeschlagen, dem § 36 Abs. 3 folgenden Satz 3 anzufügen: „Die in die Vorschlagsliste aufzunehmenden Personen sind über die beabsichtigte Aufnahme und die von ihr ausgehenden Rechtswirkungen zu unterrichten". Dadurch sollte den Vorgeschlagenen ermöglicht werden, schon zwischen Vorschlag und Wahl auf gegen eine Wahl sprechende Umstände hinzuweisen. Dieser Vorschlag ist nicht Gesetz geworden; zu den Gründen s. schriftlichen Bericht des RAusschBT, BTDrucks. **10** 6592, S. 25.
[2] BGHSt **22** 85 = NJW **1968** 996.
[3] Art. 34 bis 42 BayVerf; Gesetz über den Senat i. d. F. vom 9. 2. 1966, GVBl. 99; *Wahl* NStZ **1988** 317 Fußn. 5.

weder in § 35 Nr. 1 genannt sind noch ein Ablehnungsrecht sich aus dem Europaabgeordneten G vom 7. 4. 1979 (BGBl. I 413) ergebe, verweist dabei aber auf die Möglichkeit, im Einzelfall eine Entbindung von der Schöffendienstleistung nach § 54 zu beantragen. Dagegen ist nach *Wahl* NStZ 1988 317 die Nichterwähnung der bundesdeutschen Europaabgeordneten in § 35 Nr. 1 nur darauf zurückzuführen, daß kein Regelungsbedarf erkannt wurde; die übersehene Lücke sei durch eine — im Bereich des GVG zulässige — entsprechende Anwendung des § 35 Nr. 1 auszufüllen. Der Auffassung von *Wahl* ist zuzustimmen, da BGHSt 9 203 — dort war die entsprechende Anwendung des § 35 Nr. 1 auf einen Schauspieler mit Recht mißbilligt worden — nicht generell einer entsprechenden Anwendung der Vorschrift entgegensteht. Art. 2 Nr. 3 des RegEntw. eines Rechtspflege-Vereinfachungsgesetzes vom 1. 12. 1988 (BTDrucks. 11 3621) sieht „aus Gründen der Gleichbehandlung" eine gesetzgeberische Bereinigung der Frage in der Weise vor, daß in § 35 Nr. 1 nach den Worten „des Bundesrates" die Worte des „Europäischen Parlaments" eingefügt werden.

4. Frühere ehrenamtliche Richtertätigkeit (Nr. 2). Während § 34 Abs. 1 Nr. 7 im öffentlichen Interesse eine zu häufige Heranziehung derselben Person zum Schöffenamt verhindern will (§ 34, 12), trägt § 35 Nr. 2 Individualinteressen Rechnung. Die Berufung zum Schöffenamt kann danach ablehnen, wer in der unmittelbar der neuen Amtsperiode vorausgehenden Amtsperiode die Verpflichtung als Schöffe an vierzig Tagen erfüllt, d. h. an vierzig Tagen an einer Verhandlung als Haupt-, Hilfs- oder Ergänzungsschöffe teilgenommen hat. Ohne Bedeutung ist, wie sich diese vierzig Tage auf die Amtsperiode verteilen, ob z. B. ein Hilfsschöffe im ersten Jahr häufig, im letzten Jahr nur selten herangezogen wurde und umgekehrt. Es spielt auch keine Rolle, wie lange die Inanspruchnahme an dem einzelnen Sitzungstag gedauert hat; ein Schöffe hat seine Verpflichtung an einem Tag auch dann erfüllt, wenn, etwa wegen Ausbleibens des Angeklagten, die Sache alsbald nach Sitzungsbeginn vertagt wurde. Die Berufung als Schöffe kann auch ablehnen, wer bereits als ehrenamtlicher Richter außerhalb der Strafrechtspflege, z. B. als Handelsrichter oder an einem Gericht eines anderen Gerichtszweiges, z. B. einem Gericht der Arbeits- oder Finanzgerichtsbarkeit, tätig ist (entsprechende Vorschriften enthalten § 23 Abs. 1 Nr. 2 VwGO, § 20 Abs. 1 Nr. 2 FinGO).

5. Heil- und Heilhilfsberufe (Nr. 3). Die frühere Fassung („Ärzte") gab der Auslegung Raum, daß der Begriff „Ärzte" im weitesten, auch die Zahn- und Tierärzte umfassenden Sinn zu verstehen sei (LR²² § 35, 5). Da die Hinzufügung „Zahnärzte" von der Begr. des RegEntw. (BTDrucks. 7 551, S. 99) als Erweiterung des bisherigen Kreises der Ablehnungsberechtigten verstanden wird, ist nunmehr klargestellt, daß Tierärzte nicht unter § 35 Nr. 3 fallen. Arzt und Zahnarzt i. S. der Nummer 3 ist, wer auf Grund einer Approbation nach der Bundesärzteordnung und dem Gesetz über die Ausübung der Zahnheilkunde vom 31. 3. 1952 (BGBl. III 2123-1) die Bezeichnung „Arzt" bzw. „Zahnarzt" führen darf. Heilpraktiker gehören nicht hierher. Den Ärzten und Zahnärzten sind die Krankenschwestern, Kinderkrankenschwestern und Krankenpfleger i. S. des Krankenpflegegesetzes sowie die Hebammen i. S. des Hebammengesetzes gleichgestellt.

6. Apothekenleiter (Nr. 4). Die Beschränkung des Ablehnungsrechts auf solche Apothekenleiter, die keinen weiteren Apotheker beschäftigen, trägt dem § 2 Abs. 4 der Apothekenbetriebsordnung vom 7. 8. 1968/19. 8. 1974 (BGBl. III 2121-2-1) Rechnung, wonach der Apothekenleiter verpflichtet ist, die pharmazeutische Tätigkeit von Personen zu beaufsichtigen, die nicht Apotheker sind (Begr. BTDrucks. 7 551 S. 99).

7. Fürsorge für die Familie (Nr. 5). Ablehnungsberechtigt sind („Personen") nicht nur, wie nach früherem Recht Frauen, sondern auch Männer, um auch z. B. die Fälle zu erfassen, in denen in einer Familie die Ehefrau ganztätig berufstätig ist und der arbeitslose oder als Rentner oder Ruheständler aus dem Berufsleben ausgeschiedene Ehemann die Fürsorge für die Familie im Hause übernimmt. Nur die bei einer Wahl zum Schöffen in besonderem Maß bestehende Erschwerung der unmittelbaren persönlichen Fürsorge rechtfertigt die Ablehnung; damit bleiben Tätigkeiten außer Betracht, die nur mittelbar der Fürsorge für die Familie dienen, wie z. B. alle Berufstätigkeiten zum Gelderwerb (Begr. BTDrucks. 7 551 S. 99).

8. Ablehnung aus Altersgründen (Nr. 6). Nach § 33 Nr. 2 sind Personen schöffenungeeignet, die bei Aufstellung der Vorschlagsliste das siebzigste Lebensjahr vollendet haben oder bis zum Beginn der Amtsperiode vollendet haben würden. Darüber hinaus trägt § 35 Nr. 6 den besonderen Belastungen, die mit dem Amt eines Schöffen verbunden sind, dadurch Rechnung, daß er Personen, die das fünfundsechzigste Lebensjahr vollendet haben oder es bis zum Ende der Amtsperiode vollendet haben würden, ein Ablehnungsrecht einräumt. Es kann danach z. B. auch ein Schöffe, der zunächst von seinem Ablehnungsrecht keinen Gebrauch gemacht und während des ersten Jahres der Amtsperiode das Schöffenamt ausgeübt hat, nach seiner erneuten Auslosung für das nächste Jahr (§§ 45, 46) gemäß § 53 von seinem Ablehnungsrecht mit Wirkung für den Rest der Amtsperiode Gebrauch machen.

§ 36

(1) ¹Die Gemeinde stellt in jedem vierten Jahr eine Vorschlagsliste für Schöffen auf. ²Für die Aufnahme in die Liste ist die Zustimmung von zwei Dritteln der gesetzlichen Zahl der Mitglieder der Gemeindevertretung erforderlich.

(2) ¹Die Vorschlagsliste soll alle Gruppen der Bevölkerung nach Geschlecht, Alter, Beruf und sozialer Stellung angemessen berücksichtigen. ²Sie muß Geburtsnamen, Familiennamen, Vornamen, Tag und Ort der Geburt, Wohnanschrift und Beruf der vorgeschlagenen Personen enthalten.

(3) ¹Die Vorschlagsliste ist in der Gemeinde eine Woche lang zu jedermanns Einsicht aufzulegen. ²Der Zeitpunkt der Auflegung ist vorher öffentlich bekanntzumachen.

(4) ¹In die Vorschlagslisten des Bezirks des Amtsgerichts sind mindestens doppelt so viele Personen aufzunehmen, wie als erforderliche Zahl von Haupt- und Hilfsschöffen nach § 43 bestimmt sind. ²Die Verteilung auf die Gemeinden des Bezirks erfolgt durch den Präsidenten des Landgerichts (Präsidenten des Amtsgerichts) in Anlehnung an die Einwohnerzahl der Gemeinde.

Schrifttum. *Katholnigg/Bierstedt* Sind bei den Schöffen alle Gruppen der Bevölkerung angemessen berücksichtigt, ZRP **1982** 267.

Entstehungsgeschichte. Ges. vom 11.7. 1923 (RGBl. I 647); VO vom 14.6. 1932 (RGBl. I, 285) erster Teil Kapitel I Art. 8. Das VereinhG 1950 brachte wesentliche Änderungen, insbesondere durch den Übergang von der Urliste zur Vorschlagsliste (vgl. Rdn. 1). Mehrfach geändert wurden die Bestimmungen über die Zahl der in die Vorschlagsliste aufzunehmenden Personen. Das VereinhG bestimmte: „In die Vorschlagsliste sind aufzunehmen in Gemeinden a) mit 500 oder weniger Einwohnern fünf Personen, b) mit mehr als 500 Einwohnern mindestens sechs Personen, im übrigen auf je 200 Einwohner eine Person". Durch das 1. StVRG 1969 wurde (neuer Absatz 3, später Absatz 4) der Grundsatz aufgestellt: „Die Zahl der in die Vorschlagsliste aufzunehmenden Personen beträgt drei vom Tausend der Einwohnerzahl der Gemeinde ...", zugleich wurden die Landesregierungen — mit dem Recht der Weiterübertragung auf die Landesjustizverwaltungen — ermächtigt, unter bestimmten Voraussetzungen durch RechtsVO eine höhere Verhältniszahl der in die Vorschlagslisten aufzunehmenden Personen festzusetzen. Durch das 1. StVRG wurden in Absatz 1 Satz 1 „zweiten" durch „vierten" ersetzt, und anstelle des bisherigen Satzes 3 des Absatzes 1 („Die Vorschlagsliste soll außer den Namen auch den Geburtsort, den Geburtstag und den Beruf des Vorgeschlagenen enthalten") der Absatz 2 eingefügt. Durch Art. 2 Nr. 1 des StVÄG 1987 erhielt Absatz 4 die jetzt geltende Fassung.

1. Entwicklungsgeschichte

a) Ersetzung der Urliste durch die Vorschlagsliste. Nach dem ursprünglich geltenden Recht wählte der Ausschuß (§ 40) die Schöffen aus den von den Gemeindevorstehern alle zwei Jahre aufzustellenden Urlisten, in die alle schöffenfähigen Gemeindeeinwohner aufzunehmen waren. Da die Aufstellung der vollständigen Urliste für größere Gemeinden eine erhebliche finanzielle Belastung bedeutete, gestattete das Ges. vom 11.7. 1923 (RGBl. I 647) den Landesjustizverwaltungen, für eine Gemeinde die Aufstellung (nach den Anfangsbuchstaben der Namen oder der Straßen) beschränkter Urlisten oder die Verwendung bereits anderweit aufgestellter amtlicher Einwohnerverzeichnisse z. B. Wahl- oder Meldekartei) anzuordnen. Das VereinhG 1950 ging — im Anschluß an die nach 1945 in der britischen Besatzungszone und in Hessen getroffenen Regelungen — einen ganz anderen Weg. Während früher die Aufgabe des „Gemeindevorstehers", auch bei der beschränkten Urliste, lediglich darin bestand, dem Wahlausschuß ein Verzeichnis der nach den gesetzlichen Vorschriften schöffenfähigen Personen zu liefern, trifft jetzt die Gemeindevertretung bereits eine Vorwahl, indem sie aus der Zahl der schöffenfähigen Gemeindeeinwohner eine beschränkte Zahl auswählt (Vorschlagsliste) und der Wahlausschuß (§ 40) bei seiner Wahl auf den durch die Vorschlagslisten bezeichneten Personenkreis beschränkt ist. Die Begründung zum Entw. des VereinhG 1950 bemerkt dazu: „Dadurch wird ein, wie die Vergangenheit lehrt, ungebührlich großer und unnützer Aufwand an Verwaltungsarbeit gespart und dahin gewirkt, daß für das Schöffenamt besonders geeignete Bürger an der Rechtsprechung teilnehmen und auf diese Weise das Laienelement in der Rechtspflege größeren Einfluß gewinnt."

b) Qualifizierte Mehrheit. Die Vorwahl ist der Gemeindevertretung überlassen; Gemeindevertretung i. S. des § 36 sind in Berlin die Bezirksverordnetenversammlungen[1], in Hamburg die Bezirksversammlungen[2]. Die Überlassung der Vorwahl an die Gemeindevertretungen hat einerseits den Vorteil der individuellen Auswahl und bietet im allgemeinen eine größere Gewähr für die Heranziehung im öffentlichen Leben erfahrener und in gewisser Weise hervorgetretener Persönlichkeiten[3], birgt freilich andererseits, da die Gemeindevertretungen nach parteipolitischen Gesichtspunkten gewählt werden, die Gefahr in sich, daß auch auf die Auswahl für die Vorschlagsliste parteipolitische Gesichtspunkte Einfluß gewinnen oder daß die Vorgeschlagenen glauben, ihr ehrenamtliches Richteramt im Sinne der politischen Vorstellungen der Vorschlagenden ausüben

---

[1] BGH NStZ **1986** 84 = StrVert. **1986** 49 m. Anm. *Danckert*.
[2] BGH NStZ **1986** 83.
[3] BGHSt **12** 197, 200 = NJW **1959** 349 = LM Nr. 1 zu § 30 GVG mit Anm. *Martin*.

zu sollen[4]. Um solchen Bedenken entgegenzuwirken, hatte § 36 Abs. 5 in der gemäß VO vom 22. 8. 1947 (VOBl. BZ, S. 115) früher in der britischen Besatzungszone geltenden Fassung vorgeschrieben: „Die Landesjustizverwaltung stellt durch Anordnungen an die Gemeindevertretungen sicher, daß bei Aufstellung der Vorschlagslisten die Bevorzugung einer Partei, eines religiösen Bekenntnisses, einer wirtschaftlichen oder sonstigen Interessentengruppe oder eines besonderen Gebietes ausgeschlossen ist", ohne freilich erkennbar zu machen, durch welche Maßnahmen eine solche „Sicherstellung" erreicht werden könnte. Das VereinhG 1950 ging, um einer durch unsachliche Gesichtspunkte beeinflußten Auswahl entgegenzuwirken, einen anderen Weg: § 36 Abs. 1 knüpft die Aufnahme in die Vorschlagsliste an die Zustimmung von 2/3 der gesetzlichen Zahl der Mitglieder der Gemeindevertretung (also nicht nur von 2/3 der an der Abstimmung Teilnehmenden) und in gleicher Weise ist in § 40 Abs. 3 die Wahl der Vertrauenspersonen geregelt, die dem Wahlausschuß angehören (auch für die Wahl durch den Ausschuß selbst wird in § 42 eine qualifizierte Mehrheit gefordert). Ferner wurde die Zahl der vorzuschlagenden Personen so bemessen, daß dem Ausschuß (§ 40) Spielraum für eine echte Auswahl verbleibt. Wie angesichts der bewußt in Kauf genommenen Möglichkeit politischer Beeinflussung des Vorschlags der Gemeindevertretung Fälle eines die ordnungsmäßige Besetzung des Gerichts in Frage stellenden „Mißbrauchs des Vorschlagsrechts im Sinne einer unlauteren politischen Beeinflussung der Schöffenwahl" — so die salvatorische Klausel in BGHSt **12** 197, 201 — denkbar sind, ist schwer vorstellbar. Zwecks weiterer Geschäftsvereinfachung wurde durch das 1. StVRG 1974 die Amtsperiode der Schöffen von zwei auf vier Jahre erhöht (§ 42 Abs. 1), so daß auch die Vorschlagsliste nur in jedem vierten Jahr aufzustellen ist, und durch das StVÄG 1987 — neue Fassung des Absatzes 4 — wurden neue Wege für die Bemessung der Zahl der in die Vorschlagsliste Aufzunehmenden beschritten.

3   **2. Jugendschöffen.** Für deren Wahl gelten insofern Besonderheiten, als nach § 35 Abs. 3 JGG zwecks Gewinnung geeigneter Jugendschöffen an die Stelle der Vorschlagsliste des § 36 GVG die Vorschlagsliste des Jugendwohlfahrtsausschusses tritt, aus der der Wahlausschuß (§ 40 GVG) die nötige Zahl von Jugendschöffen wählt (dazu wegen der Folgen der Wahl von Jugendschöffen aus einer anderen Liste als der Vorschlagsliste des Jugendwohlfahrtsausschusses § 40, 16).

3. Die Vorschlagsliste (Absatz 2)
4   **a) Angemessene Repräsentation aller Gruppen der Bevölkerung (Absatz 2 Satz 1).** In Verwirklichung von Vorschlägen früherer Entwürfe (Rdn. 2 Vor §§ 32 bis 35) enthält der durch das 1. StVRG 1974 eingefügte Absatz 2 Satz 1 eine ausdrückliche Vorschrift, durch die eine angemessene Repräsentation aller Gruppen der Bevölkerung erreicht werden soll. Denn „für die Repräsentation des Volkes bei der Rechtsprechung ist es wünschenswert, daß die ehrenamtlichen Richter nach Geschlecht, Alter, Beruf und sozialer Stellung der Struktur der Gesamtbevölkerung weitgehend entsprechen. Dann können die Anschauungen des Volkes von Recht und Gerechtigkeit in der Rechtsprechung am besten ihren Niederschlag finden. Nimmt dagegen der Anteil einer bestimmten Berufs- oder Altersgruppe unverhältnismäßig zu, so kann dies für die Rechtsprechung ungünstige Folgen haben" (Begr. zu Art. 2 Nr. 8 RegEntw., BTDrucks. 7 551 S. 100). Dem Gedanken der Repräsentation der Gesamtbevölkerung widerspricht es,

---

[4] *Eb. Schmidt* I Nr. 576; *Potrykus* DRiZ **1952** 202; *Liekefett* NJW **1964** 391.

wenn die Gemeindevertretungen die Auswahl auf einen nach den Anfangsbuchstaben der Namen (z. B. auf Personen mit den Anfangsbuchstaben L bis R) oder Straßen oder noch anderen Merkmalen beschränken[5]. Jedoch hat sich das Gesetz mit einer *Soll-*Vorschrift begnügt. Denn eine exakte Beachtung dieser für die Aufstellung der Vorschlagsliste wie für die Wahl der Schöffen (§ 42 Abs. 2) gleichmäßig geltenden Grundsätze wäre nur durch Aufstellung besonderer Listen für alle Alters-, Berufs- und sonstige Gruppen erreichbar gewesen; das aber wäre mit einer nicht zu vertretenden Vermehrung des Arbeitsaufwands für die Verwaltung verbunden gewesen (Begr. aaO). Unter diesem Gesichtspunkt hat das Gesetz auch — abweichend von §§ 33, 35 JGG — von Vorschriften abgesehen, die eine dem Art. 3 Abs. 2 GG entsprechende möglichst gleiche zahlenmäßige Heranziehung von Mann und Frau zum Schöffenamt sicherstellen sollen. Insgesamt handelt es sich bei dieser Soll-Vorschrift um einen Apell an die Gemeindevertretung, auf eine angemessene Repräsentation aller Gruppen der Bevölkerung bei der Aufstellung der Vorschlagsliste Bedacht zu nehmen[6]. Die Form der Soll-Vorschrift ist dabei bewußt in dem Sinn gewählt, daß ihre Verletzung „unschädlich" sein soll (Begr. aaO), d. h. die vorschriftsmäßige Besetzung des Gerichts nicht in Frage stellt[7].

b) Angabe der Personalien (Absatz 2 Satz 2). Schon der § 36 Abs. 1 Satz 3 a. F enthielt — ebenfalls in Form einer Soll-Vorschrift — eine Reihe von weiteren Identitätsmerkmalen neben dem Namen eines in die Vorschlagsliste Aufgenommenen. Bei der Neufassung des Satzes 2 wurden zunächst diese Merkmale erweitert (Angabe der Wohnanschrift) und verdeutlicht (betr. Namen). Darüberhinaus wurde die Soll- in eine Mußvorschrift umgestellt, da das Einsichtsrecht in die Liste (§ 36 Abs. 1) nur dann sinnvoll sei, wenn die Angaben zur Person des Vorgeschlagenen deren schnelle Identifizierung ermöglichten, damit die Amtsgerichte sogleich in der Lage sind, unter dem Gesichtspunkt des § 32 Nr. 1 GVG Auskünfte aus dem Bundeszentralregister einzuholen" (Bericht des RAussch. BTDrucks. 7 2600 zu Art. 2 Nr. 8). Aus diesem begrenzten Zweck der „Muß"-Vorschrift als eines Beitrags zur Verringerung des Verwaltungszeitaufwands bei der Feststellung von Schöffenunfähigkeitsgründen ergibt sich, daß die Verletzung der Mußvorschrift ohne Einfluß auf die vorschriftsmäßige Besetzung des Gerichts ist.

c) Zahl der aufzunehmenden Personen (Absatz 4). Der durch das 1. StVRG 1969 (oben „Entstehungsgeschichte") gewählte Weg, die Zahl der aufzunehmenden Personen grundsätzlich auf drei vom Tausend der Einwohnerzahl der Gemeinde festzusetzen, hatte sich nicht bewährt: Diese Zahl erwies sich an manchen Orten als zu gering, an anderen dagegen als viel zu hoch. Der durch das StVÄG 1987 neu gefaßte Absatz 4 erstrebt eine Regelung, die sich möglichst an dem tatsächlichen Bedarf orientiert, dabei aber für den Wahlausschuß einen ausreichenden Wahlermessungsspielraum beläßt. Die danach dem LGPräs. (AG Präs.) übertragene Verteilung nach dem Vorbild des § 43 Abs. 1 „erfolgt in Anlehnung an die Einwohnerzahl der Gemeinde". Die Begründung (BTDrucks. 10 1313 S. 55) versteht das „erfolgt" im Sinne von „muß erfolgen"; tatsächlich handelt es sich dabei um einen — auch revisionsrechtlich bedeutungslosen (unten Rdn. 11) — falschen Zungenschlag. Denn die Begründung aaO erläutert die „Anleh-

---

[5] BGHSt **30** 255 = StrVert. **1982** 6 mit Anm. *Katholnigg*; BGH NStZ **1986** 84.

[6] Zur tatsächlichen Verteilung der Schöffen auf die verschiedenen sozialen Gruppen vgl. *Katholnigg/Bierstedt* ZRP **1982** 267.

[7] Dazu BGHSt **30** 252; BGH bei *Pfeiffer/Miebach* NStZ **1986** 210 Nr. 28; LR-*Hanack* § 338 StPO, 30.

nung an die Einwohnerzahl der Gemeinden" dahin, die Verteilung *müsse* „also etwa deren Verhältnissen entsprechen. Eine genaue prozentuale Entsprechung ist nicht vorgesehen, da sie bei knappen Grenzwerten durch die Fluktuation zu Unstimmigkeiten führen könnte" (Begr. RegEntw. BTDrucks. 10 1313 S. 55). Es handelt sich also nur um eine Leitlinie für die Ausübung des Ermessens bei der Verteilung. Jedoch ist mit der „Anlehnung an die Einwohnerzahl" zum Ausdruck gebracht, daß eine Berücksichtigung anderer Faktoren, wie etwa Entfernung, hier nicht zulässig ist[8].

7 d) **Die Aufnahme in die Vorschlagslisten** (Absatz 2 Satz 1). Von der Aufnahme in die Vorschlagsliste sind, wie sich aus § 37 ergibt, nicht nur die Personen auszuschließen, die zum Schöffenamt unfähig sind (§§ 31, 32), sondern auch die, die dazu nicht berufen werden sollen (§§ 33, 34). Personen, denen Ablehnungsgründe zur Seite stehen (§ 35), können in die Liste aufgenommen werden (vgl. aber § 35, 1). Über die äußere Form der Vorschlagsliste trifft das Gesetz keine Vorschriften. Es ist daher nicht unzulässig, daß die Gemeinde eine Gesamtliste vorlegt, in der die von der Gemeindevertretung gebilligten Vorschläge der einzelnen in der Gemeindevertretung vertretenen politischen Parteien zusammengeheftet sind[9]. Die Tatsache, daß die Vorgeschlagenen dadurch als den vorschlagenden Parteien genehme Persönlichkeiten in Erscheinung treten, ist eine vom Gesetz in Kauf genommene Folge des durch § 36 Abs. 1 Satz 2 vorgeschriebenen Verfahrens.

8 e) **Über den Zeitpunkt der Aufstellung der Vorschlagsliste** und ihrer Einsendung an das Gericht bestimmt nach § 57 die Landesjustizverwaltung (dort Rdn. 2).

9 **5. Einheitliche Vorschlagsliste.** Die Gemeinde stellt grundsätzlich *eine* Vorschlagsliste für Schöffen auf. Die Scheidung zwischen den zu Schöffen beim Schöffengericht und bei der Strafkammer auszuwählenden Personen geschieht erst durch den Ausschuß (§ 77).

10 **6. Auflegung zur Einsicht (Absatz 3).** Da das Gesetz nichts darüber bestimmt, in welcher Art die Auflegung der Vorschlagsliste und die öffentliche Bekanntmachung zu geschehen hat, so können hierüber landesgesetzliche und Verwaltungsvorschriften erlassen werden. Die Begr. (46) bemerkt, daß die Art der Bekanntmachung auch der örtlichen Gewohnheit überlassen werden kann. Einen Anhaltspunkt dafür, was als öffentliche Bekanntmachung angesehen werden kann, gibt die Regelung in § 4 der 1. DVO vom 22. 3. 1935 (RGBl. I 393) zur Deutschen Gemeindeordnung vom 30. 1. 1935 (RGBl. I 49). Die Beachtung des § 36 Abs. 3 prüft nach § 39 der Richter beim Amtsgericht.

11 **7. Mängel der Vorschlagsliste.** Als Mangel kann nicht gerügt werden, die Personenzahl der Vorschlagsliste entspreche nicht den Anforderungen an § 36 Abs. 4. Denn wenn die Gemeinde von der Verteilungszahl des LG- oder AGPräs abgewichen ist (teils zu viel, teils zu wenig), so wird dadurch die vorschriftsmäßige Besetzung des Gerichts (§ 338 Nr. 1 StPO) nicht berührt, weil der Fehler außerhalb des Einwirkungsbereichs des Gerichts liegt[10]. Aber auch die Bestimmung der erforderlichen Schöffenzahl (§ 43) und deren Verteilung („in Anlehnung ...") durch den LG- oder AGPräs. als Justizverwaltungsbehörden kann, wenn sie sich im Rahmen eines angemessenen Beurteilungsmaßsta-

---

[8] *Kissel* Nachtrag 1988.
[9] BGHSt **12** 197.

[10] BGHSt **22** 122; BGH bei *Pfeiffer/Miebach* NStZ **1986** 210 Nr. 28.

bes hält, mit der Revision nicht angegriffen werden[11]. Bedeutungslos ist auch, wenn die Aufnahme in die Vorschlagsliste nicht mit dem in § 36 Abs. 1 Satz 2 erforderlichen Stimmenverhältnis erfolgte. Denn die Prüfungspflicht des Richters beim AG beschränkt sich nach § 39 Satz 2 auf die Beachtung des § 36 Abs. 3, so daß auch dieser Mangel außerhalb des Bereichs liegt, auf den die Gerichte unmittelbaren Einfluß haben; S. in diesem Zusammenhang auch § 40, 12.

§ 37

Gegen die Vorschlagsliste kann binnen einer Woche, gerechnet vom Ende der Auflegungsfrist, schriftlich oder zu Protokoll mit der Begründung Einspruch erhoben werden, daß in die Vorschlagsliste Personen aufgenommen sind, die nach § 32 nicht aufgenommen werden durften oder nach den §§ 33, 34 nicht aufgenommen werden sollten.

1. Einspruchsgründe. Nur gegen die irrtümliche Aufnahme der nach § 32 (und, obwohl nicht erwähnt, nach § 31) unfähigen oder nach §§ 33, 34 nicht aufzunehmenden Personen kann Einspruch erhoben werden, nicht gegen die Gesetzmäßigkeit der Wahl („Zustimmung" des § 36 Abs. 1 Satz 2) oder aus anderen Gründen (vgl. aber § 39, 2).

2. Befugnis zum Einspruch. Jedermann ohne Unterschied kann Einspruch erheben, also nicht nur, wer von der Unrichtigkeit betroffen wird (h. M; z. B. *Kissel* 4; *Eb. Schmidt* 1). „Es kommt darauf an, alles mögliche Material zu gewinnen, um die Jahresliste nachher sachgemäß festzustellen" (Begr. 46, 82, Hahn Mat. I 85). Im Widerspruch mit diesem Zweck wollten *Oetker* (GA **49** — 1903 — 100 f) und *Schorn* Laienrichter 69 das Recht zum Einspruch auf volljährige, im Bezirk wohnhafte, zum Schöffenamt fähige Personen beschränken.

3. Einspruchsdauer. Die Einspruchsfrist endet mit dem Ablauf einer Woche nach Beendigung der Auflegungsfrist des § 36 Abs. 2; selbstverständlich kann aber schon nach der Beschlußfassung und vor Beginn der Auflegungsfrist Einspruch erhoben werden. Verspäteter Einspruch kann dem Gemeindevorsteher Veranlassung zur Anzeige gemäß § 38 Abs. 2 geben.

4. Die Protokollierung mündlich erhobener Einsprüche ist erforderlich, weil nicht der Gemeindevorsteher, sondern der Ausschuß über sie zu entscheiden hat (§ 41).

§ 38

(1) Der Gemeindevorsteher sendet die Vorschlagsliste nebst den Einsprüchen an den Richter beim Amtsgericht des Bezirkes.
(2) Wird nach Absendung der Vorschlagsliste ihre Berichtigung erforderlich, so hat der Gemeindevorsteher hiervon dem Richter beim Amtsgericht Anzeige zu machen.

---

[11] Vgl. LR-*Hanack*[24] § 338 StPO, 30 Fußn. 74.

Entstehungsgeschichte. Das VereinhG 1950 brachte die textliche Übereinstimmung mit dem geänderten § 36. Die Ersetzung von „Amtsrichter" in Absatz 1, 2 durch „Richter beim Amtsgericht" beruht auf Art. II Nr. 6 PräsVerfG.

1. Absendung (Absatz 1). Der Richter hat in geeigneter Weise dafür zu sorgen, daß ihm die Vorschlagslisten nebst den Einsprüchen rechtzeitig zugehen (Begr. 46). Vgl. § 57 und § 36, 8.

2. Eine **Berichtigung der Vorschlagsliste** (Absatz 2) wird erforderlich, sobald der Gemeindevorsteher, gleichviel auf welchem Wege, von einem Mangel der in § 37 bezeichneten Art Kenntnis erlangt. Der Gemeindevorsteher hat auch mitzuteilen, wenn eine vorgeschlagene Person nachträglich verstorben ist oder von ihrem Ablehnungsrecht Gebrauch gemacht hat.

§ 39

¹Der Richter beim Amtsgericht stellt die Vorschlagslisten der Gemeinden zur Liste des Bezirks zusammen und bereitet den Beschluß über die Einsprüche vor. ²Er hat die Beachtung der Vorschriften des § 36 Absatz 3 zu prüfen und die Abstellung etwaiger Mängel zu veranlassen.

Entstehungsgeschichte. Das VereinhG 1950 ersetzte „Urliste" durch „Vorschlagsliste"; Art. II Nr. 6 des PräsVerfG „Amtsrichter" durch „Richter beim Amtsgericht". Die Änderung von „Vorschlagslisten des Bezirks" in „Vorschlagslisten der Gemeinden zur Liste des Bezirks" in Satz 1 und von „Absatz 2" in „Absatz 3" in Satz 2 beruht auf Art. 2 Nr. 9 des 1. StVRG 1974.

1. Vorbereitende Aufgaben (Satz 1). Der Richter hat die Vorschlagslisten der Gemeinden des Bezirks zu einer einheitlichen Vorschlagsliste (vgl. § 41: „... die Vorschlagsliste...") zusammenzustellen. Er bereitet ferner den vom Ausschuß (§ 41) zu fassenden Beschluß über die Einsprüche vor. Dazu gehören namentlich Ermittlungen, deren es bedarf, wenn die geltend gemachten Tatsachen weder gerichtskundig noch genügend dargetan sind. Darüber hinaus hat der Richter zur Vorbereitung der Wahl in geeigneter Weise auch bei den nicht durch Einspruch Betroffenen festzustellen, ob Hinderungsgründe der in § 37 bezeichneten Art vorliegen, z. B. durch Einholung einer Auskunft aus dem Zentralregister (§ 39 BZRG), von Auskünften des Konkursrichters (dazu § 32, 8; 11).

2. Abstellung von Mängeln. Sind die Vorschriften des § 36 Abs. 3 nicht gehörig befolgt, so hat der Richter die Nachholung des Versäumten, also z. B. eine neue Auslegung der Vorschlagsliste und erforderlichenfalls auch eine neue Bekanntmachung anzuordnen. Er hat, um dem Wahlausschuß eine dem § 42 Abs. 2 entsprechende Wahl zu ermöglichen, weiter zu prüfen, ob die Vorschlagsliste den Anforderungen des § 36 Abs. 2 Satz 2 entspricht, und erforderlichenfalls eine Ergänzung zu veranlassen. Die Gesetzmäßigkeit des Vorschlags (§ 36 Abs. 1 Satz 2) und die Beachtung des § 36 Abs. 4 vorbereitend zu prüfen, besteht keine Veranlassung (dazu § 36, 10).

§ 40

(1) Bei dem Amtsgericht tritt jedes vierte Jahr ein Ausschuß zusammen.

(2) Der Ausschuß besteht aus dem Richter beim Amtsgericht als Vorsitzenden und einem von der Landesregierung zu bestimmenden Verwaltungsbeamten sowie zehn Vertrauenspersonen als Beisitzern.

(3) ¹Die Vertrauenspersonen werden aus den Einwohnern des Amtsgerichtsbezirks von der Vertretung des ihm entsprechenden unteren Verwaltungsbezirks mit einer Mehrheit von zwei Dritteln der gesetzlichen Mitgliederzahl gewählt. ²Umfaßt der Amtsgerichtsbezirk mehrere Verwaltungsbezirke oder Teile mehrerer Verwaltungsbezirke, so bestimmt die zuständige oberste Landesbehörde die Zahl der Vertrauenspersonen, die von den Vertretungen dieser Verwaltungsbezirke zu wählen sind.

(4) Der Ausschuß ist beschlußfähig, wenn wenigstens der Vorsitzende, der Verwaltungsbeamte und fünf Vertrauenspersonen anwesend sind.

Schrifttum. *Hruschka* Zum favor traditionis bei der Anwendung von Gesetzen, dargestellt am Beispiel des § 40 Abs. 2 GVG, FS Larenz (1973) 181.

Entstehungsgeschichte. Ges. vom 25. 4. 1922 Art. I Nr. 6 (RGBl. I 465). VO vom 14. 6. 1932 (RGBl. I 285) erster Teil Kapitel I Art. 8 Ges. vom 13. 12. 1934 (RGBl. I 1233) Nr. 3. Durch das VereinhG 1950 ist § 40 in mehrfacher Hinsicht geändert worden (vgl. die nachfolgenden Anm.). Durch Art. II Nr. 6 des PräsVerfG wurde in Absatz 2 „Amtsrichter" durch „Richter beim Amtsgericht" ersetzt. Durch Art. 2 Nr. 10 des 1. StVRG 1974 wurde Absatz 1 (bisher „jedes zweite Jahr") geändert (Erweiterung der Amtsperiode auf vier Jahre).

Übersicht

	Rdn.		Rdn.
I. Zusammentritt des Wahlausschusses (Absatz 1)	1	IV. Folgen fehlerhafter Zusammensetzung des Ausschusses und und fehlerhafter Wahl	
		1. Frühere Betrachtungsweise	9
II. Zusammensetzung des Ausschusses (Absatz 2)		2. Wandel der Betrachtungsweise	10
1. Richter beim Amtsgericht	2	3. Problematik	11
2. Der Verwaltungsbeamte		4. Einzelfälle	
a) Bestimmung	3	a) Mängel der Vorschlagsliste	12
b) Begriff des Verwaltungsbeamten	4	b) Fehler bei der Wahl der Vertrauenspersonen	13
c) Zuständigkeitskonzentration	5	c) Bedeutung unterschiedlicher landesrechtlicher Regelungen	13a
3. Vertrauenspersonen		d) Überbesetzung des Ausschusses	14
a) Entwicklungsgeschichte	6	e) Wahl von Schöffen ohne Zweidrittelmehrheit	15
b) Geltendes Recht	7	f) Fehlerhafte Leitung der Wahl	16
c) Rechtliche Stellung der Vertrauenspersonen	7a	g) Fehlerhafte Wahl von Jugendschöffen	17
III. Beschlußfähigkeit und Aufgaben (Absatz 4)	8	h) Kritik an BGHSt 26 393	18
		i) Zweifel an BGHSt 26 393	19

I. Zusammentritt des Wahlausschusses (Absatz 1)

Der Ausschuß besteht nicht, wie sich aus Absatz 3 ergibt, auf unbestimmte Zeit, **1** er muß vielmehr in jedem vierten Jahr neu zusammengesetzt werden. Er muß bei jedem Amtsgericht zusammentreten, auch wenn dieses selbst kein Schöffengericht hat; er hat

§ 40 GVG Gerichtsverfassungsgesetz

dann Schöffen für das gemeinsame Schöffengericht und für die Strafkammer auszuwählen. Entsprechendes gilt für die Wahl der Jugendschöffen für das gemeinsame Jugendschöffengericht und für die Jugendkammer, wenn bei dem Amtsgericht ein Jugendschöffengericht nicht besteht (§§ 35, 33 Abs. 4 JGG).

II. Zusammensetzung des Ausschusses (Absatz 2)

2 1. **Richter beim Amtsgericht,** der den Vorsitz im Ausschuß führt, ist bei einem mit mehr als einem Richter besetzten AG, der im Geschäftsverteilungsplan des Amtsgerichts bezeichnete Richter[1]; das kann auch der Präsident oder Direktor des Amtsgerichts sein[2]. Noch hinreichend ist auch die Bestimmung des Ausschußvorsitzenden in der Weise, daß im Geschäftsverteilungsplan dem RiAG der Abteilung Y alle Aufgaben zugewiesen werden, die nicht einer anderen Abteilung zugewiesen sind[3]. Nach § 35 Abs. 4 JGG führt bei der Wahl der Jugendschöffen und -hilfsschöffen der Jugendrichter (beim Vorhandensein mehrerer Jugendrichter der im Geschäftsverteilungsplan bezeichnete) den Vorsitz; es besteht kein rechtliches Hindernis, daß im Geschäftsverteilungsplan dieser Jugendrichter als Ausschußvorsitzender auch bei der Wahl der übrigen Schöffen bezeichnet wird, denn auch er ist allgemein ein Richter beim Amtsgericht. Der Richter handelt unter richterlicher Unabhängigkeit[4].

2. Der Verwaltungsbeamte

3 a) **Bestimmung.** Er wird von der **Landesregierung** bestimmt. Dieser Begriff hat an den verschiedenen Stellen, wo er im GVG verwendet wird, (bedauerlicherweise) nicht immer den gleichen Sinn. In neueren Vorschriften oder jedenfalls in den in neuerer Zeit neu gefaßten Vorschriften ist unzweifelhaft mit Landesregierung das Organ gemeint, das nach der Landesverfassung die Regierung bildet oder sie zu vertreten berechtigt ist (so z. B. in § 34 Abs. 1 Nr. 2 — „Mitglieder einer Landesregierung" —, §§ 58, 74 c, 74 d, 78, 78 a Abs. 2, wo die vom Gesetz zu bestimmten Rechtsverordnungen ermächtigten Landesregierungen für befugt erklärt werden, die Ermächtigung durch Rechtsverordnung auf die Landesjustizverwaltungen zu übertragen). Diese Landesregierung kann ihr Recht zur Bestimmung des Verwaltungsbeamten auf nachgeordnete Stellen zur Ausübung übertragen. Wo dagegen der Begriff Landesregierung seit alter Zeit im GVG steht und bei Bekanntmachung neuer Fassungen des GVG unverändert übernommen wurde, darf er auch jetzt noch in dem Sinn verstanden werden, der ihm bei der Entstehung der Vorschrift zukam, auch wenn damals darunter nur der zuständige Ressortminister verstanden wurde; die Auslegung muß dem „favor traditionis" (*Hruschka*; FS Larenz [1973] 181) Rechnung tragen (**a. M** *Kissel* 5). Vgl. Nordrh.-Westf. VO über die Bestimmung des Verwaltungsbeamten vom 26. 5. 1958 (GVBl. 268 = SaBl. 786).

4 b) **Begriff des Verwaltungsbeamten.** Der zu bestimmende Verwaltungsbeamte muß nach der auf dem VereinhG 1950 beruhenden Fassung nicht ein Staatsverwaltungsbeamter sein. Die Ernennung eines Kommunalbeamten zum Mitglied des Ausschusses ist hiernach zulässig. Er braucht nicht namentlich bestimmt zu werden; genügend ist z. B. die Bestimmung des — jeweils amtierenden — Landrats eines Kreises[5]. Für

---

[1] BGHSt **26** 211; **29** 283; BGH NJW **1980** 2364 mit Anm. *Katholnigg* NStZ **1981** 32.
[2] RG vom 20. 10. 1930 – III 266/30 – und vom 7. 4. 1932 – III 172/32 –.
[3] BGH bei *Pfeiffer/Miebach* NStZ **1986** 210 Nr. 28.
[4] BGH NJW **1980** 2364; Einl. Kap. **8** 12; *Kissel* 3.
[5] *Kissel* 4; *Kleinknecht/Meyer*[39] 4.

den Fall seiner Verhinderung darf ein Stellvertreter, der ebenfalls Verwaltungsbeamter sein muß, bestellt werden. Die Landesregierung kann ihn selbst bestellen oder den Verwaltungsbeamten ermächtigen, im Fall seiner Verhinderung einen Vertreter auszuwählen[6]. Der Vertretene und der Vertreter können abwechselnd an derselben Ausschußsitzung teilnehmen[7].

c) Umfaßt der Amtsgerichtsbezirk **mehrere Verwaltungsbezirke** (Stadtkreis und Landkreis), so ist nur der Verwaltungsbeamte desjenigen Bezirkes zur Teilnahme an der Ausschußsitzung berufen, in dem sich der Sitz des Amtsgerichts befindet, da § 40 Abs. 2 nur die Mitwirkung *eines* Verwaltungsbeamten bei der Wahl vorschreibt und zuläßt (BGHSt **26** 207).

3. Vertrauenspersonen (Absätze 2, 3)

a) Entwicklungsgeschichte. Die Zahl der Vertrauenspersonen betrug ursprünglich sieben; sie wurde durch das VereinhG 1950 auf zehn erhöht, um die Stellung der Vertrauenspersonen gegenüber dem Richter und dem Verwaltungsbeamten zu stärken und einseitige parteipolitische Einflüsse auf die Wahl möglichst zurückzudrängen. Ihre Wahl erfolgte ursprünglich „nach näherer Bestimmung der Landesgesetze durch die Vertretungen der Kreise, Ämter, Gemeinden oder dergleichen Verbände", beim Fehlen solcher Vertretungen durch den Amtsrichter. Als „Vertretungen der Kreise usw." waren nach RGSt **67** 120 nur Körperschaften der Selbstverwaltung anzusehen, d. h. Organe, auf deren Zusammensetzung die Angehörigen dieser Gebietskörperschaften Einfluß ausüben, daher z. B. nicht ein Beauftragter der Staatsverwaltung („Staatskommissar"), dem die Wahrnehmung der Verwaltungsgeschäfte einer Stadtgemeinde und der Befugnisse der „Vertretung" übertragen war. Wegen des Wegfalls der Vertretungskörperschaften in der Zeit nach 1933 übertrug Ges. vom 13. 12. 1934 (RGBl. I 1233) Nr. 3 die Wahl der Vertrauenspersonen dem Amtsrichter.

b) Geltendes Recht. Das VereinhG 1950 stellte den früheren Rechtszustand insofern wieder her, als die Wahl einer Vertretungskörperschaft zusteht. Und zwar ist Wahlorgan die Vertretung des dem Amtsgerichtsbezirk räumlich entsprechenden unteren Verwaltungsbezirks, d. h. des Bezirks, in dem in unterster Instanz die Aufgaben der Staatsverwaltung, auch in der Form der Erledigung von Auftragsangelegenheiten durch Gemeinden, wahrgenommen werden (Kreis und kreisfreie Stadt). Art. 28 GG schreibt bindend vor, daß in den Kreisen und Gemeinden eine von den Gebietseinwohnern gewählte Vertretung bestehen muß; infolgedessen erübrigte sich ein Hinweis auf nähere Regelung des Landesrechts und eine Bestimmung für den Fall, daß eine Vertretung nicht vorhanden sei, wie sie § 40 in seiner ursprünglichen Fassung enthielt. Wie in § 36, so ist auch hier eine qualifizierte Mehrheit bei der Wahl vorgeschrieben, um eine Einwirkung einseitig parteipolitischer oder sonstiger unsachlicher Gesichtspunkte auf die Auswahl nach Möglichkeit auszuschließen (vgl. § 36, 2). Die gewählten Vertrauenspersonen können auch Mitglieder der wählenden Vertretungskörperschaft sein[8]. Für verhinderte Vertrauenspersonen kann die Gemeindevertretung Vertreter wählen, die an Stelle der Verhinderten an der Ausschußsitzung teilnehmen (BGHSt **12** 197, 204). Wegen der Bedeutung einer im Hinblick auf die Person des Verwaltungsbeamten oder der Vertrauenspersonen fehlerhaften Wahl s. unten Rdn. 9, 13.

---

[6] BGHSt **12** 197, 202 = NJW **1959** 349.
[7] RG vom 31. 3. 1921 – I 305/21 –.
[8] BGH NStZ **1981** 150.

§ 40 GVG

7a c) Rechtliche Stellung der Vertrauenspersonen. Das Gesetz enthält insoweit nur wenige Vorschriften (vgl. §§ 55, 56). Inwieweit eine Pflicht zur Übernahme dieses Ehrenamts besteht, richtet sich nach Landesrecht, ebenso, ob die Unfähigkeitsgründe der §§ 31, 32 auch unfähig zum Amt als Vertrauensperson machen, wie dies § 5 Nds. AG GVG vom 5. 4. 1963, GVBl. 225 vorsieht, wo darüber hinaus auch die §§ 33 bis 35 für entsprechend anwendbar erklärt sind[9]. Hervorzuheben ist, daß die Entscheidung über eine Ablehnung des Wahlamtes nur dem für die Wahl zuständigen Vertretungsorgan zusteht; § 56 GVG gilt hier nicht.

III. Beschlußfähigkeit und Aufgaben (Absatz 4)

8 Wegen des Wahltermins vgl. § 57. Leiter der (nicht öffentlichen) Wahlverhandlung ist der Richter beim Amtsgericht (oben 2) als Vorsitzender. Die zur Beschlußfähigkeit erforderliche Zahl von anwesenden Vertrauenspersonen ist durch das VereinhG 1950 von drei auf fünf erhöht worden. Die Frage der Beschlußfähigkeit wird aber nur praktisch, wo ein den Erfordernissen des Absatzes 2 entsprechender Ausschuß besteht[10]. Die Anzahl der für das Schöffengericht zu wählenden Schöffen wird nach § 43 bestimmt. Wegen der Zahl der zu wählenden Strafkammerschöffen vgl. § 77, wegen der Jugendschöffen § 35 JGG (hier soll die gleiche Anzahl von Männern und Frauen gewählt werden). Wegen der für die Auswahl zu beobachtenden Grundsätze vgl. § 42 Abs. 2. Abstimmung: §§ 41, 42. Über Maßnahmen gegen unentschuldigt ausbleibende Vertrauenspersonen s. § 56.

IV. Folgen fehlerhafter Zusammensetzung des Ausschusses und fehlerhafter Wahl

9 1. Frühere Betrachtungsweise. Nach bisheriger Auffassung war, wenn bei der Wahl der Vertrauenspersonen gegen das Gesetz verstoßen wurde, der Ausschuß nicht ordnungsmäßig besetzt mit der Folge der Unwirksamkeit seiner Beschlüsse. Ein solcher Gesetzesverstoß wurde angenommen, wenn im Fall des § 40 Abs. 3 Satz 2 in einem Verwaltungsbezirk die zugewiesene Zahl von Vertrauenspersonen nicht mit der erforderlichen Zweidrittel-Mehrheit gewählt und daher die Zahl von zehn Vertrauenspersonen nicht erreicht wurde[11]. Diese Unwirksamkeit konnte in den einzelnen Strafsachen unter dem Gesichtspunkt der unrichtigen Besetzung (§ 338 Nr. 1 StPO) geltend gemacht werden, die unter Mitwirkung der von einem solchen Ausschuß gewählten Laienrichter stattfanden[12]. Eine Heilung des Mangels war nur (mit Wirkung ex nunc) dadurch möglich, daß ein ordnungsmäßig zusammengesetzter Ausschuß die Wahl der Laienrichter wiederholte[13]. Eine gewisse Abschwächung der Folgen des Gesetzesverstoßes bedeutete es, wenn BGHSt **20** 309[14] es als mit § 40 Abs. 3 Satz 1 vereinbar ansah, daß (in Nordrh.-W.) die Wahl der Vertrauenspersonen nicht durch den zuständigen Kreistag, sondern wegen Dringlichkeit durch den Kreisausschuß erfolgte (s. dazu auch ergänzend Rdn. 13 a).

---

[9] Ebenso *Kleinknecht/Meyer*[39] 4; *Eb. Schmidt* 4.
[10] BVerfGE **31** 184; BayObLGSt **1987** 131 und dazu Rdn. 13a.
[11] BVerfGE **31** 181; OLG Frankfurt NJW **1971** 1327.
[12] RGSt **67** 120; BGHSt **20** 37, 39 = NJW **1964** 2432; OLG Frankfurt NJW **1971** 1327; *Eb. Schmidt* 5; einschränkend *Müller/Sax* 2 b.
[13] BGHSt **20** 37 betr. Baden-Württ.
[14] = NJW **1966** 359 = LM Nr. 3 mit Anm. *Börtzler*.

2. Wandel der Betrachtungsweise. Die vorstehend dargestellte Strenge einer Betrachtungsweise, die weitgehend Fehlern bei der Zusammensetzung des Ausschusses und bei dem Wahlvorgang Wirkungen bezgl. der Anfechtbarkeit der Entscheidungen (§ 338 Nr. 1 StPO) beilegt, die unter Mitwirkung der gewählten Schöffen ergangen sind, steht nicht mehr voll in Einklang mit der in der neueren Rechtsentwicklung hervorgetretenen Tendenz, Besetzungsrügen im Interesse der Rechtssicherheit einzuschränken[15]. Hier kommt zunächst in Betracht, daß nur ein (objektiv) willkürliches **Verhalten des Gerichts** den Vorwurf der Richterentziehung (Art. 101 Abs. 1 Satz 2 GG, § 16 GVG) rechtfertigt und ein verzeihlicher error in procedendo weitgehend den Bestand des Urteils unberührt läßt (§ 16, 16; 18 ff; 21). Wenn aber auf Gesetzesirrtum beruhende verzeihliche Fehlhandlungen des Gerichts um der Rechtssicherheit willen so hingenommen werden, so fragt sich, ob strengere Maßstäbe angelegt werden dürfen bei nicht auf Willkür beruhenden Fehlern in der Zusammensetzung des Wahlkörpers, dessen Aufgabe lediglich darin besteht, den Spruchkörpern des Gerichts die zu ordnungsgemäßer Besetzung erforderlichen Schöffen zur Verfügung zu stellen, zumal Mängel in der Zusammensetzung des Wahlkörpers (und seines Verfahrens) sich weithin der Kognition des erkennenden Gerichts entziehen (dazu § 36, 10; § 39, 2), dieses also — sieht man von Nr. 126 RiStBV (Belehrung der Schöffen durch den Vorsitzenden über Schöffenunfähigkeits- und über Ausschließungs- und Befangenheitsgründe) ab — nicht in der Lage ist, auf eine Fernhaltung fehlerhaft gewählter Schöffen hinzuwirken.

Ein **zweiter Gedankengang** tritt hinzu. Nach dem im Jahre 1972 geschaffenen § 21 b Abs. 6 Satz 2, 3 hat eine Gesetzesverletzung bei der Wahl des Präsidiums, die zur Folge hat, daß dieses nicht ordnungsgemäß (dem Gesetz entsprechend) zusammengesetzt ist, im Interesse der Rechtssicherheit nicht die Wirkung, daß die von einem solchen Präsidium gemäß § 21 e Abs. 1 besetzten Spruchkörper vorschriftswidrig i. S. des § 338 Nr. 1 StPO besetzt sind (§ 21 b, 21). Es erscheint nach den Regeln der Rechtslogik und -systematik fast zwangsläufig, daß der Regelung in § 21 b Abs. 6 auch Bedeutung zukommt bei der Frage, ob eine fehlerhafte Zusammensetzung des Wahlausschusses bewirkt, daß die Spruchkörper, in denen die von ihm gewählten Schöffen mitwirken, nicht ordnungsgemäß i. S. des § 338 Nr. 1 StPO besetzt sind. Denn das Präsidium verteilt selbst die dem Gericht zugewiesenen Berufsrichter unter Wertung ihrer speziellen Eignung auf die Spruchkörper, während der Wahlausschuß die Schöffen wählt und die gerichtliche Mitwirkung bei der Zuteilung zu einem bestimmten Spruchkörper in dem Formalakt der Auslosung (§§ 45, 77) besteht. Es hat also das Präsidium einen unmittelbaren und damit größeren Einfluß auf die Besetzung eines Spruchkörpers als der Wahlausschuß, der nur — vergleichbar der Ernennung und Zuweisung eines Berufsrichters an ein bestimmtes Gericht durch die zuständige Stelle — das Personal an ehrenamtlichen Richtern zur Verfügung stellt, aber keinen weiteren, keinen unmittelbaren Einfluß auf deren Mitwirkung in einem bestimmten Spruchkörper und in einem bestimmten Verfahren hat. Gerade diese geringere unmittelbare Einwirkungsmöglichkeit des Wahlausschusses spricht für eine a maiore ad minus-Folgerung, daß auch bei der Frage, inwieweit die rechtsfehlerhafte Zusammensetzung des Wahlausschusses sich auf die ordnungsgemäße Besetzung eines Spruchkörpers auswirkt, in dem von einem solchen Wahlausschuß gewählte Schöffen beteiligt sind, dem Postulat der Rechtssicherheit, dem § 21 b Abs. 6 Satz 3 dient, eine gewisse Rolle zukommt.

---

[15] S. dazu LR-*Schäfer* Einl. Kap. 5 104; LR-*Hanack* § 338 StPO, 29 ff.

11 3. Problematik. Die vorstehenden Ausführungen könnten den Gedanken nahelegen, in § 21 b Abs. 6 einen der Rechtssicherheit Rechnung tragenden Grundsatz von allgemeiner Bedeutung zu sehen, aus dem abzuleiten wäre, daß auch eine fehlerhafte Zusammensetzung des Wahlausschusses Besetzungsrügen nicht rechtfertigt, die damit begründet sind, daß bei dem Urteil Schöffen mitgewirkt hätten, die von dem fehlerhaft gebildeten Wahlausschuß gewählt waren. Wäre das richtig, so würde das bedeuten, daß insoweit der Grundsatz, wonach eine Richterentziehung nur bei (objektiver) Willkür in Betracht kommt, zurückträte. Denn ob objektiv Willkür vorliegt, richtet sich nach dem Ausmaß der Gesetzesverletzung; entscheidend ist, ob ein grober offensichtlicher oder ein noch hinnehmbarer Fehler bei der Rechtsauslegung und Rechtshandlung vorliegt (§ 16, 17). Dagegen spielt im Fall des § 21 b Abs. 6, sofern überhaupt noch von einer Wahl gesprochen werden kann, das Gewicht des Gesetzesverstoßes bei der Wahl des Präsidiums keine Rolle und es ist ohne Belang, ob der Gesetzesverstoß offensichtlich ist oder ein error in procedendo vorliegt (§ 21 b, 20). Damit entfällt eine **generelle Übertragung** des Gedanken des § 21 b Abs. 6 auf die Wahl der Schöffen durch den fehlerhaft zusammengesetzten Wahlausschuß; wohl aber kommt eine rechtsanaloge Anwendung des Gedankens des § 21 b Abs. 6 dann in Betracht, wenn der Rechtsfehler so wenig schwer wiegt, daß die Rechtssicherheit (die Funktionsfähigkeit der Rechtspflege) litte, wenn er nicht hingenommen würde. Die Frage, inwieweit § 21 b Abs. 6 einer rechtsanalogen Anwendung bei fehlerhafter Zusammensetzung des Wahlausschusses fähig ist, wird im Rahmen der nachfolgenden summarischen Übersicht (Rdn. 12) über die Auswirkung von Gesetzesverstößen bei einzelnen Fallgruppen behandelt.

4. Einzelfälle

12 a) Mängel der Vorschlagsliste. Nach § 36 Abs. 1 Satz 2 ist zur Aufnahme in die Vorschlagsliste für Schöffen die Zustimmung von zwei Dritteln der gesetzlichen Zahl der Mitglieder der Gemeindevertretung erforderlich. Aus § 39 Satz 2, wonach sich die Prüfungspflicht des Richters beim Amtsgericht auf die Beachtung des § 36 Abs. 3 erstreckt, entnimmt BGHSt **22** 122 (vgl. § 36, 10), daß die Beachtung des § 36 Abs. 4 nicht Gegenstand der gerichtlichen Nachprüfung und Einflußnahme ist und ein Mangel die vorschriftsmäßige Besetzung des Gerichts nicht in Frage stellen kann. Dem liegt der Gedanke zugrunde, daß die Beachtung des § 36 Abs. 4 in den ausschließlichen Verantwortungsbereich der Gemeinde fällt, solche gemeindlichen Interna sich auch wegen der Schwierigkeiten ihrer Nachprüfung der gerichtlichen Überprüfungspflicht entziehen, und eine Besetzungsrüge nur in Betracht kommen soll, wenn im gerichtlichen Bereich eine Kognitions- und Abhilfemöglichkeit bestanden hätte. Was für Fehler i. S. des § 36 Abs. 4 a. F gilt, muß dann aber folgerichtig auch gelten, wenn eine Person ohne die erforderliche Zweidrittelmehrheit entgegen § 36 Abs. 1 Satz 2 in die Vorschlagsliste aufgenommen ist und vom Wahlausschuß zum Schöffen gewählt wird. Im übrigen wird wegen der Revisibilität von Verstößen gegen § 36 Abs. 4 n. F auf § 36, 11 verwiesen.

13 b) Fehler bei der Wahl der Vertrauenspersonen. Nach § 40 Abs. 3 Satz 1 werden die Vertrauenspersonen von ihrem Wahlorgan mit einer Mehrheit von zwei Dritteln der gesetzlichen Mitgliederzahl gewählt. Im Fall BGHSt **26** 206 war die Besetzungsrüge des § 338 Nr. 1 StPO darauf gestützt, die Vertrauenspersonen des Ausschusses, der die mitwirkenden Schöffen gewählt hatte, seien ihrerseits nicht mit der erforderlichen Zweidrittel-Mehrheit gewählt worden. Der BGH sah damals keine Veranlassung zur Erörterung der Frage, ob dieser Rüge etwa mit den in BGHSt **22** 122 (oben Rdn. 12) angestellten Erwägungen oder mit den aus § 21 b Abs. 6 Satz 3 abgeleiteten Überlegungen (unten Rdn. 14) zu begegnen sei, hat vielmehr im Wege des Freibeweises festgestellt, daß der behauptete Fehler nicht erwiesen sei, weil das Sitzungsprotokoll und eine nachträgliche Erklärung des unteren Verwaltungsbezirks „die Deutung zuließen", daß die Wahl einstimmig erfolgt sei (BGHSt **26** 212). Den Gerichten eine so weit ins Vorfeld der Laienrichterwahl reichende Nachprüfung anzulasten erscheint freilich wenig befriedigend (so auch *Kissel* 16 am Ende).

c) Bedeutung unterschiedlicher landesrechtlicher Regelungen. Im Falle BayObLGSt **13a** **1987** 131 = StrVert. **1988** 11 wird das in Rdn. 13 (am Ende) erwähnte Problem, daß die Wahl der Vertrauenspersonen wegen Dringlichkeit statt durch den Kreistag durch den Kreisausschuß erfolgte, im Hinblick auf Besonderheiten des in Bayern geltenden Rechts erneut erörtert. In diesem Fall war die Verfahrensrüge darauf gestützt, daß die bei der Schöffenwahlausschußsitzung vom 25. 9. 1984 mitwirkenden Vertrauenspersonen nicht von dem dazu zuständigen Kreistag, sondern am 30. 7. 1984 vom Kreisausschuß bestimmt worden waren. Dazu war es auf Vorschlag des Landrats gekommen, weil die nächste Kreistagssitzung erst am 15. Oktober 1984 anstand, die Bestimmung der Vertrauenspersonen zwecks Teilnahme an der Wahlausschußsitzung vom 25. 9. 1984 als eilbedürftig angesehen und eine Heilung der fehlenden Zuständigkeit von der am 15. 10. 1984 erfolgten Bestätigung der Wahl durch den Kreistag erwartet worden war. Die Verfahrensrüge hatte Erfolg: anders als die Kreisordnungen anderer Länder (z. B. von Nordrh.W. und dazu BGHSt **20** 309 — oben Rdn. 9 —) enthalte die BayKreisO keine Regelung, aus der sich eine Zuständigkeit des Kreisausschusses für die Erledigung unaufschiebbarer Angelegenheiten ableiten lasse; diese Zuständigkeit sei vielmehr dem Landrat übertragen, der aber als Einzelperson eine Wahl i. S. des § 40 Abs. 3 Satz 1 GVG gar nicht habe treffen können, so daß die Frage einer Umdeutung seiner Mitwirkung bei der Wahl im Kreisausschuß in eine in eigener Verantwortung getroffene Entscheidung entfalle. Da hier die Gesetzwidrigkeit des vom Kreisausschuß gefaßten Beschlusses offen zu Tage liege, müsse er als nichtig angesehen werden (Verweisung auf § 44 Abs. 1 VwVfG), und an dieser Nichtigkeit habe durch einen Bestätigungsbeschluß des Kreistags nichts geändert werden können; selbst eine Neuvornahme der Wahl durch den Kreistag hätte nichts daran geändert, daß die am 25. 9. 1984 als Vertrauenspersonen Aufgetretenen nicht wirksam gewählt waren. Angesichts dieser in Bayern bestehenden Rechtslage stelle sich die oben Rdn. 13 angesprochene Frage nicht, ob, wenn anstelle der Vertretungskörperschaft des Landkreises ein anderes Beschlußorgan des Landkreises, das aber landesrechtlich zur Erledigung unaufschiebbarer Angelegenheiten befugt ist, die Wahl der Vertrauenspersonen durchführt, eine einwandfreie Schöffenwahl i. S. des § 40 vorliegt, falls die Vertretungskörperschaft diese Wahl, wenn auch erst nach der Wahl des Schöffenwahlausschusses, aber vor Beginn der Amtszeit der Schöffen bestätigt[16]. Die Nichtigkeit der Schöffenwahl durch den Kreisausschuß begründe die Verfahrensrüge, denn der Grundsatz, daß ein bei der Bildung der Richterbank unterlaufener Verfahrensfehler den Art. 101 Abs. 1 Satz 2 GG nicht verletze, erfasse nicht den Fall, daß an einer gerichtlichen Entscheidung eine Person mitwirke, die nicht Richter ist (Verweisung auf BVerfGE **31** 181, 194), und auch für eine entsprechende Anwendung des § 21b Abs. 6 Satz 3 sei kein Raum, wenn, wie hier, von einer Wahl im Rechtssinn überhaupt nicht mehr gesprochen werden könne (Verweisung auf BGHSt **26** 206, 210).

---

[16] Dazu einerseits BGHSt **20** 37 für Baden-Württemberg, andererseits BGHSt **20** 309 für Nordrh.-W.

13b   Dem **Ergebnis** von BayObLGSt **1987** 131 **kann**, von der bisherigen Rechtsprechung zu anderen landesrechtlichen Regelungen aus gesehen, die der Vermeidung von „Eilfall-Pannen" Rechnung tragen, **schwerlich gefolgt werden.** Statt die Besonderheiten der BayKreisO überzubetonen, wäre eine Auslegung sinnvoll (und möglich) gewesen, die vermied, daß ein Fehler, der in der Wahlausschußsitzung vom 25. 9. 1984 begangen wurde, sich auf die Revisionsentscheidung vom 29. 10. 1987 — also nach mehr als 3 Jahren — auswirkt. Hätte der Wahlausschußvorsitzende damals die Rechtslage übersehen, so hätte er sich vor das gleiche, unten Rdn. 19 dargestellte „erkennbare Dilemma" gestellt gesehen, entweder eine fristgerechte Wahl zu unterlassen und die daraus sich ergebenden Risiken in Kauf zu nehmen oder sich für eine rechtzeitige, aber fehlerhafte Wahl zu entscheiden. Im übrigen erscheint BayObLGSt **1987** 131 durch BayObLG JR **1990** 81 mit Anm. *Katholnigg* überholt. In diesem Fall war die Besetzungsrüge darauf gestützt, ein Schöffe habe mitgewirkt, dessen Wahl durch den Schöffenwahlausschuß deshalb fehlerhaft gewesen sei, weil die mitwirkenden Vertrauenspersonen abweichend von Art. 45 Abs. 3 BayLKrO vom Kreistag nicht durch geheime Wahl, sondern durch einen in offener Abstimmung gefaßten einstimmigen Beschluß berufen worden waren. Die Revision blieb erfolglos. Der gleiche 1. Strafsen. des BayObLG, der die Entscheidung BayObLGSt **1987** 121 erlassen hatte (in der neuen Entscheidung auf diese aber mit keinem Wort einging), berief sich nunmehr auf den Grundgedanken von § 21 Abs. 6 Satz 3 und erklärte unter Berufung auf BVerfG NJW **1982** 2368 f und die — wenn auch in einem obiter dictum — den gleichen Verstoß gegen Art. 45 Abs. 3 BayLKrO betreffende Entscheidung BGH NJW **1988** 3164 f (in BGHSt **35** 190 nicht mitabgedruckt) „den Fehler nicht für so schwerwiegend, daß er die Revision begründe". *Katholnigg*, der in seiner Anmerkung in JR **1990** 82 ff auf S. 83 ausführlich die zu dem Problem ergangene Rechtsprechung analysiert hat, bemerkt dazu, daß ihm — von BayObLGSt **1987** 131 abgesehen — „jedenfalls seit BGHSt **26** 206 nur noch Entscheidungen bekannt seien, die für die hier in Betracht kommende Fallgruppe die Schöffenwahl *nicht* beanstandet haben".

13c   Problematisch bleibt dabei allerdings der in BVerfGE **31** 181 und OLG Frankfurt NJW **1971** 1327 entschiedene Fall (Rdn. 9), in dem feststand, daß statt 10 nur 6 Vertrauenspersonen gewählt waren, weil hier eine Anfechtbarkeit des Urteils, in dem ein so „gewählter" Schöffe mitgewirkt hat, in Betracht käme und andererseits die Abstandnahme von einer Wahl zu einer Lahmlegung der Strafrechtspflege in diesem Bereich führen kann.

14   **d) Überbesetzung des Ausschusses** (hier: Teilnahme von mehr als einem Verwaltungsbeamten). Im Fall BGHSt **26** 206, wo der Bezirk des Amtsgerichts sowohl einen Stadt-, wie einen Landkreis umfaßte, hatten (in „offensichtlicher" Verkennung der Bedeutung einer Verwaltungsanweisung) sowohl ein Verwaltungsbeamter des Stadtkreises wie des Landkreises an der Sitzung des Wahlausschusses teilgenommen (dazu oben Rdn. 10 a). Da die Wahl einstimmig erfolgt war, hätte zur Zurückweisung der auf Überbesetzung des Wahlausschusses gestützten Besetzungsrüge vielleicht schon genügt, daß grundsätzliche Wahlfehler bedeutungslos sind, die auf das Wahlergebnis ohne Einfluß waren[17]. BGHSt **26** 208 hat diese Frage offengelassen, vielmehr als entscheidend angesehen, daß § 21 b Abs. 6 Satz 3 einen Grundsatz von allgemeiner Bedeutung enthalte,

---

[17] BVerfGE **34** 300; s. auch BGHSt **12** 227, 235.

der auch im Rahmen des § 40 Beachtung verdiene und ausgesprochen, daß „jedenfalls dann, wenn der Fehler nicht so schwerwiegend ist, daß von einer Wahl im Rechtssinne überhaupt nicht mehr gesprochen werden kann, die Besetzung des Spruchkörpers, in dem ein von dem fehlerhaft zustandegekommenen Ausschuß gewählter Schöffe mitwirkt, nicht als vorschriftswidrig anzusehen ist". Denn anderenfalls müßte jeder Vorsitzende eines mit Schöffen besetzten Spruchkörpers sämtliche zur Wahl der mitwirkenden Schöffen führenden Vorgänge rechtlich nachprüfen, wenn er nicht Gefahr laufen wollte, daß die Urteile seines Spruchkörpers wegen nicht vorschriftsmäßiger Besetzung aufgehoben würden; das wäre aber ein praktisch unerfüllbares Verlangen. Dem Ergebnis und der Begründung ist zuzustimmen. Jedoch hat sich die Entscheidung mit dieser Begründung nicht begnügt, sondern zusätzlich ausgesprochen, das Ergebnis stehe im Einklang mit den zum Verbot der Richterentziehung ausgebildeten Grundsätzen, da im vorliegenden Fall die Wahl der Schöffen auf Verfahrensirrtum beruhe, nicht aber von willkürlichen sachfremden Erwägungen bestimmt sei (BGHSt 26 210f). Wegen der Mißverständnisse, die diese zusätzliche Begründung auslöste, vgl. unten Rdn. 18. BGH NStZ **1986** 84 begnügt sich, unter Hinweis auf BGHSt 26 206, mit der Bemerkung, die Teilnahme von zwei Verwaltungsbeamten verstoße zwar gegen § 40 Abs. 3, der Fehler sei aber nicht so schwerwiegend, daß er die Wahl ungültig mache. Unabhängig von der „Willkür"-Frage ist eine Überbesetzung dann unschädlich, wenn (nach der dienstlichen Äußerung des Ausschußvorsitzenden) die Schöffenwahl durchweg einstimmig erfolgte[18].

e) Wahl von Schöffen ohne Zweidrittel-Mehrheit. Nach § 42 Abs. 1 wählt der Wahlausschuß die Schöffen mit Zweidrittel-Mehrheit der Stimmen (dazu § 42, 2). Im Fall BGHSt 26 206 war die Besetzungsrüge des § 338 Nr. 1 StPO darauf gestützt, bei der Wahl der mitwirkenden Schöffen sei die Zweidrittel-Mehrheit nicht erreicht worden. Das über den Wahlvorgang aufgenommene Protokoll (ein solches ist übrigens hier — im Gegensatz zu §§ 41 Satz 3, 45 Abs. 4 — nicht vorgeschrieben) enthielt keine Angaben über das Stimmenverhältnis. Die Besetzungsrüge wurde als revisionsrechtlich erheblich angesehen, blieb aber erfolglos: eine den §§ 273, 274 StPO entsprechende Vorschrift bestehe hier nicht und die Behauptung der Revision sei nicht erwiesen, denn aus den (im Wege des Freibeweises eingeholten) Äußerungen von Teilnehmern an der Wahlausschußsitzung ergebe sich, daß die Wahl ohne Gegenstimmen erfolgt sei. Die Annahme revisionsrechtlicher Erheblichkeit der Besetzungsrüge steht nicht in Widerspruch mit den in dieser Entscheidung aus § 21 b Abs. 6 Satz 3 gezogenen Folgerungen. Denn hier handelt es sich nicht um die in Rdn. 14 erörterte Frage nach den Auswirkungen der von einem fehlerhaft zusammengesetzten Wahlausschuß getroffenen Entscheidungen, sondern um die ganz andere Frage nach den Auswirkungen einer von einem gesetzmäßig zusammengesetzten Ausschuß getroffenen Entscheidungen, die inhaltlich gegen das Gesetz verstoßen. Solchen Fehlern die Bedeutung für die ordnungsgemäße Besetzung des Gerichts, in dem die fehlerhaft gewählten Schöffen mitwirken, abzusprechen ist auf dem Wege einer rechtsanalogen Anwendung des § 21 b Abs. 6 nicht möglich. Davon geht auch BGHSt **26** 206 aus und BGHSt **26** 393 (unten Rdn. 17) hat dies deutlich ausgesprochen.

f) Fehlerhafte Leitung der Wahl. Im Fall BGHSt 26 206, 211 fungierte während der gesamten Wahl, in der neben den Schöffen für die Erwachsenenspruchkörper die

---
[18] BGH bei *Pfeiffer/Miebach* NStZ **1986** 210 Nr. 28.

Jugendschöffen gewählt wurden, als Vorsitzender ein Richter beim Amtsgericht, der nach der Geschäftsverteilung Jugendrichter war; als Besetzungsfehler wurde geltend gemacht, daß nicht bei der Wahl der Schöffen für die Erwachsenenspruchkörper der nach der Geschäftsverteilung für Strafsachen für Erwachsene zuständige Richter als Vorsitzender tätig geworden sei. Die Zurückweisung der Besetzungsrüge wird hier damit begründet, daß nach § 117 JGG die Wahl der Jugendschöffen gleichzeitig mit der Wahl der Schöffen für die Schöffengerichte und die Strafkammern erfolge und der Jugendrichter bei der Wahl der Jugendschöffen nach § 35 Abs. 4 JGG kraft Gesetzes den Vorsitz habe führen müssen. Ob sich aus der Gleichzeitigkeit der Wahl von Erwachsenen- und Jugendschöffen ableiten lasse, daß der Jugendrichter auch den Vorsitz bei der Wahl der übrigen Schöffen zu führen habe, brauche nicht abschließend entschieden zu werden. Denn jedenfalls sei die von dem fungierenden Vorsitzenden in der Sitzungsniederschrift vertretene Rechtsauffassung, daß er als Jugendrichter dem Ausschuß für den gesamten Wahlvorgang angehöre, vertretbar. Hier werden also die Gründe für die Zurückweisung der Besetzungsrüge nicht aus dem Ausschlußprinzip des § 21 b Abs. 6 Satz 3 hergeleitet, obwohl auch hier die richtige Zusammensetzung des Ausschusses (und nicht ein Fehler bei der Wahlhandlung) in Frage steht, sondern dem zu Art. 101 GG ausgebildeten Gedanken der fehlenden Willkür bei vertretbarer Rechtsauslegung entnommen und damit der (in der Entscheidung nicht angeführte) § 22 d ins Spiel gebracht[19].

17 g) **Fehlerhafte Wahl von Jugendschöffen.** Im Fall BGHSt 26 393[20] hatte in der Jugendkammer ein Schöffe mitgewirkt, der nicht auf Vorschlag des Jugendwohlfahrtsausschusses (§ 35 JGG), sondern aus der Vorschlagsliste für Erwachsenenschöffen von dem Wahlausschuß gewählt worden war, weil die Zahl der Vorschläge des Jugendwohlfahrtsausschusses nicht ausreichend war und die Wahl nicht verzögert werden sollte. Die Besetzungsrüge des § 338 Nr. 1 StPO wurde als durchgreifend angesehen. § 35 JGG bezwecke, daß als Jugendschöffen nur erzieherisch befähigte und in der Jugenderziehung erfahrene Personen herangezogen würden. Dieser Zweck sei so vorrangig, daß dahinter das Bestreben, die Wahl der Jugendschöffen fristgemäß durchzuführen, zurücktreten müsse. Unter dem Gesichtspunkt des Verbots der Richterentziehung (Art. 101 GG) liege nicht mehr ein bloßer Rechtsirrtum (error in procedendo), sondern ein offensichtlicher Gesetzesverstoß, ein Verstoß gegen den zwingenden Wortlaut des § 35 JGG vor; wie denn bereits (BGH vom 29. 10. 1974 — 1 StR 475/74 —) ausgesprochen sei, daß auch dann, wenn ein Jugendwohlfahrtsausschuß noch nicht bestehe, die Wahl der Jugendschöffen nicht etwa aus einer Vorschlagsliste des Jugendamts vorgenommen werden dürfe, sondern — auch bei Überschreitung des für die Wahl vorgeschriebenen Endtermins — die Konstituierung des Jugendwohlfahrtsausschusses abzuwarten sei. Mit den in BGHSt 26 206 (oben Rdn. 14) aufgestellten Grundsätzen stehe diese nicht im Widerspruch. Denn auch die dort aus § 21 b Abs. 6 Satz 3 GVG im Zusammenhalt mit den Verfahrensordnungen anderer Gerichtszweige gewonnenen übergeordneten Gesichtspunkte könnten nicht dazu führen, einen Verfahrensfehler im Bereich der Bestim-

---

[19] S. dazu auch BGH NJW **1980** 2364 = MDR **1980** 864: Wird als Wahlausschußvorsitzender ein Richter des AG tätig, der, im Geschäftsverteilungsplan nicht dazu bestellt ist, so sind nach § 22 d die Beschlüsse des Ausschusses nicht unwirksam, so daß die Schöffenwahl gültig ist.

[20] = NJW **1976** 2357 = JR **1977** 299 mit Anm. *Rieß*; s. auch LR-*Hanack* § 338, 30 Fußn. 75. Es wird hier unterstellt, daß die Entscheidung nach Schaffung der Rügepräklusion und unter der Herrschaft des § 338 Nr. 1 n. F StPO ergangen wäre.

mung des gesetzlichen Richters hinzunehmen, der nicht auf einem bloßen Rechtsirrtum beruhe, sondern offensichtlich gegen das Gesetz verstoße.

h) Kritisch ist zu BGHSt **26** 393 zu vermerken: Es ist richtig, daß die Entscheidung (worauf schon *Rieß* JR **1977** 301 hingewiesen hat) nicht in einem Gegensatz zu den in BGHSt **26** 206 entwickelten Grundsätzen steht. Denn dort ist nicht, wie es in BGHSt **26** 395 ungenau heißt, der Gedanke des § 21 b Abs. 6 (allgemein) „für die Auswirkung von Fehlern im Verfahren der Schöffenwahl auf die vorschriftsmäßige Besetzung des Gerichts" in Anspruch genommen, sondern nur für den Fall einer vorschriftswidrigen Zusammensetzung des Wahlausschusses, während die Bedeutung von Fehlern bei der Wahlhandlung unter dem Gesichtspunkt der Richterentziehung erörtert wird (oben Rdn. 16). Nur zusätzlich führt BGHSt **26** 210 aus, daß das unter rechtsanaloger Heranziehung des § 21 b Abs. 6 gewonnene Ergebnis (im konkreten Fall) auch in Einklang stehe mit den Grundsätzen, die anwendbar wären, wenn die Besetzungsrüge unter dem Gesichtspunkt der Richterentziehung zu prüfen wäre. Dagegen hat BGHSt **26** 206 nicht ausgesprochen — und insofern ist die Berufung auf BGHSt **26** 211 in BGHSt **26** 395 unzutreffend —, daß die Heranziehung des Gedankens des § 21 b Abs. 6 auf den Fall fehlerhafter Zusammensetzung des Wahlausschusses entfalle, wenn es sich um einen Gesetzesverstoß handele, der nicht auf einem bloßen Rechtsirrtum beruhe. Vielmehr ist (BGHSt **26** 210) zwar offen gelassen, ob die Heranziehung des § 21 b Abs. 6 bei „Fehlern jeden Gewichts" statthaft sei, aber ausdrücklich ausgesprochen, daß „jedenfalls dann, wenn der Fehler nicht so schwerwiegend ist, daß von einer Wahl im Rechtssinne überhaupt nicht mehr gesprochen werden kann", der Spruchkörper, in dem der von einem fehlerhaft zusammengestellten Wahlausschuß gewählte Schöffe mitwirkt, nicht vorschriftswidrig besetzt ist. **Das Grundanliegen von BGHSt 26, 393** wird durch die Kritik nicht berührt. Diese Entscheidung wendet sich mit Recht dagegen, daß der Gedanke des § 21 b Abs. 6 auch auf **Fehler bei der Wahlhandlung** des Schöffenwahlausschusses übertragen werden könne; soweit war aber auch BGHSt **26** 206 nicht gegangen. Wenn gleichwohl BGHSt **26** 393 Veranlassung nimmt, zu betonen, ein Gegensatz gegenüber BGHSt **26** 206 besteht nicht (obwohl er in dem oben dargestellten Umfang besteht), so mag der Grund dafür in der Befürchtung liegen, es könnten aus Argumenten, die BGHSt **26** 210 zur Stütze seiner Auffassung über die Bedeutung des § 21 b Abs. 6 anführt (nämlich daß die zur Wahl der mitwirkenden Schöffen führenden Vorgänge praktisch für die Vorsitzenden der Spruchkörper nicht nachprüfbar seien, und daß nach §§ 65, 73 ArbGG die Rüge der nicht vorschriftsmäßigen Besetzung des Gerichts nicht auf Mängel des Verfahrens bei der Berufung der ehrenamtlichen Beisitzer gestützt werden kann) Schlüsse auf die Bedeutungslosigkeit von Fehlern des Schöffenwahlausschusses **bei der Wahlhandlung** für die ordnungsgemäße Besetzung des Gerichts gezogen werden. Allerdings läßt das Fehlen den §§ 65, 73 ArbGG entsprechender Vorschriften in der StPO keinen anderen Schluß zu, als daß es auf dem Gebiet des Strafverfahrens nicht verwehrt ist, die fehlerhafte Besetzung des Gerichts mit Wahlhandlungsfehlern bei der Wahl der Schöffen zu begründen und nach dieser Richtung sind gegen BGHSt **26** 393 keine Einwendungen zu erheben.

i) Gewisse Zweifel erheben sich allerdings nach anderer Richtung gegen die Auffassung von BGHSt **26** 393, das Verhalten des Wahlausschusses beruhe nicht auf einer vertretbaren Gesetzesauslegung (einem verzeihlichen Rechtsirrtum), sondern stelle eine offensichtliche Gesetzesverletzung, also Willkür dar: der Wahlausschußvorsitzende habe nicht bedacht, daß die Auswahl der Jugendschöffen aus dem Vorschlag des Jugendwohlfahrtsausschusses die Wahl nur erzieherisch befähigter und in der Jugenderziehung erfahrener Schöffen sicherstellen wolle, er habe um dieses Zieles willen auch eine Überschreitung des Endtermins einer fristgerechten Wahl in Kauf nehmen müssen, und überdies sei die Rechtslage schon durch eine frühere oberstgerichtliche Entscheidung klargestellt. Zugunsten einer anderen Bewertung ließe sich indessen anführen, daß der Vorsitzende des Wahlausschusses sich in einem „erkennbaren Dilemma" befand, weil im Falle einer nicht rechtzeitigen Wahl eine ungeklärte Rechtslage, womöglich ein Stillstand der Jugendstrafrechtspflege entsteht (vgl. *Rieß* JR **1977** 301; s. dazu auch oben Rdn. 13 a), den zu vermeiden dem Wahlausschußvorsitzenden als das kleinere Übel gegenüber dem (zeitweiligen) Verzicht auf besonders ausgewählte Jugendschöffen erscheinen konnte. Eine solche Betrachtungsweise könnte auch nahe gelegt werden durch die spätere — in der Einleitung Kap. 5 104 dargestellte — Rechtsprechung des BGH[21], die man etwa dahin kennzeichnen könnte, daß nicht nur übersehene Mängel wie das Fehlen der Vorschlagsliste einer Gemeinde in der Bezirksliste, bei geringer Auswirkung tolerierbar seien, sondern auch von dem Wahlausschuß bewußt begangene Gesetzesverstöße noch hinnehmbar seien, wenn dieser glaubte, wegen ihrer sehr geringen Nachteile den Bedürfnissen einer funktionstüchtigen Rechtsprechung den Vorrang geben zu dürfen. Im Zusammenhang mit der Frage der fehlerhaften Wahl von **Jugendschöffen** ist auch ein Blick auf die Verfahrensvorschriften anderer Gerichtsbarkeitszweige von Interesse, die — wenigstens der Idee nach — davon ausgehen, daß die zur Mitwirkung berufenen ehrenamtlichen Richter besondere Kenntnisse und Erfahrungen auf dem Lebensgebiet haben sollen, aus dem der Rechtsstreit erwachsen ist. Das gilt z. B. für die ehrenamtlichen Richter bei den Gerichten für Arbeitssachen, wo § 43 ArbGG bei den ehrenamtlichen Richtern beim Bundesarbeitsgericht ausdrücklich u. a. auch den Besitz besonderer Kenntnisse und Erfahrungen auf dem Gebiet des Arbeitslebens erfordert. Diese ehrenamtlichen Richter werden (§§ 20, 37, 43 ArbGG) von den obersten Arbeitsbehörden des Landes bzw. Bundes berufen und zwar auf Grund von Vorschlagslisten, die von bestimmten Organisationen, Vereinigungen und Körperschaften eingereicht werden. Jedoch können Rechtsmittel gegen Entscheidungen auf Mängel des Verfahrens bei der Berufung der ehrenamtlichen Richter nicht gestützt werden (§§ 65, 73, 88, 93 ArbGG). Hier ist also generell dem Gedanken der Rechtssicherheit der Vorrang eingeräumt gegenüber der Beachtung der Vorschriften, die die Besetzung des Gerichts mit besonders ausgewählten und besonders sachkundigen ehrenamtlichen Richtern bezwecken. Wenn es nun auf dem Gebiet der Strafrechtspflege keine entsprechenden Vorschriften gibt, so könnten solche Vorschriften doch immerhin als Argument für die Verzeihlichkeit einer Rechtsauffassung verwertet werden, daß in einer **Ausnahmslage** der Verzicht auf besonders vorgeschlagene Jugendschöffen einem sonst drohenden partiellen Stillstand der Rechtspflege vorzuziehen sei, zumal bei einem Verzicht auf besonders vorgewählte Jugendschöffen doch stets wenigstens Berufsrichter und Staatsanwälte mit erzieherischer Befähigung und Erfahrung in der Jugenderziehung (§ 36 JGG) bei der Findung der Entscheidung mitwirken und so ein etwaiger Eignungsmangel bei den Schöffen in etwa ausgeglichen werden könnte. Und schließlich: dem Wahlausschußvorsitzenden wie auch ggf. dem Spruchkörpervorsitzenden wäre gewiß der Vorwurf eines offensichtlichen Rechtsverstoßes (der Willkür) zu machen, wenn ihnen die Entscheidung BGH vom 29. 10. 1974 (oben Rdn. 17) bekannt gewesen wäre oder bei pflichtgemäßer Orientierung über die Rechtslage hätte bekannt sein müssen. Aber BGHSt **26** 394 enthält nach dieser Richtung keine Ausführungen.

---

[21] BGHSt **33** 290; BGH NStZ **1986** 565 und BGH NJW **1986** 2585.

Vierter Titel. Schöffengerichte § 42 GVG

§ 41

¹Der Ausschuß entscheidet mit einfacher Mehrheit über die gegen die Vorschlagsliste erhobenen Einsprüche. ²Bei Stimmengleichheit entscheidet die Stimme des Vorsitzenden. ³Die Entscheidungen sind zu Protokoll zu vermerken. ⁴Sie sind nicht anfechtbar.

1. Eine **Berichtigung der Vorschlagsliste** kommt nicht nur in Betracht, soweit Einsprüche erhoben und als berechtigt anerkannt sind, sondern auch wenn nachträglich Gründe der in § 37 bezeichneten Art auf andere Weise (vgl. § 38 Abs. 2 und § 39, 1) hervorgetreten und zur Kenntnis des Ausschusses gebracht sind[1].

2. **Unanfechtbarkeit der Entscheidungen** (Satz 4). Die Entscheidungen, die der Ausschuß auf die erhobenen Einsprüche trifft, sind zwar unanfechtbar (dazu § 336 Satz 2 StPO). Nach der Wahl eintretende oder bekannt werdende Unfähigkeitsgründe und Gründe der §§ 33, 34 sind nach Maßgabe des § 52 zu berücksichtigen. Die Nichtberücksichtigung vor der Wahl vorgebrachter Ablehnungsgründe durch den Ausschuß hindert nicht, sie nach der Wahl erneut vorzubringen (§ 53). S. auch § 35, 1.

3. **Protokoll** (Satz 3). Nur der Inhalt der Entscheidung ist protokollpflichtig. Es wird aber angemessen sein, in allen Fällen auch die Gründe der Entscheidung des Ausschusses und das Stimmverhältnis in das Protokoll aufzunehmen. Daß das Protokoll durch einen Urkundsbeamten geführt wird, ist hier (anders als nach § 45 Abs. 4) nicht vorgeschrieben, aber auch nicht unzulässig[2].

4. **Öffentlichkeit.** Die Sitzungen des Ausschusses sind nicht öffentlich.

§ 42

(1) ¹Aus der berichtigten Vorschlagsliste wählt der Ausschuß mit einer Mehrheit von zwei Dritteln der Stimmen für die nächsten vier Geschäftsjahre:
1. die erforderliche Zahl von Schöffen;
2. die erforderliche Zahl der Personen, die an die Stelle wegfallender Schöffen treten oder in den Fällen der §§ 46, 47 als Schöffen benötigt werden (Hilfsschöffen).
²Zu wählen sind Personen, die am Sitz des Amtsgerichts oder in dessen Umgebung wohnen.
(2) Bei der Wahl soll darauf geachtet werden, daß alle Gruppen der Bevölkerung nach Geschlecht, Alter, Beruf und sozialer Stellung angemessen berücksichtigt werden.

Schrifttum. *Kissel* Das Frankfurter Schöffenroulette ist vorbei, NStZ **1985** 490; *Weis/Meyer* Das Schöffenwahl-Urteil des BGH NStZ **1984** 2804.

Entstehungsgeschichte. VO vom 14. 6. 1932 (RGBl. I 285) erster Teil Kapitel 1 Art. 8. Auf dem VereinhG 1950 beruht das Erfordernis der Zweidrittel-Mehrheit. Die Ände-

---

[1] So auch *Kleinknecht/Meyer*[39] 1; KK-*Kissel*[2] 1; *Eb. Schmidt* 1; a. M im älteren Schrifttum *Oetker* GA **49** (1903) 107; *Consbruch* Recht **1909** 829.

[2] So schon überwiegend das ältere Schrifttum – Nachweise in LR[20] Anm. 3 –; *Eb. Schmidt* 3; h. M.

§ 42 GVG Gerichtsverfassungsgesetz

rung des Absatzes 1 (Ersetzung von „zwei" durch „vier" Geschäftsjahre) und die Einfügung des Absatzes 2 beruhen auf Art. 2 Nr. 11 des 1. StVRG vom 9. 12. 1974. Der Anfang der Nr. 2 des Absatzes 1 Satz 1 lautete zunächst: „Die erforderliche Zahl der Personen, die in der von dem Ausschuß festgesetzten Reihenfolge an die Stelle weggefallener Schöffen treten (Hilfsschöffen)". Die Änderungen („Wegfall von „in der von dem Ausschuß ... Reihenfolge" und Zusatz von „oder in den Fällen ... benötigt werden") beruht auf Art. 2 Nr. 1 StVÄG 1979, in Kraft getreten am 1. 1. 1979.

Übersicht

	Rdn.		Rdn.
1. Die Wahl		b) Festsetzung der Reihenfolge bei der Heranziehung von Hilfsschöffen	6
a) „Frankfurter Schöffenroulette"	1	c) Ergänzungswahl	9
b) Berichtigte Vorschlagsliste	1a	d) Wohnort	10
c) Zweidrittelmehrheit	2	e) Heranziehung zu einzelnen Sitzungen	11
d) Wählbarkeit der Ausschußmitglieder	3	4. Auswahlgrundsätze	12
2. Wahl der Hauptschöffen	4	5. Unanfechtbarkeit	13
3. Wahl der Hilfsschöffen			
a) Allgemeines	5		

1. Die Wahl

1   a) „Frankfurter Schöffenroulette". Nach § 42 besteht die Aufgabe des Wahlausschusses in der Wahl der Schöffen (Hauptschöffen) und Hilfsschöffen. Der hiernach im Vordergrund stehende Begriff der Wahl hatte lange Zeit hindurch zu besonderen Bemühungen um eine Begriffsbestimmung keine Veranlassung geboten, bis i. J. 1980 ein beim Schöffenwahlausschuß des AG Frankfurt a. M. durchgeführtes Verfahren zu einer Flut von Erörterungen führte: Dort waren entsprechend der Zahl der nach § 36 Abs. 4 a. F. vorgeschlagenen Personen — aufgeklebt auf Kladden — 2342 Lose vorhanden. Die Kladden wurden zerschnitten und die so entstandenen Lose in einem Karteikasten gemischt. Daraus zog der Ausschußvorsitzende Lose in der benötigten Zahl von Hauptschöffen für das LG und das AG und von Hilfsschöffen, ohne daß es zu irgendeiner Form der Einzelbehandlung eines Loses gekommen wäre. Die Besetzungsrüge gegen ein landgerichtliches Urteil, bei dem so „gewählte" — tatsächlich aber ausgeloste — Schöffen mitgewirkt hatten, führte zur Aufhebung des Urteils: nach BGHSt 33 41[1] verlangt der „Legitimationszusammenhang", kraft dessen sich das Amt der Schöffen aus der Staatsgewalt (Art. 20 Abs. 2 GG) ableiten läßt, eine Auslese durch Wahl, während er durch Auslosung durchbrochen wird. Eine an diese Entscheidung im Schrifttum anknüpfende Annahme (dazu LR-*Schäfer* Einl. Kap. **16** 9a), daß die Nichtigkeit der Berufung der mitwirkenden Schöffen auch die Nichtigkeit eines bereits rechtskräftig gewordenen Urteils zur Folge habe, wies BGHSt 33 216[2] zurück, und BGH NStZ **1985** 512 sprach aus, daß, falls die Wahlperiode noch andauere, dem Mangel wirksamer Berufung der Schöffen dadurch abzuhelfen sei, daß der für diese Periode eingesetzte Wahlausschuß die gesetzmäßige Wahl für den verbleibenden Rest der Wahlperiode nachhole. Zugleich milderte BGHSt 33 261 = NJW **1985** 2343 die Anforderungen an eine

---

[1] = JR **1985** 80 m. krit. Anm. *Katholnigg* = NStZ **1985** 82 mit zust. Anm. *Schätzler* = NJW **1984** 2839 mit krit. Besprechung *Jasper* MDR **1985** 110.

[2] = JR **1985** 344 mit Anm. *Katholnigg* = NJW **1985** 926.

wirksame Wahl bei einer großen Zahl zu wählender Schöffen, indem er eine vorbereitende Auslosung für zulässig erklärte, aus der die förmliche Wahl zu erfolgen habe. Der Gedanke einer der Wahl vorausgehenden vorbereitenden Auslosung hat sich inzwischen dadurch erledigt, daß mit der Änderung des § 36 Abs. 4 durch Art. 2 Nr. 1 des StVÄG 1987 eine Regelung erstrebt wurde, die sich möglichst an dem tatsächlichen Bedarf an Schöffen orientiert, dabei aber für den Wahlausschuß einen ausreichenden Wahlermessensspielraum beläßt (vgl. § 36, 5 a). In Ermangelung von Vorschriften, die das Wahlverfahren im einzelnen regeln, mag als Muster einer nicht zu beanstandenden Wahl das im Anschluß an BGHSt **33** 261 von *Kissel* NStZ **1985** 490 und KK-*Kissel*[2] § 42 Rdn. 1 dargestellte Verfahren angeführt werden. Danach wird **a)** für jeden in der Vorschlagsliste enthaltenen Namen eine Karteikarte angelegt; **b)** diese Karteikarten werden entsprechend den Soll-Anforderungen des § 42 Abs. 2 in 40 Umschläge gelegt; **c)** aus diesen Umschlägen wird jeweils eine einzelne Karte gezogen, und der Vorsitzende schlägt vor, den darauf Verzeichneten zu wählen; **d)** erhebt sich kein Widerspruch, so wird diese Person als gewählt behandelt, anderenfalls bedarf es einer Abstimmung; **e)** abschließend erklären die Ausschußmitglieder, damit sei eine angemessene Berücksichtigung aller Bevölkerungsgruppen erreicht.

b) Die Wahl erfolgt aus der **berichtigten Vorschlagsliste**, d. h. aus der endgültig festgestellten. Eine formelle „Berichtigung" der Vorschlagsliste braucht nicht notwendig stattgefunden zu haben. Durch die Bezirksvorschlagsliste i. S. des § 39 Abs. 1 (dort Rdn. 1) ist die Zahl der vom Ausschuß wählbaren Personen begrenzt, der Ausschuß ist aber nicht befugt, aus Vorschlagslisten solcher Gemeinden zu wählen, die nicht zum Bezirk des AG gehören[3]. Wegen der Bedeutung des Falles, daß in der Bezirksliste die Vorschlagsliste einer Gemeinde fehlt, vgl. LR-Einl. Kap. **5** 104.

1a

c) Zweidrittelmehrheit. Während nach früherem Recht für die Wahl die einfache Stimmenmehrheit genügte und bei Stimmengleichheit die Stimme des den Vorsitz führenden Richters den Ausschlag gab, ist seit dem VereinhG 1950 eine Zweidrittelmehrheit erforderlich, die sich jedoch — anders als nach § 36 Abs. 1, § 40 Abs. 3 GVG, § 35 Abs. 3 JGG — nicht nach der gesetzlichen Mitgliederzahl (d. h. zwölf, § 40 Abs. 2), sondern, wie sich aus § 40 Abs. 4 ergibt, nach der Zahl der abgegebenen Stimmen bemißt. Wegen der Bedeutung einer Verletzung der Vorschrift vgl. § 40, 15.

2

d) Wählbarkeit der Ausschußmitglieder. Die Ausschußmitglieder selbst stehen in der Wählbarkeit den übrigen in der Vorschlagsliste verzeichneten Personen gleich; insbesondere begründet die Mitgliedschaft im Ausschuß kein Recht, die Wahl zum Schöffen abzulehnen[4]. Jedoch wird man annehmen müssen, daß der zu Wählende sich der Stimme zu enthalten hat[5].

3

2. Wahl der Hauptschöffen (Absatz 1 Nr. 1). Bei den Hauptschöffen beschränkt sich die Aufgabe des Wahlausschusses darauf, die gemäß §§ 43, 58 Abs. 2, 77 Abs. 2 Satz 1, 78 Abs. 3 Satz 1 festgesetzte erforderliche Zahl zu wählen, und zwar getrennt nach Hauptschöffen für das Schöffengericht und für die Strafkammern. Die Namen der Gewählten werden in die gesonderten Schöffenlisten für das Schöffengericht (§ 44) und für die Strafkammern (§ 77 Abs. 2 Satz 4, 5) aufgenommen. Der Ausschuß wählt außerdem die erforderliche Zahl von Jugendhauptschöffen, die in besondere, für Männer und Frauen getrennt zu führende Schöffenlisten aufgenommen werden (§ 35 JGG).

4

---

[3] BGHSt **29** 144 = NJW **1980** 1175.
[4] *Oetker* GA **49** (1903) 112.
[5] **A. M** *Kissel* 14.

Die Feststellung der Reihenfolge, in der die Hauptschöffen an den einzelnen ordentlichen Sitzungen teilnehmen, erfolgt für das Geschäftsjahr im voraus durch Auslosung (§§ 45, 77 Abs. 3 Satz 1).

3. Wahl der Hilfsschöffen (Absatz 1 Nr. 2 Satz 1)

5 a) **Allgemeines.** Die Fassung der Vorschrift wurde, wie oben bei Entstehungsgeschichte erwähnt, durch das StVÄG 1979 nach zwei Richtungen geändert. Diese Änderungen stehen im Zusammenhang mit einer Reihe gleichzeitiger Änderungen von die Heranziehung von Schöffen betreffenden Vorschriften des GVG (§§ 45, 46, 47, 48, 49, 52, 54, 77), die — neben und unabhängig von den Vorschriften über die Rügepräklusion (§§ 222 a, 222 b, 338 Nr. 1 StPO) — darauf gerichtet waren, einige häufige Ursachen von Besetzungsfehlern bei der Heranziehung von Schöffen auszuräumen und damit zu einer Verminderung erfolgreicher Besetzungsrügen beizutragen.

6 b) **Festsetzung der Reihenfolge bei der Heranziehung von Hilfsschöffen.** Da nunmehr nicht einmal der Wahlausschuß bestimmt, in welcher Reihenfolge Hilfsschöffen an die Stelle wegfallender Hauptschöffen treten, wird die Reihenfolge wie bei den Hauptschöffen (§ 45 Abs. 2 Satz 1) nach § 45 Abs. 2 Satz 4 n. F durch richterliche Auslosung bestimmt. Und zwar ist diese Reihenfolge ohne Unterschied maßgebend, ob ein dauernd weggefallener Hauptschöffe durch einen Hilfsschöffen ersetzt wird, der damit zum Hauptschöffen wird, oder ob an Stelle eines vorübergehend für die einzelne Sitzung weggefallenen („ausgefallenen") Hauptschöffen ein Hilfsschöffe zugezogen werden muß; in beiden Fällen ist, was § 49 Abs. 2 Satz 1 ausdrücklich ausspricht, derjenige Hilfsschöffe heranzuziehen, der nach der Reihenfolge der Hilfsschöffenliste an nächster („bereiter") Stelle steht.

7 Der **gesetzgeberische Grund** für diese Regelung war, die Haupt- und Hilfsschöffen soweit wie möglich nach gleichen Regeln zu behandeln, damit zugleich hinsichtlich der Hilfsschöffen dem Grundsatz des gesetzlichen Richters besser Rechnung zu tragen und — zusammen mit weiteren Maßnahmen (§ 45) — willkürlichen Einflüssen auf die Reihenfolge besser als früher vorzubeugen (Begründung BTDrucks. 8 976, S. 62).

8 **Die Erweiterung des Kreises der** vom Wahlausschuß zu wählenden **Hilfsschöffen** auf die Personen, die „in den Fällen der §§ 46, 47 als Schöffen benötigt werden", trägt dem Umstand Rechnung, daß nach § 46 n. F die bei der Bildung neuer Spruchkörper benötigten Hauptschöffen aus der Hilfsschöffenliste ausgelost werden und dadurch ein Mehrbedarf an Hilfsschöffen eintreten kann (dazu § 46, 2). Entsprechendes gilt, wenn außerordentlichen Sitzungen anberaumt werden müssen; die hierzu erforderlichen Schöffen werden abweichend vom früheren Recht nicht aus der Hauptschöffenliste ausgelost, sondern aus der Hilfsschöffenliste herangezogen (dazu § 47, 2).

9 c) **Ergänzungswahl.** Während der Kreis der Hauptschöffen zahlenmäßig dadurch gleich bleibt, daß dauernd wegfallende oder neu benötigte Hauptschöffen aus der Hilfsschöffenliste ergänzt werden, kann sich die ursprüngliche Zahl der Hilfsschöffen während der Amtsperiode wesentlich vermindern, weil sie durch Aufrücken zu Hauptschöffen als Ersatz für dauernd wegfallende Hauptschöffen oder zur Bildung neuer Spruchkörper, durch Streichung von der Hilfsschöffenliste von Amtswegen (§ 52 Abs. 1) oder auf Antrag wegen übermäßiger Heranziehung (§ 52 Abs. 2) dauernd wegfallen. Dadurch kann es, da nach Erschöpfung der Hilfsschöffenliste beim ersten Durchlauf die Heranziehung der Hilfsschöffen jeweils wieder von neuem nach der Reihenfolge der Hilfsschöffenliste erfolgt (§ 49 Abs. 4), dazu kommen, daß die Hilfsschöffen unverhältnismäßig häufig zur Dienstleistung benötigt werden. Zur Ausgleichung des Schwundes läßt deshalb § 52 Abs. 6 unter den dort vorgesehenen Voraussetzungen eine Ergänzungswahl der Hilfsschöffen zu.

d) Wohnort. Die Vorschrift des **§ 42 Abs. 1 Nr. 2 Satz 2** soll ermöglichen, daß **10** Hilfsschöffen im Bedarfsfall möglichst ungesäumt zur Verfügung stehen; aus diesem begrenzten Zweck ergibt sich, daß es sich trotz des Wortlauts: „sind zu wählen" nicht um eine zwingende, sondern um eine Ordnungsvorschrift handelt, deren Verletzung keine Rückwirkung auf die ordnungsgemäße Besetzung des Gerichts (§ 338 Nr. 1 StPO) äußern kann (*Kissel* 9). Für die Fälle dringlicher Heranziehung gilt § 47 Abs. 2. Da die Hilfsschöffen an die Stelle (ganz oder vorübergehend) wegfallender Hauptschöffen treten sollen, ist es nicht statthaft, für dasselbe Geschäftsjahr dieselbe Person zugleich zum Hauptschöffen und zum Hilfsschöffen zu wählen (dazu § 77 Abs. 44 und dort Rdn. 8).

e) Der für **einzelne Sitzungen** gemäß §§ 48 Abs. 2, 49, 192 einberufene Hilfs- **11** schöffe bleibt für den Rest der Amtsperiode Hilfsschöffe (s. aber § 49 Abs. 4).

4. Auswahlgrundsätze (Absatz 2). In Anlehnung an frühere Reformvorschläge **12** (dazu LR[22] § 42, 6) enthält auch der durch das 1. StVRG 1974 eingefügte Absatz 2 eine Vorschrift, die — wie schon der für die Aufstellung der Vorschlagsliste geltende § 36 Abs. 2 — eine angemessene Repräsentation aller Gruppen der Bevölkerung unter den Schöffen bezweckt. Auch hier ist die Form der „Soll"-Vorschrift gewählt, um zum Ausdruck zu bringen, daß die Rüge nichtordnungsgemäßer Besetzung des Gerichts (§ 338 Nr. 1 StPO) nicht mit einer Verletzung des § 42 Abs. 2 begründet werden kann (vgl. § 36, 4).

5. Unanfechtbarkeit. Die Entscheidungen des Ausschusses sind — unbeschadet **13** nachträglicher Änderungen gemäß § 52 — unanfechtbar. Inwieweit Gesetzesverstöße bei der Wahl in einem Strafverfahren, das unter Mitwirkung der gewählten Schöffen stattfindet, die Besetzungsrüge rechtfertigen, ist in § 40, 11 ff erörtert. Diese Möglichkeit der mittelbaren Anfechtung besteht aber nur bei Verstößen gegen zwingende gesetzliche Vorschriften; Ermessensentscheidungen des Ausschusses unterliegen nicht der Anfechtung. Selbstverständlich kann der Ausschuß, wenn er selbst den Verstoß erkennt, den Fehler durch eine den Gesetzen entsprechende Wiederholung der Beschlußfassung wieder gutmachen. Im übrigen ist er aber selbst an seine Beschlüsse gebunden und kann sie nicht — etwa durch Zurücknahme einer Wahl und Neubestellung von Schöffen — wieder umstoßen[6].

§ 43

(1) Die für jedes Amtsgericht erforderliche Zahl von Haupt- und Hilfsschöffen wird durch den Präsidenten des Landgerichts (Präsidenten des Amtsgerichts) bestimmt.

(2) Die Zahl der Hauptschöffen ist so zu bemessen, daß voraussichtlich jeder zu nicht mehr als zwölf ordentlichen Sitzungstagen im Jahr herangezogen wird.

Entstehungsgeschichte. Die bis zum 31. 12. 1974 geltende, auf dem VereinhG 1950 beruhende Fassung des Absatzes 2 („die Zahl der Hauptschöffen ist so zu bemessen, daß voraussichtlich jeder mindestens zu zwölf ordentlichen Sitzungstagen im Jahr herangezogen wird") ist durch Art. 2 Nr. 12 des 1. StVRG vom 9. 12. 1974 durch die jetzt geltende Fassung ersetzt.

---

[6] Hierzu *Siegert* GerS 103 (1933) 30 ff.

1. Erforderliche Zahl von Schöffen im allgemeinen (Absatz 1). Die Zahl der auf die Schöffenliste zu bringenden Schöffen für das Schöffengericht und die Strafkammer muß sich nach dem Bedürfnis, also mit Rücksicht auf die Bestimmung des Absatzes 2, nach der Zahl der während des Jahres abzuhaltenden ordentlichen Sitzungen des Gerichts richten. Als Anhalt für die Bestimmung der Zahl dient die im voraus nach Erfahrungsgrundsätzen festzulegende Zahl der im Geschäftsjahr erforderlichen Sitzungstage. Diese Zahl, vervielfältigt mit zwei und geteilt durch zwölf, ergibt grob die Zahl der erforderlichen Hauptschöffen. Die Bestimmung der erforderlichen Zahl stand früher den Landesjustizverwaltungen zu, die diese Aufgabe z. T. auf die Präsidenten der Landgerichte übertragen hatten. Das VereinhG 1950 übertrug das Bestimmungsrecht den Landgerichtspräsidenten (bei den mit einem Präsidenten besetzten Amtsgerichten, diesen); es handelt sich dabei aber nach wie vor um eine reine Justizverwaltungsaufgabe (BGHSt 25 258 = NJW 1974 509).

2. Bemessung der Zahl der Hauptschöffen nach der Zahl der zumutbaren Sitzungstage. Die Zahl der nach Auffassung des Gesetzgebers den Hauptschöffen beim Schöffengericht und der Strafkammer in einem Jahr zumutbaren Sitzungstage (§ 45, 6) hat gewechselt. Sie betrug früher „höchstens fünf". Das VereinhG 1950 erhöhte die Zahl der der Bemessung nach Absatz 1 zugrunde zu legenden zumutbaren Sitzungstage auf „mindestens zwölf" (sog. Minimalrechnung). Man ging davon aus, daß die Schöffen nur durch öftere Teilnahme an den Verhandlungen die Vertrautheit mit den gesetzlichen Bestimmungen und ihrer Handhabung erlangen könnten, deren sie zur Erfüllung ihrer Aufgabe (§ 30) bedürfen. Diese „Minimalrechnung" kann dazu führen, daß die ausgelosten Hauptschöffen bei einem tatsächlichen Geschäftsanfall, der den erwarteten Geschäftsanfall überschreitet, zu erheblich mehr als zwölf ordentlichen Sitzungstagen im Jahr herangezogen werden. Um hier Abhilfe gegen eine unzumutbare häufige Heranziehung zu schaffen, andererseits aber zu gewährleisten, daß jeder ausgeloste Hauptschöffe im Interesse der Vertrautheit mit seinen Aufgaben möglichst zu einer bestimmten Mindestzahl von Sitzungstagen herangezogen wird, wurde unter verschiedenen Lösungsvorschlägen (vgl. dazu den Bericht des Rechtsausschusses BTDrucks. 7 2600, S. 10) der Weg gewählt, daß in § 43 Abs. 2 für die Berechnung der erforderlichen Zahl von Hauptschöffen die „Maximalrechnung" (zu voraussichtlich nicht mehr als zwölf ordentlichen Sitzungstagen) eingeführt, gleichzeitig aber in § 45 Abs. 2 Satz 2 bestimmt wurde, die Auslosung so vorzunehmen, daß jeder ausgeloste Hauptschöffe möglichst zu zwölf Sitzungstagen herangezogen wird. Die „Maximalrechnung" erlaubt es der durch den Präsidenten des Land- oder Amtsgerichts repräsentierten Justizverwaltung, wie übrigens auch das Wort „voraussichtlich" in Absatz 2 ergibt, die erforderliche Zahl von Hauptschöffen nach ihrem Ermessen so hoch zu bestimmen, daß der erfahrungsgemäß häufig vorkommende Wegfall von Schöffen nicht zu einer unzumutbaren Mehrbelastung der verbleibenden Schöffen führt. Demgemäß kann — wie schon nach bisherigem Recht (BGH NJW 1974 155) — die Bestimmung der erforderlichen Zahl von Schöffen, die sich in vertretbarer Weise an dem Grundsatz des § 45 Abs. 2 Satz 2 orientiert, nicht mit der Revision gegen das unter Mitwirkung der Schöffen ergangene Urteil angegriffen werden (BGH NJW 1978 1444). Dem Schöffen selbst erwächst, wenn er zu mehr als zwölf Sitzungstagen im Jahr herangezogen wird (z. B. in einem Großverfahren von mehrmonatlicher Dauer), kein Recht, die Mitwirkung zu verweigern (*Kissel* 3). Die sinngemäße Anwendung des § 35 Nr. 2 wäre freilich erwägenswert, wenn etwa ein Schöffe schon im ersten Jahr seiner Amtsperiode an vierzig Sitzungstagen mitgewirkt hat.

3. Für die **Hilfsschöffen** besteht keine Bestimmung wie die des Absatzes 2, da sich **3** die Zahl der möglichen Einberufungsfälle nicht im voraus bemessen läßt. Die Zahl der Hilfsschöffen wird, um eine übermäßige Belastung zu vermeiden, in einem angemessenen Verhältnis zu der Zahl der Hauptschöffen stehen müssen.

§ 44

Die Namen der gewählten Hauptschöffen und Hilfsschöffen werden bei jedem Amtsgericht in gesonderte Verzeichnisse aufgenommen (Schöffenlisten).

1. Die Schöffenlisten werden von dem Ausschuß endgültig festgestellt. Die Sonderung der Listen bezieht sich bei den Schöffen beim AG auf die Haupt- und Hilfsschöffen, auf die Jugendschöffen (dazu § 35 Abs. 5 JGG) und die Schöffen für die Erwachsenengerichte. Entsprechendes gilt bei den Schöffen für das LG (§ 77 Abs. 2). Bestehen bei dem Gericht mehrere Spruchkörper gleicher Art (mehrere Abteilungen für Strafsachen beim AG, mehrere Strafkammern beim LG), so werden — abgesehen von den besonderen Listen für die JGG — nicht etwa Listen für die einzelnen Spruchkörper aufgestellt. Unmittelbar auf Grund dieser Listen werden die Schöffen nach Maßgabe der §§ 45, 77 Abs. 3 zu den einzelnen Sitzungen herangezogen. Wegen späterer Berichtigung der Schöffenlisten s. §§ 52, 77 Abs. 3 Satz 2.

2. Über die Listen für die Schöffen bei **gemeinschaftlichen** Schöffen- und Schwurgerichten s. §§ 58 Abs. 2, 74 d Rdn. 2.

§ 45

(1) Die Tage der ordentlichen Sitzungen des Schöffengerichts werden für das ganze Jahr im voraus festgestellt.

(2) ¹Die Reihenfolge, in der die Hauptschöffen an den einzelnen ordentlichen Sitzungen des Jahres teilnehmen, wird durch Auslosung in öffentlicher Sitzung des Amtsgerichts bestimmt. ²Sind bei einem Amtsgericht mehrere Schöffengerichte eingerichtet, so kann die Auslosung in einer Weise bewirkt werden, nach der jeder Hauptschöffe nur an den Sitzungen eines Schöffengerichts teilnimmt. ³Die Auslosung ist so vorzunehmen, daß jeder ausgeloste Hauptschöffe möglichst zu zwölf Sitzungstagen herangezogen wird. ⁴Satz 1 gilt entsprechend für die Reihenfolge, in der die Hilfsschöffen an die Stelle wegfallender Schöffen treten (Hilfsschöffenliste); Satz 2 ist auf sie nicht anzuwenden.

(3) Das Los zieht der Richter beim Amtsgericht.

(4) ¹Die Schöffenlisten werden bei einem Urkundsbeamten der Geschäftsstelle (Schöffengeschäftsstelle) geführt. ²Er nimmt ein Protokoll über die Auslosung auf. ³Der Richter beim Amtsgericht benachrichtigt die Schöffen von der Auslosung. ⁴Zugleich sind die Hauptschöffen von den Sitzungstagen, an denen sie tätig werden müssen, unter Hinweis auf die gesetzlichen Folgen des Ausbleibens in Kenntnis zu setzen. ⁵Ein Schöffe, der erst im Laufe des Geschäftsjahres zu einem Sitzungstag herangezogen wird, ist sodann in gleicher Weise zu benachrichtigen.

§ 45 GVG   Gerichtsverfassungsgesetz

Entstehungsgeschichte. Ges. vom 25.4.1922 (RGBl. I 467). Ges. vom 9.7.1927 (RGBl. I 175). VO vom 14.6.1932 (RGBl. I 285) erster Teil Kapitel I Art. 8. Das VereinhG 1950 strich den früheren Absatz 2 Satz 3, wonach für eine Sitzung nicht mehr als eine Frau ausgelost werden durfte, im Hinblick auf die Änderung des § 29 a. F und machte aus dem bisherigen Satz 2 des Absatzes 2 einen Absatz 3. Durch Art. 2 Nr. 13 des 1. StVRG 1974 wurde dem Absatz 2 ein Satz 2 angefügt (jetziger Satz 3). Die jetzigen Sätze 2 und 4 wurden durch Art. 2 Nr. 2 StVÄG 1979 eingefügt; zugleich erhielt der bisherige Absatz 4 („Über die Auslosung wird von dem Urkundsbeamten der Geschäftsstelle ein Protokoll aufgenommen") die jetzige Fassung.

Übersicht

	Rdn.		Rdn.
I. Feststellung der Sitzungstage (Absatz 1)		3. Alljährliche Auslosung der Hauptschöffen.	9
1. Ordentliche und außerordentliche Sitzungen.	1	4. Hilfsschöffen	10
2. Grundsatz der Stetigkeit	2	5. Förmlichkeiten	
3. Auffanggericht	3	a) Öffentliche Sitzung	11
4. Änderung der im voraus festgestellten Sitzungstage im Lauf des Jahres	4	b) Teilnahme	12
		c) Protokoll	13
5. Feststellung der Tage der ordentlichen Sitzungen.	5	6. Schöffengeschäftsstelle	14
6. Sitzung, Sitzungstag	6	7. Benachrichtigung von Auslosung und Heranziehung (Absatz 4 Satz 3 ff)	
II. Auslosung		a) Allgemeines	15
1. Verfahren	7	b) Zuständigkeit und Form	16
2. Geltung der Auslosung	8	**III. Einsicht in die Schöffenliste**	17

I. Feststellung der ordentlichen Sitzungstage (Absatz 1)

1. Ordentliche und außerordentliche Sitzungen. Das Gesetz unterscheidet zwischen ordentlichen Sitzungen, deren Tage für ein ganzes Jahr im voraus festgestellt werden, und außerordentlichen Sitzungen (§ 47), die zusätzlich und nach Bedarf anberaumt werden, weil eine sachgemäße Durchführung der Hauptverhandlung in der angefallenen Sache an den ordentlichen Sitzungstagen nicht möglich ist, etwa weil die ordentlichen Sitzungstage schon auf lange Zeit besetzt sind und mit der Hinausschiebung des Termins nicht zugewartet werden kann, oder weil der Umfang der Sache mit Rücksicht auf die sonstige Belastung des Gerichts die Erledigung an den ordentlichen Sitzungstagen nicht gestattet (vgl. im übrigen § 47, 1, 2).

2. Grundsatz der Stetigkeit. Der in § 45 festgelegte sog. Grundsatz der Stetigkeit mit einem System der kalendermäßig für ein ganzes Jahr im voraus bestimmten Sitzungstage geht davon aus, daß der Anfall an Schöffengerichts- und Strafkammersachen (§ 77) nach den Erfahrungen der vorangegangenen Jahre im allgemeinen einigermaßen abschätzbar ist. Das gilt zwar nur mit Einschränkungen, da insbesondere der Anfall an Schwurgerichtssachen, namentlich bei kleineren Landgerichten, großen Schwankungen unterliegt und auch die Dauer des Ermittlungsverfahrens in der einzelnen Sache sehr unterschiedlich ist. Es kann u. U. auch sein, daß in einzelnen Bezirken auch der Anfall von Schöffengerichts- und Strafkammer-, insbesondere von Jugendstrafkammersachen sehr unterschiedlich ist. Gleichwohl darf auch dann von dem System der festen Sitzungstage nicht abgewichen werden. Es ist also unzulässig, z. B. wegen geringen Anfalls von

Jugendschöffengerichtssachen auf die Festsetzung bestimmter Sitzungstage des Jugendschöffengerichts zu verzichten, die Sitzungstage des (Erwachsenen-)Schöffengerichts gleichzeitig als Sitzungstage des Jugendschöffengerichts festzusetzen und nur nach Bedarf einen Sitzungstag für das Jugendschöffengericht auszuwählen und dazu die Jugendschöffen in einer im voraus festgelegten Reihenfolge einzuberufen[1]. Vielmehr müssen die Sitzungstage stets — gegebenenfalls in größeren Abständen — selbständig bestimmt und für diese Tage die Jugendschöffen ausgelost werden; bei beschleunigungsbedürftigen Sachen ist nach § 48 zu verfahren.

3. Auffanggericht. Anders liegt es bei der „Auffangjugendkammer", die gemäß § 354 Abs. 2 StPO im Falle der Aufhebung eines Urteils und Zurückverweisung der Sache zuständig wird, wenn es nach den Erfahrungen der vergangenen Jahre ganz ungewiß ist, ob es im Geschäftsjahr überhaupt zu einem Anfall einschlägiger Sachen kommt, oder wenn deren Zahl so gering ist, daß es an Anhaltspunkten für die zweckmäßige Festsetzung kalendermäßig vorausbestimmter Sitzungstage fehlt. Hier muß es zur Wahrung des Grundsatzes des gesetzlichen Richters genügen, daß im Geschäftsverteilungsplan der Auffangspruchkörper und seine Besetzung bestimmt und hinsichtlich der mitwirkenden Jugendschöffen nach § 47 verfahren wird[2]. Wegen des Falles, daß bei anderen Strafkammern mit gesetzlicher Spezialzuständigkeit (Schwurgerichtskammer usw.) eine vergleichbare Situation entsteht, vgl. § 74, 8.

4. Zur Änderung der im voraus festgestellten Sitzungstage im Lauf des Jahres wegen Vermehrung oder Verminderung der Zahl der Schöffengerichte (Schöffengerichtsabteilungen) s. die Erläuterungen zu § 46.

5. Die Feststellung der Tage der ordentlichen Sitzungen ist Sache der Justizverwaltung[3]. Es richtet sich nach Landesrecht, welchem Organ die Festsetzung obliegt. Das Präsidium (§ 21 e) hat damit nicht zu tun.

6. Sitzung. Sitzungstag. Das Gesetz spricht wechselnd von „Sitzungen" (z. B. §§ 48, 49) und von „Sitzungstagen" (z. B. § 43 Abs. 2, § 47). Grundsätzlich sind die Ausdrücke „Sitzung" und „Sitzungstag" gleichbedeutend (vgl. auch § 35 Nr. 2), und wenn ein Gericht zwei oder mehrere aufeinander folgende Tage in Tätigkeit ist, so finden im Sinne des Gesetzes ebenso viele verschiedene Sitzungen statt. Eine Ausnahme gilt nur, wenn die auf einen Sitzungstag anberaumten Sachen (oder eine davon) an diesem Tag nicht zu Ende geführt werden können und deshalb die Fortsetzung der Sitzung an einem späteren Tage erforderlich wird (§ 50). Im Sinne der §§ 35 Nr. 2, 43 Abs. 2, 45 Abs. 2 Satz 3 entspricht ein Sitzungstag einem Kalendertag.

II. Auslosung (Absatz 2)

1. Verfahren. Eine nähere Anordnung darüber, in welcher Weise die Schöffen auf die einzelnen Sitzungstage zu verteilen sind und in welcher Art der Wechsel unter ihnen stattzufinden hat, ist im Gesetz nur in Absatz 2 Satz 2 enthalten. Grundsätzlich findet, wenn bei einem AG mehrere Schöffengerichte (Schöffengerichtsabteilungen)

---

[1] BGHSt **15** 107 = NJW **1960** 1918.
[2] *Kleinknecht/Meyer*[39] 1; *Kissel* 4; a. M *Sieg* **1980** 2453; einschränkend auch KK-*Kissel*[2] 2.
[3] BayObLG NJW **1961** 568.

§ 45 GVG Gerichtsverfassungsgesetz

bestehen, die Auslosung für alle Hauptschöffen aus der gemeinsamen Liste (§ 44, 1) statt, zweckmäßig in demselben Termin (KG JW **1930** 2590) und hat für jede Abteilung — beim LG für jede Strafkammer — gesondert zu erfolgen (OLG Hamm NJW **1956** 1937). Nach Abs. 2 Satz 2 **kann** jedoch (also nach Ermessen des auslosenden Richters, Absatz 3) die Auslosung in einer Weise vorgenommen werden, bei der im Ergebnis jedes von mehreren bei einem Amtsgericht eingerichteten Schöffengerichten „seine eigenen Schöffen erhält" (Begr. BTDrucks. **8** 967, S. 62); im einzelnen sind bei einem solchen Auslosungsmodus unterschiedliche Auslosungsverfahren denkbar[4]. Einer Auslosungsgestaltung, die es den Schöffen erleichtern kann, sich in die Rechtsmaterien und die Rechtshandhabung „ihres" Spruchkörpers einzufinden, kommt insbesondere Bedeutung zu, wenn einer Schöffengerichtsabteilung durch den Geschäftsverteilungsplan bestimmte Materien, z. B. Straßenverkehrsdelikte oder Steuerstrafsachen zugewiesen sind; entsprechendes gilt beim Landgericht (§ 77 Abs. 1) für die Strafkammern mit gesetzlicher Zuständigkeitskonzentration (§§ 74 Abs. 2, 74 a, 74 c, 77 Abs. 1). Dagegen hat sich nichts daran geändert, daß bei der **Wahl** der Hauptschöffen — abgesehen von den besonderen Listen für die Jugendgerichte (§ 35 Abs. 5 JGG) — nicht Listen für den einzelnen Spruchkörper aufgestellt werden dürfen (§ 40, 22; § 44, 1). Für die Hilfsschöffen ist Satz 2 ohne Bedeutung (§ 45 Abs. 2 Satz 4 Halbsatz 2). Ergänzend ist dazu zu bemerken, daß es sich bei der Einfügung des Satzes 2 des Absatzes 2 durch das StVÄG 1979 nicht um die Zulassung einer bis dahin unzulässigen Auslosungsmethode, sondern lediglich um die ausdrückliche gesetzliche Anerkennung einer schon bestehenden Auslosungsmöglichkeit handelte. Denn allgemein gilt, daß bei dem Auslosungsverfahren Raum bleibt für das Ermessen des Richters[5]. Über die zweckmäßigste Methode vgl. die Erörterungen im älteren, in LR[20] § 45, 3 angeführten Schrifttum. Es können z. B. die Namen aller Hauptschöffen in eine Urne gelegt und sodann für jede ordentliche Sitzung zwei von ihnen gezogen werden. Die gezogenen Namen werden jedesmal wieder in die Urne zurückgelegt, und zwar so oft, bis bei dem einzelnen Schöffen die Zahl der auf ihn fallenden Sitzungen erschöpft ist. Ob die zwei Schöffen, die für die erste, zweite usw. Sitzung ausgelost werden, auch bei einer späteren Sitzung wieder zusammentreffen, hängt bei diesem Verfahren lediglich vom Los ab. Über andere Methoden s. BGH NJW **1973** 1140.

8 **2. Geltung der Auslosung.** Die Auslosung gilt (vorbehaltlich des § 50) nur für den bestimmten Sitzungstag; es ist unzulässig, bei einer Vertagung oder Unterbrechung der Verhandlung, wenn sie sich nicht in den Grenzen des § 229 StPO hält, die für die ursprüngliche Verhandlung ausgelosten Schöffen ohne weiteres wieder heranzuziehen[6]. Wegen des Zeitpunktes der Auslosung vgl. § 57. Für den Fall einer außerordentlichen Sitzung trifft § 47 Vorsorge.

9 **3. Alljährliche Auslosung der Hauptschöffen.** Die Auslosung ist, obwohl die Amtsperiode der Schöffen vier Jahre beträgt, stets nur für ein Geschäftsjahr vorzunehmen, vornehmlich deshalb, weil es nur während eines so begrenzten Zeitraumes den Schöffen zugemutet werden kann, sich auf bestimmte Tage einzurichten. Nach BGH 1 StR 682/76 vom 18. 11. 1976 und 1 StR 745/76 vom 21. 12. 1976 ist die Besetzungsrüge begründet, wenn die Schöffen in *einem* Akt für die gesamte Amtsperiode ausgelost wurden.

---

[4] *Katholnigg* NJW **1978** 2377.
[5] KG JW **1930** 2590.

[6] RGSt **65** 298; OLG Naumburg DRZ **1930** Nr. 165.

4. Hilfsschöffen sind — anders als die Hauptschöffen — nicht für jedes Geschäftsjahr, sondern nur einmal für die vierjährige Wahlperiode auszulosen. Wenn § 45 Absatz 2 Satz 4 **Halbsatz** 1 den Satz 1 des Abs. 2 für entsprechend anwendbar erklärt, so besagt dies — entgegen einer im Schrifttum vertretenen Auffassung[7] — nicht, daß die Verweisung auch den Relativsatz des Satzes 1 („in der Hauptschöffen ... teilnehmen") umfasse. Denn eine jährliche Auslosung der Hilfsschöffen hätte keinen Sinn und widerspräche dem Umlaufprinzip des § 49 Abs. 4, wonach ein einem Sitzungstag zugewiesener Hilfsschöffe erst wieder heranzuziehen ist, nachdem die anderen Hilfsschöffen ebenfalls zugewiesen oder von der Dienstleistung entbunden oder nicht erreichbar gewesen sind[8].

Absatz 2 Satz 4 Halbsatz 2 schließt bei Hilfsschöffen eine nach Spruchkörpern getrennte Auslosung (Rdn. 7) aus, um der Gefahr vorzubeugen, daß bei einer zu kleinen Hilfsschöffenliste kein Hilfsschöffe erreichbar wäre (Begr. S. 62).

5. Förmlichkeiten. Die Auslosung erfolgt in **öffentlicher Sitzung** des AG (§ 45 Abs. 2).

a) Öffentliche Sitzung. Diesem Erfordernis ist genügt, wenn die Auslosung in einem Raum des Gerichts stattfindet, der genügend Platz für die Anwesenheit von Teilnahmewilligen bietet, und der nach Räumlichkeit und Zeitpunkt der Auslosung so genügend gekennzeichnet ist, daß sich jedermann darüber ohne Schwierigkeiten ausreichend unterrichten kann. Dabei sind aber die hohen Anforderungen, die bei der Öffentlichkeit der Hauptverhandlung gestellt werden (dazu § 169, 7), hier nicht anwendbar, da das Gesetz nicht ausdrücklich vorschreibt, in welcher Weise dafür Sorge getragen werden muß, daß jedermann die Möglichkeit erhält, an Sitzungen außerhalb der Hauptverhandlung und so auch an der Auslosungssitzung teilzunehmen[9]. Nach der Rechtsprechung sind solche Termine vorher durch leicht sichtbaren Aushang bekanntzugeben[10]; jedenfalls ist eine Unterrichtung der Wachtmeister am Eingang des Gerichtsgebäudes nicht vorgeschrieben, zumal sich jeder Interessent schon vorher bei der Schöffenge-

---

[7] *Kissel* 7 und KK-*Kissel*[2] 7; *Kleinknecht/Meyer*[39] 10.

[8] BGHSt **36** 138 = JZ **1989** 479 mit zust. Anm. *Katholnigg*; NStZ **1989** 379. Die Besonderheit von BGHSt **36** 138 besteht darin, daß diese Entscheidung eine Klarstellung der gesetzgeberischen Intentionen bei Schaffung des § 45 Abs. 2 Satz 4 Halbsatz 1 erst zu einer Zeit brachte, als sich die Praxis weitgehend auf eine andere Auslegung eingestellt hatte. Im Fall BGHSt **36** 136 war die Besetzungsrüge des verurteilten Angekl. damit begründet worden, der mitwirkende Schöffe A, der der erstinstanzlichen Strafkammer anstelle des am 3. 3. 1988 von der Dienstleistung entbundenen Hauptschöffen B aus der Liste der für das Geschäftsjahr 1988 ausgelosten Hilfsschöffen zugewiesen war, hätte aus der Liste der für das Geschäftsjahr 1987 ausgelosten Hilfsschöffen zugewiesen werden müssen, weil die Befreiung des Hauptschöffen B der Schöffengeschäftsstelle noch in diesem Jahr mitgeteilt worden war. Der BGH gab der Revision darin recht, daß diese Zuweisung zwar fehlerhaft war, aber deshalb, weil der Hilfsschöffe der Liste zu entnehmen war, die erstmals für die 1985 begonnene Wahlperiode ausgelost war. Das genüge aber nicht: die späteren Auslosungen seien ungültig gewesen, und da die Revision nicht mitteile, welcher Hilfsschöffe danach an der Reihe gewesen war, könne sie nach § 352 StPO keinen Erfolg haben. Verweisung auf BGH GA **1983** 180 m. Anm. *Katholnigg*; *Hanack* LR § 338, 134. Dieser Begründung tritt auch *Katholnigg* JR **1989** 480, 481 bei.

[9] BGH NStZ **1985** 514; s. auch BGH bei *Holtz* MDR **1984** 91 = StrVert. **1983** 446; BGH NStZ **1986** 83 und 84; BGH bei *Pfeiffer/Miebach* NStZ **1986** 210 Nr. 28; LG Hamburg NStZ **1985** 185.

[10] BGH NStZ **1984** 89.

schäftsstelle durch Anfrage über anstehende Termine unterrichten kann (BGH NStZ **1985** 514; s. auch LG Bremen StVert. **1982** 461).

12 **b) Teilnahme.** An der Sitzung nimmt der (durch die Geschäftsverteilung bestimmte) Richter beim Amtsgericht, der hierbei eine „justizförmige Justizverwaltungsaufgabe" ausübt, also unter richterlicher Unabhängigkeit handelt[11], und der Urkundsbeamte teil. Der Zuziehung der Staatsanwaltschaft bedarf es nicht (Begr. 48). Daß die Zeit der Sitzung zuvor öffentlich bekannt gemacht wird, ist nicht vorgeschrieben. Wegen der Schöffen des LG s. § 77 Abs. 3.

13 **c) Das Protokoll (Absatz 4 Satz 2)** ist in sinngemäßer Anwendung des § 271 StPO von dem Richter und dem Urkundsbeamten zu unterschreiben. Die Beweiskraft des § 274 StPO kommt dem Protokoll nicht zu; der Beweis der Unrichtigkeit ist also nicht ausgeschlossen[12].

14 **6. Schöffengeschäftsstelle (Absatz 4).** Satz 1 bestimmt, daß die Schöffenlisten zentral für das ganze Gericht von einem bestimmten Urkundsbeamten der Geschäftsstelle, die zur Vereinfachung des Sprachgebrauchs als Schöffengeschäftsstelle bezeichnet wird, geführt werden, um die Reihenfolge der Heranziehung der Schöffen im Einzelfall ohne Schwierigkeiten regeln können. Die Obliegenheiten der Schöffengeschäftsstelle im einzelnen regelt § 49 Abs. 3. Dieser Urkundsbeamte wird im allgemeinen mit dem Urkundsbeamten der mit Schöffengerichtssachen befaßten Geschäftsstelle identisch sein. In Art. 2 Nr. 3 des Referenten-Entwurfes eines Gesetzes zur weiteren Vereinfachung des Strafverfahrens — Stand Juni 1976 — war vorgeschlagen, daß die Schöffengeschäftsstelle nicht mit Schöffengerichtssachen befaßt werden dürfe, um zur Sicherung des Grundsatzes des gesetzlichen Richters die Bearbeitung der richterlichen Verfügungen, für die der Zeitpunkt des Einganges bei der Schöffengeschäftsstelle maßgebend sein könne, von deren Verwaltung zu trennen; dieser Vorschlag ist nicht übernommen worden. Nur wer zum Urkundsbeamten der Geschäftsstelle bestellt ist (dazu § 153), kann die Aufgaben der Schöffengeschäftsstelle wahrnehmen; damit soll die Beauftragung anderer Justizbeamter ausgeschlossen werden (Begr. S. 62).

7. Benachrichtigung von Auslosung und Heranziehung (Absatz 4 Satz 3 ff)

15 **a) Allgemeines.** Wie oben Rdn. 10 ausgeführt, werden die Hauptschöffen für jedes Geschäftsjahr, die Hilfsschöffen dagegen nur einmal für die ganze Wahlperiode ausgelost. Dem entspricht es, daß nach Absatz 4 Satz 3 der RiAG sowohl die Haupt- wie die Hilfsschöffen von der Auslosung benachrichtigt. Im übrigen ist die Benachrichtigung von Haupt- und Hilfsschöffen verschieden gestaltet: Die Hauptschöffen sind nach Absatz 4 Satz 4 *zugleich* — also zusammen mit der Auslosungsbenachrichtigung — von den Sitzungstagen, für die sie nach § 45 Abs. 1, Abs. 2 Satz 1 bis 3 für das Geschäftsjahr ausgelost sind, in Kenntnis zu setzen, und zwar unter Hinweis auf die in § 56 vorgesehenen Folgen unentschuldigten Ausbleibens; dies geschieht, damit sie sich in ihren Geschäften und sonstigen Privatangelegenheiten entsprechend einrichten können. Dagegen werden Hilfsschöffen erst von ihrer Heranziehung zu Sitzungstagen benachrichtigt — auch hier unter Hinweis auf § 56 —, wenn die Voraussetzungen hierfür nach §§ 46 bis 49 gegeben sind; die vorangegangene Benachrichtigung von der Auslosung als Hilfsschöffe geschah hier, damit die spätere, dem Zeitpunkt nach nicht voraussehbare Heranziehung zum Schöffendienst sie nicht völlig unvorbereitet trifft.

---

[11] § 21 h, 3; s. auch BGH NJW **1980** 2364 mit zust. Anm. *Katholnigg* NStZ **1981** 32.

[12] Vgl. RGSt **64** 50, 52.

b) Zuständigkeit und Form Zuständig für die Benachrichtigungen über die Auslosung und die Dienstleistungstage ist der RiAG, der die Auslosung vorgenommen hat und nicht die Schöffengeschäftsstelle, weil eine Benachrichtigung durch diese nicht der Stellung der ehrenamtlichen Richter entspricht[13]. Eine besondere Form der Benachrichtigungen (Zustellung usw.) ist nicht vorgeschrieben. Jedoch bedarf es, wenn es später zur Festsetzung von Maßnahmen nach §56 kommen sollte, eines Nachweises über den Zugang der Nachricht über die wahrzunehmenden Sitzungen. Und wenn auch eine besondere Ladung im Gesetz nicht vorgesehen ist, so ist sie doch, wenn sich ein örtliches Bedürfnis dafür ergeben sollte, auch nicht unzulässig (vgl. dazu LR[23] §45, 2, wonach im früheren Preußen durch eine AllgVerfg den Amtsgerichten empfohlen war, etwa 3 Tage vor dem Sitzungstag eine besondere Ladung zu erlassen). Wegen der Benachrichtigung der Strafkammerschöffen vgl. §77 Abs. 3.

III. Einsicht in die Schöffenliste

Diese Liste ist eine für die Besetzung des Gerichts maßgebende Unterlage i.S. des §222a Abs. 3 StPO[14]. Wegen des vor Schaffung dieser Vorschrift geltenden Rechtszustandes vgl. LR[23] Rdn. 13; s. auch *Kissel* §45, 24.

§46

¹Wird bei einem Amtsgericht während des Geschäftsjahres ein weiteres Schöffengericht gebildet, so werden für dessen ordentliche Sitzungen die benötigten Hauptschöffen gemäß §45 Abs. 1, 2 Satz 1, Abs. 3, 4 aus der Hilfsschöffenliste ausgelost. ²Die ausgelosten Schöffen werden in der Hilfsschöffenliste gestrichen.

Entstehungsgeschichte. §46 wurde durch Art. 2 Nr. 3 StVÄG 1979 neu eingestellt; der bisherige Inhalt des §46 (betr. Benachrichtigung der Schöffen von der Auslosung) wurde nach §45 Abs. 4 n. F übernommen.

1. Grundsatz der Regelung. §46, der gemäß §77 Abs. 1 für die Strafkammern entsprechend gilt, regelt die im früheren Recht nicht eindeutig geklärte Frage, in welcher Weise die Besetzung eines Spruchkörpers erfolgt, der während der Geschäftsjahres zusätzlich gebildet werden muß. Nach überwiegend vertretener Auffassung (vgl. LR[23] §45, 4; §77, 3) bedurfte es im Hinblick auf §45 Abs. 1 (Prinzip der im voraus festgestellten Tage der ordentlichen Sitzungen) einer Neuauslosung aller Hauptschöffen. Das mitunter in der Praxis gehandhabte Verfahren, nur für den neuen Spruchkörper aus der Schöffenliste zusätzlich die Zahl der erforderlichen Hauptschöffen auszulosen, wurde (vgl. insbes. OLG Koblenz NJW 1965 546) als ungesetzlich oder zumindest als unzweckmäßig bezeichnet, weil sich bei den neu ausgelosten Schöffen Überschneidungen mit den Ergebnissen der früheren Auslosung ergeben könnten: da sie bei gleichen Terminen lediglich der Einberufung des zuerst ladenden Gerichts zu folgen brauchten und im übrigen verhindert seien, führe dies für die neue Kammer zu einer übermäßigen Beset-

---

[13] Vgl. BTDrucks. 8 976 S. 103, 110 mit 8 844 S. 16, 33; *Kissel* 22.

[14] Vgl. dazu LR-*Gollwitzer* §222a StPO, 17, 18.

zung mit Hilfsschöffen, die ihr das Ansehen eines Ausnahmegerichts verschaffe. Demgegenüber wurde im Zuge der Reformarbeiten geltend gemacht, durch die überwiegend für erforderlich gehaltene Neuauslosung mit der Folge einer „Annulierung" der früheren Auslosung werde die vorangegangene Terminplanung aller Hauptschöffen in unzumutbarer Weise beeinträchtigt. Deshalb sah § 46 in der Fassung von Art. 2 Nr. 3 Entw. StVÄG 19... vor, daß die für die ordentlichen Sitzungen des neuen Spruchkörpers benötigten Hauptschöffen aus dem Kreis der bereits vor Beginn des Geschäftsjahres ausgelosten Hauptschöffen auszulosen seien. Aber auch dieses Verfahren hatte nach Auffassung des Bundesrats (BTDrucks. 8 976, S. 103) den Nachteil, daß es zu einer erheblichen Belastung der betroffenen Schöffen und zu vermehrten Entbindungsanträgen nach § 54 Abs. 1 und Streichungsanträgen nach § 52 Abs. 2 n. F führen könnte. Auf dem Vorschlag des Bundesrats, dem die Bundesregierung sich anschloß, beruht die Gesetz gewordene Fassung des § 46.

2 2. Die aus der Hilfsschöffenliste **ausgelosten neuen Hauptschöffen** stehen nur dem neugebildeten Spruchkörper für dessen ordentliche Sitzungen zur Verfügung; es liegt hier also ein gesetzlicher Fall eines Spruchkörpers „mit eigenen Schöffen" (§ 45, 2) vor. Die bisherigen Hilfsschöffen werden — als zwangsläufige Folge ihres Aufrückens als Hauptschöffen — nach Satz 2 in der Hilfsschöffenliste gestrichen; jedoch gehen nach § 52 Abs. 5 die Dienstleistungen vor, zu denen sie zuvor als Hilfsschöffen herangezogen worden waren. In der Hilfsschöffenliste wird der gestrichene Hilfsschöffe nicht ersetzt. Diese Verminderung der Zahl der Hilfsschöffen ist schon bei der Wahl der erforderlichen Hilfsschöffen einzukalkulieren (§ 42, 5); nur unter den engen Voraussetzungen des § 52 Abs. 6 findet eine Ergänzungswahl statt.

3 3. **Verminderung der Spruchkörperzahl. Zusammentreffen von Auflösung und Neubildung eines Spruchkörpers.** § 46 regelt nur die Auswirkungen für die Besetzung mit Hauptschöffen, wenn im Lauf des Geschäftsjahres die Zahl der Spruchkörper vermehrt wird; er befaßt sich nicht mit der Frage, was rechtens ist, wenn im Lauf des Geschäftsjahres die Zahl der bei Beginn eines Geschäftsjahres bestehenden Spruchkörper sich durch Auflösung eines von ihnen vermindert, oder wenn sie zwar gleich bleibt, aber nur dadurch, daß zur gleichen Zeit ein Spruchkörper aufgelöst und ein anderer neu gebildet wird, wie z. B. bei Auflösung einer großen Strafkammer und Bildung einer weiteren kleinen Strafkammer. Aus der Regelung des § 46 folgt, daß die Lösung solcher Fälle nicht in der „Annulierung" der vor Beginn des Geschäftsjahres erfolgten Auslosung durch völlige Neuauslosung der Hauptschöffen bestehen kann. Wird nur ein Spruchkörper aufgelöst, so endet damit die Tätigkeit der für ihn ausgelosten Hauptschöffen. Wird eine große Strafkammer aufgelöst und eine kleine Strafkammer neu errichtet, die die Sitzungstage der aufgelösten Kammer übernimmt, so ergibt sich aus dem Prinzip der Schöffenauslosung gesondert nach Spruchkörpern, daß — wie bisher (LR[23] § 77, 3) — die für den aufgelösten Spruchkörper ausgelosten Schöffen nicht einfach zu den Sitzungstagen des neu gebildeten Spruchkörpers herangezogen werden können; vielmehr endet die Tätigkeit der für den aufgelösten Spruchkörper ausgelosten Schöffen, und die für den neu gebildeten Spruchkörper benötigten Hauptschöffen werden gemäß § 46 aus der Hilfsschöffenliste ausgelost.

4 4. **Mehrfache Neubildung von Spruchkörpern während des Geschäftsjahres.** Die Fassung des § 46: „Wird ... *ein* weiteres Schöffengericht gebildet...", ist nicht singularisch zu verstehen, vielmehr findet § 46 auch Anwendung, wenn im Lauf des Geschäftsjahres gleichzeitig oder nacheinander mehrere Spruchkörper neu gebildet werden sollten (so auch Begr. BTDrucks. **8** 976, S. 63, wo allerdings — unzutreffend — von einer *entsprechenden* Anwendung des § 46 die Rede ist).

5. Wegen der Bildung von **Hilfsstrafkammern** vgl. § 60, 11 und wegen ihrer Besetzung mit Schöffen § 77, 4. **5**

§ 47

Wenn die Geschäfte die Anberaumung außerordentlicher Sitzungen erforderlich machen oder wenn zu einzelnen Sitzungen die Zuziehung anderer als der zunächst berufenen Schöffen erforderlich wird, so werden Schöffen aus der Hilfsschöffenliste herangezogen.

Entstehungsgeschichte. In seiner ursprünglichen Fassung sah § 47 vor, daß der Richter beim AG unter bestimmten Voraussetzungen auf übereinstimmenden Antrag der beteiligten Schöffen eine Änderung in der bestimmten Reihenfolge der Heranziehung zum Schöffendienst bewilligen könne. Das StVÄG 1979 verzichtete auf eine entsprechende Vorschrift, von der kaum Gebrauch gemacht worden war, und gab dem § 47 die jetzige Fassung, die Materien betrifft, die bis dahin in §§ 48 Abs. 1, 49 a. F geregelt waren.

Übersicht

	Rdn.		Rdn.
I. Allgemeines	1	III. Zuziehung anderer als der zunächst berufenen Schöffen zu einzelnen Sitzungen	
II. Außerordentliche Sitzungen		1. Einzelne Sitzungen	5
1. Entwicklungsgeschichte	2	2. Anwendungsgebiet	6
		3. Erforderlichkeit der Zuziehung	
2. Begriff der außerordentlichen Sitzung	3	a) Gründe	7
		b) Hervortreten dauernder Ungeeignetheit in der Sitzung	8
3. Erforderlichkeit der außerordentlichen Sitzung	4	4. Reihenfolge der Heranziehung	9

I. Allgemeines

§ 47 regelt die Voraussetzungen, unter denen zur Besetzung des Gerichts mit **1** Schöffen die Heranziehung von Hilfsschöffen aus der Hilfsschöffenliste in Betracht kommt, und unterscheidet dabei drei Fallgruppen, nämlich a) die Anberaumung außerordentlicher Sitzungen, b) die Notwendigkeit, zu einzelnen ordentlichen Sitzungen (§ 45 Abs. 1) andere als die zunächst berufenen Schöffen heranzuziehen, c) die Notwendigkeit, zu einzelnen Sitzungen andere als die zunächst berufenen Ergänzungsschöffen (§ 48) heranzuziehen. Liegen diese Voraussetzungen vor, so erfolgt die Durchführung der Heranziehung gemäß § 49 Abs. 1 durch Zuweisung aus der Hilfsschöffenliste in deren Reihenfolge.

II. Außerordentliche Sitzungen

1. Entwicklungsgeschichte. § 47 hat die Einrichtung der außerordentlichen Sitzung aus dem früheren Recht (§ 48 a. F) beibehalten. Nach § 48 a. F waren für eine **2**

außerordentliche Sitzung Hauptschöffen hinzuzuziehen, die vor dem Sitzungstag aus der Hauptschöffenliste ausgelost wurden (§ 48 Abs. 1 a. F). Nur wenn dies wegen Dringlichkeit untunlich erschien, erfolgte die Auslosung lediglich aus der Zahl der am Sitz des Gerichts wohnenden Hilfsschöffen (§ 48 Abs. 2 a. F). Diese — namentlich auch wegen der Beschränkung des Kreises der bei Dringlichkeit heranziehbaren Hilfsschöffen (dazu LR[23] § 48, 8) — komplizierte Regelung, die die Gefahr von Besetzungsfehlern in sich barg[1], wurde durch die vereinfachte, auf eine Auslosung verzichtende Regelung ersetzt, wonach nur noch Schöffen aus der Hilfsschöffenliste nach Maßgabe des § 49 Abs. 1, 3 herangezogen werden. Für die Frage, welche Hilfsschöffen zuzuziehen sind, kommt es nach § 49 Abs. 3 darauf an, wann die die außerordentliche Sitzung anordnende Terminsbestimmung des Richters bei der Schöffengeschäftsstelle eingeht. Trotz des Verzichts auf eine Auslosung ist der Grundsatz des gesetzlichen Richters gewahrt, weil der Richter keinen Einfluß darauf hat, welche Hilfsschöffen zugezogen werden.

3   **2. Begriff der außerordentlichen Sitzung.** Über diesen Begriff — im Gegensatz zur ordentlichen Sitzung (§ 45) — vgl. § 45, 1. Eine außerordentliche Sitzung liegt, weil es sich nicht um eine **zusätzliche** anberaumte Sitzung handelt, nicht vor, wenn der Vorsitzende die Sitzung von einem ordentlichen Sitzungstag auf einen anderen verlegt[2]. Das gleiche gilt, wenn er eine Sache, etwa wegen voraussichtlich längerer Dauer, auf einen vor dem ordentlichen Sitzungstag liegenden Tag und die folgenden Tage anberaumt und dabei den ordentlichen Sitzungstag einbezieht, diesen also frei von anderen Sachen läßt. Dann liegt lediglich eine Vorverlegung des ordentlichen Sitzungstages vor[3].

4   **3. Erforderlichkeit der außerordentlichen Sitzung.** Ob die Geschäftslage des Gerichts eine außerordentliche Sitzung erfordert und für wann eine solche anzusetzen ist, bestimmt der Vorsitzende nach pflichtmäßigem Ermessen[4]. Seine Anordnung ist nicht deshalb rechtsfehlerhaft, weil er — im Ermessensspielraum — von unzutreffenden Voraussetzungen ausgeht, z. B. die voraussichtliche Dauer der Verhandlung von vornherein überschätzt[5], und selbstverständlich erst recht nicht deshalb, weil die Voraussetzungen sich nicht verwirklichen, von denen er ausging, z. B. die Verhandlung von kürzerer Dauer ist, als er erwarten durfte, und die Sache auf einen ordentlichen Sitzungstag hätte anberaumt werden können, wenn der tatsächliche Verlauf der Dinge vorhersehbar gewesen wäre. — Wenn es die Geschäftslage verlangt, können außerordentliche Sitzungen auch regelmäßig, z. B. in jeder Woche für den Rest des Geschäftsjahrs neben den ordentlichen Sitzungen anberaumt werden.

III. Zuziehung anderer als der zunächst berufenen Schöffen zu einzelnen Sitzungen

5   **1. Die Zuziehung zu einzelnen Sitzungen** bildet den Gegensatz zu der Ersetzung eines wegfallenden Hauptschöffen für die ganze noch übrige Amtsperiode; für diese gilt

---

[1] *Katholnigg* NJW **1978** 2377.
[2] OLG Stuttgart NStZ **1984** 231 mit Anm. *Katholnigg*; LG Bremen StrVert. **1982** 461.
[3] BGHSt **11** 54 = NJW **1958** 32 = JZ **1958** 218 mit zust. Anm. *Kern*; BGHSt **15** 107, 110; **16** 63, 65 = NJW **1961** 1413 mit Anm. *Parsch* NJW **1961** 1879; BGH GA **1980** 63;

Rieß DRiZ **1977** 293 mit weit. Kasuistik; *Kissel* 2.
[4] BGHSt **12** 159, 161; **16** 63, 65; BGH 1 StR 393/73 vom 16. 10. 1973 und 1 StR 480/73 vom 13. 11. 1973.
[5] BGHSt **16** 63, 66.

§ 49 Abs. 2. Es wird hier bezweckt, entsprechend dem Grundsatz des gesetzlichen Richters (§ 16 GVG, Art. 101 Abs. 1 Satz 2 GG), den Ersatz eines für eine einzelne Sitzung ausfallenden Hauptschöffen so zu regeln, daß nicht Willkür oder Ermessen, sondern eine feste gesetzliche Ordnung bestimmt, wer als Ersatz an seine Stelle tritt[6].

2. Anwendungsgebiet. § 47 gilt gleichmäßig für die ordentlichen Sitzungen (§ 45) wie für die außerordentlichen (§ 48) und gleichviel ob es sich um die Ersetzung der beiden einberufenen Schöffen oder nur eines von ihnen handelt.

3. Erforderlichkeit der Zuziehung
a) **Gründe.** Die Zuziehung eines anderen Schöffen wird erforderlich, sobald — vor oder in der Sitzung — feststeht, daß in einer bestimmten Sitzung einer der zunächst berufenen Schöffen aus irgendeinem Grunde, z. B. wegen Ausbleibens, Erkrankung, oder Entbindung von der Dienstleistung (§ 54), nicht tätig sein wird. Schon das bloße Ausbleiben — auch ohne Entschuldigung — rechtfertigt ohne weitere Ermittlungen über den Grund des Ausbleibens eine Zuziehung des Hilfsschöffen[7]. Gibt ein Schöffe glaubhaft einen ausreichenden Verhinderungsgrund an, so bedarf es zur Feststellung der Verhinderung im allgemeinen keiner weiteren Nachprüfung, bei körperlichen Gebrechen, z. B. hochgradiger Schwerhörigkeit, auch nicht des Versuchs von Maßnahmen zur Behebung des Mangels[8]. Ferner gehört hierher der Fall, daß einer der in der Sitzung mitwirkenden Schöffen in einer einzelnen Sache von der Ausübung des Schöffenamts ausgeschlossen oder mit Erfolg abgelehnt ist (§§ 22, 24, 31 StPO). In diesem Fall erstreckt sich aber die Tätigkeit des Ersatzmannes nur auf diese Sache; wenn auf deren Verhandlung noch die Verhandlung anderer Sachen folgt, so hat der ursprünglich berufene Schöffe wieder in das Gericht einzutreten[9]. Der gleiche Hilfsschöffe kann aber wohl auch mitwirken, wenn in mehreren anstehenden Sachen der eine oder andere Hauptschöffe rechtlich verhindert ist.

b) **Hervortreten dauernder Ungeeignetheit in der Sitzung.** § 47 Abs. 1 ist auch anwendbar, wenn sich unmittelbar in der Sitzung körperliche oder geistige Gebrechen herausstellen, die den Schöffen nicht nur für die Mitwirkung an dieser Sitzung, sondern auf Dauer ungeeignet erscheinen lassen, so daß der Vorsitzende gleichzeitig mit der Ladung des Hilfsschöffen die Streichung dieses Hauptschöffen von der Liste (§ 52) anregt. Er braucht dann weder die Entscheidung über die Streichung abzuwarten noch ist er, wenn diese erfolgt und ihm noch vor Eintritt in die Hauptverhandlung bekannt wird, gezwungen, die einmal zu Recht angeordnete Heranziehung des Hilfsschöffen wieder zurückzunehmen[10].

4. Wegen der **Reihenfolge der Heranziehung** vgl. § 49, wegen der Ergänzungsschöffen § 48.

---

[6] RG DRZ **1928** Nr. 235; BGH NJW **1954** 82.
[7] BGH bei *Holtz* MDR **1977** 639.
[8] BGHSt **22** 289, 291.
[9] BGH NJW **1958** 557.
[10] BGHSt **10** 252; **22** 289 = NJW **1969** 703.

§ 48

(1) Ergänzungsschöffen (§ 192 Abs. 2, 3) werden aus der Hilfsschöffenliste zugewiesen.

(2) Im Fall der Verhinderung eines Hauptschöffen tritt der zunächst zugewiesene Ergänzungsschöffe auch dann an seine Stelle, wenn die Verhinderung vor Beginn der Sitzung bekannt wird.

Entstehungsgeschichte. Die Fassung des § 48 beruht auf Art. 2 Nr. 3 StVÄG 1979. § 48 a. F regelte die Zuziehung von Schöffen bei Anberaumung außerordentlicher Sitzungen (vgl. jetzt § 47 n. F).

1 1. Über die **Durchführung einer** gemäß § 192 Abs. 3 **angeordneten Zuziehung von Ergänzungsschöffen** fehlte es früher an einer besonderen Vorschrift. Es war aber nicht zweifelhaft, daß sie nach Maßgabe der §§ 49, 77 a. F aus der Hilfsschöffenliste heranzuziehen seien (LR[23] § 192, 8). § 48 Abs. 1 spricht dies jetzt förmlich aus und nach § 49 Abs. 1 erfolgt die Zuweisung in der Reihenfolge der Hilfsschöffenliste.

2 2. **Verhinderung eines Hauptschöffen.** Wie LR[23] § 192, 8 dargestellt, bestand eine Streitfrage, ob, wenn vor Beginn der Sitzung ein Hauptschöffe ausfällt, der zugezogene Ergänzungsschöffe als Hilfsschöffe an die Stelle des Hauptschöffen tritt, und ggf. ein neuer Ergänzungsschöffe zugewiesen werden muß, oder ob der Ergänzungsschöffe in seiner Stellung als Ergänzungsschöffe verbleibt und der Hauptschöffe durch den an bereiter Stelle der Hilfsschöffenliste stehenden Hilfsschöffen ersetzt wird. Im Interesse der Rechtssicherheit klärt § 48 Abs. 2 die Frage ausdrücklich im Sinn der ersten Alternative, die der ständigen Rechtsprechung des BGH entspricht. Den Ersatz des so weggefallenen Ergänzungsschöffen durch einen neuen Ergänzungsschöffen regelt § 47.

§ 49

(1) Wird die Heranziehung von Hilfsschöffen zu einzelnen Sitzungen erforderlich (§§ 47, 48 Abs. 1), so werden sie aus der Hilfsschöffenliste in deren Reihenfolge zugewiesen.

(2) Wird ein Hauptschöffe von der Schöffenliste gestrichen, so tritt der Hilfsschöffe, der nach der Reihenfolge der Hilfsschöffenliste an nächster Stelle steht, unter seiner Streichung in der Hilfsschöffenliste an die Stelle des gestrichenen Hauptschöffen. [2]Die Schöffengeschäftsstelle benachrichtigt den neuen Hauptschöffen gemäß § 45 Abs. 4 Satz 3, 4.

(3) [1]Maßgebend für die Reihenfolge ist der Eingang der Anordnung oder Feststellung, aus der sich die Notwendigkeit der Heranziehung ergibt, bei der Schöffengeschäftsstelle. [2]Die Schöffengeschäftsstelle vermerkt Datum und Uhrzeit des Eingangs auf der Anordnung oder Feststellung. [3]In der Reihenfolge des Eingangs weist sie die Hilfsschöffen nach Absatz 1 den verschiedenen Sitzungen zu oder überträgt sie nach Absatz 2 in die Hauptschöffenliste. [4]Gehen mehrere Anordnungen oder Feststellungen gleichzeitig ein, so sind zunächst Übertragungen aus der Hilfsschöffenliste in die Hauptschöffenliste nach Absatz 2 in der alphabetischen Reihenfolge der Familiennamen der von der Schöffenliste gestrichenen Hauptschöffen vorzunehmen; im übrigen ist die alphabetische Reihenfolge der Familiennamen des an erster Stelle Angeklagten maßgebend.

(4) ¹Ist ein Hilfsschöffe einem Sitzungstag zugewiesen, so ist er erst wieder heranzuziehen, nachdem alle anderen Hilfsschöffen ebenfalls zugewiesen oder von der Dienstleistung entbunden oder nicht erreichbar (§ 54) gewesen sind. ²Dies gilt auch, wenn er selbst nach seiner Zuweisung von der Dienstleistung entbunden worden oder nicht erreichbar gewesen ist.

Entstehungsgeschichte. Die Fassung des § 49 beruht auf Art. 2 Nr. 3 StVÄG 1979, der Inhalt des § 49 a. F wurde an anderer Stelle untergebracht (vgl. § 47, 2). Zum Beginn der Wirksamkeit der Neufassung (teils 1. 1. 1979, teils 1. 1. 1981) vgl. *Rieß* JR **1982** 258.

Übersicht

	Rdn.		Rdn.
1. Grundsatz der Heranziehung der Hilfsschöffen in der Reihenfolge der Hilfsschöffenliste.	1	a) Grundsatz . . . . b) Gleichzeitiger Eingang mehrerer Anordnungen oder Feststellungen c) Gleichzeitige Anforderung von Hilfsschöffen für einzelne Sitzungen . . . . . d) Verfahren bei Namensgleichheit	5 6 7 8
2. Dauernder Wegfall eines Hauptschöffen a) Grundsatz . . . . b) Folgerungen . . . . c) Rechtsschutz des neuen Hauptschöffen	2 3 4	4. Wiederheranziehung des einem Sitzungstag zugewiesenen Hilfsschöffen (Abs. 4) a) Reformgründe . . . . b) Durchführung	9 10
3. Maßgeblicher Zeitpunkt für die Heranziehung in der Reihenfolge der Hilfsschöffenliste			

1. Grundsatz der Heranziehung der Hilfsschöffen in der Reihenfolge der Hilfs- **1** **schöffenliste (Absatz 1).** Während die §§ 47, 48 Abs. 1 allgemein die Voraussetzungen normieren, unter denen die erforderlichen Schöffen einschl. der Ergänzungsschöffen aus der Hilfsschöffenliste herangezogen werden, stellt § 49 — insoweit nach dem Vorbild des § 49 Abs. 1 a. F (dazu LR²³ § 49, 6) — den Grundsatz auf, daß die Hilfsschöffen dem Spruchkörper in der Reihenfolge der Hilfsschöffenliste zugewiesen werden. Diese Reihenfolge wird zunächst bei der Auslosung gemäß § 45 Abs. 2 Satz 4 festgelegt. Jedoch kann eine Reihe von Umständen zu einer Änderung der ursprünglichen durch die Auslosung festgelegten Reihenfolge führen, und es können sich bei der Durchführung des Reihenfolgenprinzips Zweifelsfragen ergeben. Das frühere Recht enthielt sich weitgehend einer Einzelregelung der Folgerungen aus dem Reihenfolgenprinzip und überließ die offenen Fragen der Auslegung. Demgegenüber ist § 49 n. F bemüht, dem Grundsatz des gesetzlichen Richters durch neue Regelungen (§§ 49 Abs. 2 bis 4, 52, 54 n. F) Geltung zu verschaffen und damit Fehlerquellen, die zu einer gesetzwidrigen Besetzung des Spruchkörpers mit Schöffen führen könnten, auszuschließen.

2. Dauernder Wegfall eines Hauptschöffen (Absatz 2)

a) Grundsatz. Fällt ein auf der Schöffenliste stehender Hauptschöffe durch Tod **2** oder auf andere Weise (§§ 52, 53) dauernd, d. h. für die ganze Amtsperiode oder doch für deren ganzen Rest weg, so würde er schon nach den im früheren Recht ausgebildeten Grundsätzen (LR²³ § 42, 6) nicht für jede Sitzung besonders ersetzt, vielmehr tritt an seine Stelle ein Hilfsschöffe nach der Reihenfolge der Hilfsschöffenliste, der dadurch zum Hauptschöffen aufrückt und in der Hilfsschöffenliste gestrichen wird. § 49 Abs. 2 legalisiert diesen durch Auslegung gewonnenen Grundsatz.

3 **b) Folgerungen.** Aus dem Reihenfolgeprinzip ergibt sich, daß — abweichend von der Handhabung des früheren Rechts (dazu LR[23] § 42, 2) — nicht der jeweils an der Spitze der Hilfsschöffenliste stehende, sondern derjenige Hilfsschöffe Hauptschöffe wird, der nach der Reihenfolge der Hilfsschöffenliste an nächster (an „bereiter") Stelle steht, der also sonst als Ersatz für einen bei einer einzelnen Sitzung (vorübergehend) ausfallenden Hauptschöffen heranzuziehen gewesen wäre[1]. Den Eintritt des Hilfsschöffen als Hauptschöffen macht § 49 Abs. 2 ausdrücklich von einer vorangehenden Streichung des Hauptschöffen in der Hauptschöffenliste (§ 52) abhängig. Solange die Streichung nicht erfolgt ist, muß auch dann ein Hilfsschöffe nach der Reihenfolge der Hilfsschöffenliste herangezogen werden, wenn offensichtlich die Voraussetzungen für die Streichung des Hauptschöffen vorliegen, z. B. im Fall seines Todes oder wenn sich unmittelbar in der Sitzung körperliche oder geistige Gebrechen herausstellen, die ihn nicht nur für die Mitwirkung an dieser Sitzung, sondern auf Dauer ungeeignet erscheinen lassen; der Hauptschöffe ist dann bis zur Streichung als nur an der Mitwirkung in dieser Sitzung verhindert anzusehen[2]. Wenn es gar noch einer Prüfung bedarf, ob überhaupt die Voraussetzungen einer Streichung vorliegen, kann während des Zwischenstadiums nicht einmal von der Heranziehung des Hauptschöffen mit der Begründung abgesehen werden, daß er als an der Teilnahme an der einzelnen Sitzung verhindert anzusehen sei[3].

4 **c) Rechtsstellung.** Da der Hauptschöffe gewordene Hilfsschöffe nach § 49 Abs. 2 an die Stelle des gestrichenen Hauptschöffen tritt, hat er in vollem Umfang die Aufgaben wahrzunehmen, die seinem Vorgänger oblagen, also an den Sitzungen teilzunehmen, für die dieser ausgelost war[4]. Jedoch gehen nach § 52 Abs. 5 die Dienstleistungen vor, zu denen er zuvor als Hilfsschöffe herangezogen war. Wegen der Folgen der Streichung in der Hilfsschöffenliste im übrigen vgl. § 52 Abs. 6.

3. Maßgeblicher Zeitpunkt für die Heranziehung in der Reihenfolge (Absatz 3)

5 **a) Grundsatz.** Nach § 49 Abs. 1 in Vbdg. mit § 45 Abs. 2 Satz 4 werden die Hilfsschöffen zu den einzelnen Sitzungen in der Reihenfolge in der Hilfsschöffenliste herangezogen, dergestalt, daß der jeweils an „bereiter" Stelle stehende Hilfsschöffe zuzuweisen ist. Maßgebend ist der Zeitpunkt der Heranziehungsanordnung (BGHSt **30** 255, 258); „bereit" ist die Stelle, wenn die Hilfsschöffenliste durch die Vornahme angeordneter Streichungen zunächst auf den neuesten Stand gebracht worden ist[5]. Nach diesen Grundsätzen erfolgt gemäß § 49 Abs. 2 auch die Heranziehung des Hilfsschöffen, der als Hauptschöffe an die Stelle eines dauernd weggefallenen Hauptschöffen tritt. Absatz 3 bezweckt, den Zeitpunkt genau zu fixieren, an dem ein Hilfsschöffe an „bereiter" Stelle steht. Maßgebend ist nach Satz 1 der Eingang der richterlichen Anordnung (z. B. der Zuziehung eines Ergänzungsschöffen, § 48 Abs. 1, der Entbindung eines Schöffen, § 54, oder seiner Streichung von der Schöffenliste, § 52) oder Feststellung (z. B. daß ein Schöffe nicht erreichbar ist, § 54 Abs. 2 Satz 4), aus der sich die Notwendigkeit der Heranziehung eines Hilfsschöffen ergibt, bei der Schöffengeschäftsstelle. Das Gesetz hat bewußt davon abgesehen, zwischen den einzelnen Gründen einer Heranziehung zu differenzieren; es sollte z. B., wenn ein Schöffe einen Entbindungsantrag (§ 54) stellt, nicht (wie nach früherem Recht LR[23] § 49, 7) auf den Zeitpunkt des Eingangs dieses An-

---

[1] BGHSt **30** 244 = NJW **1982** 294 = JR **1982** mit Anm. *Rieß*; BGH NStZ **1985** 155.
[2] Vgl. BGHSt **30** 244.
[3] § 52, 58; KK-*Kissel*[2] 3.
[4] BGH NStZ **1985** 135.
[5] KG StrVert. **1984** 504; *Kleinknecht/Meyer*[39] 3.

trags abgestellt werden, damit die Reihenfolge der Hilfsschöffenliste nicht bis zur Entscheidung des Richters über den Antrag, der möglicherweise Ermittlungen erfordert, blockiert wird (Begr. BTDrucks. 8 976, S. 64). Damit der nach Satz 1 maßgebliche Zeitpunkt überprüfbar ist, und um Verwechslungen bei der Reihenfolge der Eingänge auszuschließen, hat nach Satz 2 die Schöffengeschäftsstelle nach dem Vorbild des § 13 Abs. 1 Satz 2 GBO Datum und Uhrzeit des Eingangs auf der Anordnung oder Feststellung zu vermerken[6].

b) Gleichzeitiger Eingang mehrerer Anordnungen oder Feststellungen (Absatz 3 **6** Satz 4). Bei einem derartigen Eingang, etwa solcher, die verschiedene Sitzungstage oder die Sitzungen verschiedener Schöffengerichte am selben Sitzungstag betreffen, haben zunächst die Fälle einer Übertragung eines Hilfsschöffen aus der Hilfsschöffen- in die Hauptschöffenliste (§ 49 Abs. 2) den Vorrang. Und zwar ist, wenn es sich um eine Mehrheit solcher Übertragungen handelt, für die zeitliche Reihenfolge die alphabetische Reihenfolge der Familiennamen der von der Schöffenliste gestrichenen Hauptschöffen maßgebend (dazu unten Rdn. 8). Nicht im Gesetz geregelt ist der Fall, daß gleichzeitig nicht nur Hilfsschöffen als Ersatz für gestrichene Hauptschöffen, sondern auch Hilfsschöffen nach Auslosung gemäß § 46 unter Streichung in der Hilfsschöffenliste in die Hauptschöffenliste zu übertragen sind. Auch diesen Übertragungsfällen ist sinngemäß der Vorrang vor anderen Heranziehungsfällen beizumessen, wobei dann auf die alphabetische Reihenfolge der Familiennamen der neuen Hauptschöffen abzustellen wäre.

c) Gleichzeitige Anforderung von Hilfsschöffen für einzelne Sitzungen (§ 49 **7** Abs. 1). In diesem Fall ist nach Absatz 3 Satz 4 Halbsatz 2 („im übrigen") maßgebend die alphabetische Reihenfolge der Familiennamen der an erster Stelle stehenden Angeklagten der in den Sitzungen anfallenden Sachen. Aus dieser Regelung folgt, daß die Zuweisung eines Hilfsschöffen für eine Sitzung, für die noch keine Hauptverhandlung anberaumt ist, also noch gar kein Angeklagter feststeht, bei mehreren gleichzeitigen Eingängen zuletzt geschieht. Nicht regelungsbedürftig war dagegen der Fall, daß für dieselbe Sitzung mehrere Hilfsschöffen benötigt werden; deren Reihenfolge richtet sich nach ihrer Reihenfolge in der Hilfsschöffenliste (Begr. BTDrucks. 8 976, S. 64).

d) Namensgleichheit. In seiner Stellungnahme zu § 49 Abs. 3 RegEntw. hatte der **8** Bundesrat angeregt zu prüfen, ob eine Vorschrift einzufügen sei, die das Verfahren regelt, wenn verschiedene (gestrichene) Hauptschöffen (Rdn. 6) oder Angeklagte (Rdn. 7) denselben Namen haben (BTDrucks. 8 976, S. 103). Bundesregierung und Bundestagsrechtsausschuß hielten eine Regelung dieses „extrem unwahrscheinlichen Falles" nicht für erforderlich. „Sollte ein derartiger Fall entgegen aller Voraussicht doch einmal eintreten, wird es der Sinn der Vorschrift nahelegen, hilfsweise auf den Vornamen und bei gleichen Vornamen auf das Geburtsdatum abzustellen" (BTDrucks. 8 976, S. 111 und Ausschußbericht BTDrucks. 8 1844 S. 33) Dem ist beizustimmen[7]. An ähnliche auf die Ausschaltung von Ermessen oder Willkür gerichtete Handhabungen wird auch zu denken sein, wenn künftig im Bereich des Absatzes 3 Zweifelsfragen hervortreten sollten, an die der Gesetzgeber nicht gedacht hat.

---

[6] Wegen der auf diese Weise beseitigten Zweifelsfragen, die sich früher bei der Festlegung des „an bereiter Stelle" stehenden Hilfsschöffen ergaben, vgl. zuletzt ausführlich BGH MDR **1979** 417; s. auch BGH GA **1979** 58.

[7] So auch *Katholnigg* JR **1980** 173; *Kleinknecht/Meyer*[39] 3; **a. M** Kissel 6: Keine Abstimmung auf das Geburtsdatum, hier vielmehr Entscheidung durch das Los entsprechend § 45 Abs. 3.

4. Wiederheranziehung des einem Sitzungstag zugewiesenen Hilfsschöffen (§ 49 Abs. 4)

9   **a) Reformgründe.** § 49 Abs. 1 a. F bestimmte, daß, wenn die *Zuziehung* von Hilfsschöffen erforderlich wird, die Zuziehung nach der Reihenfolge der Hilfsschöffenliste erfolge. Dieser auf die „Zuziehung" abstellende Gesetzeswortlaut führte zu der Frage, wann eine Zuziehung vorliege, die zur Folge hat, daß der zugezogene Hilfsschöffe erst wieder zugezogen wird, nachdem alle in der Hilfsschöffenliste nach ihm Stehenden und (nach Erschöpfung der Liste und Wiederbeginn von neuem in der festgesetzten Reihenfolge) alle vor ihm Stehenden zugezogen waren. Diese Frage war als im wesentlichen durch die Rechtsprechung der Revisionsgerichte geklärt anzusehen; jedoch verblieb ein Restbestand an Zweifelsfragen (dazu LR[23] § 49, 6). § 49 Abs. 4 hat eine eindutige Regelung zum Ziel. Er geht dabei von der Terminologie des § 49 Abs. 1, 2 aus. Nach § 49 Abs. 1 werden zu einzelnen Sitzungen benötigte Hilfsschöffen in der Reihenfolge der Hilfsschöffenliste *zugewiesen*, und nach § 49 Abs. 3 Satz 3 weist die Schöffengeschäftsstelle die nach der richterlichen Anordnung (Feststellung) benötigten Hilfsschöffen den verschiedenen Sitzungen zu. An diesen Begriff der Zuweisung knüpft Absatz 4 an. Die Begründung (BTDrucks. 8 976, S. 64) führt dazu aus:

„Absatz 4 spricht in Satz 1 den an sich selbstverständlichen Grundsatz aus, daß ein Hilfsschöffe erst wieder an die Reihe kommt, wenn inzwischen alle anderen Hilfsschöffen der Liste an der Reihe waren. Seine eigentliche Bedeutung liegt in der Klarstellung dessen, was es bedeutet, an der Reihe gewesen zu sein. Ein Hilfsschöffe, der gemäß § 54 Abs. 1 von der Verpflichtung zur Dienstleistung entbunden oder gemäß § 54 Abs. 2 nicht erreichbar ist, ist danach ebenso verbraucht wie ein Hilfsschöffe, der tatsächlich zu einer Sitzung herangezogen war. Satz 2 soll ergänzend sicherstellen, daß von der Dienstleistung entbundene und nicht erreichbare Hilfsschöffen für den Durchlauf der Hilfsschöffenliste wie herangezogene Hilfsschöffen behandelt werden. Dadurch wird bei der Schöffengeschäftsstelle größere Klarheit erreicht, als wenn sie immer wieder auf zunächst verhinderte oder nicht erreichbar gewesene Hilfsschöffen zurückgreifen muß."

10   **Durchführung.** Absatz 4 richtet sich an die Schöffengeschäftsstelle und versieht sie mit Weisungen, welche Hilfsschöffen sie nach Maßgabe einer zweifachen Reihenfolge — nämlich der Reihenfolge der Hilfsschöffenliste (§ 49 Abs. 1) und der Reihenfolge der richterlichen Anordnungen oder Feststellungen, deren Richtigkeit sie nicht zu prüfen hat — gemäß § 49 Abs. 3 Satz 3 „den verschiedenen Sitzungen zuzuweisen" hat. Diese „Zuweisung" besteht und erschöpft sich in der Feststellung, welcher Hilfsschöffe „an nächster Stelle" steht. Dessen Namen teilt sie der Stelle, die den „Sitzungstag" abhalten soll, mit. Mit dieser Form der Zuweisung ist der betreffende Hilfsschöffe in der Reihenfolge der Hilfsschöffenliste „verbraucht"; er steht erst wieder zur „Zuweisung" an, wenn alle anderen Hilfsschöffen, die nach ihm (oder bei Wiederbeginn nach Erschöpfung der Liste vor ihm) stehen, zugewiesen oder wegen Entbindung oder Nichterreichbarkeit übergegangen worden sind. Es ist also bedeutungslos, was demnächst mit dem „zugewiesenen" Schöffen geschieht, ob es also tatsächlich zu einer Einberufung kommt und ob er tatsächlich als Schöffe tätig wird. Das ergibt sich unmittelbar aus Absatz 4 Satz 2, wonach der einmal zugewiesene Hilfsschöffe auch dann „verbraucht" ist, wenn es zu keiner Dienstleistung kommt, weil er nach der „Zuweisung" von der Dienstleistung entbunden wurde (§ 54) oder im Sinn des § 54 Abs. 2 Satz 3, 4 nicht erreichbar war. Diesem streng formalisierten Begriff des „Verbrauchs" eines Hilfsschöffen in der Reihenfolge der Hilfsschöffenliste durch die bloße „Zuweisung" entspricht es also, daß der Hilfsschöffe auch dann „verbraucht" ist, wenn es nach der Zuweisung aus anderen, nicht in der Person des Hilfsschöffen liegenden Gründen nicht zu einer „tatsächlichen Heranziehung" kommt, z. B. der Termin, an dem der Hilfsschöffe mitwirken sollte, vorher wegen Ausfalls wichtiger Zeugen abgesetzt werden muß: dann kann der zugewiesene Hilfsschöffe ja nicht irgendwo als „an bereiter Stelle" stehend wieder in die Liste eingesetzt werden (wegen der insoweit früher bestehenden Streitfrage vgl. LR[23] §49, 6). Auch fehlerhafte Heranziehung hindert den Verbrauch des Listenplatzes nicht[8].

§ 50

Erstreckt sich die Dauer einer Sitzung über die Zeit hinaus, für die der Schöffe zunächst einberufen ist, so hat er bis zur Beendigung der Sitzung seine Amtstätigkeit fortzusetzen.

1. Bedeutung der Vorschrift. § 50 betrifft zunächst den Fall, daß die Verhandlung der auf einen Sitzungstag anberaumten Sachen so viel Zeit in Anspruch nimmt, daß die Sitzung auf den folgenden Tag erstreckt werden muß, sei es, daß nur in einer Sache die Verhandlung an dem bestimmten Sitzungstage nicht zu Ende geführt werden kann, sei es, daß von den anberaumten Sachen einzelne überhaupt nicht zur Verhandlung gelangen können. Er findet aber auch Anwendung, wenn die Verhandlung einer Sache wegen eines verfahrensrechtlichen Hindernisses, z. B. wegen des Ausbleibens eines Zeugen, abgebrochen werden muß und an einem anderen Tage innerhalb der Frist des § 229 StPO fortgesetzt werden soll. Deshalb bedarf es auch nicht der Zuziehung neuer Schöffen, wenn bei einer Verhandlung, die von vornherein auf mehrere Tage berechnet ist, an einem dem ersten Sitzungstag folgenden Tage einer der Berufsrichter ausfällt und infolgedessen nach Hinzuziehung eines Ersatzrichters die bisherige Verhandlung wiederholt werden muß[1]. § 50 gilt auch für Ergänzungsschöffen[2]. **1**

2. Fortsetzung über das Geschäftsjahr oder die Amtsperiode hinaus. § 50 ist auch anwendbar, wenn der folgende Tag, auf den sich die Sitzung erstreckt, in ein neues Geschäftsjahr oder in eine neue Amtsperiode (§ 42) fällt. Vgl. auch § 21 c Abs. 4. In dem letztgenannten Fall bedarf es trotz des Ablaufs der Amtsperiode nicht einer erneuten Vereidigung der Schöffen (§ 45 Abs. 3 DRiG). Denn § 50 enthält der Sache nach eine gesetzliche Verlängerung der Amtsperiode[3] und damit eine Verlängerung der Dauer des Amtes, für die nach § 45 Abs. 2 DRiG die Vereidigung gilt. **2**

3. Eine entsprechende Anwendung des § 50 erscheint diskutabel, wenn beim Ablauf einer Amtsperiode wegen Ausbleibens der Vorschlagsliste (vgl. § 40, 19) es nicht gelingt, rechtzeitig die Schöffen für die neue Amtsperiode auszuwählen und dies zu einem Stillstand der Rechtspflege führen würde, wenn man den Ausweg nicht in einer (entsprechenden?) Anwendung des § 15 StPO (rechtliche Verhinderung durch Fehlen der Schöffen) sehen will. **3**

---

[8] BGH JR **1978** 210; *Kleinknecht/Meyer*[39] 4; *Kissel* 5.

[1] RG vom 29. 6. 1931 – III 386/31 –.
[2] BGH NJW **1956** 1326.
[3] BGHSt **8** 250 = NJW **1956** 110.

§ 52 GVG Gerichtsverfassungsgesetz

4 4. Eine mißbräuchliche Anwendung des § 50, die die Anwendbarkeit des § 338 Nr. 1 StPO begründet, liegt vor, wenn ohne Not eine Hauptverhandlung in den letzten Tagen des Geschäftsjahres anberaumt wird, um in dieser den Angeklagten nur kurz zur Person zu vernehmen, während die Hauptverhandlung im übrigen — in der alten Besetzung — erst im neuen Geschäftsjahr stattfinden soll[4].

§ 51

(**weggefallen**; vgl. jetzt § 45 Abs. 2 ff. DRiG in der Fassung des 1. StVRGErgG vom 20. 12. 1974).

§ 52

(1) Ein Schöffe ist von der Schöffenliste zu streichen, wenn
1. seine Unfähigkeit zum Amt eines Schöffen eintritt oder bekannt wird, oder
2. Umstände eintreten oder bekannt werden, bei deren Vorhandensein eine Berufung zum Schöffenamt nicht erfolgen soll.

(2) [1]Auf seinen Antrag ist ein Schöffe von der Schöffenliste zu streichen, wenn er während eines Geschäftsjahres an mehr als vierundzwanzig Sitzungstagen an Sitzungen teilgenommen hat. [2]Bei Hauptschöffen wird die Streichung nur für Sitzungen wirksam, die später als zwei Wochen nach dem Tag beginnen, an dem der Antrag bei der Schöffengeschäftsstelle eingeht. [3]Ist einem Hilfsschöffen eine Mitteilung über seine Heranziehung zu einem bestimmten Sitzungstag bereits zugegangen, so wird seine Streichung erst nach Abschluß der an diesem Sitzungstag begonnenen Hauptverhandlung wirksam.

(3) Der Richter beim Amtsgericht entscheidet nach Anhörung der Staatsanwaltschaft und des beteiligten Schöffen.

(4) Die Entscheidung ist nicht anfechtbar.

(5) Wird ein Hilfsschöffe in die Hauptschöffenliste übertragen, so gehen die Dienstleistungen vor, zu denen er zuvor als Hilfsschöffe herangezogen worden war.

(6) [1]Hat sich die ursprüngliche Zahl der Hilfsschöffen in der Hilfsschöffenliste auf die Hälfte verringert, so findet aus den vorhandenen Vorschlagslisten eine Ergänzungswahl durch den Ausschuß statt, der die Schöffenwahl vorgenommen hatte. [2]Der Richter beim Amtsgericht kann von der Ergänzungswahl absehen, wenn sie in den letzten sechs Monaten des Zeitraums stattfinden müßte, für den die Schöffen gewählt sind. [3]Für die Bestimmung der Reihenfolge der neuen Hilfsschöffen gilt § 45 entsprechend mit der Maßgabe, daß die Plätze im Anschluß an den im Zeitpunkt der Auslosung an letzter Stelle der Hilfsschöffenliste stehenden Schöffen ausgelost werden.

Entstehungsgeschichte. VO vom 14. 6. 1932 (RGBl. I 285) erster Teil Kapitel I Art. 8. Das VereinhG 1950 änderte § 52 nur redaktionell. Durch Art. 2 Nr. 4 StVÄG 1979 erfolgten folgende Änderungen: Die bisherigen Absätze 1 und 2 wurden durch den jetzigen Absatz 1 ersetzt; die Absätze 2, 5, 6 wurden neu eingefügt; die Absätze 3 und 4 blieben unverändert.

---

[4] Vgl. BGHSt **19** 382 = NJW **1964** 1866 = LM § 89 a. F Nr. 1 mit Anm. *Hengsberger*.

Übersicht

	Rdn.		Rdn.
I. Streichung von Amts wegen (Absatz 1)		c) Abweichende Konstruktionen	9
1. Entwicklungsgeschichte	1	III. Entscheidungszuständigkeit und Verfahren (Absatz 3)	
2. Geltungsgebiet	2	1. Zuständigkeit	10
3. Streichung wegen Schöffenunfähigkeit (Absatz 1 Nr. 1)	3	2. Anhörung	11
4. Streichung wegen Schöffenungeeignetheit (Absatz 1 Nr. 2)	4	3. Unanfechtbarkeit (Absatz 4)	12
II. Streichung auf Antrag wegen Übermaßes der Heranziehung (Absatz 2)		IV. Fortbestand der Hilfsschöffenaufgaben nach Übertragung in die Hauptschöffenliste (Absatz 5)	13
1. Bedeutung der Vorschrift	5	V. Ergänzungsnachwahl der Hilfsschöffen (Absatz 6)	
2. Voraussetzungen der Streichung	6	1. Voraussetzungen und Verfahren	14
3. Wirkung und Wirksamkeit der Streichung		2. Reihenfolge der Heranziehung der neugewählten Hilfsschöffen	15
a) Hauptschöffen	7		
b) Hilfsschöffen	8		

I. Streichung von Amts wegen (Absatz 1)

1. Entwicklungsgeschichte. Das frühere Recht (§ 52 Abs. 1, 2 a. F) unterschied zwischen nachträglich eintretender oder bekanntwerdender Schöffenunfähigkeit, die zur Streichung in der Schöffenliste führte, und der nachträglich eintretenden oder bekanntwerdenden Schöffenungeeignetheit, die zur Folge hatte, daß der Schöffe nicht mehr zur Dienstleistung heranzuziehen war. Sachlich entsprach nach h. M (LR^{23} § 52, 4) die Anordnung der Nichtheranziehung wegen Schöffenungeeignetheit einer Streichung. Aus Gründen der Rechtsklarheit sah § 52 Abs. 1 förmlich auch bei Eintritt oder Bekanntwerden der Schöffenungeeignetheit die Streichung vor.

2. Geltungsgebiet. Absatz 1 hat nur solche Umstände (Gründe der Unfähigkeit oder Ungeeignetheit) im Auge, die erst nach Beendigung der Tätigkeit des Ausschusses (§§ 41, 42) eintreten oder bekannt werden. Umstände, die, sei es aus Anlaß eines Einspruchs, sei es ohne einen solchen, bereits Gegenstand einer Entscheidung des Ausschusses gewesen sind, gehören nicht hierher; dem Richter beim Amtsgericht steht keine Änderung der Entscheidungen des Ausschusses zu (h. M). Vgl. jedoch Rdn. 12.

3. Streichung wegen Schöffenunfähigkeit (Absatz 1 Nr. 1). Der Tod eines Schöffen ist selbstverständlich ein Streichungsgrund i. S. des § 52 Abs. 1 Nr. 1. Im übrigen ergeben sich die Unfähigkeitsgründe aus § 31 Satz 2, § 32. Sie führen zur Streichung für die ganze Amtsperiode oder für deren Rest. Nach h. M[1] gilt dies auch für die Unfähigkeitsgründe des § 32 Nr. 2, 3, wenn sie im Zeitpunkt der Entscheidung über die Streichung bereits wieder weggefallen sind, wie z. B. in dem Fall, daß die wegen eines schwebenden Ermittlungsverfahrens gegebene Schöffenunfähigkeit eines gewählten Schöffen alsbald nach der Streichung und bevor es zu einer Amtsausübung des Schöffen gekommen ist, durch Einstellung des Ermittlungsverfahrens beendet wird. Dem steht die Auffassung gegenüber, daß in diesem Fall die Streichung von der Liste rückgängig zu machen sei[2]; s. auch LR-*Schäfer*^{23} § 32, 9 und § 52, 2. BGHSt **35** 28 = NStZ **1987** 568

---

[1] Z. B. BGHSt **9** 205, 206; **10** 252; *Eb. Schmidt* 5; *Müller/Sax* 6.
[2] So OLG Bremen MDR **1964** 244; KK-*Kissel*[2] 6; *Kleinknecht/Meyer*^{39} 5, je zu § 32; *Oetker* GA **49** (1903) 207; *Schorn* Laienrichter 54.

§ 52 GVG   Gerichtsverfassungsgesetz

hat die Streitfrage offengelassen und sich nur — mit Recht — gegen die Annahme gewandt, daß ein zeitlich späterer Freispruch des Schöffen mit rückwirkender Kraft die z. Zt. seiner Mitwirkung vorliegende Schöffenunfähigkeit heilen könne. Dagegen weist neuerdings *Katholnigg* JR **1989** 36/37 — doch wohl zutreffend — auf die Bedenken hin, die sich gegen eine „Rückgängigmachung der Streichung" aus der heutigen Rechtslage ergeben: Denn nach § 49 Abs. 2 Satz 1 trat an die Stelle des gestrichenen Hauptschöffen ein Hilfsschöffe, und damit erscheint es unvereinbar, daß der gestrichene Hauptschöffe dorthin zurückkehrt, oder daß er etwa — an welcher Stelle? — wenigstens als Hilfsschöffe in die Liste aufgenommen werden könnte.

3a   Die **Streichung** von der Liste **setzt voraus**, daß die Unfähigkeit oder Ungeeignetheit gemäß Absatz 3 festgestellt ist. Bedarf die Frage, ob Streichungsgründe vorliegen, erst noch der Nachprüfung, so kann während des Prüfungsverfahrens von der Heranziehung des Schöffen nicht abgesehen werden, auch nicht mit der Begründung, daß er i. S. des § 54 Abs. 1 verhindert sei[3]. Über die Ersetzung des gestrichenen Hauptschöffen vgl. § 49 Abs. 2.

4   **4. Streichung wegen Schöffenungeeignetheit (Absatz 1 Nr. 2).** Die **Gründe der Nichtberufung** ergeben sich aus §§ 33, 34. Was den Nichtberufungsgrund des § 33 Nr. 3 anlangt, so findet nach dessen Zweckbestimmung § 52 Abs. 1 Nr. 3 auch Anwendung, wenn ein Schöffe den im Zeitpunkt seiner Wahl bestehenden Wohnsitz im Lauf der Amtsperiode dergestalt wechselt, daß der Schöffengerichtsschöffe seinen Wohnsitz in einem anderen Amtsgerichtsbezirk, der Strafkammerschöffe (§ 77 Abs. 1) ihn in einen anderen Landgerichtsbezirk verlegt[4]; besteht der Bezirk aus mehreren Verwaltungsbezirken, so ist es ohne Bedeutung, ob ein Wohnsitzwechsel innerhalb des Gerichtsbezirks mit einem Wechsel des Verwaltungsbezirks verbunden ist[5].

II. Streichung auf Antrag wegen Übermaßes der Heranziehung (Absatz 2)

5   **1. Bedeutung der Vorschrift.** An Maßnahmen, die einer übermäßigen Heranziehung zum Schöffenamt entgegenwirken sollen, sieht § 35 Nr. 2 ein Recht zur Ablehnung der Berufung zum Schöffenamt für Personen vor, die in der vorhergehenden Amtsperiode die Verpflichtung als Schöffe an vierzig Tagen erfüllt haben. Nach § 43 Abs. 2 ist die Zahl der vom Wahlausschuß zu wählenden Hauptschöffen so zu bestimmen, daß jeder voraussichtlich zu nicht mehr als zwölf ordentlichen Sitzungstagen im Jahr herangezogen wird; dem einzelnen Schöffen, der, etwa in einem Großverfahren von mehrmonatlicher Dauer, zu wesentlich mehr als zu zwölf Sitzungstagen im Jahr herangezogen wird, erwächst daraus aber kein Recht, die weitere Mitwirkung zu verweigern (§ 43, 2). Für Hilfsschöffen besteht keine dem § 43 Abs. 2 entsprechende Vorschrift. **Als weitere Maßnahme**, die im Rahmen des Möglichen die Schwierigkeiten mildern soll, die Haupt- wie Hilfsschöffen, namentlich wenn sie im Berufsleben stehen, aus einer übermäßigen Heranziehung zum Schöffenamt erwachsen können, gibt ihnen § 52 Abs. 2 das Recht, die Streichung von der Schöffenliste zu verlangen, wenn sie während eines Geschäftsjahres an mehr als vierundzwanzig Sitzungstagen an Sitzungen teilgenommen haben. Ein Schöffe, der in der Hauptverhandlung eines Großverfahrens mitwirkt und an dieser be-

---

[3] BGHSt **27** 105 = NJW **1977** 965; BGHSt **35** 28 = JR **1989** 36; gegen OLG Celle MDR **1972** 261.
[4] RGSt **39** 277, 306; BGHSt **28** 61, 64 = NJW **1978** 2162; BGH StrVert. **1982** 60; *Hänle* Justiz **1974** 146; *Kissel* 6.
[5] So — bezgl. Strafkammerschöffen — BGH StrVert. **1982** 60.

reits an mehr als vierundzwanzig Sitzungstagen teilgenommen hat, hat naturgemäß nicht das Recht, seine Streichung vor Abschluß der Hauptverhandlung zu verlangen, selbst wenn ein Ergänzungsschöffe bereit stehen sollte; das ergibt sich, wenn es noch einer Begründung bedürfte, schon aus der in Absatz 2 Satz 2, 3 vorgesehenen Hinausschiebung der Wirksamkeit einer Streichung im Hinblick auf bevorstehende Sitzungen in neuen Hauptverhandlungen, an denen der Schöffe mitzuwirken berufen ist.

2. Voraussetzungen der Streichung. Die Streichung setzt formell einen Antrag des Schöffen voraus, der keiner Form bedarf und an keine Frist gebunden ist. Es kann daher ein Schöffe, der im ersten Jahr der Amtsperiode die sachlichen Antragsvoraussetzungen erfüllt hat, auch noch im dritten Geschäftsjahr den Antrag stellen. Sachliche Voraussetzung ist, daß der Schöffe in ein und demselben Geschäftsjahr an mehr als vierundzwanzig Tagen (also mindestens an fünfundzwanzig Tagen) an Sitzungen teilgenommen hat. Dabei ist es gleichgültig, ob an diesen Tagen jeweils neue Sachen angestanden haben, oder ob es sich um eine einzige Hauptverhandlung gehandelt hat. An jedem von wenigstens fünfundzwanzig Tagen muß aber mindestens eine Sitzung stattgefunden haben, an der der Schöffe teilnahm. Auf die Dauer der einzelnen Sitzung kommt es allerdings nicht an; eine Sitzung liegt auch vor, wenn sie alsbald nach ihrem Beginn, gleichviel aus welchen Gründen, beendet worden ist (Begr. BTDrucks. 8 976, S. 64).

3. Wirkung und Wirksamkeit der Streichung
   a) **Hauptschöffen.** Bei Streichung eines Hauptschöffen tritt gemäß § 49 Abs. 2 an seine Stelle der in der Hilfsschöffenliste an nächster Stelle stehende Hilfsschöffe. Der Wirksamkeitsbeginn einer Streichung ist aber durch Absatz 2 Satz 2 hinausgeschoben, wonach „die Streichung nur für Sitzungen wirksam wird, die später als zwei Wochen nach dem Tag beginnen, an dem der Antrag bei der Schöffengeschäftsstelle eingeht". Diese Hinausschiebung der Wirksamkeit der Streichung „soll einen geordneten Geschäftsbetrieb beim Gericht erleichtern und die rechtzeitige Ladung des aufrückenden Hilfsschöffen sicherstellen" (Begr. BTDrucks. 8 976, S.65). Die Bedeutung der Vorschrift ist aber nicht eindeutig. Sie kann nicht gut dahin verstanden werden, daß schon der Eingang des Antrags bei der Schöffengeschäftsstelle für den Fristbeginn maßgeblich sei, denn die Schöffengeschäftsstelle führt erst die Streichung bei gleichzeitiger Übertragung des an nächster Stelle stehenden Hilfsschöffen in die Hauptschöffenliste (§ 49 Abs. 3 Satz 3) durch, nachdem die richterliche Streichungsanordnung bei ihr eingegangen ist (§ 49 Abs. 3 Satz 1). Auch kann § 52 Abs. 2 Satz 2 schwerlich als eine positivrechtliche Ausnahme von dem formalisierten Reihenfolgeprinzip des § 49 Abs. 3 gewertet werden. Gewiß kann es Sache des Urkundsbeamten der Schöffengeschäftsstelle sein, an Hand der Unterlagen dieser Geschäftsstelle die Berechtigung des bei ihr eingehenden Antrags alsbald zu prüfen und die Anordnung des Richters beim Amtsgericht (der Strafkammer) vorzuverfügen in der Erwartung, daß in aller Kürze die Streichungsanordnung bei ihm eingeht; aber es besteht keine Gewähr, daß nicht doch der Antrag eine weitere richterliche Prüfung erforderlich macht, oder daß aus anderen Gründen die richterliche Entscheidung später als zwei Wochen nach dem Tag des Antragseingangs bei der Schöffengeschäftsstelle eingeht, zwischenzeitlich aber der bei Antragseingang an nächster Stelle stehende Hilfsschöffe ein anderer ist als der bei Eingang der Streichungsanordnung an nächster Stelle stehende Hilfsschöffe. Man wird also § 52 Abs. 2 Satz 2 dahin zu verstehen haben, daß unter dem Tag des Eingangs des Streichungsantrags bei der Schöffengeschäftsstelle der Tag zu verstehen ist, an welchem die durch den Streichungsantrag ausgelöste Streichungsanordnung bei der Schöffengeschäftsstelle eingeht.

8 **b) Hilfsschöffen.** Bei einem Hilfsschöffen, dessen Streichungsantrag stattgegeben wurde, dem aber bereits vor Eingang und Durchführung der Streichungsanordnung eine Mitteilung über seine Heranziehung zu einem bestimmten Sitzungstag (§ 45 Abs. 4 Satz 5) zugegangen war, wird die Streichung nach **Absatz 4 Satz 3** erst nach Abschluß der an diesem Sitzungstag begonnenen Hauptverhandlung wirksam. Maßgebend ist danach nicht, ob schon vor der Streichung eine Zuweisung des Hilfsschöffen durch die Schöffengeschäftsstelle für eine Sitzung (oben Rdn. 3) erfolgt war (§ 49 Abs. 3 Satz 2), sondern ob ihm eine Heranziehungsmitteilung — praktisch: eine Ladung — zu einem bestimmten Sitzungstag, an dem eine Hauptverhandlung begann, *zugegangen* ist. Für die Dauer dieser Hauptverhandlung muß er, trotz der inzwischen erfolgten Streichung, die insoweit in ihrer Wirkung gehemmt ist, seinen Pflichten als Hilfsschöffe (oder Ergänzungsschöffe, § 48 Abs. 1, § 49 Abs. 1) nachkommen, und zwar ohne Rücksicht auf ihre Dauer, also auch, wenn sie erneut mehr als vierundzwanzig Sitzungstage umfassen sollte.

9 **c) Abweichende Konstruktionen.** Von einer anderen als der hier vertretenen Auffassung, wonach die Streichung vorzunehmen ist, ihre Wirksamkeit aber unter den Voraussetzungen des Absatzes 2 Satz 2, 3 hinausgeschoben wird, geht die Begründung[6] aus. Danach „schließt Satz 3 für Hilfsschöffen im Interesse der Funktionsfähigkeit der Rechtspflege die Streichung in der Zeit zwischen der Ladung des Hilfsschöffen und der Beendigung der Hauptverhandlung aus. Nach deren Ende wird sie allerdings wirksam, auch wenn dem Hilfsschöffen nach Eingang seines Antrags eine erneute Ladung zugegangen ist". Mit dem Gesetzeswortlaut ist diese Konstruktion, nach der nicht die Wirksamkeit der erfolgten Streichung — aber nur für die Erledigung einer zuvor angefallenen Hilfsschöffenaufgabe —, sondern die Streichung selbst hinausgeschoben wird, und die überdies mit dem Eingang des Streichungsantrags Rechtswirkungen verbindet, obwohl dieser Zeitpunkt nach Satz 3 keine Rolle spielt, wohl nicht vereinbar.

III. Entscheidungszuständigkeit und Verfahren (Absatz 3)

10 **1. Zuständigkeit.** Die Entscheidung über die Streichung und Nichtheranziehung, die stets förmlich ergehen muß[7], trifft nach Absatz 3 der Richter beim AG, beim LG nach § 77 Absatz 3 Satz 2 eine Strafkammer. Zuständig ist danach grundsätzlich der Richter beim AG und die Strafkammer, denen der Geschäftsverteilungsplan die entsprechenden Aufgaben zuweist; bei großen Gerichten können auch mehrere Richter beim AG (mehrere Strafkammern) als zuständig bezeichnet werden. Es widerspricht wohl nicht dem Gesetz, wenn in Eilfällen — der Schöffe macht nach der in Nr. 126 RiStBV vorgesehenen Belehrung vor Beginn der Sitzung über die Unfähigkeitsgründe Umstände geltend, die, ggf. nach Aufklärung auf kürzestem Wege, *deutlich* einen Unfähigkeitsgrund ergeben; die Herbeiführung der Entscheidung des nach der Geschäftsverteilung zuständigen Richters (der Strafkammer) ist ohne wesentliche Verzögerung des Verhandlungsbeginns nicht möglich — das Gericht den gesetzlichen Ausschluß des Schöffen von der Mitwirkung feststellt und eine Ersetzung nach § 49 herbeiführt (BGHSt 10 252, 254). Nicht zulässig ist es dagegen, während des etwa noch erforderlichen Prüfungsverfahrens den Schöffen als verhindert anzusehen (oben Rdn. 3). Die Mitwirkung eines nach §§ 33, 34 ungeeigneten Schöffen begründet zwar („sollen nicht berufen werden") — anders als die des nach §§ 31 Satz 2, 32 unfähigen Schöffen — nicht die

---

[6] BTDrucks. 8 976, S. 65; s. auch *Katholnigg* NJW 1978 2377. [7] BGHSt 10 252; 28 61, 64.

Rüge aus § 338 Nr. 1 StPO (BGH GA **1961** 206). RiStBV Nr. 126 Absatz 1 weist deshalb den Vorsitzenden nur darauf hin, die Schöffen über Unfähigkeitsgründe, nicht auch über Ungeeignetheit zu belehren. Jedoch ist es, wenn der Schöffe zur Sitzung erscheint und hier der Ungeeignetheit festgestellt wird, in Eilfällen auch hier zulässig und geboten, schon alsbald der Sollvorschrift der §§ 33, 34 Rechnung zu tragen, von der Heranziehung des Schöffen abzusehen und nach § 49 zu verfahren (vgl. § 48, 4).

2. Dem Gebot der Anhörung (= Gewährung der Gelegenheit zur Äußerung) ist **11** im Fall des Absatzes 2 bereits genügt, wenn die StA dem Antrag des Schöffen nicht widerspricht und der Richter ihm stattgibt. Wenn der Streichungsantrag erst eingeht, nachdem bereits eine Sitzung unter Mitwirkung des Schöffen bestimmt war, hat die Entscheidung nach § 54 Abs. 1 den Vorrang (BGH GA **1979** 271). Im übrigen kann die Anhörung mündlich (zu Protokoll) oder schriftlich erfolgen.

3. Unanfechtbarkeit (Absatz 4). Weder dem beteiligten Schöffen noch der Staats- **12** anwaltschaft steht eine Beschwerde zu, auch nicht, wenn der Richter (die Strafkammer) einen auf Anwendung des § 52 gerichteten Antrag verworfen hat. Durch eine solche ablehnende Entscheidung wird aber eine spätere Streichung auf Grund neuer Tatsachen und Beweismittel nicht ausgeschlossen. Auch wird trotz des § 336 Satz 2 StPO durch eine die Streichung ablehnende Entscheidung eine Anfechtung des Urteils wegen angeblicher Mitwirkung eines unfähigen Schöffen (§ 338 Nr. 1) nicht ausgeschlossen, wenn die die Streichung ablehnende Entscheidung auf Willkür beruht[8]. Umgekehrt muß, wenn infolge eines gegen ein Urteil eingelegten Rechtsmittels von dem Gericht höherer Instanz die Unfähigkeit eines Schöffen festgestellt wird, der Richter beim Amtsgericht den Namen des Schöffen von der Liste streichen, damit nicht künftig anfechtbare Urteile erlassen werden (h. M). Soweit körperliche oder geistige Gebrechen eines Schöffen (§ 33 Nr. 4) als Gründe einer vorschriftswidrigen Besetzung des Gerichts (§ 338 Nr. 1 StPO) in Betracht kommen, greift ebenfalls der Gedanke des Abs. 1 Nr. 2 durch, daß die Rüge nur begründet ist, wenn ein Beschluß nach § 52 Abs. 2, der die Ungeeignetheit verneint, auf einer klar zu Tage liegenden Gestzesverletzung oder auf Willkür beruht[9].

IV. Fortbestand der Hilfsschöffenaufgaben nach Übertragung in die Hauptschöffenliste (Absatz 5)

Während § 52 Abs. 2 unter dem Gesichtspunkt der Erleichterung eines geordne- **13** ten Geschäftsbetriebs und der Erhaltung der Funktionsfähigkeit der Rechtspflege bestimmt, daß ein wegen übermäßiger Heranziehung zum Schöffendienst antragsgemäß gestrichener Haupt- oder Hilfsschöffe trotz der Streichung noch in gewissem Umfang die Aufgaben eines Schöffen zu erfüllen hat, zu denen er vor der Streichung schon herangezogen worden war, trifft Absatz 5 — aus den gleichen Gründen — eine ähnliche Regelung für den Fall, daß ein Hilfsschöffe unter Streichung in der Hilfsschöffenliste in die Hauptschöffenliste aufgenommen wurde (vgl. §§ 46, 49 Abs. 2): er hat dann trotz seiner Streichung in der Hilfsschöffenliste noch die Aufgaben eines Hilfsschöffen zu erfüllen, zu denen er vor der Übertragung in die Hauptschöffenliste herangezogen worden war. **Kollidieren** die durch vorgängige Heranziehung konkretisierten Hilfsschöffendienstleistungen mit den dem neuen Hauptschöffen in dieser Eigenschaft zufallenden Dienstleistungen, so haben die ersteren Vorrang, und der insoweit verhinderte Haupt-

---

[8] Dazu LR-*Hanack* StPO §§ 336, 14; 338, 34.   [9] BGH bei *Herlan* GA **1971** 34.

§ 52 GVG

schöffe muß durch einen Hilfsschöffen ersetzt werden. Ein entsprechender Grundsatz war bereits im Wege der Auslegung des früher geltenden Rechts in der Rechtsprechung entwickelt worden[10]; er ist nunmehr durch § 52 Abs. 5 legalisiert worden. Eine vorgängige Heranziehung als Hilfsschöffe liegt, wie aus § 52 Abs. 2 Satz 3 zu folgern ist, vor, wenn dem Hilfsschöffen vor seiner Streichung in der Hilfsschöffenliste mit gleichzeitiger Übertragung in die Hauptschöffenliste bereits eine Mitteilung über seine Heranziehung zu einem bestimmten Sitzungstag (seine Einberufung) zugegangen ist. Der bisherige Hilfsschöffe wirkt also nicht nur an Hauptverhandlungen weiter mit, die schon vor seiner Aufnahme in die Hauptschöffenliste begonnen hatten, sondern auch an solchen, die erst beginnen, nachdem er bereits Hauptschöffe geworden ist, sofern er vor diesem Zeitpunkt als Hilfsschöffe einberufen worden war.

V. Ergänzungsnachwahl der Hilfsschöffen (Absatz 6)

14   **1. Voraussetzungen und Verfahren.** Da an die Stelle dauernd wegfallender Hauptschöffen Hilfsschöffen als Hauptschöffen treten (§ 49 Abs. 2), bleibt die Zahl der zu Beginn des Geschäftsjahres ausgelosten Hauptschöffen grundsätzlich gleich. Die ursprüngliche Zahl der Hauptschöffen erhöht sich sogar gemäß § 46, wenn im Lauf des Geschäftsjahres weitere Spruchkörper gebildet werden; auch die hierfür benötigten Schöffen werden aus der Hilfsschöffenliste ausgelost. Dagegen sah das bisherige Recht keine Ergänzung der Zahl der für die Amtsperiode gewählten Hilfsschöffen vor, wenn diese Zahl sich durch Aufrücken von Hilfsschöffen zu Hauptschöffen oder durch dauernden Wegfall von Hilfsschöffen aus anderen Gründen (vgl. § 52 Abs. 1, 2) auf Dauer vermindert, so daß bei verminderter Hilfsschöffenzahl die Zahl der auf den einzelnen Hilfsschöffen entfallenden Vertretungen vorübergehend ausfallender Hauptschöffen ansteigt mit der Folge vermehrter Entbindungsanträge nach § 54 oder Streichungsanträge nach § 52 Abs. 2. Hier will der neu eingefügte Absatz 6 wenigstens in Extremfällen, nämlich in den Fällen durch Anordnung einer Nachwahl Abhilfe schaffen, in denen die ursprünglich gewählte Zahl von Hilfsschöffen sich durch dauernden Wegfall von Hilfsschöffen auf die Hälfte verringert hat. Die Nachwahl obliegt dem Ausschuß, der die Hilfsschöffen zu Beginn der Amtsperiode gewählt hatte (§ 42). Dabei geht die Begründung offenbar davon aus, daß dieser Ausschuß, soweit möglich, in seiner ursprünglichen Zusammensetzung tätig zu werden habe, denn sie führt (BTDrucks. 8 976, S. 65) aus: „Er [der Ausschuß] braucht also nicht neu gebildet zu werden, doch ist im Verhinderungsfall eines Mitglieds die Mitwirkung eines Vertreters statthaft". Notfalls müssen also ein neuer Verwaltungsbeamter bestimmt und neue Vertrauenspersonen gewählt werden (§ 40 Abs. 2, 3). Die Ergänzungswahl hat, obwohl das nicht ausdrücklich gesagt ist, die Auffüllung der Hilfsschöffenzahl auf den ursprünglichen Bestand zum Gegenstand. Der Richter beim Amtsgericht als Vorsitzender des Wahlausschusses (§ 40 Abs. 2) kann nach Absatz 6 Satz 2 von der Ergänzungswahl absehen, wenn sie in den letzten sechs Monaten der Amtsperiode (§ 42 Abs. 1) stattfinden müßte; damit soll offenbar ermöglicht werden, den mit der Ergänzungswahl verbundenen Aufwand zu vermeiden, wenn es während des verhältnismäßig kurzen Zeitraums bis zur allgemeinen Neuwahl der Schöffen hingenommen werden kann, mit der geminderten Zahl von Hilfsschöffen auszukommen.

---

[10] Vgl. BGHSt **22** 289; BGH GA **1976** 142 mit weit. Nachw.

2. Die **Reihenfolge der Heranziehung der neugewählten Hilfsschöffen** wird **15** gemäß **§ 45 Abs. 3 Satz 4** durch Auslosung bestimmt. Jedoch werden nach § 52 Abs. 6 Satz 3 neu ausgelost nur die Plätze im Anschluß an die noch besetzten Listenplätze. Für die Heranziehung der so ergänzten Hilfsschöffenliste bildet diese aber eine neue einheitliche Liste, auf die in vollem Umfang das Reihenfolgeprinzip Anwendung findet.

§ 53

(1) ¹Ablehnungsgründe sind nur zu berücksichtigen, wenn sie innerhalb einer Woche, nachdem der beteiligte Schöffe von seiner Einberufung in Kenntnis gesetzt worden ist, von ihm geltend gemacht werden. ²Sind sie später entstanden oder bekannt geworden, so ist die Frist erst von diesem Zeitpunkt zu berechnen.

(2) ¹Der Richter beim Amtsgericht entscheidet über das Gesuch nach Anhörung der Staatsanwaltschaft. ²Die Entscheidung ist nicht anfechtbar.

Entstehungsgeschichte. VereinheitlG 1950 (nur redaktionelle Änderungen). Durch Art. II Nr. 6 des Ges. vom 26. 5. 1972 (BGBl. I 841) wurde in Absatz 2 „Amtsrichter" durch „Richter beim Amtsgericht" ersetzt.

1. Ablehnungsgründe. § 53 Abs. 1 betrifft den Fall, daß ein Schöffe die Berufung **1** zum Schöffenamt überhaupt, d. h. für die ganze Amtsperiode oder deren noch übrigen Teil, aus einem der in § 35 bestimmten Gründen ablehnt. Bei anderen als den in § 35 bezeichneten Personen ist eine völlige Befreiung vom Schöffendienst für die ganze Amtsperiode oder deren Rest unstatthaft und eine entsprechende Anwendung der §§ 35, 53 ausgeschlossen (BGHSt **9** 203 = NJW **1956** 1326). Vgl. aber § 54.

2. Die **einwöchige Ausschlußfrist** bezweckt, die Weiterungen zu vermeiden, die **2** entstehen könnten, wenn das Ablehnungsrecht unmittelbar vor oder erst in der Sitzung geltend gemacht würde (Begr. S. 49). Die Frist beginnt (außer im Fall des Satzes 2) mit dem Ablauf des Tages, an dem der Schöffe (Haupt- oder Hilfsschöffe) von seiner Berufung gemäß § 45 Abs. 4 benachrichtigt wird. Ist es unterlassen worden, die Hilfsschöffen im voraus von ihrer Wahl zu benachrichtigen (§ 45 Abs. 4 Satz 3), so beginnt für jeden die Frist mit dem Ablauf des Tages, an dem er zuerst zu einer Sitzung einberufen wird (§ 45 Abs. 4 Satz 4, 5).

3. Verfahren (Absatz 2). Wegen des Verfahrens im Fall des Absatzes 2 vgl. § 52, **3** 10 bis 12. Solange der Richter dem Ablehnungsgrund nicht entsprochen hat, muß der Schöffe herangezogen werden (BVerwG NJW **1963** 1219). Auch wenn das Gesuch zu Unrecht abgelehnt wird, kommt eine ordnungswidrige Besetzung des Gerichts (§ 338 Nr. 1 StPO), bei dem der Schöffe Dienst leistet, nicht in Betracht.

§ 54

(1) ¹Der Richter beim Amtsgericht kann einen Schöffen auf dessen Antrag wegen eingetretener Hinderungsgründe von der Dienstleistung an bestimmten Sitzungstagen entbinden. ²Ein Hinderungsgrund liegt vor, wenn der Schöffe an der Dienstleistung durch

§ 54 GVG   Gerichtsverfassungsgesetz

unabwendbare Umstände gehindert ist oder wenn ihm die Dienstleistung nicht zugemutet werden kann.

(2) ¹Für die Heranziehung von Hilfsschöffen steht es der Verhinderung eines Schöffen gleich, wenn der Schöffe nicht erreichbar ist. ²Ein Schöffe, der sich zur Sitzung nicht einfindet und dessen Erscheinen ohne erhebliche Verzögerung ihres Beginns voraussichtlich nicht herbeigeführt werden kann, gilt als nicht erreichbar. ³Ein Hilfsschöffe ist auch dann als nicht erreichbar anzusehen, wenn seine Heranziehung eine Vertagung der Verhandlung oder eine erhebliche Verzögerung ihres Beginns notwendig machen würde. ⁴Die Entscheidung darüber, daß ein Schöffe nicht erreichbar ist, trifft der Richter beim Amtsgericht. ⁵§ 56 bleibt unberührt.

(3) ¹Die Entscheidung ist nicht anfechtbar. ²Der Antrag nach Absatz 1 und die Entscheidung sind aktenkundig zu machen.

Schrifttum. *Rieß* Einzelverhinderung von Schöffen DRiZ **1977** 293; *Katholnigg* Die gerichtsverfassungsrechtlichen Änderungen durch das StVÄG 1979, NJW **1978** 2378.

Entstehungsgeschichte. In der Fassung des VereinhG 1950 lautete die Vorschrift: „(1) Der Richter beim Amtsgericht kann einen Schöffen auf dessen Antrag wegen eingetretener Hinderungsgründe von der Dienstleistung an bestimmten Sitzungstagen entbinden. (2) Die Entbindung des Schöffen von der Dienstleistung kann davon abhängig gemacht werden, daß ein anderer für das Dienstjahr bestimmter Schöffe für ihn eintritt. (3) Der Antrag und die Bewilligung sind aktenkundig zu machen". Der Absatz 2 wurde wegen der dagegen erhobenen rechtsstaatlichen Bedenken durch Art. 2 Nr. 15 des 1. StVRG 1974 gestrichen und der bisherige Absatz 3 wurde dadurch Absatz 2. Die geltende Fassung des § 54 beruht auf Art. 2 Nr. 5 StVÄG 1979, durch den ein neuer Satz 2 des Absatzes 1, ein neuer Absatz 2 und ein neuer Absatz 3 Satz 1 eingeführt wurden; Absatz 3 Satz 2 entspricht — sachlich unverändert — dem bisherigen Absatz 2.

Übersicht

	Rdn.		Rdn.
I. Allgemeines	1	III. Nichterreichbarkeit (Absatz 2)	
II. Hinderungsgründe		1. Allgemeines	7
1. Reformgründe	2	2. Ausbleiben eines Schöffen	8
2. Hinderungsgründe des Absatzes 1 Satz 2	3	3. Hilfsschöffen (Absatz 2 Satz 3)	
a) Unabwendbare Umstände	4	a) Mängel des früheren Rechts	9
b) Unzumutbarkeit der Dienstleistung	5	b) Die neue Regelung	10
c) In Betracht kommende Hinderungsgründe	6	IV. Verfahrensrechtliches (Absatz 3)	11
		V. Unanfechtbarkeit (Absatz 3)	
		1. Bedeutung der Unanfechtbarkeit	12
		2. Revisionsgerichtliche Nachprüfung trotz Unanfechtbarkeit bei Willkür	13

I. Allgemeines

1 § 54 Abs. 1 hat den Fall zum Gegenstand, daß ein schöffenfähiger und schöffengeeigneter Haupt- oder Hilfsschöffe, der gemäß § 45 Absatz 4 Satz 4, 5 von dem bestimmten Sitzungstag, an dem er tätig werden muß, benachrichtigt ist, seine Entbindung von der Dienstleistung unter Berufung auf die in Absatz 1 Satz 2 bezeichneten Hinderungsgründe beantragt. Wenn das Gesetz dabei von „eingetretenen" Hinderungsgrün-

den spricht, so bedeutet das — selbstverständlich — nicht, daß der Hinderungsgrund schon z. Zt. der Antragstellung (oder der Antragsbescheidung) verwirklicht sein müsse, sondern das Eingetretensein bezieht sich auf den Zeitpunkt der Dienstleistung, der unter Umständen, wie z. B. der Beginn der als Hinderungsgrund angegebenen Urlaubsreise, mehrere Wochen nach dem Termin der Heranziehung liegt (vgl. dazu unten Rdn. 6).

II. Hinderungsgründe

1. Reformgründe. In seiner vor dem Inkrafttreten des StVÄG 1979 geltenden Fassung enthielt § 54 Abs. 1 keine die „eingetretenen Hinderungsgründe" konkretisierenden Angaben. Zwar war die oberstrichterliche Rechtsprechung lückenausfüllend darum bemüht, im Wege der Auslegung den Begriff der eine Entbindung rechtfertigenden Hinderungsgründe zu umgrenzen und war dabei sogar in gewissem Umfang zu einer gefestigten Rechtsprechung gekommen, die in Einzelheiten ihre Bedeutung für die Auslegung des § 54 behalten hat. Jedoch reichte dies — aus verschiedenen Gründen (dazu LR[23] ErgBd. § 54, 1) — zur Schaffung von Rechtssicherheit und Rechtsklarheit nicht aus, und dies trug dazu bei, daß die Fragen, die mit dem Eintritt anderer als der ursprünglich berufenen Schöffen verbunden waren, „den fehlerträchtigsten Bereich der Schöffenheranziehung" darstellten[1]. So stellen die Änderungen des § 54 — die gesetzliche Konkretisierung der Hinderungsgründe in Absatz 1 Satz 2, die Gleichstellung der Nichterreichbarkeit eines Hilfsschöffen mit einer Verhinderung mitsamt der Umschreibung der Nichterreichbarkeit in Absatz 2 und die Unanfechtbarkeit der Entscheidung in Absatz 3 Satz 1 — in Verb. mit § 336 Satz 2 — einen Beitrag zu den Bemühungen des StVÄG 1979 um eine Verminderung erfolgreicher Besetzungsrügen dar.

2. Die Hinderungsgründe des Absatz 1 Satz 2 sind teils objektiver (unabwendbare Umstände), teils subjektiver Natur (Unzumutbarkeit der Dienstleistung wegen vorrangiger persönlicher Verhältnisse).

a) Unabwendbare Umstände. Der Hauptanwendungsfall ist schwere, Bettlägerigkeit verursachende Erkrankung, doch kann auch z. B. erhebliche Schwerhörigkeit genügen[2]. Zu denken ist auch an ein unerwartetes langandauerndes Verkehrshindernis, z. B. das Steckenbleiben in kilometerlangem Autostau infolge überraschend eingetretenen Glatteises oder Nebels oder an hoheitliche Freiheitsbeschränkungen wie etwa Einberufung zu einer Wehrdienstübung.

b) Unzumutbarkeit der Dienstleistung. Über die Erheblichkeit des von einem Haupt- oder Hilfsschöffen unter diesem Gesichtspunkt geltend gemachten Hinderungsgrundes und darüber, ob er glaubhaft ist, entscheidet der Richter beim AG bzw. der Strafkammervorsitzende (§ 77 Abs. 3 Satz 3) nach pflichtmäßigen Ermessen. Seine Entscheidung ist unanfechtbar (Absatz 4; zur Bedeutung von Willkür bei der Entscheidung s. unten Rdn. 13). Jedoch kann bei kurzfristiger Ladung, insbesondere also bei Hilfsschöffen nicht derselbe strenge Maßstab angelegt werden wie in den Fällen, in denen sich der Schöffe schon geraume Zeit vorher auf die Sitzung einstellen kann (BGH 1 StR 768/75 vom 3. 2. 1976).

---

[1] *Rieß* DRiZ **1977** 294; ähnlich *Katholnigg* NJW **1978** 2378.   [2] BGHSt **22** 290.

6 c) **In Betracht kommende Hinderungsgründe**[3]. Urlaub, Ortsabwesenheit. Bloße Ortsabwesenheit als solche, auch wenn für längere Zeit vorgeplant, ist kein Hinderungsgrund; sie wird es erst, wenn ihr berücksichtigungsbedürftige berufliche oder private Pflichten oder Interessen zugrunde liegen, die angegeben werden müssen[4]. Was die hauptsächlich vorgebrachten Hinderungsgründe — beabsichtigter Erholungs- oder Jahresurlaub, berufliche Abhaltung, gesundheitliches Befinden — anlangt, so ist ein Unterschied zwischen beabsichtigtem Urlaub und beruflicher Verhinderung zu machen. Zwar nimmt das Gesetz bei sehr langdauernder Hauptverhandlung auch auf das Urlaubsbedürfnis der Schöffen durch Erweiterung der Unterbrechungsmöglichkeiten (§ 229 Abs. 3 Satz 2 i. d. F. des StVÄG 1987 und dazu LR-Einl. Kap. **5** 133) Rücksicht. Im übrigen aber wird ein im voraus geplanter Urlaub unter den heutigen Verhältnissen schon im Hinblick auf die Vorbereitungen (frühzeitige Buchung bei einer Reisegruppe, oder Quartierbestellung) und die mit einer Verlegung verknüpften Schwierigkeiten im allgemeinen eine Verhinderung i. S. des § 54 Abs. 1 Satz 2 darstellen, und es braucht weder der Schöffe die Unmöglichkeit einer Verlegung darzutun noch der Richter nach dieser Richtung Fragen zu stellen oder andere Nachforschungen anzustellen. Eine andere Behandlung kann etwa in Betracht kommen, wenn dem Schöffen schon im Geschäftsjahr wegen eines längeren Urlaubs Befreiung erteilt war oder Anhaltspunkte dafür vorliegen, daß er sich der Teilnahme an der Verhandlung zu entziehen versucht[5]. Eine kurzfristige Ortsabwesenheit, etwa zur Teilnahme an einem Betriebsausflug, für dessen Organisation der Schöffe verantwortlich war, ist kein genügender Hinderungsgrund[6]. Auch die Anhängigkeit eines Nachprüfungsverfahrens, ob Gründe zur Streichung von der Schöffenliste vorliegen, begründet keine Verhinderung (§ 52, 2; 5).

6a **Berufliche und betriebliche Inanspruchnahme.** Ein Hinderungsgrund kann auch darin bestehen, daß der Schöffe in seinem Betrieb oder in seiner Stellung dringend benötigt wird, wenn und soweit ihm bei der gebotenen strengen Beurteilung das Zurückstellen dieser Interessen nicht möglich oder nicht zumutbar ist[7]. Legt der Schöffe dann die maßgeblichen Umstände und die Notwendigkeit der Interessenwahrnehmung durch ihn selbst konkret dar, und erscheint sein Vorbringen dem Richter glaubhaft, kann er von einer weiteren Nachprüfung der Angaben absehen[8]. Unzulässig wäre es aber, einen Schöffen ohne weiteres auf seine Behauptung hin zu entbinden, er müsse beruflich abwesend sein, ohne die Gründe der Ortsabwesenheit zu ermitteln[9]. Auch ist bei einem an sich unaufschiebbaren Berufsgeschäft zu prüfen, ob der Schöffe sich nicht durch einen anderen vertreten lassen kann[10].

6b An BGHSt **27** 344[11] knüpft die vielerörterte Frage der Behandlung des Falles an, daß der Arbeitgeber dem Schöffen, der zu einer außerordentlich langedauernden oder zu einer ungewöhnlich ungünstig andauernden Hauptverhandlung herangezogen wird, mit **Entlassung** droht. Grundsätzlich kann hier nach dem BGH aaO Unzumutbarkeit der

---

[3] In die Darstellung sind im allgemeinen nur veröffentlichte Entscheidungen aus der Zeit der Geltung des § 54 a. F einbezogen. Eine ausführliche Übersicht auch über die seit 1973 ergangenen nicht veröffentlichten Entscheidungen des Bundesgerichtshofs gibt *Rieß* DRiZ **1977** 293, auf die hier verwiesen werden muß.
[4] BGH bei *Dallinger* MDR **1975** 198.
[5] BGH NJW **1977** 443; OLG Braunschweig NJW **1965** 1240.
[6] BGH vom 9. 4. 1974 – 5 StR 69/74 –.
[7] BGHSt **21** 154 = NJW **1967** 165.
[8] BGH bei *Holtz* MDR **1976** 814; NStZ **1982** 476.
[9] OLG Hamburg JR **1971** 341 mit Anm. *Kohlhaas*.
[10] BGHSt **21** 154 = NJW **1967** 165; **27** 344 = NJW **1978** 1169; **28** 61 = NJW **1978** 2162.
[11] = NJW **1978** 1169 mit Anm. *Pohl* NJW **1978** 1868 und *Dierks* NJW **1978** 1391 = JR **1978** 304 mit Anm. *Müller*.

Dienstleistung für den Schöffen im allgemeinen *nicht* bejaht werden, weil sonst die Beeinträchtigung der Funktionstüchtigkeit der Rechtsprechung durch Eingriffe von dritter Seite in Frage stehe; für den Richter stelle sich nur die Frage einer Einwirkung auf den Arbeitgeber, von dessen Belehrung aus Fürsorge für den Schöffen bis zu strafrechtlichem Vorgehen wegen Nötigung (§ 240 StGB): nur aus besonderen Umständen des Einzelfalles könne eine solche Entlassungsandrohung Unzumutbarkeit der Dienstleistung begründen[12]. Im Schrifttum ist die enge Begrenzung der Unzumutbarkeit in BGHSt 27 344 weitgehend auf Widerspruch gestoßen[13]. Ein weiteres Eingehen auf diese Frage erübrigt sich heute im Hinblick auf die grundsätzliche Unanfechtbarkeit der Ermessensentscheidung des Richters nach § 54 Abs. 4.

Zum Nachweis der Verhinderung durch **gesundheitliche Schädigung** genügt im allgemeinen schon ein ärztliches Attest, daß der Schöffe „aus gesundheitlichen Gründen" an der Dienstleistung verhindert sei, auch wenn die Art der Krankheit nicht näher angegeben ist; bei Bedenken kann die Auflage des Attests eines Amts- oder Gerichtsarzts in Betracht kommen[14]. Ein Hauptschöffe kann im voraus auch von mehreren Sitzungen entbunden werden („an bestimmten Sitzungstagen"), z. B. aus Anlaß einer längeren Auslandsreise. Bei einer Hauptschöffin genügt zur Entbindung von der Dienstleistung ihre Angabe, daß sie ein Kleinkind zu versorgen habe, wenn die Dauer des Verfahrens nicht abzusehen ist[15]. Bei einem Hilfsschöffen, bei dem nicht voraussehbar ist, ob und wann er zur Dienstleistung herangezogen wird, kommt eine Vorausentbindung nicht in Betracht[16]. Der entbundene Schöffe wird nach § 49 ersetzt.

6c

III. Nichterreichbarkeit (Absatz 2)

1. Allgemeines. Absatz 2 stellt bestimmte Umstände und Verhaltungsweisen eines zunächst berufenen Schöffen, die dazu führen, daß er an der Sitzung nicht teilnimmt, seiner Verhinderung gleich. Dies gilt aber nach Satz 1 nur „für die Heranziehung von Hilfsschöffen", d. h. für die Frage, ob die Heranziehung von Hilfsschöffen gemäß § 49 Abs. 1 erforderlich ist. Absatz 2 **Satz 5** stellt klar, daß die für die Heranziehung eines Hilfsschöffen nach der Reihenfolge der Hilfsschöffenliste fingierte Verhinderung keine Verhinderung i. S. des § 54 Abs. 1 Satz 2 darstellt und die Festsetzung der Folgen des § 56 nicht ausschließt, wenn die Voraussetzungen dieser Vorschrift gegeben sind.

7

2. Ausbleiben eines Schöffen. Absatz 2 Satz 1 und 2: Nach § 45 Abs. 4 Satz 4 sind die Hauptschöffen von den Sitzungstagen, an denen sie tätig werden müssen (§ 45 Abs. 2 Satz 1), unter Hinweis auf die gesetzlichen Folgen des Ausbleibens in Kenntnis zu setzen; das entspricht einer „Ladung" zur Hauptverhandlung, für die freilich eine besondere Form nicht erforderlich ist. Nicht vorgeschrieben, aber weithin üblich und zweckmäßig sind Erinnerungsschreiben (wiederum auch als Ladung bezeichnet), die nochmals auf einen bevorstehenden Sitzungstag hinweisen. Eine entsprechende Benachrichtigung erhalten auch Hilfsschöffen, die nachträglich in die Hauptschöffenliste übernommen werden (§ 46 Satz 1; § 49 Abs. 2 Satz 2). Hilfsschöffen werden nach § 45 Abs. 4 Satz 5 von ihrer Heranziehung zu einem bestimmten Sitzungstag benachrichtigt, also zu diesem Sitzungstag „geladen". Kommt eine solche „Ladung" — zu denken ist hier

8

---

[12] BGH MDR **1978** 626.
[13] Z. B. *Kissel* 7; *Dierks* NJW **1978** 1391; *Pohl* NJW **1978** 1868; dem BGH zustimmend aber *Kleinknecht/Meyer*[39] 5.
[14] BGH NJW **1977** 443.
[15] BGH NStZ **1982** 476.
[16] OLG Hamm NJW **1957** 1121.

vor allem an das „Erinnerungsschreiben" an Hauptschöffen — als unanbringlich zurück („Adressat unbekannt" oder „Adressat unbekannt verzogen"), so ist der Schöffe ohne weiteres „nicht erreichbar" im Sinn des Satzes 1 (Begr. BTDrucks. 8 976, S. 65). Satz 2 hat danach, wie sich aus der Begründung aaO ergibt, den Fall im Auge, daß „eine ordnungsgemäße Ladung" erfolgt ist, der Schöffe sich also damit als erreichbar erwies, aber zu Terminsbeginn nicht erscheint; er gilt erst dann als nicht erreichbar und damit als verhindert, wenn sein Erscheinen ohne erhebliche Verzögerung des Sitzungsbeginns voraussichtlich nicht herbeigeführt werden kann. Dabei wird für eine ortsübliche Frist auf den Schöffen zu warten sein und im übrigen mit Fernsprecher, gegebenenfalls auch mit Gerichtswachtmeister, Polizei u. a. zu versuchen sein, den Schöffen zur Sitzung herbeizuholen. Der Schöffe ist nicht nur dann unerreichbar, wenn derartige Versuche versagen, sondern auch dann, wenn er zwar faktisch erreicht wird, aber voraussichtlich so spät zur Sitzung erscheinen würde, daß ihr Beginn erheblich verzögert würde. Wenn dies anzunehmen ist, kann auch von einem Versuch, den Schöffen zu erreichen, abgesehen werden" (Begr. BTDrucks. 8 976 S. 65). Im übrigen bedarf es aber auch dann keiner Versuche, das Erscheinen des „ordnungsgemäß geladenen" Schöffen herbeizuführen, wenn dieser — auch ohne einen Entbindungsantrag (Absatz 1 Satz 1) zu stellen oder die Entscheidung über einen gestellten Antrag abzuwarten — mitgeteilt hat, er werde (oder er könne) zum Termin nicht erscheinen, weil er sich am Sitzungstag im Ausland oder auf Reisen befinde und kein Anlaß besteht, an der Richtigkeit dieser Angaben zu zweifeln; denn dann ist er nicht erreichbar („greifbar") im Sinn des Absatzes 2 Satz 1 oder es ist ohne weiteres die Voraussetzung gegeben, daß sein Erscheinen nicht ohne erhebliche Verzögerung des Sitzungsbeginns herbeigeführt werden kann.

8a Falls an einem Sitzungstag **mehrere Sachen** anstehen, so ist jeweils vor Beginn der nächsten Sache erneut zu prüfen, ob der zunächst nach Satz 3 in der vorangegangenen Sache ersetzte Schöffe jetzt wieder zur Verfügung steht und die „Nichterreichbarkeit" nach Satz 2, 3 ihr Ende gefunden hat[17].

3. Hilfsschöffen (Absatz 2 Satz 3)

9 a) **Mängel des früheren Rechts.** Der Sinn der Vorschrift ergibt sich bei einem Vergleich mit dem vor dem StVÄG 1979 geltenden Recht. Nach § 49 Abs. 2 a. F waren die nicht am Sitz des Gerichts wohnenden Hilfsschöffen zu übergehen, wenn nach pflichtmäßigem Ermessen des Richters durch die Berufung dieser auswärtigen Hilfsschöffen nach der Reihenfolge der Hilfsschöffenliste eine Vertagung der Verhandlung oder eine erhebliche Verzögerung ihres Beginns notwendig würde. Diese Beschränkung der Übergehung auf die außerhalb des Gerichtssitzes wohnenden Schöffen hatte ihren Grund darin, daß bei den früheren Verkehrsverhältnissen die meist eilige Heranziehung eines Ersatzmannes für einen ausgefallenen Schöffen bei den auswärtigen Hilfsschöffen weithin auf besondere Schwierigkeiten stieß, die die Befürchtung nahelegten, sie könnten eine Vertagung der Verhandlung oder eine erhebliche Verzögerung des Verhandlungsbeginns notwendig machen. Die Verhältnisse hatten sich aber seit Schaffung der Vorschrift einerseits durch die Verbesserung der Verkehrsverhältnisse, andererseits durch das Anwachsen der Gemeinden des Gerichtssitzes, namentlich in neuester Zeit durch die Bildung von Großgemeinden, entscheidend geändert. Auch die Berufung der am Gerichtssitz wohnenden Hilfsschöffen nach der strengen Reihenfolge der Hilfs-

---

[17] BayObLG MDR **1979** 1044 mit weit. Nachw.; *Kissel* 23; s. dazu auch aus der Begr. BTDrucks. **8** 976 S. 65.

schöffenliste konnte nunmehr zu Schwierigkeiten der Erreichbarkeit führen, die für die Funktionalität des gerichtlichen Geschäftsbetriebes nicht minder groß oder eher noch größer sein konnten als bei der Heranziehung der auswärtigen Hilfsschöffen nach der Reihenfolge der Hilfsschöffenliste (vgl. dazu LR²³ § 49, 6). Versuche, diese Schwierigkeiten durch entsprechende Anwendung des § 49 Abs. 2 a. F zu überwinden, stießen aber auf das Bedenken, daß damit ohne gesetzliche Grundlage entgegen dem Grundsatz des Art. 101 Abs. 1 Satz 2 GG die Reihenfolge der Einberufung dem Ermessen des Richters überlassen werde. Schon Art. 68 Nr. 14 Entw.EGStGB 1930 sah deshalb eine gesetzliche Lösung vor, wonach es gestattet sein sollte, Hilfsschöffen zu übergehen, deren Zuziehung mit so großem Zeitverlust verbunden ist, daß sie eine Vertagung der Verhandlung oder eine erhebliche Verzögerung ihres Beginns nötig machen würde. Dieser Vorschlag ist jetzt durch § 54 Abs. 2 Satz 3 verwirklicht worden.

b) Die neue Regelung. Die Bedeutung des § 54 Abs. 2 Satz 3 besteht in der Ermächtigung des Richters, eine **Durchbrechung des Prinzips der Zuweisung** nach der Reihenfolge der Hilfsschöffenliste anzuordnen, wenn die Heranziehung des an nächster Stelle stehenden Hilfsschöffen unter Erreichbarkeitsgesichtspunkten (z. B. bei weiter Entfernung der Wohnung vom Gerichtsgebäude und ungünstigen Verkehrsverbindungen) nach seinem pflichtgemäßen Ermessen eine Vertagung der Verhandlung oder eine erhebliche Verzögerung ihres Beginns notwendig machen würde. Dieser Hilfsschöffe wird dann „übergangen"; er wird nicht erst „zugewiesen" und zur Hauptverhandlung „geladen", wenn der Richter von vornherein davon ausgehen kann, daß die Heranziehung dieses Hilfsschöffen zu den in Satz 3 bezeichneten Nachteilen führen würde. An Stelle des übergangenen ist dann der an nächstbereiter Stelle der Hilfsschöffenliste Stehende zuzuweisen, und auch er kann „übergangen" werden, wenn mit seiner Heranziehung die gleichen Nachteile verbunden wären. Hat an einem Sitzungstag nur *ein* Schöffengericht Sitzung, für das Hilfsschöffen benötigt werden, können also Probleme bei der Rangfolge der Hilfsschöffen nicht auftreten, so wird es in Eilfällen als zulässig anzusehen sein, daß der Richter beim Amtsgericht vorab bestimmt, unter welchen Voraussetzungen ein Hilfsschöffe nicht erreichbar ist, und für diesen Fall bereits die Zuziehung des nächsten Hilfsschöffen anordnet; die Verantwortung muß aber auch dann beim Richter liegen.

IV. Verfahrensrechtliches

Die Entbindung nach Absatz 1 Satz 1 setzt einen Antrag des Schöffen selbst („auf dessen Antrag") voraus, also eine Willenserklärung, die — jedenfalls bei Begründung mit Unzumutbarkeit der Dienstleistung — von ihm ausgeht und das Ergebnis seiner eigenverantwortlichen Prüfung der Umstände darstellt, in diesem Sinne also höchstpersönlich ist; nicht genügend ist z. B. ein Antrag des Arbeitgebers, der mit der Unabkömmlichkeit des Schöffen und einer ihm im Falle der Dienstleistung drohenden Entlassung begründet ist[18]. Eine besondere Form des Antrags ist nicht vorgeschrieben, so daß er schriftlich, mündlich oder telefonisch gestellt werden kann. **Zuständig zur Entscheidung** über den Entbindungsantrag und über die Nichtweiterverwendbarkeit (Absatz 2 Satz 4) ist beim AG der Richter beim AG, d. h. der im Geschäftsverteilungsplan bestimmte Richter; es kann dies bei entsprechender Bestimmung im Geschäftsverteilungsplan der jeweilige Schöffengerichtsvorsitzende sein (KK-*Kissel*² 11), entsprechendes

---

[18] BGHSt **28** 61, 63 = NJW **1978** 2162; KK-*Kissel*² 10.

gilt beim LG für den Vorsitzenden der Strafkammer i. S. des § 77 Abs. 3 Satz 3. Bei einer Prüfung des Entbindungsantrags genügt für eine ihm stattgebende Entscheidung, wenn er die Erklärung des Schöffen für glaubhaft und weitere Nachforschungen für überflüssig hält (BGH NStZ **1982** 476); nur bei Zweifel fordert er weitere Glaubhaftmachung, z. B. ein ärztliches Attest, an. Einer Beteiligung der StA bei der Entscheidung bedarf es nicht. Die Entscheidung nach Absatz 1 oder Feststellung nach Absatz 2 Satz 4, die keiner besonderen Begründung bedürfen, sind formlos aktenkundig zu machen und an die Schöffengeschäftsstelle (§ 49) weiterzuleiten; mit dem Eingang bei dieser ist die Entscheidung (Feststellung) unwiderruflich und — vom Fall der Willkür abgesehen (unten Rdn. 13) — nach Absatz 3 unanfechtbar geworden[19].

V. Unanfechtbarkeit (Absatz 3)

12   **1. Bedeutung.** Die Unanfechtbarkeit der Entscheidungen nach Absatz 1 und 2 Satz 4 entzieht diese nicht nur der Beschwerde (§ 304 StPO), sondern (grundsätzlich) auch — vgl. § 336 Satz 2 StPO — der Besetzungsrüge des § 338 Nr. 1 StPO. Dagegen ist eine Besetzungsrüge begründet, wenn ein Hauptschöffe antragsgemäß wegen Verhinderung an bestimmten Sitzungstagen entbunden wurde, dieser Hinderungsgrund (Bettlägerigkeit, geplanter Urlaub usw.) vor dem Sitzungstag wegfällt, der Schöffe dies anzeigt, der Richter die Entbindung widerruft und der entbundene Schöffe an der Sitzung teilnimmt. Denn nachdem die Entbindungsentscheidung der Schöffengeschäftsstelle zugeleitet und ein Hilfsschöffe der Sitzung zugewiesen war (§ 49 Abs. 3), war unter dem Gesichtspunkt des gesetzlichen Richters der entbundene Schöffe „verbraucht" und ein unwiderruflicher Zustand geschaffen, so daß der Widerruf, der auf die Aufhebung der unanfechtbar gewordenen Entbindungsentscheidung abzielte, außerhalb des Anwendungsbereichs des § 54 Abs. 3 Satz 1 liegt[20]. Das gleiche würde gelten, wenn der wegen Nichterreichbarkeit nach § 54 Abs. 2 „übergangene" Hilfsschöffe, nachdem die Entscheidung (Satz 4) an die Schöffengeschäftsstelle gelangt ist, sich einfände und anstelle des nunmehr zugewiesenen Hilfsschöffen an der Sitzung teilnehmen würde.

13   **2. Willkür.** Die Unanfechtbarkeit der Entscheidung nach Absatz 3 schließt eine revisionsgerichtliche Nachprüfung nicht aus, wenn geltend gemacht wird, daß die beanstandete Entscheidung zugleich eine Richterentziehung im Sinn des Art. 101 Abs. 1 GG, § 16 Satz 2 GVG darstelle; das ist unstreitig[21]. Der Vorwurf der Richterentziehung ist aber nur bei objektiv willkürlichen Entscheidungen, d. h. bei solchen Entscheidungen begründet, die auf einer nicht mehr vertretbaren Rechtsauslegung und Rechtshandhabung beruhen[22]. Zur Frage der Behandlung des Falles, daß ein Schöffe willkürlich von der Dienstleistung entbunden (§ 54 Abs. 1) oder von der Schöffenliste gestrichen ist (§ 52), vgl. eingehend *Rieß* JR **1982** 256 (zu **4.**) 257.

---

[19] BGHSt 30 149 = NJW **1981** 2073 = JR **1982** 255 mit Anm. *Rieß*.

[20] BGHSt 30 149 = NJW **1981** 2073 = JR **1982** 255 mit krit. Anm. *Rieß*; BGHSt 31 3, 4.

[21] Vgl. Begr. BTDrucks. 8 976, S. 59, 66; BGHSt 31 35 = NJW **1982** 1655; GA **1981** 382; NStZ **1982** 476; OLG Karlsruhe NStZ **1981** 272; *Rieß* NJW **1978** 2271; *Katholnigg* NJW **1978** 2378.

[22] LR § 16, 16; 17; s. dazu auch *Hamm* NJW **1979** 136 Fußn. 5, nach dessen Auffassung die „Willkürschranke" „nicht zu hoch" angesetzt werden sollte.

Vierter Titel. Schöffengerichte

§ 56 GVG

§ 55

Die Schöffen und Vertrauenspersonen des Ausschusses erhalten eine Entschädigung nach dem Gesetz über die Entschädigung der ehrenamtlichen Richter.

Entstehungsgeschichte. Durch das Ges. vom 5. 2. 1922 (RGBl. I 207) wurde § 55 a. F gestrichen. An seine Stelle trat der bisherige § 55 a, der durch das Ges. vom 29. 7. 1913 in das GVG eingefügt worden war. Der Wortlaut des neuen § 55 wurde in der Bek. vom 22. 3. 1924 (RGBl. I S. 306) geändert; das VereinhG 1950 paßte lediglich den Absatz 2 den staatsrechtlichen Änderungen an. Durch Ges. zur Änderung und Ergänzung kostenrechtlicher Vorschriften vom 26. 7. 1957 (BGBl. I 867) und Art. II Nr. 11 PräsVerfG erhielt § 55 die jetzige Fassung.

Die **Verweisung** bezieht sich auf das Gesetz über die Entschädigung der ehren- **1** amtlichen Richter (i. S. des § 1 DRiG) i. d. F. vom 1. 10. 1969 (BGBl. I 1753), letzte Änderung durch Gesetz vom 9. 12. 1988 (BGBl. I 2326). Dieses Gesetz sieht die Entschädigung für Zeitversäumnis und Verdienstausfall, für den mit der Dienstleistung verbundenen Aufwand und den Ersatz von Wege- und Fahrtkosten vor. Im übrigen ist auch **versicherungsrechtlich** sichergestellt, daß ein Schöffe durch seine Tätigkeit keine Benachteiligung erleidet. Die Einzelheiten ergeben sich aus dem Merkblatt „zur Information ehrenamtlicher Richter über versicherungsrechtliche Auswirkungen ihrer Tätigkeit", abgedr. bei *Kissel* zu § 55. Diese Vorschrift gilt auch für die Ausschußvertrauenspersonen (§ 40 Abs. 2, 3).

§ 56

(1) ¹Gegen Schöffen und Vertrauenspersonen des Ausschusses, die sich ohne genügende Entschuldigung zu den Sitzungen nicht rechtzeitig einfinden oder sich ihren Obliegenheiten in anderer Weise entziehen, wird ein Ordnungsgeld festgesetzt. ²Zugleich werden ihnen auch die verursachten Kosten auferlegt.

(2) ¹Die Entscheidung trifft der Richter beim Amtsgericht nach Anhörung der Staatsanwaltschaft. ²Bei nachträglicher genügender Entschuldigung kann die Entscheidung ganz oder zum Teil zurückgenommen werden. ³Gegen die Entscheidung ist Beschwerde des Betroffenen nach den Vorschriften der Strafprozeßordnung zulässig.

Entstehungsgeschichte. Die auf der Bek. vom 22. 3. 1924 (RGBl. I 306) beruhende Fassung wurde durch das VereinhG 1950 nur stilistisch geändert. Die Ersetzung von „Amtsrichter" durch „Richter beim Amtsgericht" in Absatz 2 beruht auf Art. II Nr. 6 PräsVerfG. Durch Art. 22 Nr. 2 EGStGB 1974 wurde der bisherige Wortlaut, in dem von „Verurteilung zu einer Ordnungsstrafe in Geld und in die verursachten Kosten" die Rede war, stilistisch dem durch Art. 5 ff EGStGB 1974 eingeführten Sprachgebrauch für Rechtsnachteile, die nicht bei Straftaten oder Ordnungswidrigkeiten angedroht sind, angepaßt.

1. Geltungsgebiet. Auch auf Personen, die entgegen den gesetzlichen Bestimmun- **1** gen (vgl. §§ 31 ff, und wegen der Vertrauenspersonen § 40, 7 a) zu dem Amt eines Schöffen oder einer Vertrauensperson herangezogen worden sind, findet § 56 Anwendung, wenn sie sich der Wahrnehmung dieses Amtes entziehen, ohne den ihrer Heranziehung entgegenstehenden Umstand geltend gemacht zu haben oder in der Schöffenliste gestrichen zu sein[1]. Jedoch ist die im Verfahren nach § 52 Abs. 3 erfolgte Ablehnung des Antrags eines Schöffen, von seiner Heranziehung zum Schöffendienst abzusehen, für das im Ordnungsverfahren entscheidende Gericht nicht bindend; es hat in eigner Zuständigkeit die Vorfrage zu entscheiden, ob die Unfähigkeits- oder Ungeeignetheitsgründe der §§ 33, 34 gegeben sind[2]. Vgl. zu § 56 im einzelnen auch die Erl. zu § 51 StPO.

2. Ahndbare Verfehlungen (Absatz 1)

2 **a) Nicht rechtzeitiges Sicheinfinden.** Wegen Ausbleibens oder zu späten Erscheinens kann der Ausgebliebene nur belangt werden, wenn er in gehöriger Weise zu der Sitzung geladen war. Daß er auf die gesetzlichen Folgen des Ausbleibens hingewiesen worden ist (§ 45 Abs. 4 Satz 4, 5), ist nicht Voraussetzung für die Ordnungsmaßnahme (vgl. *Kissel* 14). Das Gesetz verpflichtet den Richter nicht, auch für unerhebliche Verspätungen Ordnungsgeld festzusetzen; dem vernünftigen Ermessen des Richters ist hier Spielraum gelassen (vgl. Prot. 253).

3 **b) Sichentziehen.** Seinen Obliegenheiten entzieht sich auch, wer zur Sitzung erscheint, aber vor oder nach Sitzungsbeginn die Ausübung einer ihm gesetzlich obliegenden Pflicht ausdrücklich oder stillschweigend verweigert, z. B. den Schöffeneid zu leisten oder ein entsprechendes Gelöbnis abzulegen (§ 45 DRiG), oder sich bei einer Abstimmung zu beteiligen — vgl. § 195 — (h. M). Die bloße Behauptung des Schöffen, sein Gewissen verbiete ihm eine Tätigkeit als Schöffe, oder er werde zwar an der Verhandlung teilnehmen, sich aber bei der Abstimmung der Stimme enthalten, berechtigt nicht, von Ordnungsgeld abzusehen[3]. Streitig ist, ob bei Schöffen auch der Bruch des Beratungsgeheimnisses unter dem Gesichtspunkt des „sich den Obliegenheiten in anderer Weise Entziehens" nach § 56 zu ahnden ist. Dies wird von der bislang im Schrifttum ganz herrschenden Meinung bejaht, neuerdings aber von KG JR **1987** 302 (mit Übersicht über den Stand der Meinungen) — als der wohl ersten veröffentlichten Entscheidung zu dieser Frage — verneint und zwar unter Hinweis auf die Entstehungsgeschichte des § 56, vor allem aber — unter Bezugnahme auf BVerfG NJW **1986** 1671 — mit dem Unterschied, der bei der ehrenamtlichen Mitwirkung von Bürgern bei der Erfüllung staatlicher Aufgaben nach der neueren Gesetzgebung einerseits zwischen den Pflichten zur Übernahme des Amtes und andererseits zwischen den Pflichten bei dessen Ausübung zu machen sei. Dem dürfte zuzustimmen sein[4]. In gleicher Weise entfällt die Belastung eines Schöffen mit den Kosten des Verfahrens, wenn er nach dem ersten Sitzungstag dem Angeklagten gegenüber äußert, dieser „werde nicht unter sechs Jahren wegkommen" und der Schöffe deswegen wegen Befangenheit abgelehnt wird und ein neues Verfahren begonnen werden muß. Denn eine solche Kostenbelastung müßte zu einem unübersehbaren Risiko für den Schöffen führen; das aber sei mit Wesen und Funktion des Laienrichtertums nicht vereinbar (OLG Frankfurt vom 29. 5. 1990 — 2 Ws 114/90).

4 **3. Genügende Entschuldigung.** Ob eine vor oder in der Sitzung vorgebrachte Entschuldigung genügend ist (dazu § 51, 8 StPO), unterliegt dem Ermessen des Richters; ebenso, ob die tatsächlichen Angaben ohne weiteres glaubhaft sind oder weiterer Nachweise bedürfen. Öffentliche Beamte, die als Schöffen usw. einberufen sind, können

---

[1] BayObLG HRR **1926** Nr. 1450.
[2] OLG Köln MDR **1970** 864.
[3] KG JR **1966** 188 und *Nüse* DRiZ **1968** 87.
[4] So auch *Kleinknecht/Meyer*[39] 4.

nicht vorschützen, daß ihnen ihre vorgesetzte Behörde den Urlaub versagt habe; die Pflicht, der Berufung nachzukommen, ist von einer Urlaubsbewilligung unabhängig (RGRspr. I 810). Die Mitteilung von einer Geschäftsreise ist allein keine genügende Entschuldigung[5].

4. Ordnungsgeld. Nach Art. 6 EGStGB 1974 beträgt das Ordnungsgeld mindestens fünf und höchstens eintausend DM. Eine Ersatzordnungshaft bei Nichtbeitreibbarkeit des Ordnungsgeldes ist in § 56 nicht vorgesehen und daher (vgl. Art. 8 EGStGB 1974) nicht zulässig. Über Zahlungserleichterungen vgl. Art. 7 EGStGB 1974. Einzelheiten bei LR-*Dahs* § 51 StPO, Anh.

5. Verursachte Kosten sind die Kosten, die erwachsen, wenn infolge der Pflichtwidrigkeit eines Schöffen eine Sitzung des Schöffengerichts oder doch eine einzelne Hauptverhandlung, oder wenn durch eine Vertrauensperson eine Sitzung des Ausschusses vereitelt wird, einschl. der Kosten, die durch die Vollstreckung des Ordnungsgeldes entstehen.

6. Wiederholtes Ordnungsgeld. Macht sich jemand der Pflichtwidrigkeit wiederholt schuldig, so liegen ebensoviele Ahndungsfälle vor, auch wenn sie sich auf dieselbe Sitzung beziehen, z. B. der Schöffe erscheint verspätet zur Sitzung und verweigert später die Teilnahme an der Abstimmung. Eine Zusammenrechnung der Ordnungsgelder findet nicht statt (*Kissel* 12).

7. Verfahren (Absatz 2)
a) Die **Festsetzung** erfolgt durch Beschluß des durch das Präsidium des AG bezeichneten Richters beim AG, jedoch ist es zulässig, in der Geschäftsverteilung die Entscheidung dem jeweiligen Schöffengerichtsvorsitzenden zu übertragen (*Kissel* §§ 54, 14; 56, 13). Die Staatsanwaltschaft ist, obwohl sie bei Verhandlungen des Ausschusses nicht mitwirkt, als Vertreterin des öffentlichen Interesses auch zu hören, wenn es sich um die Festsetzung gegen ein Ausschußmitglied handelt (Begr. 49). Einer der Festsetzung vorausgehenden Anhörung des nicht anwesenden Schöffen (Vertrauensperson) bedarf es — wie im Fall des § 51 StPO (dort Rdn. 24) — nicht, da ihnen das Gesetz nachträgliche Entschuldigung gestattet (*Kissel* 13; a. M *Eb. Schmidt* 9).

b) **Nachträgliche Entschuldigung.** Sie ist an keine Frist gebunden. Selbst wenn das Ordnungsgeld bereits beigetrieben ist, steht das einer Zurücknahme der Festsetzung nicht entgegen. Auch bei genügender nachträglicher Entschuldigung gestattet es das Gesetz, die Festsetzung aufrecht zu erhalten („kann") — im Gegensatz etwa zu § 51 Abs. 2 Satz 2 StPO. Damit soll der Fall getroffen werden, daß der Ausgebliebene zwar sein Ausbleiben, nicht aber die Verspätung seiner Entschuldigung zu rechtfertigen vermag. Wären in einem solchen Falle die verursachten Kosten durch eine rechtzeitige Anzeige zu vermeiden gewesen, so kann es angemessen sein, die Auferlegung der Kosten aufrechtzuerhalten, die Festsetzung des Ordnungsgeldes dagegen wieder aufzuheben. Die Festsetzung kann teilweise zurückgenommen werden, wenn die Entschuldigung zwar nicht genügt, das Ordnungsgeld aber mit Rücksicht auf die erst jetzt bekannt gewordenen Umstände zu hoch erscheint (*Eb. Schmidt* 5).

---
[5] OLG Hamm Rpfleger **1951** 528; § 54, 6.

§ 58 GVG   Gerichtsverfassungsgesetz

10   c) **Beschwerde.** Die Beschwerde steht nur dem Betroffenen, nicht aber der Staatsanwaltschaft zu; das gilt auch, wenn der Richter ihren Antrag abgelehnt hat (h. M.). Der Betroffene kann (einfache) Beschwerde (§§ 306 ff StPO) einlegen, ohne zuvor die Zurücknahme bei dem Richter beantragt zu haben. Er kann Beschwerde auch lediglich wegen der Höhe des Ordnungsgeldes einlegen.

§ 57

Bis zu welchem Tag die Vorschlagslisten aufzustellen und dem Richter beim Amtsgericht einzureichen sind, der Ausschuß zu berufen und die Auslosung der Schöffen zu bewirken ist, wird durch die Landesjustizverwaltung bestimmt.

Entstehungsgeschichte. Das VereinhG 1950 änderte lediglich das Wort „Urliste" in „Vorschlagsliste". Durch Art. II Nr. 6 PräsVerfG wurde „Amtsrichter" durch „Richter beim Amtsgericht" ersetzt.

1   1. Wegen des Begriffs **Landesjustizverwaltung** s. § 22, 12.

2   2. **Landesrechtliche Verwaltungsvorschriften.** Auf Grund des § 57 sind in den Ländern Verwaltungsvorschriften über die Vorbereitung und Durchführung der Wahl der Schöffen und Jugendschöffen und weitere das Schöffenwesen betreffende Angelegenheiten erlassen worden, z. B. in Nordrhein-Westfalen der gemeinsame Runderlaß vom 10. 12. 1975 (JMBlNRW **1976** 25), in Niedersachen die gemeinsame Verfügung vom 17. 3. 1976 (NdsRpfl. 80), in Baden-Württemberg die Allgemeine Verfügung vom 4. 3. 1976 (Die Justiz 162).

§ 58

(1) ¹Die Landesregierungen werden ermächtigt, durch Rechtsverordnung einem Amtsgericht für die Bezirke mehrerer Amtsgerichte die Strafsachen ganz oder teilweise, Entscheidungen bestimmter Art in Strafsachen sowie Rechtshilfeersuchen in strafrechtlichen Angelegenheiten von Stellen außerhalb des räumlichen Geltungsbereiches dieses Gesetzes zuzuweisen, sofern die Zusammenfassung für eine sachdienliche Förderung oder schnellere Erledigung der Verfahren zweckmäßig ist. ²Die Landesregierungen können die Ermächtigung durch Rechtsverordnung auf die Landesjustizverwaltungen übertragen.

(2) ¹Wird ein gemeinsames Schöffengericht für die Bezirke mehrerer Amtsgerichte eingerichtet, so bestimmt der Präsident des Landgerichts (Präsident des Amtsgerichts) die erforderliche Zahl von Haupt- und Hilfsschöffen und die Verteilung der Zahl der Hauptschöffen auf die einzelnen Amtsgerichtsbezirke. ²Ist der Sitz des Amtsgerichts, bei dem ein gemeinsames Schöffengericht eingerichtet ist, eine Stadt, die Bezirke eines anderen Amtsgerichts oder Teile davon umfaßt, so verteilt der Präsident des Landgerichts (Präsident des Amtsgerichts) die Zahl der Hilfsschöffen auf diese Amtsgerichte; die Landesjustizverwaltung kann bestimmte Amtsgerichte davon ausnehmen. ³Der Präsident

des Amtsgerichts tritt nur dann an die Stelle des Präsidenten des Landgerichts, wenn alle beteiligten Amtsgerichte seiner Dienstaufsicht unterstehen.
(3) Die übrigen Vorschriften dieses Titels sind entsprechend anzuwenden.

Entstehungsgeschichte. Ges. vom 11. 3. 1921 Art. I Nr. 7 (RGBl. 230). Bek. vom 22. 3. 1924 (RGBl. I 306): Änderung der Paragraphenzahl —; VereinhG 1950: Änderung des Absatzes 2 („Der Landgerichtspräsident" an Stelle von „Die Landesjustizverwaltung") —. Durch Art. 11 Nr. 1 StPÄG 1964 erhielten Absatz 1 und 2, im wesentlichen auch Absatz 2 Satz 1 die jetzt noch geltende Fassung. Durch Art. 2 Nr. 16 des 1. StVRG 1974 wurden in Absatz 1 Satz 1 hinter „Entscheidungen bestimmter Art in Strafsachen" die Worte „sowie Rechtshilfeersuchen ... Geltungsbereichs dieses Gesetzes", durch § 179 StVollzG 1976 in Absatz 1 Satz 2 hinter „Ermächtigung" die Worte „durch Rechtsverordnung" eingefügt. Art. 2 Nr. 2 des StVÄG 1987 brachte in Absatz 2 die Anfügung der Sätze 2 und 3 und im nunmehrigen Satz 1 die Einfügung des Klammerzusatzes „Präsident des Amtsgerichts".

Übersicht

	Rdn.		Rdn.
I. Bedeutung der Vorschrift	1	4. Rechtshilfeersuchen	10
II. Bezirksjugendrichter und gemeinsames Jugendschöffengericht	2	VI. Zuweisungsvoraussetzungen	
		1. Allgemeines	11
III. Zuweisung durch Rechtsverordnung		2. Bezirksjugendrichter	12
1. Rechtsverordnung	3	VII. Schöffen (Absatz 2)	
2. Begriff der Zuweisung	3a	1. Bestimmung der Zahl und Verteilung	
IV. Zuständigkeitskonzentration		a) Grundsatz	13
1. Über den Bezirk des Land- oder Oberlandesgericht hinaus	4	b) Verteilung der Hauptschöffen	13a
		c) Sonderregelung für Hilfsschöffen	13b
2. Über die Landesgrenze hinaus	5	2. Amtsgewalt außerhalb des Landgerichtsbezirks	14
4. Wirkung der Konzentration	6	3. Folgerungen aus der Rechtsnatur des gemeinschaftlichen Gerichts	15
V. Gegenstand der Zuweisung		VIII. Spezielle Zuständigkeitskonzentration	16
1. Grundsatz	7	IX. Gemeinschaftliche Strafkammern	17
2. Entscheidungen bestimmter Art	8	X. Neue Reformüberlegungen	18
3. Teilweise Übertragung von Strafsachen	9	XI. Einzelne Konzentrationsanordnungen	19

I. Bedeutung der Vorschrift

§ 58 steht zwar im 4. Titel „Schöffengerichte"; Absatz 1 gilt aber auch für die **1** Strafsachen und Entscheidungen, die in die Zuständigkeit des Richters beim Amtsgericht als Einzelrichter („Strafrichter") fallen (BVerfGE **24** 155, 165). § 58 ist von großer praktischer Bedeutung; er ermöglicht es, insbesondere die Schöffengerichtssachen bei den größeren Amtsgerichten zu konzentrieren, und befreit die Justizverwaltung von der Notwendigkeit, bei jedem Amtsgericht mit erheblichem Kosten- und Personalaufwand ein Gerichtsgefängnis zu unterhalten, indem die Haftentscheidungen des Richters beim Amtsgericht auf das nächste Amtsgericht mit einer geeigneten und nach ihrer Bedeutung den Aufwand rechtfertigenden Untersuchungshaftanstalt übertragen werden können.

§ 58 GVG Gerichtsverfassungsgesetz

II. Bezirksjugendrichter und gemeinsames Jugendschöffengericht

2 Parallel zu § 58 GVG bestimmt

§ 33 Abs. 4 JGG

¹Die Landesregierungen werden ermächtigt, durch Rechtsverordnung zu regeln, daß ein Richter bei einem Amtsgericht zum Jugendrichter für den Bezirk mehrerer Amtsgerichte (Bezirksjugendrichter) bestellt, und daß bei einem Amtsgericht ein gemeinsames Jugendschöffengericht für den Bezirk mehrerer Amtsgerichte eingerichtet wird. ²Die Landesregierungen können die Ermächtigung durch Rechtsverordnung auf die Landesjustizverwaltungen übertragen.

Ein Bezirksjugendrichter kommt in Betracht, wenn der Anfall von Jugend- und Heranwachsendensachen in einem Amtsgerichtsbezirk nicht ausreicht, um eine Abteilung auszulasten. Im übrigen ist Zurückhaltung bei der Bestellung geboten, damit die Einheit von Jugendrichter und Vormundschaftsrichter (§ 34 Abs. 2 JGG) nicht ohne zwingenden Grund aufgegeben wird (amtl. Begr. 44). Eine Anordnung nach § 58 Abs. 1 GVG gilt nicht für die in die Zuständigkeit des Jugendrichters fallenden Sachen, jedoch können Anordnungen nach § 58 Abs. 1 GVG und solche nach § 33 Abs. 4 JGG miteinander verbunden werden. Bei Bildung eines gemeinsamen Jugendschöffengerichts gelten Absätze 2, 3 des § 58 GVG.

III. Zuweisung durch Rechtsverordnung

3 **1. Rechtsverordnung.** § 58 a. F. gestattete in seiner ursprünglichen Fassung der Landesjustizverwaltung, die Zuständigkeitskonzentration durch Verwaltungsanordnung herbeizuführen. Das entsprach nach dem Inkrafttreten des Grundgesetzes nicht mehr der staatsrechtlichen Rechtslage. Die Zuweisung von Strafsachen aus dem Bezirk eines Amtsgerichts an ein anderes Amtsgericht bedeutet der Sache nach eine Ausdehnung der örtlichen Zuständigkeit des letzteren Gerichts über seine Bezirksgrenzen hinaus, also insoweit eine Änderung der Bezirksgrenzen[1]. Eine solche Änderung kann aber im Hinblick auf den Grundsatz des gesetzlichen Richters nur durch Gesetz oder durch RechtsVO aufgrund gesetzlicher Ermächtigung erfolgen (§ 59, 12). Die Ermächtigung zu „Anordnungen" in § 58 bedeutete also die Ermächtigung zum Erlaß von Rechtsverordnungen, die nach Art. 80 Abs. 1 GG nur den Landesregierungen als solchen, nicht bestimmten Landesministerien oder anderen Landesbehörden erteilt werden kann (BVerfGE 11 77). Das durch diese Entscheidung ausgelöste Gesetz über Rechtsverordnungen im Bereich der Gerichtsbarkeit vom 1. 7. 1960 (BGBl. I 481) bestimmt in § 1 u. a., daß, soweit das GVG auf dem Gebiet der Strafrechtspflege Ermächtigungen der obersten Landesbehörden zum Erlaß von Rechtsverordnungen vorsieht, die Landesregierungen zum Erlaß dieser Rechtsverordnungen ermächtigt sind; die Landesregierungen können die Ermächtigung auf oberste Landesbehörden übertragen. Seitdem sind die im GVG enthaltenen Vorschriften über Ermächtigungen auch redaktionell (und zwar § 58 durch das StPÄG 1964) der neuen Rechtslage angepaßt worden, ebenso § 33 Abs. 4 JGG; die darin ausgesprochenen Ermächtigungen zum Erlaß von Rechtsver-

---

[1] Vgl. dazu BGH NStZ **1989** 81 betr. beschränkte Bedeutung der örtlichen Zuständigkeitskonzentration nach § 30 der BayVO über die Zuständigkeit der AG in Strafsachen – BayGZV Ju, GVBl. **1988** 6, – wonach ein für den Haftort des Beschuldigten als „Haftgericht" zuständiges Amtsgericht ohne besondere Vorschrift für die Eröffnung des Hauptverfahrens örtlich nur zuständig ist, wenn in seinem durch Zuständigkeitskonzentration erweiterten Gerichtsbezirk ein Gerichtsstand nach den § 7 f StPO gegeben ist.

ordnungen sind mit dem Grundgesetz vereinbar (BVerfGE 24 155). Wegen des Begriffs der Landesregierung vgl. § 40, 3, wegen des Begriffs Landesjustizverwaltung § 22, 12.

2. Begriff der Zuweisung in Absatz 1. Dieser Begriff (vgl. z. B. auch § 74c Abs. 1 Satz 1) besagt nichts darüber, wie der vermehrte Geschäftsanfall organisatorisch aufgefangen wird. Die Zuweisung erfolgt an das Gericht als administrative Einheit; die weitere Durchführung — z. B. Vermehrung oder Erweiterung der Einzelrichterdezernate, Zuweisung an ein vorhandenes Schöffengericht, Bildung eines Schöffengerichts, das ganz oder z. T. mit den „zugewiesenen" Sachen befaßt wird, ist Sache des Präsidiums. **3a**

IV. Zuständigkeitskonzentration

1. Über den Bezirk des Land- oder Oberlandesgerichts hinaus. Ursprünglich war streitig, ob die Amtsgerichte, deren Zuständigkeit dem gemeinsamen Amtsgericht übertragen wird, dem gleichen LG oder OLGbezirk angehören müssen, in dem das gemeinsame Amtsgericht seinen Sitz hat (dazu ausführlich in LR²¹ § 58, 2 a). Eine gewisse Klärung brachte die — inzwischen aufgehobene; unten 10 — Vorschrift im neunten Teil § 4 der VO vom 1. 12. 1930 (RGBl. I 517, 604), die für die Erledigung von Rechtshilfeersuchen (§ 157) die Zuweisung der Zuständigkeit mehrerer AG auf eines von ihnen zuließ und dabei ausdrücklich bestimmte, daß die Zuweisungsanordnung auch zulässig sei, wenn die mehreren AG nicht im Bezirk desselben LG gelegen sind. Endgültig geklärt wurde die Frage durch BVerfGE 24 155, 168[2], wonach sich „räumlich die Zusammenfassung auf den Bezirk mehrerer AG **eines Landes** erstrecken" darf, die Regelung also in die Landgerichtsbezirke eingreifen kann (so ausdrücklich BVerfGE 30 103, 106). Ebenso könnte aber auch ein gemeinsames Amtsgericht ohne Rücksicht auf die Grenzen des OLGbezirks gebildet werden. **4**

2. Über die Landesgrenzen hinaus. Durch Vereinbarung der beteiligten Länder kann auch, wenn schon dies § 58 nicht ausdrücklich vorsieht, der Bezirk eines AG über die Landesgrenzen hinaus ausgedehnt und so ein gemeinschaftliches Amtsgericht für mehrere Länder geschaffen werden. Die gesetzlichen Vorschriften, die solche Konzentrationen ausdrücklich vorsehen (z. B. § 120 Abs. 5, für die Verwaltungsgerichte § 3 Abs. 2 VwGO; s. auch § 78 a Abs. 3 GVG) bringen einen allgemeinen Rechtsgedanken zum Ausdruck. **5**

3. Wirkung der Konzentration. Im Rahmen der Zuweisung der Geschäfte anderer AG erstreckt sich der Bezirk des gemeinschaftlichen AG auf die Bezirke der anderen AG, die insoweit nicht mehr zuständig sind[3]. **6**

V. Gegenstand der Zuweisung

1. Grundsatz. § 58 läßt die Zuständigkeitskonzentration zu für Strafsachen, d. h. für das Verfahren in vollem Umfang wie auch für Entscheidungen bestimmter Art in Strafsachen, d. h. für einzelne der Art nach generell bestimmte gerichtliche Entscheidungen, die innerhalb eines Strafverfahrens zu erlassen sind. **7**

---

[2] = NJW **1969** 1291; ebenso BVerfGE 30 103, 106 = NJW **1971** 795.

[3] OLG Nürnberg NStZ **1987** 37; h. M.

8 **2. Entscheidungen bestimmter Art.** Die Zuständigkeitsübertragung kann z. B. nur die aufgrund und im Verlauf einer Hauptverhandlung zu erlassenden Entscheidungen betreffen oder sich auch auf die im vorbereitenden Verfahren nötigen richterlichen Entscheidungen (z. B. über den Haftbefehl) beschränken oder nur die Entscheidung über die Eröffnung des Hauptverfahrens zum Gegenstand haben. Im Entstehungsstadium des StPÄG 1964, als der das Hauptverfahren eröffnende Richter nach den Absichten des Bundestages von der Mitwirkung in der Hauptverhandlung ausgeschlossen sein sollte, sollte die Neufassung des § 58 die „von jedem Zweifel an ihrer Zulässigkeit befreite" Möglichkeit schaffen, auch die Entscheidungen über die Eröffnung des Hauptverfahrens für die Bezirke mehrerer AG einem dieser Grichte zu übertragen, um ggf. der Notwendigkeit, weitere Richterstellen zu schaffen, aus dem Wege zu gehen (Bericht des Rechtsausschusses zu § 58 — zu Drucks. IV 1020). Dieser Zweck der Neufassung erledigte sich, als der Gedanke des Ausschlusses des Eröffnungsrichters in der Hauptverhandlung im weiteren Verlauf der Arbeiten am StPÄG 1964 fallengelassen wurde. An der rechtlichen Möglichkeit, eine Übertragung auf die Entscheidung über die Eröffnung des Hauptverfahrens zu beschränken, hat sich dadurch aber nichts geändert[4].

9 **3. Teilweise Übertragung von Strafsachen.** Gemeint ist mit „teilweise" eine Aussonderung nach *sachlichen* — nicht: nach örtlichen — Merkmalen. Die Zuweisung kann sich z. B. auf Schöffengerichtssachen oder bei den in die Strafrichterzuständigkeit fallenden Sachen auf die Haftsachen, oder sie kann sich auf die Verkehrsstrafsachen beschränken. Dagegen muß die betreffende Art von Sachen räumlich für den ganzen Amtsgerichtsbezirk („für die Bezirke mehrerer Amtsgerichte") übertragen werden (jetzt allg. Meinung). § 58 ermöglicht nicht die Bildung eines gemeinsamen Schöffengerichts, das lediglich als erweitertes Schöffengericht (§ 29 Abs. 2) tätig werden soll, weil der eröffnende Richter nicht an den Antrag der Staatsanwaltschaft, einen zweiten Richter hinzuzuziehen, gebunden ist[5]. Da indessen eröffnendes und erkennendes Gericht nicht identisch zu sein brauchen (oben 8), erscheint es zulässig, ein gemeinsames erweitertes Schöffengericht für die Fälle zu bilden, in denen vor dem Schöffengericht eröffnet und dabei Zuziehung eines zweiten Richters angeordnet ist.

10 **4. Rechtshilfeersuchen in strafrechtlichen Angelegenheiten von Stellen außerhalb des räumlichen Geltungsbereichs des Gerichtsverfassungsgesetzes.** In seiner ursprünglichen Fassung sprach § 58 nur von „Entscheidungen" bestimmter Art. Als **„Entscheidung"** wurde in weiter Auslegung des Begriffs auch die Erledigung von Rechtshilfeersuchen in Strafsachen aufgefaßt, da der Ausführung des Ersuchens eine Prüfung der Zulässigkeit vorausgehen müsse und die Ausführung die stillschweigende Entscheidung enthalte, daß die erbetene Rechtshilfehandlung zulässig sei. Da diese Auffassung aber nicht unangefochten blieb, wurde, um jeden Zweifel auszuschließen, der oben (Rdn. 4) angeführte § 4 der VO vom 1. 12. 1930 geschaffen[6], so daß offen bleiben konnte, ob bereits § 58 bei Rechtshilfeersuchen in Strafsachen die Zuständigkeitskonzentration ermöglichte, oder ob erst der genannte § 4 die Grundlage hierfür schuf. Die einer Anregung des Bundesrats entsprechende Einfügung der Worte „sowie Rechtshilfeersuchen in strafrechtlichen Angelegenheiten von Stellen außerhalb des räumlichen Geltungsbe-

---

[4] *Kissel* 5.
[5] *Dallinger* JZ **1953** 434; *Kissel* 4; h. M.
[6] Vgl. *Koffka/Schäfer* Die Vorschriften über Strafrechtspflege in der VO des Reichspräsidenten über Maßnahmen auf dem Gebiet der Rechtspflege, 2. Aufl. (1932), 81.

reichs dieses Gesetzes" durch das 1. StVRG 1974 bezweckte unter diesen Umständen eine Erweiterung der Konzentrationsmöglichkeit, da, wie die Verweisung auf § 157 in § 4 der VO 1930 deutlich machte, unter Rechtshilfeersuchen nur solche i. S. des § 156, also die von einem bundesdeutschen Gebiet ausgehenden Ersuchen verstanden werden konnten, während es einem praktischen Bedürfnis entspricht, auch bei Rechtshilfeersuchen von Stellen außerhalb der Bundesrepublik in strafrechtlichen Angelegenheiten eine Konzentration zuzulassen[7]. Seitdem ist durch Art. 2 Nr. 4 d der Vereinfachungsnovelle vom 3. 12. 1976 (BGBl. I 3281) mit Wirkung vom 1. 1. 1977 dem § 157 ein dem § 4 der VO 1930 inhaltlich entsprechender Absatz 2 angefügt und zugleich der § 4 durch Art. 9 Nr. 19 der Novelle 1976 aufgehoben worden. Sedes materiae für die Zuständigkeitskonzentration bei Rechtshilfeersuchen innerhalb der Bundesrepublik, auch solchen in strafrechtlichen Angelegenheiten, ist nunmehr der § 157 Abs. 2, während § 58 die nach § 157 Abs. 2 bestehende Konzentrationsmöglichkeit bezgl. der von Stellen außerhalb der Bundesrepublik ausgehenden Rechtshilfeersuchen in strafrechtlichen Angelegenheiten erweitert. Ist eine solche Zuständigkeitskonzentration angeordnet, so richtet sich bei Rechtshilfeersuchen von Stellen der Deutschen Demokratischen Republik danach die Zuständigkeit des derzeit noch nach dem Rechts- und Amtshilfegesetz 1953 zur Mitwirkung berufenen Generalstaatsanwalts und Oberlandesgerichts (§§ 1 Abs. 2, 3 Abs. 2 aaO).

VI. Zuweisungsvoraussetzungen

1. Allgemeines. Beschränkt ist die Zulässigkeit einer Zuweisung nach § 58 durch das Erfordernis, daß die Zusammenfassung für eine sachdienliche Förderung oder schnellere Erledigung der Verfahren zweckmäßig ist. Eine „sachdienliche Förderung" ist z. B. „die Bildung optimal ausgelasteter Sachdezernate auf dem Gebiet der amtsgerichtlichen Strafrechtspflege" (BVerfGE **24** 155, 168). Ob die Voraussetzungen gegeben sind, prüft ausschließlich die zur Anordnung zuständige Stelle; den Gerichten steht eine Nachprüfung nicht zu[8]. Nach den bei der Schaffung des § 58 verfolgten Absichten fällt u. a. auch (und gerade) die Ersparnis der Kosten unter die „sachdienliche Förderung der Verfahren" (oben Rdn. 1, 8); die Wirksamkeit der Konzentrationsanordnung wird aber nicht dadurch in Frage gestellt, daß in Einzelfällen ausnahmsweise und auf Grund ungünstiger Umstände statt einer Beschleunigung eine Verzögerung des Verfahrens, statt einer Kostenersparnis die Entstehung erhöhter Kosten eintreten sollte[9]. Unzulässig wäre selbstverständlich eine Zuständigkeitskonzentration, die in der Absicht vorgenommen würde, im Einzelfall bestimmte Richter aus der Strafrechtspflege zu verdrängen[10]. **11**

2. Auch der **Bezirksjugendrichter** (Rdn. 2) kann für einen Teil der jugendrichterlichen Aufgaben bestellt werden, z. B. für alle Sachen außer für Maßnahmen nach § 45 Abs. 1 JGG (*Dallinger/Lackner* § 33, 39 JGG). Eine Aufteilung nach Strafsachen gegen Jugendliche und solche gegen Heranwachsende ist allerdings nicht empfehlenswert (*Dallinger/Lackner* aaO). **12**

---

[7] Vgl. Bericht des Rechtsausschusses BT-Drucks. **7** 2600 zu Art. 2 Nr. 13 a des Entwurfs.
[8] OLG Nürnberg NStZ **1987** 37.
[9] OLG Nürnberg NStZ **1987** 37.
[10] BVerfG und OLG Nürnberg aaO.

VII. Schöffen (Absatz 2)

1. Bestimmung der Zahl und Verteilung

13 **a) Grundsatz.** Absatz 2 setzt voraus, daß in Durchführung der Zuweisung nach Absatz 1 vom Präsidium ein gemeinsames Schöffengericht gebildet ist. Diese Bildung kann, je nach dem Umfang des Geschäftsanfalls durch die zugewiesenen Strafsachen in deren Zuweisung an eine schon bestehende Schöffengerichtsabteilung oder in der Bildung einer neuen, nur mit den zugewiesenen Strafsachen befaßten Schöffengerichtsabteilung bestehen. Die in Absatz 2 bezeichneten Maßnahmen sind dem Land- oder Amtsgerichtspräsidenten als Justizverwaltungsangelegenheit übertragen.

13a **b)** Die **Verteilung der Hauptschöffen** hat gemäß § 36 Abs. 4 Satz 2 „in Anlehnung" an deren Einwohnerzahl zu erfolgen, was in besonders gelagerten Fällen zu praktischen Schwierigkeiten führen kann (unten Rdn. 18).

13b **c) Sonderregelung für Hilfsschöffen (Absatz 2 Satz 3, 4).** Das vor der Einfügung von Satz 3 und 4 in Absatz 2 durch das StVÄG 1987 geltende Recht hatte zu gewissen Schwierigkeiten geführt, die, wie in LR[23] § 58, 18 dargestellt, im Jahre 1976 den Reformvorschlag zeitigten, den Absatz 2 zu streichen, mit der Folge, daß die Schöffen nur aus dem Bezirk des AG heranzuziehen seien, bei dem das gemeinschaftliche Schöffengericht eingerichtet ist. Dieser weitgehende Vorschlag ist in der Folgezeit hinsichtlich der schöffengerichtlichen Konzentration nicht mehr aufgegriffen worden, vielmehr beruht der durch das StVÄG 1987 angefügte Satz 2 auf einer gegenläufigen Tendenz. Diese Vorschrift, die einem Vorschlag des Bundesrats entspricht, dem die Bundesregierung zugestimmt hat[11], geht von folgender Überlegung aus: Aus § 58 Abs. 2 Satz 1 (also ohne den neuen Satz 2) würde sich — in Verb. mit § 42 Abs. 1 Nr. 2 Satz 2 ergeben, daß Hilfsschöffen stets nur aus dem Bezirk des AG gewählt werden dürfen, bei dem das Schöffengericht eingerichtet ist. In **Großstädten** mit mehreren AG, aber nur einem Schöffengericht, bestehe aber angesichts der gegen früher eingetretenen Verbesserung der Verkehrsverhältnisse grundsätzlich kein Bedürfnis mehr, bei der Wahl der Hilfsschöffen anders zu verfahren, als bei der Wahl der Hauptschöffen, so daß auch sie von den Wahlausschüssen der einzelnen AG zu wählen sind. Durch die Gleichbehandlung werde auch zugleich erreicht, daß der Grundsatz der möglichst umfassenden Mitwirkung der Bevölkerung an der Entscheidungsfindung in der Strafgerichtsbarkeit nicht weiter als unbedingt erforderlich eingeschränkt wird. Die der Landesjustizverwaltung eingeräumte Möglichkeit, die Grundregel zu durchbrechen, diene der Berücksichtigung besonderer örtlicher Verhältnisse. S. dazu auch § 77, 2.

14 **2. Amtsgewalt außerhalb des Landgerichtsbezirks.** Gehören die AG, für die ein gemeinsames Schöffengericht gebildet ist, **nicht dem gleichen LGbezirk an** (Rdn. 4), so obliegt die Bestimmung der erforderlichen Schöffenzahl und die Verteilung der Hauptschöffen auf die einzelnen LGbezirke dem Präsidenten des LG, in dessen Bezirk das gemeinschaftliche Schöffengericht seinen Sitz hat; er schreibt auch dem Wahlausschuß des AG in dem benachbarten LGbezirk die Zahl der dort zu wählenden Hauptschöffen vor.

---

[11] BTDrucks. 10 1313 S. 55.

3. Folgerungen aus der Rechtsnatur des gemeinschaftlichen Gerichts. Das „gemeinschaftliche" Gericht ist ein einheitliches Gericht. Das bedeutet u. a., daß bei dem Schöffengericht die Auslosung der Schöffen (auch derjenigen aus den zugelegten Bezirken) für das ganze Gericht einheitlich vorzunehmen ist. Die Schöffen aus den zugelegten Bezirken wirken nicht nur in den Sachen aus diesen Bezirken mit, sondern auch in solchen aus dem ursprünglichen Bezirk des gemeinschaftlichen Gerichts.

VIII. Spezielle Zuständigkeitskonzentrationen

Eine Zuständigkeitskonzentration bei *einem* Amtsgericht des Landesgerichtsbezirkes ist gesetzlich angeordnet oder zugelassen in § 13 WiStG 1954, in § 391 AO 1977 (betr. Steuerstrafsachen), in § 43 Außenwirtschaftsgesetz vom 28. 4. 1961, BGBl. I 481 (betr. Strafsachen nach § 34 Außenwirtschaftsgesetz) für solche Strafsachen, für die das Amtsgericht sachlich zuständig ist, in § 4 Binnenschiffahrtsverfahrensgesetz für Binnenschiffahrtssachen, in § 34 MOG für EG-Marktordnungssachen. Für die Zuständigkeitskonzentration des Amtsgerichts im Bußgeldverfahren gilt gemäß § 46 Abs. 1 OWiG der § 58 GVG sinngemäß (die in § 68 Abs. 3 OWiG zugelassene Zuständigkeitsregelung trägt anderen Bedürfnissen Rechnung[12]).

IX. Gemeinschaftliche Strafkammer

Wegen der Bildung gemeinschaftlicher Strafkammern vgl. §§ 74 c Abs. 3, 74 d, 78 a.

X. Neue Reformüberlegungen

In LR-K. *Schäfer*[23], 18 war der Vorschlag des Referenten-Entw. des späteren StVÄG 1979 dargestellt, den Absatz 2 des § 58 und den vergleichbaren § 74 d Abs. 2 a. F zu streichen mit der Folge, daß die Schöffen nur aus dem Bezirk des Amtsgerichts heranzuziehen sind, bei dem das gemeinsame Schöffengericht eingerichtet ist, weil dies der Vereinfachung der Schöffenwahl und der Behebung in der Praxis aufgetretener Schwierigkeiten in den Fällen führe, in denen *nur ein Teil der Schöffensachen* konzentriert ist (Begr. S. 191). Der RegEntwurf des StVÄG 1979 (BTDrucks. **8** 976 vom 4. 10. 1977) hatte diesen Vorschlag nicht aufgenommen, da er von weniger aktueller Bedeutung sei und deshalb einer späteren Regelung vorbehalten bleiben solle (Begr. S. 29). Jedoch wurde durch das StVÄG 1979 der Abs. 2 des § 74 d gestrichen, während § 58 Abs. 2 vom StVÄG 1979 überhaupt nicht berührt wurde und durch das StVÄG 1987 nur die die Hilfsschöffen betreffenden, in Rdn. 13 c dargestellten Änderungen erfuhr. Seitdem sind neue, auch die Hauptschöffen betreffende Gesichtspunkte für eine weitere Änderung des § 58 hervorgetreten. Im Land Rheinland-Pfalz waren gemäß § 58 Abs. 1 dem Schöffengericht beim AG Mainz für die Bezirke der Amtsgerichte des LGBezirks Mainz die Wein- und Lebensmittelstrafsachen zugewiesen worden, die Bestimmung der Schöffen erfolgte aber lediglich aus den Vorschlagslisten der Gemeinden des Amtsgerichtsbezirks Mainz statt aus denen aller Amtsgerichtsbezirke des Landgerichts. Ein diese Straftaten betreffendes Urteil des Schöffengerichts Mainz hob das OLG Koblenz durch Urteil vom 17. 9. 1986 auf wegen Verstoßes gegen § 338 Nr. 1 StPO, weil die Haupt-

---

[12] Vgl. dazu BGHSt **23** 79; 81; *Göhler* OWiG[8] § 68 Rdn. 12.

schöffen von jedem der von der Konzentration umfaßten Amtsgerichte hätten gewählt werden müssen. Angesichts der bisherigen gesetzgeberischen Bemühungen um eine Verminderung der Zahl erfolgreicher Besetzungsrügen gab diese Entscheidung (nach Inkrafttreten des StVÄG 1987) Veranlassung zu Erörterungen zwischen den Justizministerien von Bund und Ländern, ob ein Bedürfnis und ggf. eine Möglichkeit bestehe, durch Änderung des § 58 Abs. 2 auch bei Fällen der auf bestimmte Straftaten beschränkten Zuständigkeitskonzentration erfolgreiche Besetzungsbeschwerden nach Möglichkeit auszuschließen. Dabei wurde zur Illustrierung der Reformbedürftigkeit des geltenden Rechts folgender (extremer) Beispielfall erwogen: In dem aus den 7 AG-Bezirken A—G bestehenden LGBezirk werden dem AG G gemäß § 58 Abs. 1 sämtliche Umweltstrafsachen zugewiesen. Die dadurch entstehende Mehrbelastung bei dem AG G beträgt zwar nur 5% des Gesamtanfalls an Schöffengerichtssachen, ist also nur ein „Anhängsel" für das dort bestehende und nunmehr „gemeinsame" Schöffengericht. § 58 Abs. 2 zwingt aber dazu, daß bei dem eingerichteten gemeinsamen Schöffengericht „auch in den 95% der verbliebenen originären" Sachen Hauptschöffen aus den Gemeinden A bis F teilnehmen, was im Sinne des § 36 Abs. 4 Satz 2 („in Anlehnung an die Einwohnerzahl der Gemeinden") zu einer Überrepräsentation dieser Schöffen führt.

18a Die genannten Erörterungen endeten[13] damit, daß zur Zeit ein Anlaß zu gesetzgeberischen Maßnahmen nicht bestehe. Als eine Möglichkeit, die bei dem Musterbeispiel aufgezeigten Schwierigkeiten durch eine Lösung zu vermeiden, wie sie bei dem vergleichbaren Fall der Zuständigkeitskonzentration bei der Wirtschaftsstrafkammer bestehe, wurde erwogen: Wenn dort (vgl. Rdn. 7 zu § 74 c) nach der Rechtsprechung des BGH der gemeinsamen Wirtschaftsstrafkammer Strafsachen anderer Art durch das Präsidium nur in dem Umfang zugewiesen werden dürfen, daß der Schwerpunkt der Tätigkeit dieser Kammer bei den Wirtschaftsstrafsachen liegt, so könnte daraus abgeleitet werden, daß dies auch für das nach § 58 Abs. 2 gebildete gemeinsame Schöffengericht gelte mit der Folge, daß der Repräsentationsgrundsatz des § 36 Abs. 4 zurücktrete. Dafür könnte auch angeführt werden, daß BGH NStZ **1987** 238 angesichts der im Gesetz vorgenommenen Durchbrechungen des Grundsatzes der flächendeckenden Repräsentation der Bevölkerung keine elementare Bedeutung zumißt. Sollte dieser Lösungsversuch keine Anerkennung finden, so könnte allerdings in Erwägung gezogen werden, bei sich bietender Gelegenheit eine gesetzliche Regelung in Anlehnung an die landgerichtlichen Konzentrationsfälle herbeizuführen.

XI. Einzelne Konzentrationsanordnungen

19 Wegen einer Übersicht über die Konzentrationsanordnungen in den einzelnen Ländern (Stand 1981) vgl. *Kissel* 14.

---

[13] Vgl. Schreiben des BMJ vom 8. 7. 1988 –
3222-65 196/87 –.

FÜNFTER TITEL

Landgerichte

§ 59

(1) Die Landgerichte werden mit einem Präsidenten sowie mit Vorsitzenden Richtern und weiteren Richtern besetzt.

(2) Den Richtern kann gleichzeitig ein weiteres Richteramt bei einem Amtsgericht übertragen werden.

(3) Es können Richter auf Probe und kraft Auftrags verwendet werden.

Schrifttum. *Siegert* Fehlerhafte Besetzung des Kollegialgerichts in der Rechtsprechung des BGH, NJW **1957** 1622; DRiZ **1958** 193; *Müller* Die Rechtsprechung des BGH über die Verwendung von Hilfsrichtern, DRiZ **1963** 37; *Löwisch* Hilfsrichter und Einzelrichter, DRiZ **1964** 164.

Entstehungsgeschichte. Ges. vom 1. 6. 1909 (RGBl. 475) Art. I Ziff. 2; VO vom 4. 1. 1924 (RGBl. I 15) § 4; Bek. vom 22. 3. 1924 (RGBl. I 307). In der Fassung des VereinhG 1950 lautete § 59:

„(1) Die Landgerichte werden mit einem Präsidenten und der erforderlichen Anzahl von Direktoren und Mitgliedern besetzt. Von der Ernennung eines Direktors kann abgesehen werden, wenn der Präsident den Vorsitz in den Kammern allein führen kann.

(2) Die Direktoren und die Mitglieder können gleichzeitig Amtsrichter im Bezirk des Landgerichts sein".

Die jetzige Fassung beruht auf Art. II Nr. 12 PräsVerfG.

Übersicht

	Rdn.		Rdn.
I. Besetzung der Landgerichte (Absatz 1)		b) Erkennbarkeit des Einberufungsgrundes	8
1. Landgerichtspräsident	1	c) Verhältnis der Zahl der Hilfsrichter zu den Planstelleninhabern	9
2. Weitere Mitglieder	2	d) Folgen unzulässiger Zahl von Hilfsrichtern	10
3. Sprachgebrauch	3	e) Art der Verwendung	11
4. Zahl der Mitglieder	4	**IV. Einrichtung und Aufhebung eines Gerichts; Bestimmung des Gerichtssitzes; Änderung der Bezirksgrenzen**	12
II. Doppelrichter (Absatz 2)	5	
III. Hilfsrichter (Absatz 3)		
1. Allgemeines	6	
2. Umfang der Verwendung von Hilfsrichtern		**V. Länderübergreifende Landgerichtsbezirke**	13
a) Verwendungsgründe	7	

I. Besetzung der Landgerichte (Absatz 1)

1. Landgerichtspräsident. Daß das Landgericht einen Präsidenten hat, ist zwingende Vorschrift. Wird die Wiederbesetzung einer erledigten Präsidentenstelle über Gebühr verzögert, so kann darin u. U. eine Verletzung des Gesetzes gefunden werden[1].

---

[1] RGSt **64** 6 und § 21 f, 21; *Kissel* 3.

2 **2. Weitere Mitglieder.** Die übrigen Mitglieder bestehen aus der zur ordnungsmäßigen Erledigung der Geschäfte des LG erforderlichen Zahl von „Vorsitzenden Richtern am Landgericht" — § 19 a DRiG — (früher Landgerichtsdirektoren) und weiteren Richtern. Der Präsident und die Vorsitzenden Richter führen den Vorsitz in den Kammern (§ 21 f Abs. 1); das schließt nicht aus, daß sie auch als Beisitzer in einer Kammer — als Vertreter — mitwirken können (§ 21 f, 9). Die „weiteren Richter" (Beisitzer) sind die Richter auf Lebenszeit oder auf Zeit (§ 11 DRiG), denen beim LG ein Richteramt übertragen ist (§ 27 DRiG, früher Landgerichtsräte). Daneben können abgeordnete Richter (§ 37 DRiG) sowie gemäß § 59 Abs. 3 Richter kraft Auftrags (§ 14 DRiG) und auf Probe (§ 12 DRiG) verwendet werden. Die abgeordneten Richter sowie die Richter kraft Auftrags und auf Probe werden herkömmlicherweise als „Hilfsrichter" bezeichnet.

3 **3. Sprachgebrauch.** Der Präsident, die beim LG angestellten Richter und die bei ihm verwendeten Hilfsrichter sind **Mitglieder** des LG, bzw. der Strafkammern i. S. der §§ 70 Abs. 1, 76 Abs. 1.

4 **4. Zahl der Mitglieder.** Die erforderliche Zahl von Vorsitzenden Richtern, weiteren Richtern und Hilfsrichtern zu bestimmen, ist ausschließlich Sache der Justizverwaltung (dazu § 70). Sie muß die Zahl der Vorsitzenden Richter so bemessen, daß die gesetzmäßige Ausübung des Vorsitzes in den Kammern (§ 21 f Abs. 1) gewährleistet ist, während sich die Zahl der weiteren Richter danach bestimmt, wieviel richterliche Kräfte zu einer angemessenen Erledigung der anfallenden Geschäfte benötigt werden.

II. Doppelrichter (Absatz 2)

5 Die Vorschrift bildet das Gegenstück zu § 22 Abs. 2. Die frühere Fassung des Absatzes 2 beschränkte den Kreis der Richter am LG, denen ein weiteres Richteramt bei einem AG übertragen werden konnte, auf die Direktoren und die (übrigen) Mitglieder. Die jetzige Fassung des Absatzes 2 spricht zwar allgemein von „den Richtern", zu denen auch der Präsident gehört, doch ist, da die Neufassung lediglich eine Anpassung an den Wortlaut des § 27 Abs. 2 DRiG bezweckte, damit nicht eine sachliche Änderung — im Sinne einer Erstreckung auf den Präsidenten — beabsichtigt (s. aber § 22 Abs. 3). Die Einbeziehung der „Direktoren" in den Kreis der zum Doppelrichter bestellbaren Richter, die durch die VO vom 14. 1. 1924 erfolgte, sollte nach Wegfall der erstinstanzlichen Zuständigkeit der Strafkammer insbesondere die Besetzung der erweiterten Schöffengerichte (§ 29 Abs. 2) mit Landgerichtsdirektoren ermöglichen, weil damals als Revisionsgericht das RG zuständig war, wenn im ersten Rechtszug das erweiterte Schöffengericht geurteilt hatte (§ 121, 1). Da dieser Gesichtspunkt heute keine Rolle mehr spielt, wird nur in Ausnahmefällen die Anwendung des Absatzes 2 gegenüber einem Vorsitzenden Richter am LG in Betracht kommen. Rechtlich ist es aber möglich, daß ein Vorsitzender Richter am Landgericht zugleich Vorsitzender eines Schöffengerichts und einer Berufungsstrafkammer ist (vgl. aber § 23 StPO). Dieser Zustand mag unzweckmäßig sein; ungesetzlich ist er aber nicht[2].

---

[2] RGSt **61** 40; **62** 366.

III. Hilfsrichter (Absatz 3)

1. Allgemeines. Wie nach § 22 Abs. 5 beim Amtsgericht, so können nach § 59 **6** Abs. 3 Richter auf Probe und kraft Auftrags auch beim Landgericht verwendet werden; das entspricht dem früheren § 10 Abs. 2. Zur Verwendung von Hilfsrichtern im allgemeinen vgl. § 22, 13. Auch ihre Verwendung beim Landgericht ist mit dem Grundsatz der Unabhängigkeit der Gerichte (Art. 97 Abs. 1 GG) vereinbar[3]. Von Absatz 3 nicht berührt wird die Verwendung abgeordneter Richter (§ 37 Abs. 3 DRiG).

2. Umfang der Verwendung von Hilfsrichtern
 a) Verwendungsgründe. Mit der gesetzlichen Zulassung der Verwendung von **7** Hilfsrichtern ist die Frage nicht beantwortet, in welchem Umfang deren Heranziehung zulässig ist (dazu § 1, 4). Das Gesetz setzt der Heranziehung von Hilfsrichtern nur insoweit förmliche Grenzen, als beim Kollegialgericht — von dem Grundsatz des § 21 f Abs. 1 abgesehen — nur ein Richter auf Lebenszeit den Vorsitz führen kann (§ 28 Abs. 2 DRiG), und als bei einer Entscheidung nicht mehr als ein Hilfsrichter (einschl. eines abgeordneten Richters) mitwirken darf (§ 29 DRiG). Dem Umfang der Heranziehung von Hilfsrichtern beim LG sind aber weitere immanente Grenzen gesetzt. Zwar sind alle Richter sachlich unabhängig und nur dem Gesetz unterworfen (Art. 97 Abs. 1 GG). Die vollen persönlichen Garantien der richterlichen Unabhängigkeit (Unabsetzbarkeit und Unversetzbarkeit) kommen aber nur den auf Lebenszeit bei diesem Gericht angestellten Richtern zu (Art. 97 Abs. 2 GG). Die Verwendung von Richtern, denen die vollen persönlichen Garantien der Unabhängigkeit fehlen, ist nur ein — wenn auch (s. unten) praktisch unentbehrlicher — Notbehelf. Die materielle Verwirklichung des Grundsatzes der sachlichen Unabhängigkeit und die Stetigkeit der Rechtsprechung verlangen, daß die Rechtsprechung grundsätzlich durch auf Lebenszeit planmäßig angestellte Richter ausgeübt wird und daß die Verwendung von Hilfsrichtern die Ausnahme bleibt, die das notwendige Maß nicht übersteigen darf. Dieser Gedanke liegt auch dem § 28 Abs. 1 DRiG zugrunde. Die Rechtsprechung des BVerfG (oben Rdn. 6) und des BGH hat aus rechtsstaatlichen Erwägungen im Lauf der Zeit mit zunehmender Strenge (dazu etwa *Müller* DRiZ **1963** 37) auf die Beachtung dieses Grundsatzes gedrungen. Eine Verwendung von Hilfsrichtern ist danach zulässig a) zur Vertretung (durch Krankheit usw.) *vorübergehend*[4] verhinderter planmäßiger Richter des LG, soweit eine Vertretung durch andere planmäßige Mitglieder nicht möglich ist (vgl. § 70). Dagegen kann die *dauernde* Minderung der Arbeitskraft eines oder mehrerer planmäßiger Richter nicht durch Hilfsrichter, sondern nur durch Vermehrung und Besetzung der Zahl der Planstellen ausgeglichen werden[5], b) bei einem anderen vorübergehenden Bedürfnis nach Personalvermehrung, insbesondere bei vorübergehender[6] Erhöhung des Geschäftsanfalls, c) zur Heranbildung und Erprobung des Nachwuchses für die künftige Besetzung von Planstellen[7].

---

[3] BVerfGE **3** 213, 224; **4** 331, 345 = NJW **1956** 137; **14** 156, 162 = NJW **1962** 1495, 1611; DRiZ **1971** 27.

[4] Die bei *Schorn/Stanicki* 236 gegen die Unterscheidung zwischen vorübergehender und dauernder Verhinderung erhobenen Einwendungen beruhen auf der dort vertretenen Begrenzung des Begriffs der vorübergehenden Verhinderung auf einen Zeitraum von höchstens drei Monaten (dazu § 21 f, 19).

[5] BGH NJW **1961** 836.

[6] Über diesen Begriff vgl. *Müller* DRiZ **1963** 43.

[7] BVerfGE **15** 245; DRiZ **1971** 27; BGH MDR **1966** 323.

§ 59 GVG　　　　　　　　　　　Gerichtsverfassungsgesetz

8　b) **Erkennbarkeit des Einberufungsgrundes.** Eine ordnungsmäßige Besetzung des Gerichts liegt in der Regel nicht vor, wenn Hilfsrichter einberufen wurden, ohne daß erkennbar ist, ob die Bestellung wegen eines durch Häufung anfallender Sachen entstandenen Geschäftsandrangs oder wegen vorübergehender Verhinderung von Planstellenrichtern erfolgte, weil dann das Revisionsgericht nicht prüfen kann, ob die Beschäftigung der sämtlichen bei dem LG bestellten Hilfsrichter nur zur Behebung eines vorübergehenden Bedürfnisses geschah; es muß dann das Gericht grundsätzlich als nicht ordnungsmäßig besetzt angesehen werden[8]. Der Mangel einer Erkennbarmachung des Einberufungsgrundes ist aber bedeutungslos, wenn die Gesamtzahl der unterschiedslos bestellten Hilfsrichter nicht höher ist als die Zahl aller Fälle, in denen die Heranziehung eines Hilfsrichters wegen vorübergehenden Geschäftsandrangs, wegen vorübergehender Verhinderung eines Planrichters oder aus sonstigen zeitlich begrenzten Bedürfnissen statthaft ist[9].

9　c) **Verhältnis der Zahl der Hilfsrichter zu der der Planstelleninhaber.** Abgesehen von der Beschränkung der Gründe für ihre Heranziehung dürfen Hilfsrichter nur in dem Maß verwendet werden, daß das Verhältnis von Regel (Verwendung auf Lebenszeit angestellter Richter) zur eng umgrenzten Ausnahme gewahrt bleibt. Einem dauernden Mehrbedarf an Kräften muß durch Schaffung und Besetzung neuer Planstellen abgeholfen werden[10]. Das DRiG hat zwar — entgegen Vorschlägen im Entstehungsstadium[11] — davon abgesehen, Maximal- oder Grundsatzzahlen für das Verhältnis der Zahl der beim LG tätigen Planstelleninhaber oder der vorhandenen Planstellen zur Zahl der zulässigerweise verwendeten Hilfsrichter aufzustellen, da die Mannigfaltigkeit der Verhältnisse mit einer solchen Schematisierung unverträglich wäre. An dem vorgenannten, durch die Rechtsprechung entwickelten Grundsatz hat es aber nichts geändert. Insbesondere darf aus § 29 DRiG, der es zuläßt, daß von den drei richterlichen Mitgliedern einer entscheidenden Kammer eines ein Hilfsrichter ist, nicht entnommen werden, das Gesetz sehe den Ausnahmecharakter als genügend gewahrt an, wenn bis zu 1/3 der Richter des LG aus Hilfsrichtern bestehe. Dann könnte von einer Ausnahme nicht mehr gesprochen werden. Vielmehr wird im allgemeinen die zulässige Zahl von Hilfsrichtern — entsprechend den im Entstehungsstadium des DRiG gemachten Begrenzungsvorschlägen — etwa 1/5 der Gesamtzahl der beim Landgericht tätigen Planstelleninhaber nicht überschreiten dürfen, in der Regel aber darunter liegen müssen. Die Zuteilung einer überdurchschnittlichen Zahl an einzelne Kammern (und Senate) ist nur dann zulässig, wenn umumgänglich notwendig, um eine geordnete Rechtsprechung des Gerichts zu sichern[12].

10　d) **Folgen unzulässiger Zahl von Hilfsrichtern.** Eine sachlich nicht zu rechtfertigende Erhöhung des Anteils der Hilfsrichter bedeutet eine dem Grundgedanken der Gerichtsverfassung widersprechende *Gesamt*besetzung des LG mit der Folge, daß die Besetzung der einzelnen Kammer auch dann unvorschriftsmäßig (§ 338 Nr. 1 StPO) ist, wenn im Einzelfall zwar an der Entscheidung nicht mehr als ein Hilfsrichter mitwirkt, die Besetzung des Spruchkörpers sich also im Rahmen des § 29 DRiG hält, die Zuziehung dieses Hilfsrichters aber nur deshalb notwendig war, weil mangels der erforderli-

---

[8] BGHZ 34 260, 262; MDR **1966** 323.
[9] BGH MDR **1966** 323; unten Rdn. 9.
[10] Vgl. z. B. BGHSt 8 159 = JZ **1956** 167 mit Anm. *Kern*; BGHSt 14 321, 326 mit Nachw. = JZ **1961** 58 mit Anm. *Eb. Schmidt*.

[11] Dazu *Löwisch* DRiZ **1964** 164.
[12] BVerfG 14 156, 166 = NJW **1962** 1495; BGHZ 95 22 = NJW **1985** 2336.

chen Zahl verfügbarer Planstelleninhaber der dauernde Geschäftsanfall beim LG von vornherein nur durch Verwendung einer übergroßen Zahl von Hilfsrichtern bewältigt werden kann. Dies gilt selbst dann, wenn bei der Kammer, deren Urteil angefochten ist, eine normalerweise die Zuziehung eines Hilfsrichters rechtfertigende Geschäftsanhäufung vorübergehender Natur bestanden hat, weil eine Grenzziehung, daß bei einem Teil der Hilfsrichter die Zuziehung zulässig, bei einem anderen Teil unzulässig wäre, willkürlich sein müßte[13]. Auf die grundsätzlichen Bedenken, die *Müller* DRiZ **1963** 37, 39 (s. auch *Lüttig* DRiZ **1958** 50) gegen den Umfang erhebt, in dem die Rechtsprechung des BGH das Bedürfnis nach Zuziehung von Hilfsrichtern als Gegenstand der Nachprüfung des Revisionsgerichts ansieht, ist an dieser Stelle nicht einzugehen. Inwieweit die neuere Rechtsprechung sich von den früher aufgestellten strengen Nachprüfungsgrundsätzen entfernt, seitdem nach Normalisierung der Verhältnisse und wohl auch unter dem Druck der Rechtsprechung von BVerfG und BGH ein Mißverhältnis zwischen einer zu geringen Zahl verfügbarer Planstelleninhaber zu einer Überzahl von Hilfsrichtern im allgemeinen nicht mehr anzutreffen ist, zeigt BGH NJW **1972** 779, 780; dort wird ausgeführt, wenn, der Behauptung der Revision entsprechend, das LG mit Richtern auf Lebenszeit unterbesetzt gewesen sein sollte, so folge daraus nicht, „daß es insgesamt nicht ordnungsgemäß besetzt" gewesen sei, denn da in der vorliegenden Sache die erkennende Kammer entsprechend dem Geschäftsverteilungsplan mit zwei Richtern auf Lebenszeit und nur einem Richter auf Probe besetzt gewesen sei, komme es nicht darauf an, ob das LG im übrigen unter einem Mangel an Richtern auf Lebenszeit gelitten habe.

e) Art der Verwendung. Der Grundsatz der nur vorübergehenden Verwendung **11** von Hilfsrichtern bedeutet nicht, daß Hilfsrichter nicht mit Daueraufgaben beschäftigt werden dürften und es unzulässig sei, einer einzelnen Kammer im Geschäftsverteilungsplan für die Dauer des Geschäftsjahres neben einem Vorsitzenden Richter und einem Planstelleninhaber einen Richter auf Probe zuzuweisen. Aus dem vorgenannten Grundsatz ergibt sich nur, daß Hilfsrichter nicht auf die Dauer mit Daueraufgaben beschäftigt werden dürfen. Das ist aber eben nur der Fall, wenn die Beiordnung des Hilfsrichters darauf beruht, daß bei dem LG die für die Erledigung der richterlichen Daueraufgaben erforderliche Zahl von Planstellen nicht vorhanden oder nicht besetzt ist[14] und deshalb Hilfsrichter — über die der zulässigen Verwendung von Hilfsrichtern gezogenen Grenzen hinaus — das Fehlen von Planstellen oder Planstelleninhabern ausgleichen sollen.

IV. Errichtung und Aufhebung eines Gerichts; Bestimmung des Gerichtssitzes; Änderung der Bezirksgrenzen

Der Grundsatz des gesetzlichen Richters (Art. 101 GG) gebietet, daß die Errich- **12** tung oder Aufhebung eines LG (wie auch jeden anderen Gerichts) und die Bestimmung und Verlegung des Gerichtssitzes durch Gesetz („Gerichtsorganisationsgesetz") erfolgt, wie dies schon in § 1 Abs. 1 der GVGVO 1935 vorgeschrieben war[15]. § 1 Abs. 2

---

[13] Vgl. BGHSt **8** 159; **9** 107; BGHZ **12** 1; **20** 209, 250; **22** 142, 145 = NJW **1957** 101; BGHZ **34** 260 = NJW **1961** 830; NJW **1962** 1153.

[14] BGHSt **14** 321, 327.

[15] Vgl. z. B. die Gerichtsorganisationsgesetze von Hessen in der Fassg. vom 10. 12. 1976, GVBl. I 539 und von Schleswig-Holstein in der Fassg. vom 31. 3. 1977, GVBl. 86.

GVGVO 1935 erteilte dem RJM die Ermächtigung, die Bezirksgrenzen durch Verordnung zu ändern. Diese Ermächtigung ist aber nicht gemäß Art. 129 Abs. 1, 2 GG auf die Landesjustizverwaltungen übergegangen, sondern gemäß Art. 129 Abs. 3 GG erloschen[16]. Auch die Änderung der Bezirksgrenzen erfolgt im Hinblick auf den Grundsatz des gesetzlichen Richters grundsätzlich durch Gesetz[17], mindestens aber durch RechtsVO aufgrund eines Gesetzes nach Maßgabe landesrechtlicher Vorschriften oder kraft bundesgesetzlicher Ermächtigung[18]. Nach §§ 78, 78 a Abs. 2, 116 Abs. 2 GVG genügt für die Errichtung auswärtiger („detachierter") Kammern des LG und der Senate des OLG eine RechtsVO (vgl. § 78, 1). Vgl. auch Gesetz über die Zuständigkeit der Gerichte bei Änderung der Gerichtseinteilung vom 6. 12. 1933 (RGBl. I 1037) in der Fassg. von Art. 8 Abs. 4 des 1. StVRG 1974.

V. Länderübergreifende Landgerichtsbezirke

13 Durch Ländervereinbarung kann der Bezirk eines Landgerichts über die Landesgrenze hinaus ausgedehnt werden (§ 58, 5; so ausdrücklich bzgl. der Bezirke der Verwaltungsgerichte § 3 Abs. 2 VwGO). S. auch § 78 a Abs. 3.

§ 60

Bei den Landgerichten werden Zivil- und Strafkammern gebildet.

Schrifttum. *Holch* Wer bestimmt die Zahl der Spruchkörper bei den Gerichten? DRiZ **1976** 135; *Frisch* Problematik und Grenzen der Errichtung von Hilfsstrafkammern, NStZ **1987** 265, 304.

Entstehungsgeschichte. Durch Art. II Nr. 13 des Gesetzes vom 26. 5. 1972 (BGBl. I 841) wurden hinter „gebildet" die Worte „und Untersuchungsrichter bestellt" eingefügt; sie wurden wegen Wegfalls der Voruntersuchung durch Art. 2 Nr. 17 des 1. StVRG 1974 wieder gestrichen.

Übersicht

	Rdn.		Rdn.
I. Wesen der Kammern	1	2. Zeitpunkt und Zuständigkeit zur Bestimmung der Zahl der „ständigen" Kammern	7
II. Aufgabenbereich der Strafkammern		3. Hilfsstrafkammer	
1. Der Geschäftskreis der Strafkammern	2	a) Begriff	8
2. Tätigkeit als beschließendes Gericht		b) Rechtsnatur der Hilfsstrafkammer	9
a) Allgemeine Strafkammern	3	aa) Besetzung	10
b) Strafvollstreckungskammern	4	bb) Zuständigkeit zur Bildung	11
3. Erkennendes Gericht	5	c) Dauer des Bestehens der Hilfsstrafkammer	12
III. Bildung der Kammern		d) Zeitliche Grenze für die Hilfsstrafkammer	13
1. Bestimmung der Zahl der ständigen Kammern	6		

---

[16] BVerfGE **2** 307; **24** 155, 167; vgl. dazu *Tasche* NJW **1952** 407; *Holzweg* NJW **1953** 48; *Schmidt* NJW **1954** 249.
[17] BVerfGE **2** 316, **a. M** *Bettermann* in *Nipperdey/Scheuner*, Grundrechte III 252, 245 ff.
[18] BVerfGE **24** 155, 167; s. dazu auch § 58, 4.

	Rdn.		Rdn.
IV. Mehrere Strafkammern und ihre Formen		4. Auffangstrafkammer	17
1. Übersicht	14	5. Ferienstrafkammer	18
2. Bildung beim Landgericht	15	6. Besetzung der Strafkammern im allgemeinen	19
3. Vereinbarkeit der Aufgaben	16		

I. Wesen der Kammern

Die Zivil- und Strafkammern sind im Verhältnis zum LG als einer organisatorisch-administrativen Einheit die Abteilungen („Spruchkörper", § 21e Abs. 1, § 192 Abs. 1), die innerhalb des LG („beim LG") gebildet sind und durch die das LG die ihm zugewiesenen Rechtsprechungsaufgaben ausübt (RGSt 42 264). Die sog. „auswärtige" Strafkammer (§ 78) gilt für die örtliche Zuständigkeit in gewissen Beziehungen als ein vom LG verschiedener, d.h. verselbständigter Gerichtskörper; im übrigen bildet sie gleichfalls einen Teil des LG (§ 78, 6; 10). Wegen der Strafvollstreckungskammern vgl. unten Rdn. 4 und Vor § 78 a, 1. **1**

II. Aufgabenbereich der Strafkammern

1. Der Geschäftskreis der Strafkammern, zu denen auch die Strafvollstreckungskammern (§ 78 a) rechnen, wird durch die §§ 73 bis 74 d GVG, § 41 JGG und durch verschiedene Vorschriften innerhalb und außerhalb der StPO (vgl. § 73, 7) geregelt. Dabei wird die Strafkammer in verschiedenen Erscheinungsformen tätig (dazu unten Rdn. 17): als erkennendes Gericht nach §§ 74 bis 74 c, während die §§ 73, 78 a Fälle betreffen, in denen die Strafkammer als beschließendes Gericht außerhalb einer bei ihr im Hauptverfahren anhängigen Strafsache entscheidet. **2**

2. Was die vorgenannte **Tätigkeit als beschließendes Gericht** anlangt, so ist zu unterscheiden: **3**

a) die allgemeinen Strafkammern werden als Gerichte höherer Instanz tätig; sie sind die Beschwerdegerichte für die Schöffengerichte und die Richter beim AG (§ 73; vgl. aber §§ 159 und 181 Abs. 3); sie haben gegenüber den Schöffengerichten und den AG ihres Bezirks die in §§ 4, 12, 13, 14, 15, 19 StPO bezeichneten Verrichtungen des oberen Gerichts wahrzunehmen; sie entscheiden unter den Voraussetzungen des § 27 Abs. 4 StPO über die Ablehnung von Richtern beim AG und sie entscheiden unter den Voraussetzungen des § 161a Abs. 3 StPO über Anträge auf gerichtliche Entscheidung gegen Maßnahmen der Staatsanwaltschaft (siehe LR-*Rieß* § 161 a StPO, 47 ff). Inwieweit die auswärtigen Strafkammern zur Wahrnehmung dieser Aufgaben berufen sind, ist bei § 78 zu erörtern.

b) Die bei den Landgerichten gebildeten **Strafvollstreckungskammern**, die — ähnlich wie die auswärtigen Strafkammern — ihren Sitz auch außerhalb des Sitzes des LG haben und deren Mitglieder auch aus Richtern beim AG bestehen können, sind einerseits für bestimmte nach Abschluß des Erkenntnisverfahrens erforderliche Nachtragsentscheidungen zuständig (§ 453, 3, 4 StPO § 453, 2 Fußn. 1 StPO); im übrigen obliegt ihnen hauptsächlich erstinstanzlich die Rechtskontrolle über die Rechtmäßigkeit von Maßnahmen der Vollzugsbehörden gegen Gefangene und Untergebrachte bei dem Vollzug von Freiheitsstrafen und freiheitsentziehenden Maßregeln der Besserung und Sicherung (§ 78 a Abs. 1 Satz 2 Nr. 2). **4**

Karl Schäfer

5   3. Als **erkennende Gerichte** sind die Strafkammern entweder als Gerichte des ersten Rechtszuges oder als Berufungsgerichte zuständig (§ 74).

III. Bildung der Kammern

6   1. **Bestimmung der Zahl der ständigen Kammern.** Es ist zu unterscheiden zwischen den sog. institutionellen Kammern, die als dauernde Spruchkörper gedacht sind, und Kammern, die aus Anlaß eines vorübergehenden Bedarfs für begrenzte Zeit gebildet werden (unten Rdn. 8). Die Zahl der institutionellen Kammern zu bestimmen, ist seit jeher nach der in der Rechtsprechung vertretenen Auffassung Angelegenheit der Justizverwaltung[1]. Dem stimmt auch die im Schrifttum herrschende Meinung zu[2]. Reformwünsche gehen dahin, diese Aufgabe dem Präsidium zu übertragen[3]. Unzutreffend ist aber jedenfalls eine im Schrifttum vertretene Auffassung[4], daß schon nach geltendem Recht nicht mehr der Justizverwaltung, sondern dem Präsidium die Bestimmung der Zahl der institutionellen Kammern (und damit zwangsläufig auch die Bestimmung der Zahl der Senate des OLG und BGH) zustehe, weil das dem Grundsatz der Selbstverwaltung der Gerichte entspreche und bei einer im Verhältnis zur Zahl der gemäß § 21 e zu verteilenden Richter zu geringen Zahl von Spruchkörpern das Präsidium zu einer verfassungswidrigen Überbesetzung der vorhandenen Spruchkörper gezwungen werde, so daß sich aus Recht und Pflicht des Präsidiums zu einer gesetzmäßigen Besetzung der Spruchkörper auch sein Recht ergebe, selbst die zu einer ordnungsgemäßen Richterverteilung erforderliche Zahl von Spruchkörpern zu bemessen. Daß diese Auffassung unzutreffend ist, ergibt sich ohne weiteres aus § 130 Abs. 1 Satz 2 GVG und § 36 c PatentG, wonach der BMdJ die Zahl der beim BGH zu bildenden Strafsenate und der beim Patentgericht zu bildenden Zahl von Beschwerde- und Nichtigkeitssenaten bestimmt[5]. Für die Zahl der „ordentlichen" Spruchkörper des LG kann schlechterdings nichts anderes gelten. Es bedarf angesichts des § 130 GVG, § 36 c PatentG nicht einmal des Rückgriffs auf die §§ 7 Abs. 2, 8 Abs. 2 GVGVO 1935, denn der Sinn dieser Vorschriften war es nicht, konstitutiv das Recht der Justizverwaltung zur Bemessung der Zahl der Spruchkörper auszusprechen (von diesem Recht ging die VO als „vorgegeben" aus), sondern nach Wegfall der bisherigen Landesjustizverwaltungen klarzustellen, welche Stellen die auf die Reichsjustizverwaltung übergegangenen Befugnisse der bisherigen Landesjustizverwaltungen in ihrem Auftrag wahrzunehmen hätten. Es liegt nun einmal, solange die Ernennung der Richter durch die Justizministerien (Justizsenatoren) erfolgt, nicht in der Macht der Präsidien, durch Bestimmung der Zahl der institutionellen Spruchkörper einen Zwang auf den Finanz- und Justizminister zur Beschaffung der nötigen Zahl von Richtern, insbesondere von Vorsitzenden Richtern, auszuüben (dazu auch § 70, 3 und 21 e, 23). Das schließt nicht aus, daß Landesrecht die Anhörung des Präsidiums bei Bestimmung der Zahl der Kammern vorschreibt (so z. B. § 3 Saarl. AGGVG vom 4. 10. 1972, ABl. 401).

---

[1] RG JW **1885** 427; RGSt **42** 263; BGHSt **20** 32, 133 = NJW **1965** 544; NJW **1961** 473.
[2] Nachw. bei *Kissel* 2, 3.
[3] Dazu *Rudolph* DRiZ **1976** 206 und kritisch *Pörner* DRiZ **1976** 315.
[4] So *Baur* Justizaufsicht (1954) 56; *Schorn/Stanicki* 128; *Stanicki* DRiZ **1976** 80; *Müller* DRiZ **1976** 315.
[5] Beim Dienstgericht des Bundes (§ 61 DRiG) kam eine entsprechende Bestimmung nicht in Betracht, weil dieses nur als *ein* besonderer Senat des BGH gebildet ist und einem (praktisch nicht zu erwartenden) erhöhten Geschäftsanfall dadurch begegnet werden kann, daß eine größere Zahl von Richtern zu Mitgliedern bestellt wird, die für die ordnungsgemäße Besetzung erforderlich ist (*Schmidt-Räntsch* § 61, 4).

2. Zeitpunkt und Zuständigkeit zur Bestimmung der Zahl der "ständigen" Kammern. Die Bestimmung der Zahl, ggf. unter Erhöhung oder Verminderung der bisherigen Zahl, erfolgt im Regelfall vor Beginn eines Geschäftsjahres, jedoch kann aus gegebenem Anlaß auch während des Geschäftsjahres eine neue Bestimmung über die Zahl getroffen, z. B. bei Wegfall von Richterplanstellen oder bei nicht nur vorübergehendem Ausfall von Richtern eine Kammer aufgelöst werden[6]. Soweit nicht neue (inhaltsgleiche oder abweichende) Vorschriften des Landesrechts erlassen sind oder erlassen werden, ist nach dem weiter geltenden[7] § 7 Abs. 2 GVGVO 1935 — im Anhang — der Präsident des LG als Organ der Justizverwaltung zuständig, die Zahl der Kammern zu bestimmen. Nach Art. 11 Bay. AGGVG (BayBS III 3) ist die Landesjustizverwaltung, nach § 5 Bad.Württ. AGGVG vom 16. 12. 1975 (GBl. 868) ist der Präsident des LG hierfür zuständig. An dem Charakter der Bestimmung als Justizverwaltungsmaßnahme hat sich durch die in § 7 GVGVO oder in neuen Landesgesetzen ausgesprochene Delegation auf den Präsidenten des LG nichts geändert; dieser handelt nicht als unabhängiger Richter, sondern als Organ der Justizverwaltung (so auch *Eb. Schmidt* 6). Wegen des Falles der „stillschweigenden" Bildung einer Kammer durch den Präsidenten, der eine inhaltlich die Bildung einer Kammer einschließende Geschäftsverteilung mitbeschließt, vgl. BGHSt **22** 94, 98.

3. Hilfsstrafkammer

a) **Begriff.** Das Gesetz kennt den Begriff der „Hilfsstrafkammer" nicht. Die Figur der Hilfsstrafkammer ist zunächst in ständiger Rechtsprechung vom RG[8] entwickelt, vom BGH übernommen[9] und auch nach der Neugestaltung der §§ 21 a ff im Grundsatz aufrechterhalten worden[10]. Die Schaffung einer Hilfsstrafkammer ist zulässig — oder sogar notwendig — bei vorübergehender Überlastung der institutionellen Kammern, sei es durch zahlenmäßig erhöhten Anfall von Sachen, sei es durch die Befassung einer Kammer mit einer besonders umfangreichen Sache, die ihr keine Zeit zur ordnungsmäßigen Erledigung der übrigen anfallenden Sachen läßt. Die Bildung einer Hilfsstrafkammer ist z. B. notwendig, wenn bei Überlastung durch eine Einzelstrafsache die Zuweisung von mehr als einem Vertreter zu einer Überbesetzung (§ 21 f, 6) führen würde, die es ermöglicht, gleichzeitig zwei Hauptverhandlungen in verschiedenen Besetzungen durchzuführen[11].

b) Die Frage nach der **Rechtsnatur der Hilfsstrafkammer,** die im Schrifttum zu unterschiedlichen Auffassungen geführt hat[12], ist mit BGHSt **31** 391; **33** 303 dahin zu beantworten, daß sie keine Strafkammer im Sinne des § 60 ist, sondern die ordentliche Strafkammer in solchen Sachen **vertritt**, die diese infolge anderweitiger Inanspruchnahme nicht selbst erledigen kann. Daraus ergibt sich eine Reihe von Folgerungen in bisher umstrittenen Fragen:

aa) **Besetzung.** Aus der Vertretungsfunktion der Hilfsstrafkammer ergibt sich, daß ihre Besetzung mit einem Richter am LG als Vorsitzender — statt mit einem *Vorsit-*

---

[6] BGH NJW **1965** 544.
[7] Vgl. BGHSt **22** 94, 98.
[8] Z. B. RGSt **19** 230; **55** 201; **62** 309.
[9] Z. B. BGHSt **10** 179, 181; **11** 106, 107; **12** 104; **21** 260 = NJW **1967** 1868.
[10] Z. B. BGHSt **31** 389 = NStZ **1984** 84 mit krit. Anm. *Frisch*; BGHSt **33** 303 = JR **1986** 260 mit Anm. *Katholnigg* = NStZ **1987** 288; mit krit. Bespr. *Frisch* NStZ **1987** 265 ff, 304 ff.
[11] BGHSt **33** 234 = JR **1986** 125 mit Anm. *Katholnigg*; BGH GA **1977** 366.
[12] Vgl. dazu einerseits *Katholnigg* JR **1983** 521; **1986** 261; andererseits *Frisch* NStZ **1984** 86.

zenden Richter am LG — an sich zulässig ist[13], vorausgesetzt, daß sich die voraussichtliche Dauer der Hilfskammer in angemessenen Grenzen hält und der Personalbestand dem Präsidium keine andere Lösung ermöglicht.

11 bb) **Zuständigkeit zur Bildung.** Die Anordnung der Errichtung steht — als Maßnahme wegen Überlastung gemäß § 21 e Abs. 3 — dem Präsidium zu[14]. Wie in LR[23] § 60 Rdn. 9 dargestellt, war früher streitig, ob neben dem Präsidium auch der LGpräsident die Bildung von Hilfskammern als Organisationsmaßnahme der Justizverwaltung aufgrund des § 7 Abs. 2 GVGVO 1935 bzw. der an seine Stelle getretenen landesrechtlichen Vorschriften anordnen kann. Das wurde schon früher von der — schließlich — h. M verneint[15]. Die Streitfrage ist jetzt als erledigt anzusehen, denn wenn nach heutiger Betrachtungsweise die Hilfskammer nur die ordentliche Kammer vertritt (oben Rdn. 9), ihre Bildung also nur eine Methode darstellt, die Vertretung der durch die Überlastung an der Bearbeitung der anderen Sachen verhinderten Mitglieder der ordentlichen Kammer zu regeln[16], so kann die Bildung der Hilfskammer nur Sache des Präsidiums sein. Ferner spricht dafür der Gesichtspunkt, aus dem BGHSt **15** 217 u. a. für die Bildung der Ferienstrafkammer (unten Rdn. 15) die ausschließliche Zuständigkeit des Präsidiums herleitet, nämlich, daß sonst „im Widerspruch zu dem die Gerichtsverfassung tragenden Grundgedanken des gesetzlichen Richters der Justizverwaltung und damit der Regierung die Möglichkeit eingeräumt (würde) ... mittelbar Einfluß auf die Zusammensetzung des Spruchkörpers auszuüben".

12 c) Die **Dauer des Bestehens der Hilfsstrafkammer** als einer vorübergehenden Hilfsmaßnahme muß zeitlich festgelegt sein. Bei einer Überbelastung der ständigen Kammer durch eine oder mehrere bestimmte, besonders umfangreiche Sachen ist eine zeitliche Begrenzung auf einen bestimmten Kalendertag nur ganz ausnahmsweise möglich. Hier genügt im allgemeinen die Anordnung, daß das Ende der Tätigkeit der Hilfskammer mit einem sicher eintretenden, vom Willen einzelner unabhängigen Ereignis zusammenfällt, z. B. daß bis zum Tag der abschließenden Entscheidung in der bei der ständigen Kammer verbliebenen Sache X mit Ausnahme dieser Sache die Hilfskammer für die Bearbeitung aller Strafverfahren zuständig sei, die in den normalen Geschäftsbereich der (entlasteten) ständigen Strafkammer fiele[17].

13 d) **Zeitliche Grenze für die Hilfsstrafkammer.** Eine weitere Grenze des Bestehens der Hilfsstrafkammer bis zum Wegfall der Überlastung der ordentlichen Kammer ergibt sich aber daraus, daß bei einer ganz ungewöhnlichen Dauer dieser Überlastung die Hilfsstrafkammer nicht ihrerseits zu einer „ständigen Einrichtung" führen darf. Mit Recht hat BGHSt **33** 303[18] ergänzend zu BGHSt **31** 389[19] aus dem Grundsatz des gesetzlichen Richters gefolgert, daß die Bildung einer Hilfsstrafkammer nur dann in Betracht kommt, wenn *begründete Wahrscheinlichkeit* dafür besteht, daß sie, wenn auch nicht im laufenden, so doch im nächsten Geschäftsjahr wieder aufgelöst werden wird. Stellt sich dann heraus, daß entgegen den Erwartungen die ordentliche Kammer auch in dem folgenden (dritten) Geschäftsjahr entlastet werden muß, so muß in der Regel nach

---

[13] BGHSt **31** 389; **33** 303.
[14] RG HRR **1929** Nr. 1542; BGHSt **11** 106, 107; **12** 104; **21** 260; **25** 174; BGH GA **1977** 366.
[15] Z. B. BGHSt **21** 260; *Eb. Schmidt* 6; *Schorn/Stanicki* 161.
[16] Vgl. BGHSt **25** 175.

[17] BGHSt **21** 260 = LM Nr. 12 GVG mit Anm. *Kohlhaas*.
[18] = JR **1986** 260 mit Anm. *Katholnigg* = NStZ **1987** 288 mit Stellungnahme *Frisch* NStZ **1987** 265 ff, 304 ff.
[19] = JR **1983** 519 mit Anm. *Katholnigg* = NStZ **1984** 84 mit Anm. *Frisch*.

Lösungen gesucht werden, die die Überlastung der ordentlichen Kammer beenden, wie etwa Bildung einer neuen ordentlichen Kammer oder Neuverteilung der Geschäfte auf die bestehenden ordentlichen Kammern mit der Folge einer größeren Belastung aller Strafkammern und möglicher längeren Dauer aller Strafverfahren[20]. Im **Schrifttum** hat diese Änderung der Rechtsprechung zwar nicht zum Verstummen der Polemik gegen die Hilfsstrafkammer ohne Vorsitzenden Richter[21], aber doch zu deren Abflachung geführt. So ist sich *Frisch* NStZ **1987** 268 „bewußt, daß der Kampf gegen eine so eingefahrene Praxis wie die der HiStrKn wenig Aussicht auf Erfolg hat", und in seiner Kritik an BGHSt 33 303 in NStZ **1987** 304 ff fordert er (S. 309) „mit Nachdruck eine nochmalige Kurskorrektur der Rechtsprechung". „Eine eng(er) abgesteckte HiStrK-Lösung ist damit das Mindeste, was in der gegenwärtigen Situation zu fordern ist". Auf Einzelheiten einzugehen, ist hier kein Raum; vgl. dazu auch § 21 f Rdn. 10.

4. Auffangstrafkammer. Darunter ist die „andere" Strafkammer zu verstehen, die zur Entscheidung zuständig ist, wenn das Revisionsgericht bei Aufhebung eines Urteils die Sache gemäß § 354 Abs. 2 StPO an eine andere Kammer des LG zurückverweist, oder die im Fall des § 210 Abs. 3 StPO die Hauptverhandlung durchzuführen hat. **14**

5. Ferienstrafkammer. Die Anordnung der Bildung einer oder mehrerer Ferienstrafkammern ist ausschließlich Sache des Präsidiums, da es sich hier immer um eine Maßnahme gemäß § 21 e Abs. 3 handelt, die die Belange der Justizverwaltung (Bewilligung neuer Plan- oder Hilfsrichterstellen) nicht berührt[22]. Wegen der Heilung des Mangels, wenn rechtsirrtümlich der Landgerichtspräsident die Bildung angeordnet hat, vgl. die Ausführungen Rdn. 11. **15**

6. Über die **Besetzung der Strafkammer im allgemeinen** vgl. § 76 und die dortigen Anm.; über die Besetzung der Hilfsstrafkammer vgl. § 21 f, 10; über die der Ferienstrafkammer vgl. § 201, 1. **16**

IV. Mehrere Strafkammern und ihre Formen

1. Übersicht. § 60 spricht von der „Bildung von Strafkammern bei den Landgerichten" und erweckt den Anschein, als gäbe es einen Grundtyp der Strafkammern, die bei allen Landgerichten gebildet werden. Tatsächlich gibt es aber, wie bereits oben in Rdn. 2 ff angedeutet, verschiedene Erscheinungsformen der Strafkammer, die sich aus **17**

---

[20] Im Falle BGHSt **33** 303 lag die Sache allerdings anders: Die Hilfsstrafkammer, deren Urteil mit der Besetzungsrüge nach damaligem Recht angegriffen wurde, bestand bei Erlaß des Urteils schon mehr als fünfeinhalb Jahre, weil die ordentliche Kammer aus außergewöhnlichen Gründen (NSG-Verfahren) mit derselben Sache befaßt und überlastet war. Die Besetzungsrüge blieb erfolglos, weil nicht erkennbar war, daß das Präsidium sich über die im Revisionsurteil aufgestellten Grundsätze *willkürlich* hinweggesetzt habe. Doch heißt es in BGHSt **33** 303 am Ende: „Zukünftig – nach Veröffentlichung des vorliegenden Urteils – wird in der Regel der Zeitablauf zu einer anderen Beurteilung der Vertretbarkeit (der Auffassung des Präsidiums) führen müssen; das bedarf jetzt jedoch noch keiner abschließenden Entscheidung". Auch hier ist darauf und auf die aus §§ 222 a, 222 b StPO sich ergebende Lage nicht weiter einzugehen.

[21] Vgl. z. B. – außer *Frisch* aaO – KK-*Mayr*[2] § 21 f.

[22] BGHSt **15** 217 = NJW **1961** 472; BGHZ **9** 30; vgl. § 201, 1.

unterschiedlicher Besetzung und unterschiedlichem Aufgabenbereich ergeben[23]. So unterscheidet das Gesetz (§ 76, § 41 JGG) bei dem erkennenden Gericht zwischen der „großen" und der „kleinen" Strafkammer, zwischen der Strafkammer als Erwachsenengericht und der für Straftaten Jugendlicher und Heranwachsender zuständigen, als Jugendkammer bezeichneten Strafkammer. Die als Strafvollstreckungskammer bezeichnete und in unterschiedlicher Besetzung auftretende Strafkammer wird nur als Beschlußgericht tätig (§§ 78 a, 78 b). Zu unterscheiden ist weiterhin zwischen der allgemeinen Strafkammer und der Strafkammer mit gesetzlicher Zuständigkeitskonzentration für bestimmte Straftaten oder bestimmte Verfahrensstadien. Hierher gehören die Strafkammer als Schwurgericht (§§ 74 Abs. 2, 76 Abs. 2), als sog. Staatsschutzkammer (§ 74 a), als Wirtschaftsstrafkammer (§ 74 c), als Jugendkammer (§ 41 JGG), als Strafvollstreckungskammer (§ 78 a) und bei Ordnungswidrigkeiten als Kammer für Bußgeldsachen (§ 46 Abs. 7 OWiG). Wegen der aus der gesetzlichen Zuständigkeitskonzentration sich ergebenden Besonderheiten vgl. Einleitung Kap. **12** 138; § 21 e, 22; § 74, 9 ff. Bestimmte Strafkammern brauchen nicht bei jedem LG gebildet zu werden, sondern können oder müssen bei einem LG mit örtlicher Zuständigkeit für die Bezirke mehrerer LG gebildet werden, so die Schwurgerichtskammer (§ 74 d), die sog. Staatsschutzkammer (§ 74 a Abs. 1, 4), die Wirtschaftsstrafkammer (§ 74 c Abs. 1, 3) und die Strafvollstreckungskammer (§ 78 a Abs. 2). Besonderheiten bei der auswärtigen Strafkammer (§ 78) bestehen darin, daß sie am Sitz eines AG gebildet wird, ihre örtliche Zuständigkeit auf den Sitz eines oder mehrerer AG beschränkt ist, ihre sachliche Zuständigkeit teils von Gesetzeswegen beschränkt ist (§ 78 Abs. 1 Satz 2), teils bei der Bildung beschränkt werden kann (§ 78 Abs. 1 Satz 1) und daß sie auch mit Richtern besetzt werden kann, die nicht Mitglieder des LG sind. Auch die Strafvollstreckungskammer kann ihren Sitz an einem anderen Ort als dem Sitz des LG haben und mit Richtern beim AG besetzt werden (§ 78 a Abs. 2, § 78 b Abs. 2). Wegen Besonderheiten bei der Zuständigkeit der Strafkammer im Wiederaufnahmeverfahren vgl. § 140 a.

18 **2. Bildung beim Landgericht.** Gemeinsam ist allen Strafkammern, auch wenn sie ihren Sitz nicht am Sitz des LG haben, daß sie „beim Landgericht" gebildet werden, also einen Spruchkörper des LG bilden, und daß ihre Mitglieder, auch wenn sie nicht (durch Zuweisung einer Planstelle, Übertragung eines Doppelrichteramts, Abordnung usw. dauernd oder auf Zeit) Mitglieder des LG sind, vom Präsidium des LG bestellt werden.

19 **3. Vereinbarkeit der Aufgaben.** Die verschiedenen Aufgaben der Strafkammer sind grundsätzlich sämtlich miteinander vereinbar und können von denselben Richtern wahrgenommen werden (unberührt bleibt aber § 37 JGG, wonach die Richter der Jugendkammer erzieherisch befähigt sein sollen). So macht z. B. der Aufbau des Verfahrens die Bildung einer von der erkennenden Strafkammer verschiedenen Beschlußstrafkammer, die im Geschäftsverteilungsplan als selbständige Spruchkörper erscheinen, nicht nötig. Andererseits steht aber auch nichts entgegen, die Geschäfte nach den verschiedenen Tätigkeiten auf verschiedene Spruchkörper zu verteilen, also etwa eine besondere Beschlußkammer, eine Berufungskammer und eine Kammer erster Instanz zu bestellen. Derartiges zu bestimmen, ist lediglich eine Angelegenheit der Geschäftsverteilung[24]. In gleicher Weise ist es Sache des Präsidiums, die **„Auffang"-Kammer** zu bestim-

---

[23] Wegen entsprechender Regelungen außerhalb der Strafrechtspflege vgl. *Schorn/Stanicki* 83.

[24] RGSt **2** 353; **23** 234.

Fünfter Titel. Landgerichte § 70 GVG

men, wenn das Revisionsgericht bei Aufhebung eines Urteils die Sache gemäß § 354 Abs. 2 StPO an eine andere Kammer des LG zurückverweist (vgl. wegen der „Auffang-Schwurgerichtskammer" § 74, 10). Auch bei den Strafkammern mit gesetzlicher Zuständigkeitskonzentration (Rdn. 17) ist es — bei Wahrung des ihrer Schaffung zugrundeliegenden Gedankens, die aus längerer Befassung mit der Materie gewonnenen besonderen Kenntnisse und Erfahrungen der Richter nutzbar zu machen — nicht ausgeschlossen, dem Spruchkörper bei nicht genügender Auslastung durch die in Betracht kommenden Spezialstrafsachen Aufgaben der allgemeinen Strafkammer zuzuweisen oder bei Überlastung mehr als einen Spezialspruchkörper dieser Art zu bilden (dazu § 74, 9; 74 a, 3; 74 c, 8; 78 a, 14).

§§ 61 bis 69

(**gestrichen** durch Art. II Nr. 14 PräsVerfG)

§ 70

(1) Soweit die Vertretung eines Mitgliedes nicht durch ein Mitglied desselben Gerichts möglich ist, wird sie auf den Antrag des Präsidiums durch die Landesjustizverwaltung geordnet.
(2) Die Beiordnung eines Richters auf Probe oder eines Richters kraft Auftrags ist auf eine bestimmte Zeit auszusprechen und darf vor Ablauf dieser Zeit nicht widerrufen werden.
(3) Unberührt bleiben die landesgesetzlichen Bestimmungen, nach denen richterliche Geschäfte nur von auf Lebenszeit ernannten Richtern wahrgenommen werden können, sowie die, welche die Vertretung durch auf Lebenszeit ernannte Richter regeln.

Entstehungsgeschichte. Das VereinhG 1950 änderte die Absätze 2, 3 nur stilistisch („auf Lebenszeit ernannt" statt „ständig"). Durch § 85 Nr. 7 DRiG 1961 erhielt Absatz 2 die jetzt geltende Fassung.

Übersicht

	Rdn.		Rdn.
1. Bedeutung des § 70	1	3. Beiordnung von Richtern auf Probe und kraft Auftrags (Absatz 2)	
2. Ordnung der Vertretung durch die Landesjustizverwaltung (Absatz 1)		a) Zulässigkeit der Einberufung eines Hilfsrichters	8
a) Vertretung eines Mitglieds	2	b) Dauer der Beiordnung	9
b) Möglichkeit der Vertretung	3	c) Vorzeitige Beendigung der Beiordnung	10
c) Antrag des Präsidiums; Antrag des Präsidenten	4	d) Hilfsrichter bei den Oberlandesgerichten	11
d) Landesjustizverwaltung	6		
e) Verwendung des Vertreters	7	4. Landesrecht (Absatz 3)	12

1. Bedeutung des § 70. § 70 regelt verschiedene Dinge: Einmal in Absatz 1 den **1** Fall, daß ein Mitglied des LG vertreten werden muß, die beim LG vorhandenen Richterkräfte (planmäßige Richter, Richter auf Probe und kraft Auftrags sowie die abgeordne-

Karl Schäfer

ten Richter) aber nicht ausreichen. Absatz 2 enthält in Ergänzung des § 59 Abs. 3 allgemeine (also nicht nur den Fall einer Vertretung nach Absatz 1 betreffende) Vorschriften, die bei Beschäftigung von Hilfskräften beim LG zu beachten sind. Absatz 3 schließlich gibt der Landesgesetzgebung die Möglichkeit, eine bundesgesetzlich nach § 59 Abs. 3 mögliche Heranziehung von Hilfskräften beim LG zu beschränken oder die Vertretung von Mitgliedern des LG durch Richter anderer Gerichte abweichend von § 70 Abs. 1 zu regeln.

2. Ordnung der Vertretung durch die Landesjustizverwaltung (Absatz 1)

2 **a) Vertretung eines Mitglieds.** § 70 Abs. 1 bezieht sich nicht auf die Vertretung des Vorsitzenden als solchen; insoweit gilt § 21 f Abs. 2.

3 **b) Möglichkeit der Vertretung.** Die Frage, ob die Vertretung des verhinderten Mitglieds durch ein anderes Mitglied desselben Gerichts möglich ist, oder ob es der Heranziehung anderer Kräfte bedarf, entscheidet die Landesjustizverwaltung *ohne Bindung an den Antrag* des Präsidiums. Die gegenteilige Auffassung, wonach die Justizverwaltung an die Bedürfnisfeststellung des Präsidiums gebunden ist[1], ist nicht haltbar. Das ergibt sich schon daraus, daß nach dem Grundsatz der Gewaltenteilung (Art. 20 GG) das Präsidium als Organ der rechtsprechenden Gewalt, wenn der Justizverwaltung Richterkräfte nicht zur Verfügung stehen, nicht das Parlament, dem das Budgetrecht zusteht, dazu zwingen kann, zusätzlich Personalstellen im Haushaltsplan zu schaffen[2]. Bleibt der Antrag des Präsidiums erfolglos, so muß es sich mit den vorhandenen Kräften, so gut es geht, behelfen, ein überlasteter Richter z. B. dadurch, daß er die dringlicheren Eingänge bevorzugt terminiert und die Terminierung anderer Sachen zurückstellt; jedenfalls steht dem Präsidium kein „Streikrecht" zu (vgl. § 21 e, 23). Bejaht die Justizverwaltung das Bedürfnis nach einer weiteren Kraft, so besteht die „Ordnung der Vertretung" darin, daß sie Richter auf Probe und kraft Auftrags zuweist oder Richter auf Lebenszeit abordnet (§ 37 DRiG). Mitglied des LG wird ein solcher Richter aber erst durch Verwendungsbeschluß des Präsidiums (unten Rdn. 7). Die Frage, ob ein Bedürfnis zur Ordnung der Vertretung vorlag, unterliegt lediglich dem Ermessen der in Absatz 1 bezeichneten Organe. Der Nachprüfung durch das Revisionsgericht ist sie verschlossen[3]; nur wenn erkennbar das Bedürfnis aus einem Rechtsirrtum angenommen worden ist, z. B. aufgrund der Annahme, daß Präsident und Vorsitzende Richter nicht zu den heranzuziehenden Mitgliedern des LG gehörten, ist auch die Revision gegeben[4].

4 **c) Antrag des Präsidiums.** Ein Eingreifen der Landesjustizverwaltung zur Regelung der Vertretung eines Mitglieds setzt einen Antrag des Präsidiums voraus. Das entspricht dem Gedanken der gerichtlichen Selbstverwaltung: das Präsidium muß, wenn es sich nicht in der Lage sieht, mit den vorhandenen Richtern einen Geschäftsverteilungsplan aufzustellen, in der Lage sein, auf Abhilfe hinzuwirken. Es darf einen Antrag auf Zuweisung eines Hilfsrichters nur stellen, wenn es nach pflichtgemäßer Prüfung der Überzeugung ist, daß — nach den in § 59, 7 dargestellten Grundsätzen — die Voraussetzungen vorliegen, unter denen vorübergehend dem Kräftebedarf durch Zuweisung eines Hilfsrichters abgeholfen werden kann. Denn es müßte die Zuteilung eines zugewiesenen Hilfsrichters an eine bestimmte Kammer (Senat) im Geschäftsverteilungsplan

---

[1] So *Schorn/Stanicki* 221; *Stanicki* DRiZ **1976** 80.
[2] So mit Recht *Holch* DRiZ **1976** 136; *Kissel* 4; *Kleinknecht/Meyer*[39] 1.
[3] RGSt **3** 231; **23** 119.
[4] RGSt **36** 379; RG LZ **1918** 926.

— unten Rdn. 7 — verweigern, wenn es sähe, daß damit unter dem Gesichtspunkt des § 338 Nr. 1 StPO der Bestand der künftig zu erlassenden Entscheidungen gefährdet wäre (*Müller* DRiZ **1963** 39). Sieht das Präsidium einen Kräftebedarf als gegeben an, dem nur durch Dauermaßnahmen — Schaffung neuer und Besetzung offener Planstellen — genügt werden kann, so muß es sich einer Antragstellung nach Absatz 1 enthalten (*Holch* Die Justiz **1976** 216) und bleibt darauf beschränkt, auf andere Weise (etwa Berichte an die Justizverwaltung) darauf hinzuwirken, daß diese Maßnahmen ergriffen werden. Im übrigen bewirkt das Antragserfordernis, daß dem Gericht durch die Justizverwaltung kein Hilfsrichter aufgedrängt werden kann, wenn das Präsidium kein Bedürfnis für eine Vermehrung der Kräfte sieht.

Ein **Antrag des Präsidenten** genügt nicht. Jedoch ist in Eilfällen § 21 i Abs. 2 entsprechend anwendbar; in dem Beschluß des Präsidiums über die Verwendung des Hilfsrichters (unten Rdn. 7) liegt dann die Genehmigung i. S. des § 21 i Abs. 2 Satz 3. Darüber, daß der Antrag des Präsidiums auch nach Beiordnung des Hilfsrichters durch die Landesjustizverwaltung nachgebracht werden kann, vgl. OLG Dresden GA **72** (1928) 386. **5**

d) Über den Begriff „**Landesjustizverwaltung**" vgl. § 22, 12. Delegation auf ein nachgeordnetes Justizverwaltungsorgan (z. B. den Oberlandesgerichtspräsidenten) ist also möglich (*Eb. Schmidt* 6). **6**

e) **Verwendung des Vertreters.** Der durch die Justizverwaltung zugewiesene Vertreter tritt nicht von selbst in die Tätigkeit des verhinderten Richters ein; vielmehr wird seine Verwendung gemäß § 21 e Abs. 3 ausschließlich und ohne Rücksicht auf etwaige Wünsche der Justizverwaltung jeweils mittels besonderen Beschlusses durch das Präsidium oder in Eilfällen gemäß § 21 i Abs. 2 vorläufig durch den Präsidenten bestimmt[5]. Unzulässig und unwirksam wäre danach auch eine im Geschäftsverteilungsplan von vornherein für das ganze Geschäftsjahr getroffene Regelung, daß jeweils bei Verhinderung eines Richters die zugewiesene Ersatzkraft von selbst in das Tätigkeitsgebiet des verhinderten Richters eintrete. Denn das liefe darauf hinaus, der Justizverwaltung Einfluß auf die Besetzung der einzelnen Kammern einzuräumen, der durch die Einrichtung des Präsidiums gerade ausgeschaltet werden soll[6]. Die Zuteilung durch den Präsidenten nach § 21 i Abs. 2 ist stets nur eine vorläufige Maßnahme bis zur Herbeiführung eines Präsidialbeschlusses; ein solcher Beschluß wird nicht dadurch ersetzt, daß der Präsident von seiner Anordnung nach § 21 i Abs. 2 die Mitglieder des Präsidiums lediglich außerhalb einer Präsidialsitzung unterrichtet (BGH NJW **1958** 550). **7**

3. **Beiordnung von Richtern auf Probe und kraft Auftrags (Absatz 2)**

a) Die **Zulässigkeit der Einberufung eines Hilfsrichters** (§ 59 Abs. 3 GVG) beschränkt sich nicht auf den in § 70 Abs. 1 genannten Fall der Vertretung eines verhinderten Mitglieds. Vielmehr ist die Heranziehung von Hilfsrichtern auch dann zulässig, wenn sie durch andere Gründe, insbes. erhöhten Geschäftsanfall, erforderlich wird (§ 59, 7). Denn auch diesen Fall umfaßt der Ausdruck Beiordnung in Absatz 2[7]. Die Bedeutung des § 70 Abs. 2 besteht darin, daß er für alle Fälle einer zulässigen Heranziehung von Hilfsrichtern an das LG bundesrechtlich Mindestgrundsätze aufstellt, die im Interesse der richterlichen Unabhängigkeit einen gewissen Ausgleich für die dem nicht **8**

---

[5] RGSt **37** 301; **42** 295, 297; BGHSt **13** 53, 56; **22** 237, 239.
[6] BGHSt **12** 159 = NJW **1959** 251.
[7] RGSt **22** 168; **23** 119; BGHZ **12** 1 = NJW **1954** 505.

§ 70 GVG   Gerichtsverfassungsgesetz

auf Lebenszeit ernannten Richter nach Bundesrecht fehlenden persönlichen Garantien der richterlichen Unabhängigkeit (Unabsetzbarkeit und Unversetzbarkeit) schaffen.

9   **b) Dauer der Beiordnung.** Der im Entstehungsstadium umstrittene[8] §70 Abs. 2 a. F ließ die Beiordnung von Hilfsrichtern sowohl auf bestimmte Zeit wie auch auf unbestimmte, durch ein Bedürfnis bedingte Zeit zu. Für Richter auf Lebenszeit, die an anderer Stelle verwendet wurden (abgeordnete Richter i. S. des §37 DRiG), galt diese Beschränkung nicht. Dagegen ist nach dem geltenden §70 Abs. 2 bei Richtern auf Probe (§12 DRiG) und kraft Auftrags (§14 DRiG) eine Beiordnung — und ebenso bei Richtern auf Lebenszeit deren Abordnung gemäß §37 Abs. 2 DRiG — nur noch auf bestimmte Zeit zulässig und darf vor deren Ablauf nicht widerrufen werden. Eine Beiordnung (Abordnung) auf bestimmte Zeit ist nicht notwendig eine kalendermäßig bezeichnete Zeit; vielmehr kann die Dauer der Beiordnung auch nach anderen Merkmalen (z. B. für die Dauer der Erkrankung oder der Abordnung eines Richters, der vertreten werden muß), bestimmt werden, sofern es sich nur um feste, einer Ermessensbeurteilung der Justizverwaltung entzogene Merkmale handelt. Unzulässig wäre also z. B. die Beiordnung „für die Dauer des erhöhten Geschäftsanfalls", da hier Ermessen darüber entschiede, ob noch ein erhöhter Geschäftsanfall vorliegt. Unzulässig wäre auch nach Sinn und Zweck des §70 Abs. 2 eine Beiordnung, die zwar jeweils auf eine bestimmte, aber so kurz bemessene Zeit erfolgt, daß praktisch doch über die Gesamtdauer der Beiordnung nach Ermessen entschieden wird, etwa die Beiordnung auf einen Monat unter Verlängerung des Auftrags jeweils um einen Monat[9]. Eine Beiordnung auf bestimmte Zeit, aber unter Vorbehalt jederzeitigen Widerrufs ist überhaupt keine Beiordnung auf bestimmte Zeit. Zulässig ist aber eine Beiordnung auf bestimmte Zeit, bei der von vornherein die Absicht besteht, nach ihrem Ablauf die Beiordnung erneut auszusprechen; dies kann bei einem Richter auf Probe in Betracht kommen, um zu ermöglichen, daß er während der Gesamtdauer der Beiordnung vom Präsidium im Interesse seiner Ausbildung Spruchkörpern mit verschiedenem Tätigkeitsbereich zugewiesen wird (vgl. §21 e, 47).

10   **c) Vorzeitige Beendigung der Beiordnung.** Die Beiordnung darf nicht vor Ablauf der bestimmten Zeit der Beiordnung widerrufen werden. Die Beiordnung kann aber vor Ablauf der Beiordnungszeit enden, wenn das Verhältnis als Richter auf Probe oder kraft Auftrags beendet wird, z. B. durch Anstellung auf Lebenszeit oder infolge Ausscheidens aus dem Richterdienstverhältnis aus den im DRiG bestimmten Gründen[10]. Ferner kann die Beiordnungsdauer vorzeitig enden, wenn der Hilfsrichter selbst eine andere Verwendung erstrebt (z. B. die Abordnung zu einer anderen Behörde) und die Justizverwaltung zustimmt, oder wenn letztere ihm eine andere Verwendung (z. B. Einberufung in das Justizministerium) anbietet und der Hilfsrichter sich damit einverstanden erklärt. In solchen Fällen wird die richterliche Unabhängigkeit nicht berührt; §70 Abs. 2 will den Hilfsrichter gegen Maßnahmen der Justizverwaltung schützen, die gegen seinen Willen erfolgen[11]. Übrigens würde, selbst wenn eine solche vorzeitige Beendigung der Beiordnung unzulässig wäre, die ordnungsmäßige Besetzung der Kammer, in der der ausgeschiedene Hilfsrichter bisher tätig war, nicht in Frage gestellt, wenn das Präsidium den als Ersatz für den Ausgeschiedenen neu beigeordneten Hilfsrichter, sei es dieser, sei es einer anderen Kammer zuweist. Denn wenn der ausgeschiedene Hilfsrichter an anderer

---

[8] Vgl. BGHSt **13** 53, 57.
[9] Vgl. BGHSt **13** 53, 58.
[10] BGH MDR **1961** 617.

[11] Zweifelnd und die Frage offen lassend BGHSt **13** 53, 57 mit Nachw.

Stelle tätig wird, so liegt seine dauernde Verhinderung i. S. des § 21 e Abs. 3 vor, die das Präsidium berechtigt, die im Gesamtmitgliederbestand entstehende Lücke mit dem zur Verfügung stehenden Personal auszufüllen[12].

d) Wegen der **Hilfsrichter bei den Oberlandesgerichten** s. zu §§ 115, 117. Wegen der Verwendung von Richtern als sog. wissenschaftliche Hilfsarbeiter bei Gerichten s. § 193, 13.

4. Landesrecht (Absatz 3). Absatz 3 überläßt es zunächst dem Landesrecht, in Einschränkung des § 59 Abs. 3 GVG zu bestimmen, daß beim LG als Hilfsrichter nur auf Lebenszeit ernannte Richter verwendet werden dürfen. Darüber hinaus kann das Landesrecht Vorschriften über die Vertretung der Mitglieder des LG durch auf Lebenszeit ernannte Richter anderer Gerichte erlassen; § 70 Abs. 1, 2 sind dann unanwendbar. Es kann z. B. vorschreiben, daß — abweichend von § 70 Abs. 1 — nicht die Landesjustizverwaltung, sondern der LGpräsident oder das Präsidium einen Richter beim AG — ohne Bestellung zum Hilfsrichter — als Vertreter für einzelne Sitzungen zum LG einberufen kann[13]. Die Vertretung von Richtern des AG durch Richter anderer Gerichte regelt § 22 b. — § 10 Abs. 1 GVGVO 1935, der allgemein die Richter an den AG und den LG verpflichtete, richterliche Geschäfte an anderen Gerichten des LG und am übergeordneten OLG wahrzunehmen, ist durch Art. 8 II Nr. 7 des VereinhG 1950 aufgehoben worden. Nach §§ 13, 16 Abs. 2 DRiG sind Richter auf Probe und kraft Auftrages verpflichtet, die Vertretung eines Richters an einem anderen Gericht zu übernehmen. Auf Lebenszeit angestellte Richter können nach § 37 Abs. 3 DRiG ohne ihre Zustimmung zur Vertretung eines Richters an ein anderes Gericht längstens für zusammen drei Monate innerhalb eines Geschäftsjahres abgeordnet werden; eine weitergehende Vertretungspflicht kann Landesrecht nicht vorschreiben.

§§ 71, 72
(betr. Zuständigkeit der Zivilkammern)

§ 73

(1) **Die Strafkammern entscheiden über Beschwerden gegen Verfügungen des Richters beim Amtsgericht, gegen Entscheidungen des Richters beim Amtsgericht und der Schöffengerichte sowie über Anträge auf gerichtliche Entscheidung in den Fällen des § 161 a Abs. 3 der Strafprozeßordnung.**

(2) **Die Strafkammern erledigen außerdem die in der Strafprozeßordnung den Landgerichten zugewiesenen Geschäfte.**

---

[12] So auch BGHSt **13** 53, 56.
[13] Vgl. für das Gebiet des ehem. Preußen §§ 38, 48 AGGVG und dazu RGSt **22** 134; **66** 94; **32** 283; **40** 87.

§ 73 GVG Gerichtsverfassungsgesetz

Entstehungsgeschichte. Das VereinhG 1950 strich in Absatz 1 den damaligen Satz 2 („Die Bestimmungen über die Zuständigkeit der Oberlandesgerichte und des Reichsgerichts werden hierdurch nicht berührt"). Die Ersetzung von „Amtsrichters" durch „Richters beim Amtsgericht" in Absatz 1 beruht auf Art. II Nr. 6 PräsVerfG. In dieser bis zum 31. 12. 1974 geltenden Fassung lautete § 73 Abs. 1: „(1) Die Strafkammern sind zuständig für die die Voruntersuchung und deren Ergebnisse betreffenden Entscheidungen, die nach den Vorschriften der Strafprozeßordnung von dem Gericht zu erlassen sind; sie entscheiden über Beschwerden gegen Verfügungen des Untersuchungsrichters und des Richters beim Amtsgericht, sowie gegen Entscheidungen des Richters beim Amtsgericht und der Schöffengerichte". Die Beseitigung der Voruntersuchung und die Einfügung des § 161 a StPO durch Art. 1 Nr. 43, 57 des 1. StVRG 1974 führten zur Streichung der die Voruntersuchung betreffenden Worte und zu der Ergänzung des Absatzes 1 („sowie über Anträge..."); der neue Wortlaut beruht auf Art. 2 Nr. 18 des 1. StVRG.

1. Zuständigkeit der Strafkammer als Beschluß- und Beschwerdegericht (Absatz 1)

1 a) **Bedeutung.** Im Gegensatz zu § 74, der die Zuständigkeit der Strafkammern in ihrer Eigenschaft als erkennende Gerichte regelt, handelt § 73 von der Zuständigkeit der Strafkammern als Beschluß- und Beschwerdegericht außerhalb eines bei ihnen anhängigen Hauptverfahrens.

2 b) **Zuständigkeit.** Die Strafkammer entscheidet grundsätzlich über Beschwerden gegen die mit Beschwerde anfechtbaren Verfügungen und Entscheidungen des Richters beim AG und des Schöffengerichts (§ 304 StPO). Das gilt auch, wenn in einem Rechtshilfeverfahren nach § 59 IRG um richterliche Verwahrung einer Person der dazu zuständige Richter am AG es ablehnt, den als Beistand des Betroffenen erschienenen Rechtsanwalt „als Pflichtverteidiger beizuordnen", weil dafür keine rechtliche Grundlage bestehe; zur Entscheidung über die hiergegen gerichtete Beschwerde ist nach § 73 die Strafkammer — nicht das OLG — zuständig, weil § 61 IRG keine allgemeine Entscheidungszuständigkeit des OLG für alle Rechtsfragen begründet, die im Zusammenhang mit einem internationalen Rechtshilfeersuchen auftreten[1]. Abweichende Vorschriften enthalten die §§ 159, 181 GVG. Im Bußgeldverfahren entscheidet über die Rechtsbeschwerde gegen Entscheidungen des Richters beim AG das OLG = Senat für Bußgeldsachen (§ 79 OWiG). Über Anträge auf gerichtliche Entscheidung gemäß § 161 a Abs. 3 Satz 1 StPO entscheidet die Strafkammer nur, soweit die Maßregel nach § 161 a Abs. 2 nicht von dem Generalstaatsanwalt beim OLG oder dem Generalbundesanwalt getroffen ist (§ 161 a Abs. 3 Satz 2 StPO, § 120 Abs. 3 Satz 1, § 135 Abs. 2 GVG).

3 c) An **Stelle der allgemeinen Strafkammer** trifft in ihrem Zuständigkeitsbereich als erkennendes Gericht die sog. Staatsschutz- und die Wirtschaftsstrafkammer auch die in § 73 Abs. 1 bezeichneten Entscheidungen (§ 74 a Abs. 3, § 74 c Abs. 2). Im jugendgerichtlichen Verfahren tritt an die Stelle der Strafkammer die Jugendkammer (§ 41 Abs. 2 JGG; s. dazu auch § 74 b Satz 2). In gleicher Weise trifft anstelle der Strafkammer der Staatsschutzsenat des OLG die in § 73 Abs. 1 bezeichneten Entscheidungen (§ 120 Abs. 3 Satz 1). Diesen Vorschriften ist der allgemein geltende Gedanke zu entnehmen, daß, wo als erkennendes Gericht des ersten Rechtszuges ein Spruchkörper mit gesetzlicher Zuständigkeitskonzentration berufen ist, dieser auch die in § 73 Abs. 1 bezeichneten Entscheidungen zu treffen hat; dies gilt also auch für die Schwurgerichtsstrafkammer des § 74 Abs. 2[2].

---

[1] OLG Hamm NStZ **1984** 417.   [2] Ebenso *Kissel* 4; **a. M** KK-*Mayr*[2] 1.

Fünfter Titel. Landgerichte § 74 GVG

d) Besetzung. Die Strafkammern erlassen alle in § 73 bezeichneten Entscheidungen in der Besetzung von drei Mitgliedern; die Neufassung des § 76 durch das StVÄG 1987 hat daran nichts geändert.[3] 4

2. Sonstige Aufgaben (Absatz 2)
a) Wegen der **in Erweiterung des Absatzes 1** der Strafkammer durch die StPO zugewiesenen Aufgaben vgl. § 60, 2 ff. Aus § 73 Abs. 2 ergibt sich, daß, wo die StPO von dem „Landgericht" redet, hierunter die Strafkammer dieses Gerichts zu verstehen ist. Hierbei ist zu bemerken, daß die StPO, soweit sie nicht die allgemeine Bezeichnung „Gericht" gewählt hat, teils (z. B. § 209) den Ausdruck „Landgericht" gebraucht, teils (z. B. § 27 Abs. 2) von der Strafkammer spricht. 5

b) **Außerhalb des Gerichtsverfassungsgesetzes und der Strafprozeßordnung** sind der beschließenden Strafkammer Aufgaben zugewiesen z. B. nach §§ 70 Abs. 2, 104 Abs. 3 OWiG, §§ 8 Abs. 3, 9 Abs. 1 Satz 2 Nr. 1 StrEG. 6

§ 73 a
(weggefallen)

§ 74

(1) ¹Die Strafkammern sind als erkennende Gerichte des ersten Rechtszuges zuständig für alle Verbrechen, die nicht zur Zuständigkeit des Amtsgerichts oder des Oberlandesgerichts gehören. ²Sie sind auch zuständig für alle Straftaten, bei denen eine höhere Strafe als drei Jahre Freiheitsstrafe oder die Unterbringung in einem psychiatrischen Krankenhaus, allein oder neben einer Strafe, oder in der Sicherungsverwahrung zu erwarten ist oder bei denen die Staatsanwaltschaft wegen der besonderen Bedeutung des Falles Anklage beim Landgericht erhebt (§ 24 Abs. 1 Nr. 3).
(2) ¹Für die Verbrechen
1. des sexuellen Mißbrauchs von Kindern mit Todesfolge (§ 176 Abs. 4 des Strafgesetzbuches),
2. der Vergewaltigung mit Todesfolge (§ 177 Abs. 3 des Strafgesetzbuches),
3. der sexuellen Nötigung mit Todesfolge (§ 178 Abs. 3 des Strafgesetzbuches),
4. des Mordes (§ 211 des Strafgesetzbuches),
5. des Totschlags (§ 212 des Strafgesetzbuches),
6. der Kindestötung (§ 217 des Strafgesetzbuches),
7. der Aussetzung mit Todesfolge (§ 221 Abs. 3 letzter Halbsatz des Strafgesetzbuches),
8. der Körperverletzung mit Todesfolge (§ 226 des Strafgesetzbuches),
9. der Vergiftung mit Todesfolge (§ 229 Abs. 2 letzter Halbsatz des Strafgesetzbuches),

---
[3] Vgl. RegEntw., BTDrucks. 10 1313, S. 43 – Begr. zu Art. 2 Nr. 1 – § 76 GVG.

§ 74 GVG   Gerichtsverfassungsgesetz

10. der Freiheitsberaubung mit Todesfolge (§ 239 Abs. 3 des Strafgesetzbuches),
11. des erpresserischen Menschenraubes mit Todesfolge (§ 239 a Abs. 2 des Strafgesetzbuches),
12. der Geiselnahme mit Todesfolge (§ 239 b Abs. 2 in Verbindung mit § 239 a Abs. 2 des Strafgesetzbuches),
13. des Raubes mit Todesfolge (§ 251 des Strafgesetzbuches),
13. des räuberischen Diebstahls mit Todesfolge (§ 252 in Verbindung mit § 251 des Strafgesetzbuches),
15. der räuberischen Erpressung mit Todesfolge (§ 255 in Verbindung mit § 251 des Strafgesetzbuches),
16. der besonders schweren Brandstiftung (§ 307 des Strafgesetzbuches),
17. des Herbeiführens einer Explosion durch Kernenergie (§ 310 b Abs. 1 bis 3 des Strafgesetzbuches),
18. des Herbeiführens einer Sprengstoffexplosion mit Todesfolge (§ 311 Abs. 1 bis 3 des Strafgesetzbuches),
19. des Mißbrauchs ionisierender Strahlen gegenüber einer unübersehbaren Zahl von Menschen (§ 311 a Abs. 2 des Strafgesetzbuches),
20. des Herbeiführens einer lebensgefährdenden Überschwemmung mit Todesfolge (§ 312 letzter Halbsatz des Strafgesetzbuches),
21. des Angriffs auf den Luftverkehr mit Todesfolge (§ 316 c Abs. 2 des Strafgesetzbuches),
22. der Beschädigung wichtiger Anlagen mit Todesfolge (§ 318 Abs. 2 letzter Halbsatz des Strafgesetzbuches),
23. der gemeingefährlichen Vergiftung mit Todesfolge (§ 319 letzter Halbsatz des Strafgesetzbuches)

ist eine Strafkammer als Schwurgericht zuständig. [2]§ 120 bleibt unberührt.
(3) Die Strafkammern sind außerdem zuständig für die Verhandlung und Entscheidung über das Rechtsmittel der Berufung gegen die Urteile des Strafrichters und des Schöffengerichts.

Schrifttum. *Benz* Bildung von Auffangsschwurgerichten für zurückgewiesene Schwurgerichtssachen, MDR **1976** 805; *Rieß* Die Bestimmung und Prüfung der sachlichen Zuständigkeit und verwandter Erscheinungen im Strafverfahren, GA **1976** 1; *Meyer-Goßner* Die Prüfung der funktionellen Zuständigkeit, insbesondere beim Landgericht, JR **1977** 353; *Meyer-Goßner* Die Verbindung verschiedener gegen denselben Angeklagten bei demselben Landgericht anhängiger Strafverfahren, NStZ **1989** 297.

Entstehungsgeschichte. VO vom 4. 1. 1924 §§ 6 bis 11 (RGBl. I 16), Bek. vom 22. 3. 1924 (RGBl. I 308), VO vom 6. 10. 1931 (RGBl. I 537, 563), 6. Teil Kap. I § 1; VO vom 14. 6. 1932 (RGBl. I 285), 1. Teil, Kap. I Art. 1 § 1 ZuständigkeitsVO vom 21. 2. 1940 (RGBl. I 405). Bis zum 31. 12. 1974 galt Absatz 1 in folgender Fassung:
[1]Die Strafkammern sind als erkennende Gerichte des ersten Rechtszuges zuständig für alle Verbrechen, die nicht zur Zuständigkeit des Amtsgerichts, des Schwurgerichts oder des Oberlandesgerichts gehören. [2]Sie sind auch zuständig für alle Vergehen und Verbrechen, die von der Staatsanwaltschaft bei ihnen angeklagt werden (§ 24 Abs. 1 Nr. 2) oder vom Amtsgericht an sie verwiesen sind, weil seine Strafgewalt zu ihrer Aburteilung nicht ausreicht.
In dieser Form war Absatz 1 im wesentlichen durch das VereinhG 1950 eingefügt worden. Spätere Änderungen erfolgten bei Absatz 1 Satz 1 durch Gesetz vom 8. 9. 1969 (BGBl. I 1582) — Ersetzung von „Bundesgerichtshofes" durch „Oberlandesgerichte" — und bei Absatz 1 Satz 2 durch das 1. StrRG 1969 — Änderung der Klammerverweisung —. In dem damaligen Absatz 2 (jetzt Absatz 3) wurde durch Art. II Nr. PräsVerfG

„Amtsrichters" durch „Richters beim Amtsgericht" ersetzt. Durch Art. 2 Nr. 19 des 1. StVRG 1974 erfuhr § 74 folgende Änderungen: In Absatz 1 Satz 1 wurden die Worte „des Schwurgerichts" (hinter „des Amtsgerichts") gestrichen; Absatz 1 Satz 2 erhielt seine jetzige Fassung; Absatz 2 wurde neu eingefügt; in Absatz 3 (bisher Absatz 2) wurde „Richters beim Amtsgericht" durch „Strafrichters" ersetzt.

Übersicht

	Rdn.		Rdn.
1. Strafkammer als erkennendes Gericht des ersten Rechtszuges (Absatz 1)		c) Fortdauer der Zuständigkeit	7
a) Unterschiedliche Regelung der sachlichen Zuständigkeit der großen Strafkammer	1	d) Schwurgericht und Geschäftsverteilung	8
b) Sachliche Zuständigkeit der allgemeinen großen Strafkammer	2	e) Auffangschwurgericht	9
c) Zuständigkeit der Jugendkammer	3	f) Übergang des Verfahrens von der allgemeinen Strafkammer auf die Schwurgerichtskammer	10
d) Zusammenfassung mehrerer Landgerichte	4	g) Verhältnis der Schwurgerichtskammer zur Jugendkammer	11
2. Strafkammer als Schwurgericht (Absatz 2)		h) Schwurgerichtskammer und Staatsschutzstrafsachen (Absatz 2 Satz 2)	12
a) Rechtsnatur	5	3. Zuständigkeit als Berufungsgericht	13
b) Umfang der Zuständigkeit	6	4. Rhein- und Moselschiffahrtssachen	14

1. Die Strafkammer als erkennendes Gericht des ersten Rechtszuges (Absatz 1)

a) Unterschiedliche Regelung der sachlichen Zuständigkeit der großen Strafkammern. Wegen der Entwicklung, die die Gesetzgebung auf dem Gebiet der erstinstanzlichen Zuständigkeit der Strafkammer als erkennendes Gericht genommen hat, wird auf § 24, 1 verwiesen. Nach seinem Wortlaut erhält § 74 Abs. 1 eine allgemein für die große Strafkammer als erkennendes Gericht des ersten Rechtszuges geltende Regelung der sachlichen Zuständigkeit. Tatsächlich gilt aber Absatz 1 zunächst nur für die allgemeine (oder „normale"), für die „für allgemeine Strafsachen" (vgl. den Wortlaut des § 74 b) zuständige Strafkammer, bei der der Aufgabenbereich des einzelnen Spruchkörpers durch die Geschäftsverteilung (§ 21 e) bestimmt wird. Daneben sehen §§ 74 Abs. 2 und 74 a, zum Teil auch 74 c eine Regelung der Zuständigkeit einer großen Strafkammer als erkennendes Gericht nach anderen, auf dem Gedanken einer gesetzlichen Zuständigkeitskonzentration beruhenden Gesichtspunkten vor. Die Fragen, die sich daraus nach dem Verhältnis der „allgemeinen" großen Strafkammer zu diesen Spezialkammern ergeben, sind bei den genannten Vorschriften zu erörtern. **1**

b) Die sachliche Zuständigkeit der allgemeinen großen Strafkammer ist eine von vornherein feststehende nur bei Verbrechen, die mit einer die Strafgewalt des AG (§ 24 Abs. 2) übersteigenden Mindeststrafe bedroht sind (z. B. § 316 a StGB). Im übrigen richtet sich die Zuständigkeit der Strafkammer nach den Verhältnissen des Einzelfalles. Sie ist dadurch bedingt, daß im Einzelfall eine die Strafgewalt des AG übersteigende Strafe oder die Anordnung einer der in § 24 Abs. 1 Nr. 2 bezeichneten Maßregeln zu erwarten sind und die Staatsanwaltschaft deshalb beim LG Anklage erhebt, oder daß das AG, bei dem die Anklage erhoben ist, die Sache vor Eröffnung des Hauptverfahrens dem LG vorlegt — § 209 StPO — oder sie nach Eröffnung und vor der Hauptverhandlung an dieses abgibt[1] oder sie in der Hauptverhandlung gemäß § 270 StPO an die Strafkammer **2**

---
[1] BGHSt **18** 290; **25** 309.

verweist. Bei anderen Straftaten ist die Strafkammer zuständig, wenn die StA wegen der besonderen Bedeutung des Falles Anklage bei ihr erhebt; die Strafkammer muß aber, wenn sie einen Fall von besonderer Bedeutung nicht für gegeben hält, vor dem Schöffengericht eröffnen (§ 209 StPO). Wegen der Einzelheiten wird auf die Erl. zu §§ 24, 25 Bezug genommen. Die Zuständigkeit der allgemeinen Strafkammer **entfällt** bei Straftaten, die in die Zuständigkeit einer Strafkammer mit gesetzlicher Zuständigkeitskonzentration (Schwurgerichts-, Staatsschutz- und Wirtschaftsstrafkammer (§§ 74 Abs. 2, 74 a, 74 c) oder nach § 120 in die erstinstanzliche Zuständigkeit des OLG fallen. Wird aber wegen einer Tat, die nach dem Inhalt der Anklage vor die Schwurgerichts-, Staatsschutz- oder Wirtschaftskammer gehört, zu Unrecht vor der allgemeinen Strafkammer eröffnet, so ist dies unschädlich, wenn sie wegen Fehlens der in der Anklage angenommenen Tatmerkmale lediglich wegen einer Tat verurteilt, die zu ihrer sachlichen Zuständigkeit gehört. Der im Eröffnungsbeschluß enthaltene Fehler kann nicht zur Aufhebung des Urteils führen, weil das Urteil nicht auf ihm beruht[2]. Wird eine Sache vor der großen Strafkammer angeklagt, für die sie die Zuständigkeit des OLG für gegeben hält, so legt sie gemäß § 209 Abs. 3 StPO die Akten diesem zur Entscheidung vor; solange sie freilich mangels Zustellung der Anklageschrift oder aus sonstigen verfahrensrechtlichen Gründen über eine Eröffnung des Hauptverfahrens nicht befinden könnte, ist auch für eine Aktenvorlage nach § 209 Abs. 2 kein Raum[3].

3   c) Wegen der **Zuständigkeit der Jugendkammer** als erstinstanzliches Gericht vgl. § 41 Abs. 1, § 108 Abs. 1, 3 JGG, § 74 b GVG. Es besteht kein rechtliches Hindernis, im Wege der Geschäftsverteilung Jugendstrafsachen und allgemeine Strafsachen *einer* Strafkammer zuzuweisen, die dann zugleich allgemeine große Strafkammer und Jugendkammer ist[4].

4   d) Eine **Zusammenfassung mehrerer Landgerichte** zu einem Strafkammerbezirk entsprechend § 58 ist, von §§ 74 a, 74 c, 74 d, 78 a Abs. 2 abgesehen, nicht vorgesehen.

2. Die Strafkammer als Schwurgericht (Absatz 2)

5   a) **Rechtsnatur.** Durch Art. 2 Nr. 19, 25 des 1. StVRG 1974 wurde der bisherige 6. Titel „Schwurgericht" aufgehoben und § 74 Abs. 2 eingefügt. Damit verschwand das Schwurgericht als ein neben den Strafkammern beim LG gebildeter nicht ständiger Spruchkörper eigener Art, und seine Aufgabe wurde einer Strafkammer des LG übertragen (wegen der Gründe für diese Reformmaßnahme vgl. Einleitung Kap. 5 66). Diese Strafkammer unterscheidet sich von der allgemeinen großen Strafkammer nur durch ihre Bezeichnung, durch die unmittelbar im Gesetz selbst vorgenommene Bestimmung ihrer sachlichen Zuständigkeit (§ 74 Abs. 2), die auf dem Gedanken beruht, die besonderen Kenntnisse und Erfahrungen der auf dem Gebiet der Schwerstkriminalität tätigen Richter im Interesse einer besseren Rechtsfindung und gleichmäßigen Rechtshandhabung nutzbar zu machen, und durch die Möglichkeit der Bildung eines gemeinsamen Schwurgerichts (§ 74 d). Das frühere Schwurgericht wurde wegen seiner besonderen Besetzung mit drei Berufsrichtern und sechs Geschworenen als Gericht höherer Ordnung gegenüber der Strafkammer und — bei Verbindung der Verfahren gegen Jugendliche und Erwachsene — auch gegenüber der Jugendkammer angesehen (BGHSt **9** 399). Das heutige Schwurgericht ist gegenüber der allgemeinen großen Strafkammer nur noch einer von mehreren Spruchkörpern mit gesetzlicher Zuständigkeitskonzentration,

---

[2] RGSt **16** 39; BGHSt **1** 346.   [4] BGHSt **21** 70 = NJW **1966** 1037.
[3] BGHSt **6** 109 = NJW **1954** 1375.

deren Vorrang untereinander in § 74 e festgelegt ist. Die gesetzliche Bezeichnung, unter der diese Strafkammer auftritt, wenn sie mit Verbrechen der in § 74 Abs. 2 bezeichneten Art befaßt ist, entspricht lediglich einem Herkommen für die Bezeichnung eines mit Strafsachen der Schwerstkriminalität befaßten Gerichts; daneben gibt es noch weitere Sonderbezeichnungen (vgl. „Jugendkammer" und „Kammer für Bußgeldsachen", § 46 Abs. 7 OWiG). Nur am Rande mag vermerkt werden, daß der Gesetzeswortlaut nicht mit Sicherheit erkennen läßt, welches die „richtige" Bezeichnung des Spruchkörpers ist: „Strafkammer als Schwurgericht" — § 74 Abs. 2 Satz 1 am Ende — oder „Schwurgericht" — § 74 c Nr. 1? Die gewisse Unklarheit tritt auch im täglichen Sprachgebrauch hervor, wo[5] teils von „Schwurgerichtskammer", teils von „Schwurgericht" die Rede ist.

b) Umfang der Zuständigkeit. Wie nach bisherigem Recht (§ 80 a. F) ist die Zuständigkeit durch einen festen und abschließenden Zuständigkeitskatalog bestimmt, der dadurch gekennzeichnet ist, daß er grundsätzlich die Straftaten umfaßt, bei denen im Fall der Vollendung durch eine vorsätzliche Handlung der Tod eines Menschen (mindestens fahrlässig, vgl. § 18 StGB) verursacht worden ist. Auf die Erscheinungsform des Verbrechens (Täterschaft, Versuch, Beihilfe) kommt es dabei nicht an; infolgedessen fällt auch der Versuch der Beteiligung (§ 30 StGB), da er eine Erscheinungsform des Verbrechens darstellt, unter § 74 Abs. 2[6], die Begünstigung und Strafvereitelung (§§ 257, 258 StGB) dagegen nur im Fall des Zusammenhangs. Das Schwurgericht ist auch zuständig für Straftaten, die zur Zuständigkeit von Gerichten niederer Ordnung gehören, aber mit Schwurgerichtsdelikten zusammentreffen[7]. Die Zuständigkeit des Schwurgerichts erstreckt sich nicht auf die öffentliche Aufforderung (§ 111 StGB) zu Tötungsverbrechen[8]. Ein anderes Gericht bleibt zuständig, wenn die Hauptverhandlung vor ihm zwar den Verdacht des versuchten Mordes oder Totschlags, aber unwiderlegbar strafbefreienden Rücktritt vom Versuch ergibt[9]. Wegen der Zuständigkeit der Schwurgerichtskammer für Entscheidungen nach § 73 Abs. 1 und wegen ihrer Zuständigkeit für das Sicherungsverfahren (§ 414 StPO) s. OLG Stuttgart NStZ **1987** 292 und LR-*Gössel* § 414 StPO, 10 (vgl. § 73, 3). **6**

c) Fortdauer der Zuständigkeit. Der Zuständigkeitskatalog ist aber nur bedeutungsvoll für die Frage, ob das Hauptverfahren vor der Schwurgerichtskammer zu eröffnen ist. Ist dieses in der Annahme des hinreichenden Verdachts eines Verbrechens nach § 74 Abs. 2 eröffnet, so hat das Schwurgericht den ihm unterbreiteten Sachverhalt unter jedem rechtlichen Gesichtspunkt zu würdigen und bleibt auch dann zuständig, wenn sich der Verdacht eines Verbrechens nach § 74 Abs. 2 nicht erhärtet und nur noch die Verurteilung wegen einer Straftat geringeren Gewichts erfolgt[10]. **7**

d) Schwurgericht und Geschäftsverteilung. Durch die Zuständigkeitskonzentration soll eine möglichst einheitliche Beurteilung der in § 74 Abs. 2 bezeichneten Fälle der Schwerstkriminalität durch Richter, die mit ihren Erscheinungsformen vertraut sind, erreicht werden. Dem entspricht es, daß die zu treffenden Entscheidungen, gleichviel ob es sich um die Eröffnung des Hauptverfahrens, Entscheidungen nach Eröffnung des Hauptverfahrens oder um Wiederaufnahmeverfahren (§ 140 a) handelt, im Geschäftsverteilungsplan *einer* Kammer zugewiesen werden, und daß nicht die Zuständigkeit in Schwurgerichtssachen auf mehrere Kammern verteilt wird. Andererseits ist aber der Ge- **8**

---

[5] Wie auch in BGHSt **26** 191 ff.
[6] OLG Nürnberg NJW **1950** 200; h. M.
[7] BayObLGSt **1957** 109.
[8] KG JR **1971** 255.
[9] OLG Celle NJW **1963** 1886.
[10] BGH bei *Holtz* MDR **1977** 810.

setzeswortlaut: „... ist eine Strafkammer als Schwurgericht zuständig", nicht dahin zu verstehen, es dürfte bei einem LG stets nur eine einzige Strafkammer als Schwurgerichtskammer gebildet werden. Vielmehr ist die Bildung von mehr als einer Schwurgerichtskammer — aber auch nur dann — zulässig, wenn der Anfall an Schwurgerichtssachen die Kräfte einer Kammer übersteigt[11]. Dies (wie es der Bundesrat angeregt hatte) ausdrücklich im Gesetz auszusprechen, wurde im Bundestag als entbehrlich angesehen (Bericht des Rechtsausschusses BTDrucks. 7 2600, S. 11). Ist umgekehrt der Anfall an Schwurgerichtssachen so gering, daß eine Kammer mit Schwurgerichtssachen nicht ausgelastet wäre, so können ihr auch allgemeine Strafsachen zugewiesen werden; diese Kammer muß dann, wenn sie als Schwurgerichtskammer tätig wird, diese Bezeichnung führen (dazu § 45, 2).

8a Eine in der Anfangszeit viel erörterte Frage (dazu *Kissel*, 12), war, in welchem Verhältnis dann der als solcher **nicht voll ausgelasteten Schwurgerichtskammer** zusätzlich zu den Schwurgerichtssachen allgemeine Strafkammersachen zugewiesen werden dürften. Nach *Kissel* aaO dürften der Schwurgerichtskammer andere Sachen „nur in ganz untergeordnetem Umfang übertragen werden, mit denen die zwischen großen Blöcken umfangreicher Sachen mitunter entstehende freie Kapazität genutzt werden kann"; *G. Schäfer*[4] S. 246 leitet aus BGHSt **27** 349 die Befürchtung her, daß den Schwurgerichtskammern zugewiesene Richter nur noch Schwurgerichtssachen, den Wirtschaftsstrafkammern zugewiesene nur noch Wirtschaftsstrafsachen bearbeiten dürften. Das entspricht aber nicht der Entwicklung der Rechtsprechung, wie sie sich aus BGHSt **31** 326; MDR **1987** 950 (s. dazu auch § 74 c, 8) ergibt. Danach gilt: Das Präsidium hat bei der Geschäftsverteilung allgemein bei Spruchkörpern mit gesetzlicher Spezialzuständigkeit darauf zu achten, daß, wenn sie erwartungsgemäß mit der Bearbeitung der Spezialsachen nicht voll ausgelastet sind, doch jedenfalls der Schwerpunkt ihrer Tätigkeit bei diesen Sachen liegt und eine Zuweisung anderer Sachen nur in dem Maße erfolgt, daß dadurch keine besondere Belastung hinsichtlich der Erfüllung der Spezialzuständigkeit eintritt. Bei einer solchen Berücksichtigung der schwerpunktmäßigen Spezialaufgabe kommt es nicht auf die rechnerisch abstrakte Zahl der jeweils zugewiesenen Sachen, sondern auf die Belastung mit den Spezialsachen in dem Sinne an, daß deren Belastung etwa 3/4 der Leistungsfähigkeit der Kammer ausmacht. Scheidet eine solche Handhabung — etwa bei einem kleinen LG — wegen zu geringen Anfalls an Schwurgerichtssachen aus, so bleibt der Weg des § 74 d.

9 e) **Auffangschwurgericht.** Ohne Rücksicht auf den Geschäftsanfall ist die Bildung einer weiteren Schwurgerichtskammer als „Auffangschwurgericht" notwendig, nämlich um bei Aufhebung eines Schwurgerichtsurteils dem Revisionsgericht die Zurückverweisung an eine andere Kammer des LG zu ermöglichen[12]. Dies kann zwar bei einem kleinen LG mit geringem Anfall an Schwurgerichtssachen dazu führen, daß bei den Richtern des Auffangschwurgerichts die gesetzgeberische Intention bei der Einrichtung von Schwurgerichtskammern (oben Rdn. 8) weitgehend leerläuft, da sie weniger als die Richter der Schwurgerichtskammer, deren Urteil aufgehoben wurde, Gelegenheit haben, die wünschenswerte Erfahrung in der Beurteilung solcher Fälle zu erlangen; der Gesetzgeber hat dies aber in Kauf genommen, da immerhin bereits ein Revisionsurteil vorliegt, das — jedenfalls im Regelfall — Anhaltspunkte für die weitere Beurteilung der

---

[11] BGHSt **27** 349 = NJW **1978** 1273 = JR **1978** 432 mit Anm. *Staiger*.

[12] BGHSt **27** 349 = JR **1978** 432; BGH NJW **1975** 743; *Rieß* NJW **1975** 92; *Benz* MDR **1976** 805; dazu § 45, 3 mit weit. Nachw.

Sache enthält[13]. Dieses Auffangschwurgericht ist auch dann gemäß § 354 Abs. 2 StPO zuständig, wenn das Revisionsgericht eine vom Schwurgericht abgeurteilte Sache unter Aufhebung des Urteils ohne weitere Angabe „an das Landgericht" zurückverweist, und zwar auch dann, wenn das aufgehobene Urteil nicht auf Verurteilung wegen Verbrechens nach § 74 Abs. 2, sondern wegen einer Straftat geringeren Gewichts lautete (oben Rdn. 8), das Revisionsgericht aber von der Möglichkeit, die Sache an eine allgemeine Strafkammer zurückzuverweisen, keinen Gebrauch gemacht hat[14]. Hat das Präsidium bei Aufstellung des Jahresgeschäftsplans die Bildung einer Auffangschwurgerichtskammer unterlassen, so muß es dies spätestens beim ersten Fall einer Zurückverweisung nachholen, auch wenn er gegen Ende des Geschäftsjahres anfällt; es darf dies nicht mit der Begründung ablehnen, damit würden „gezielt" für eine bestimmte Strafsache bestimmte Richter bestellt; auch für eine Anwendung des § 15 StPO ist kein Raum, wenn die Kammer aus den vorhandenen Richtern gebildet werden kann[15]. Ferner bedarf es der geschäftsplanmäßigen Bestimmung des Spruchkörpers zur Entscheidung über den Antrag auf Wiederaufnahme des Verfahrens gegen ein Schwurgerichtsurteil im Fall des § 140 a Abs. 3 Satz 1.

f) Übergang des Verfahrens von der allgemeinen Strafkammer auf die Schwurgerichtsstrafkammer. Hierbei handelt es sich um Fragen wie die, welche Folgerungen sich ergeben, wenn Anklage vor der allgemeinen Strafkammer erhoben wird, diese aber ihre Zuständigkeit zur Eröffnung verneint, weil sie die Schwurgerichtskammer für zuständig hält und auch diese ihre Zuständigkeit verneint, oder daß die allgemeine Strafkammer erst auf Grund der Beweisaufnahme in der Hauptverhandlung erkennt, daß nicht sie, sondern die Schwurgerichtsstrafkammer zuständig sei, etwa wenn wegen Vollrauschs (§ 323 a StGB) mit versuchtem Mord als zugrundeliegender Rauschtat Anklage erhoben und eröffnet ist und die allgemeine Strafkammer in der Hauptverhandlung die Überzeugung gewinnt, die Schuldfähigkeit des Angeklagten sei zur Tatzeit nicht ausgeschlossen gewesen. Insoweit ist auf LR-*Rieß* § 209 a StPO, 8 bis 12; LR-*K. Schäfer* Einl. Kap 12 134 bis 138 und LR-*Gollwitzer* StPO § 270, 29; § 328, 25, Fußn. 31, 32, 32 a und die Anm. von *Gössel* zu OLG Celle NStZ **1987** 240 zu verweisen. 10

g) Verhältnis der Schwurgerichtskammer zur Jugendkammer. Im Verfahren gegen Jugendliche und Heranwachsende wegen Straftaten der in § 74 Abs. 2 bezeichneten Art ist nach §§ 41 Abs. 1 Nr. 1, 108 Abs. 1 JGG anstelle der Schwurgerichtskammer die Jugendkammer zuständig. Dagegen war nach der Auslegung des früher geltenden Rechts bei einer Verbindung von Strafsachen dieser Art gegen Jugendliche und Heranwachsende mit solchen gegen Erwachsene (§ 103 JGG) das Schwurgericht zuständig, wenn auch nur einer der Angeklagten zur Tatzeit das 21. Lebensjahr vollendet hatte, weil das Schwurgericht alter Art angesichts seiner Besetzung als Gericht höherer Art gegenüber der Jugendkammer anzusehen sei und dem Erwachsenen das Recht, vor das höherrangige Gericht zu gelangen, nicht genommen werden dürfte[16]. Diese Rechtsprechung hat ihre Bedeutung verloren, da die Schwurgerichtskammer gegenüber der Jugendkammer kein Gericht höherer Ordnung ist (oben Rdn. 6)[16a]. Nach der jetzt geltenden Fassung des § 103 JGG entscheidet die Jugendkammer darüber, ob es zur Erfor- 11

---

[13] BGHSt **27** 349 = JR **1978** 432 mit Anm. *Steiger*.
[14] BGH bei *Holtz* MDR **1977** 810.
[15] OLG München MDR **1977** 1037 = JR **1978** 301 mit Anm. *Rieß* und Besprechung *Müller* MDR **1978** 337). Ergänzend wird auf LR-*Hanack* § 354 StPO, 53 ff verwiesen.
[16] BGHSt **9** 399; **10** 177.
[16a] OLG Saarbrücken NStZ **1985** 93; *Kissel* 6.

schung der Wahrheit oder aus anderen wichtigen Gründen geboten ist, das Verfahren gegen den Erwachsenen auch mit demjenigen gegen den Jugendlichen (Heranwachsenden) zur Verhandlung vor dem Schwurgericht zu verbinden.

12 h) **Schwurgerichtskammer und Staatsschutzstrafsachen (Absatz 2 Satz 2).** Nach § 74 Abs. 2 Satz 2 bleibt § 120 unberührt. Nach der Begründung des RegEntw. des 1. StVRG zu Art. 2 Nr. 16 (BTDrucks. 7 551, S. 101) soll durch diesen Satz 2 „das Verhältnis zwischen § 74 und § 120, insbesondere im Hinblick auf die nach § 120 Abs. 2 zur Zuständigkeit des OLG gelangten Sachen, geklärt werden". Tatsächlich brachte der Satz 2 zunächst wenig Klärung, er war vielmehr, wie in LR[23] § 74, 12 dargestellt, Anlaß zu Zweifelsfragen. Diese sind aber erledigt, nachdem durch das StVÄG 1979 einerseits § 74 e (Vorrangprinzip bei mehrfacher potentieller Spezialstrafkammerzuständigkeit) eingefügt, andererseits (Änderung des § 74 a Abs. 2; s. dort Rdn. 7, 11) klargestellt wurde, daß der Vorrang der Schwurgerichts- und der Wirtschaftsstrafkammer gegenüber der Staatsschutzstrafkammer grundsätzlich entfällt, wenn der Generalbundesanwalt wegen der besonderen Bedeutung des Falles vor der Eröffnung des Hauptverfahrens die Verfolgung übernimmt. Da nunmehr die Verweisung in § 120 Abs. 2 (jetzt Abs. 2 Nr. 1) eine Verweisung auf § 74 a Abs. 2 in seiner jetzt geltenden Fassung („die Zuständigkeit *des Landgerichts*...") bedeutet, wurde der Sinn des § 74 Abs. 2 Satz 2 eindeutig: der Vorrang der Schwurgerichtskammer verliert seine Bedeutung, wenn das OLG das Hauptverfahren entsprechend der Bewertung des Generalbundesanwalts eröffnet. Dagegen hat § 74 Abs. 2 Satz 2 gegenüber der letzten Änderung des § 120 — der Ausdehnung des Evokationsrechts des Generalbundesanwalts in § 120 Abs. 2 Nr. 2 und 3 durch das Gesetz zur Bekämpfung des Terrorismus vom 19. 12. 1986 (BGBl. I 2566) auf Straftaten, die, wie Mord, Totschlag und andere der dort bezeichneten Straftaten in den Zuständigkeitskatalog des § 74 Abs. 2 fallen — die gleiche Bedeutung wie die Negativklausel („wenn nicht") in § 24.

13 3. **Zuständigkeit als Berufungsgericht (Absatz 3).** § 74 Absatz 3 besagt nicht nur, daß die Strafkammern für die Entscheidung über die Berufung gegen die dort bezeichneten Urteile funktionell zuständig sind, sondern legt auch die örtliche Zuständigkeit der Strafkammer in dem Sinn fest, daß nur die dem Amtsgericht im Instanzenzug übergeordnete Strafkammer über die Berufung gegen sein Urteil entscheiden kann. Nach Ergehen des erstinstanzlichen Urteils ist es daher nicht möglich, durch Übernahme des Verfahrens nach § 377 StPO oder durch Übertragung der Entscheidung nach § 12 Abs. 2 StPO oder § 42 Abs. 3 JGG in diese Zuständigkeit einzugreifen[17]. Über den Umfang der **Strafgewalt** der Berufungsstrafkammer und über den Übergang vom Berufungs- zum erstinstanzlichen Verfahren s. § 24, 21. Über die Anfechtbarkeit eines Urteils nach Verbindung einer Berufungssache mit einer erstinstanzlichen Sache s. § 121, 7. Wegen der streitigen Behandlung des Falles, daß die als Berufungsgericht angegangene allgemeine große Strafkammer erst in der Hauptverhandlung auf Grund neuer Tatsachenfeststellungen die Zuständigkeit einer Spezialstrafkammer erkennt, vgl. LR-Einl. Kap **12** 138 a[18]. Die Zuständigkeit der Jugendkammer als Berufungsgericht ist in § 41 Abs. 2 Satz 1 JGG geregelt. Die Jugendkammer entscheidet auch, wenn im ersten Rechtszug in einer verbundenen Strafsache gegen einen Jugendlichen (Heranwachsen-

---

[17] BGHSt **10** 177; **11** 56, 62; **18** 261 = NJW **1963** 965; LR-*Gollwitzer* § 328 StPO 25, 31 bis 32 a.

[18] Die dort angeführte Entscheidung OLG Celle JR **1987** 31 mit Anm. *Seebode* ist auch veröffentlicht in NStZ **1987** 240 mit Anm. *Gössel*.

den) und einen Erwachsenen das Jugendgericht geurteilt hat (§ 103 Abs. 2 JGG) und nur der Erwachsene Berufung einlegt, weil der in § 41 Abs. 2 Satz 1 JGG geregelte Instanzenzug durch solche Veränderungen der Sachlage nicht berührt wird[19]. In gleicher Weise ist die Strafkammer als Berufungsgericht zuständig, wenn infolge Verbindung nach § 103 Abs. 1 JGG im ersten Rechtszug das Amtsgericht als Erwachsenengericht entschieden hat und nur der Jugendliche Berufung einlegt mit der Folge, daß ihm gemäß § 104 Abs. 1 Nr. 7, § 55 Abs. 2 JGG gegen das Urteil der Strafkammer Revision nicht mehr zusteht[20].

4. In Rhein- und Moselschiffahrtssachen entscheidet über die Berufung gegen Entscheidungen des Amtsgerichts als Rhein- und Moselschiffahrtsgericht das Oberlandesgericht (§ 14, 7).

§ 74 a

(1) Bei den Landgerichten, in deren Bezirk ein Oberlandesgericht seinen Sitz hat, ist eine Strafkammer für den Bezirk dieses Oberlandesgerichts als erkennendes Gericht des ersten Rechtszuges zuständig für Straftaten
1. des Friedensverrats in den Fällen des § 80 a des Strafgesetzbuches,
2. der Gefährdung des demokratischen Rechtsstaates in den Fällen der §§ 84 bis 86, 87 bis 90, 90 a Abs. 3 und des § 90 b des Strafgesetzbuches,
3. der Gefährdung der Landesverteidigung in den Fällen der §§ 109 d bis 109 g des Strafgesetzbuches,
4. der Zuwiderhandlung gegen ein Vereinigungsverbot in den Fällen des § 129 des Strafgesetzbuches und des § 20 des Vereinsgesetzes; dies gilt nicht, wenn dieselbe Handlung eine Straftat nach dem Betäubungsmittelgesetz darstellt.
5. der Verschleppung (§ 234 a des Strafgesetzbuches) und
6. der politischen Verdächtigung (§ 241 a des Strafgesetzbuches).
(2) Die Zuständigkeit des Landgerichts entfällt, wenn der Generalbundesanwalt wegen der besonderen Bedeutung des Falles vor der Eröffnung des Hauptverfahrens die Verfolgung übernimmt, es sei denn, daß durch Abgabe nach § 142 a Abs. 4 oder durch Verweisung nach § 120 Abs. 2 Satz 2 die Zuständigkeit des Landgerichts begründet wird.
(3) In den Sachen, in denen die Strafkammer nach Absatz 1 zuständig ist, trifft sie auch die in § 73 Abs. 1 bezeichneten Entscheidungen.
(4) Im Rahmen der Absätze 1 und 3 erstreckt sich der Bezirk des Landgerichts auf den Bezirk des Oberlandesgerichts.

Schrifttum. *Dallinger* Gerichtsverfassung und Strafverfahren nach dem 1. Strafrechtsänderungsgesetz, JZ **1951** 620; *Wagner* Rechtsfragen zu § 74 a, GA **1957** 161; *Kleinknecht* Verfahrensrecht des 4. Strafrechtsänderungsgesetzes, JZ **1957** 407; *Woesner* Rechtsstaatliches Verfahren in Staatsschutzsachen, NJW **1961** 533; *Sax* Zum Verfahren in Staatsschutzsachen im Ausland, JZ **1964** 41; *Martin* Wie steht es um unseren Staatsschutz? JZ **1975** 312; *Rieß* Die Bestimmung und Prüfung der sachlichen Zuständigkeit und verwandter Erscheinungen im Strafverfahren, GA **1976** 1; *Wagner* Die gerichtliche Zuständigkeit in Staatsschutzstrafsachen, FS Dreher (1977) 625.

---

[19] BGHSt **22** 48 = NJW **1968** 952 = LM Nr. 4 zu § 41 JGG mit Anm. *Hübner*; OLG Düsseldorf NJW **1968** 2020. BGHSt **13** 157 = NJW **1959** 1964 ist überholt.

[20] BayObLG NJW **1971** 953.

§ 74 a GVG   Gerichtsverfassungsgesetz

Entstehungsgeschichte. § 74 a wurde eingefügt durch Art. 3 Nr. 2 des 1. StrÄG 1951 — in Berlin übernommen durch Ges. vom 30. 10. 1951, GVBl. 994 —. Der Zuständigkeitskatalog (Absatz 2) wurde nach zwischenzeitlichen Änderungen und Erweiterungen (vgl. Art. 3 des 4. StrÄG 1957, Art. 2 des 6. StrÄG 1960, § 27 des Vereinsges. vom 5. 8. 1964, BGBl. I 593) neu gefaßt durch Art. 4 des 8. StrÄG 1968. Die bisherigen Eingangsworte des Absatzes 1 („Eine Strafkammer des Landgerichts, in dessen Bezirk das Oberlandesgericht seinen Sitz hat, ist für den Bezirk des Oberlandesgerichts") wurden durch Art. 1 Nr. 4 StaatsschStrafsG — lediglich zur Verdeutlichung und ohne sachliche Änderung — durch die jetzige Fassung ersetzt. Durch das gleiche Gesetz wurden in Absatz 2 die Worte „Abgabe oder Überweisung nach § 134 a Abs. 2 oder 3" durch die Worte „Abgabe nach ... Verweisung nach § 120 Abs. 2 Satz 2" ersetzt. Durch Art. 22 Nr. 4 EGStGB 1974 wurden die Eingangsworte des Absatzes 1 „zuständig für Verbrechen und Vergehen" in „zuständig für Straftaten" und in Absatz 1 Nr. 2 die Paragraphenaufzählung „84 bis 90, 90 a..." durch „84 bis 86, 87 bis 90, 90 a..." ersetzt. Durch Art. 2 Nr. 6 StVÄG 1979 sind in Absatz 2 jeweils die Worte „des Landgerichts" an die Stelle der Worte „der Strafkammer" getreten (dazu unten Rdn. 7). Durch Art. 3 des Ges. zur Neuordnung des Betäubungsmittelrechts vom 28. 7. 1981 (BGBl. I 681) wurde dem Absatz 1 Nr. 4 der Halbsatz 2 angefügt.

Geltung im Land Berlin. Nach Art. 324 Abs. 5 EGStGB gelten im Land Berlin für § 74 a Abs. 1 folgende Besonderheiten: a) Nr. 2 ist in folgender Fassung anzuwenden: „2. der Gefährdung des demokratischen Rechtsstaates in den Fällen der §§ 85, 86, 87 bis 90, 90 a Abs. 3 und des § 90 b des Strafgesetzbuches"; b) Nr. 3 ist nicht anzuwenden.

Übersicht

	Rdn.		Rdn.
1. Allgemeines		4. Die sachliche Zuständigkeit der Staatsschutzstrafkammer	
a) Sprachgebrauch	1	a) Zuständigkeitskatalog	5
b) Erweiterung des Anwendungsgebiets auf Truppen der Nato-Staaten	2	b) Erweiterte Zuständigkeit	6
		5. Übernahme der Verfolgung	7
2. Bedeutung der Zuständigkeitskonzentration	3	a) Besondere Bedeutung des Falles	8
		b) Vor Eröffnung des Hauptverfahrens	9
		c) Im Eröffnungsverfahren	10
3. Auswirkungen der Zuständigkeitskonzentration	4	d) Abgabe	11
		e) Eröffnungsverfahren	12

1. Allgemeines

1 **a) Sprachgebrauch.** Das Gesetz hat — anders als beim Schwurgericht und der Wirtschaftsstrafkammer — der nach § 74 a zuständigen Strafkammer keinen besonderen Namen gegeben. In der Praxis hat sich die Bezeichnung **Staatsschutzstrafkammer** weitgehend durchgesetzt. Sie ist allerdings zu eng, da der in Absatz 1 Nr. 4 genannte § 129 StGB (kriminelle Vereinigung) nicht nur staatsgefährdende Vereinigungen unter Strafe stellt. Jedenfalls ist es nicht zulässig, aus der nichtamtlichen Bezeichnung eine Verneinung der Zuständigkeit mit der Begründung herleiten, die kriminelle Vereinigung nach § 129 StGB verfolge keine staatsgefährdende Ziele.

2 **b) Erweiterung des Anwendungsgebiets auf Truppen der Natostaaten.** § 74 a wird erweitert durch die Art. 7, 8, 12 des 4. StrÄG vom 11. 6. 1957 (BGBl. I 597), mehrfach und zuletzt geändert durch Art. 147 EGStGB 1974. Nach Art. 7 Abs. 2 des Ges. gelten §§ 87, 89, 90 a Abs. 1 Nr. 2 und Abs. 2, jeweils in Verb. mit §§ 92 a, 92 b, und die §§ 109

bis 109g in Verb. mit §§ 109i, 109k StGB mit gewissen Modifikationen auch für Straftaten gegen die nichtdeutschen Vertragsstaaten des Nordatlantikpakts, ihre in der Bundesrepublik stationierten Truppen und die im Land Berlin anwesenden Truppen, nach Absatz 4 jedoch nur, sofern diese im räumlichen Geltungsbereich des 4. Strafrechtsänderungsges. begangen werden. Art. 8 bestimmt: „Für die Anwendung der Vorschriften des Gerichtsverfassungsgesetzes über die gerichtliche Zuständigkeit und die Übernahme, Abgabe oder Überweisung der Untersuchung, Verhandlung und Entscheidung in Strafsachen stehen die in Art. 7 Abs. 1, 2 und 4 genannten Verbrechen und Vergehen den ihnen entsprechenden Verstößen gegen Vorschriften des Strafgesetzbuchs gleich". Diese Vorschriften sind gemäß Art. 12 Abs. 3 des 4. StRÄG in Vbdg. mit der Bek. vom 2.7.1963 (BGBl. I 455) und vom 16.6.1963 (BGBl. I 428, II 745) am 1.7.1963 in Kraft getreten.

2. Bedeutung der Zuständigkeitskonzentration (Absatz 1). § 74a begründet für die **3** Staatsschutzstrafkammer eine zweifache Zuständigkeitskonzentration: a) er begründet zunächst innerhalb des LG — und insoweit entspricht er dem § 74 Abs. 2 — die sachliche Zuständigkeit der erstinstanzlichen Strafkammer für die in § 74a bezeichneten Straftaten und schließt insoweit auch die amtsgerichtliche Zuständigkeit aus, während die Zuständigkeit der Staatsschutzkammer entfällt, wenn diejenige des OLG nach § 120 Abs. 1 gegeben ist; b) weitergehend als § 74 Abs. 2 entzieht § 74a Abs. 1, 4 den Strafkammern der übrigen Landgerichte im Bezirk des OLG die Zuständigkeit für die in § 74a bezeichneten Straftaten. Vergleichbar den Fällen der §§ 58, 74d GVG, § 33 Abs. 4 JGG ist für die Straftaten nach § 74a Abs. 1 ein den Bezirk des ganzen OLG umfassender LGbezirk geschaffen, in dem ausschließlich das in § 74a Abs. 1 bezeichnete LG örtlich und sachlich zuständig ist (dazu unten Rdn. 4); c) wie in den Fällen des § 74 Abs. 2 (dort Rdn. 9) legt § 74a dem Präsidium die Pflicht auf, beim Bestehen mehrerer erstinstanzlicher Strafkammern einer bestimmten Strafkammer die Strafsachen nach § 74a zuzuweisen, um die besonderen Erfahrungen und Kenntnisse nutzbar zu machen, die die in diesen Spruchkörpern tätigen Richter aus der Befassung mit der Spezialmaterie gewinnen[1]. Das schließt — auch hier in gleicher Weise wie bei der Schwurgerichtsstrafkammer (§ 74, 9) — nicht aus, eine weitere Staatsschutzstrafkammer zu bilden, wenn der Geschäftsanfall die Kräfte einer Kammer übersteigt, und umgekehrt einer nicht ausgelasteten Staatsschutzstrafkammer auch allgemeine Strafsachen zuzuweisen[2]. Wegen der Bildung von Auffangstaatsschutzstrafkammern gilt das in § 74, 9 Ausgeführte[3].

3. Auswirkungen der Zuständigkeitskonzentration (Absatz 4). Die Bedeutung des **4** Absatzes 4, der die örtliche Zuständigkeit der Staatsschutzstrafkammer auf den Bezirk des OLG ausdehnt und insoweit gewissermaßen einen neuen LGBezirk schafft, wurde früher (auch in der 22. Auflage § 74a, 2b) darin gesehen, daß den Strafkammern der übrigen LG des OLGbezirks die örtliche Zuständigkeit für die in § 74a Abs. 1 bezeichneten Straftaten zugunsten der Staatsschutzstrafkammer des LG, in dessen Bezirk das OLG seinen Sitz hat, entzogen worden sei. Diese Betrachtungsweise war die Folge

---

[1] Schon angesichts dieser Zweckbestimmung erledigt sich der in der Anfangszeit der Tätigkeit der Staatsschutzstrafkammern mitunter in der Presse erhobene Vorwurf, sie stellten grundgesetzwidrige Ausnahmegerichte dar. Er bedarf heute keiner weiteren Widerlegung mehr (vgl. dazu LR[23] § 74a, 4; *Kissel* 2.

[2] So schon früher BGHSt **13** 378; *Warda* DRiZ **1957** 35; *Wagner* GA **1957** 164; *Eb. Schmidt* 15.

[3] Vgl. BGH bei *Holtz* MDR **1977** 811.

einer fehlenden gesetzlichen Klärung der Rechtslage, die seitdem durch das StVÄG 1979 erfolgt ist. Von deren Darstellung kann hier abgesehen werden, da das Nötige an anderer Stelle dieses Kommentars ausgeführt ist[4].

4. Die sachliche Zuständigkeit der Staatsschutzstrafkammer

5   a) **Der Zuständigkeitskatalog des § 74 a Abs. 1** umfaßt auch (dazu § 74, 7) den Versuch der Beteiligung (§ 30 StGB) im Fall des § 234 a StGB[5], und wohl auch, obwohl sie ein selbständiges Vergehen darstellt, die Strafvereitelung nach § 258 StGB (*Eb. Schmidt* 2). Zusammenhängende Strafsachen (§§ 4, 13 StPO) können, wenn sie z. T. unter § 74 a fallen, nur bei der Staatsschutzstrafkammer verbunden werden[6]. Zu der die Nr. 4 des Katalogs betreffenden Einschränkung: „dies gilt nicht ... nach dem Betäubungsmittelgesetz darstellt" ist zu bemerken: Die Herausnahme der mit einer Straftat nach dem BetMG zusammentreffenden Staatsschutzdelikte erfolgte — wie bei der entsprechenden Regelung der Zuständigkeit der Wirtschaftsstrafkammer in § 74 c Abs. 1 Nr. 3 — aus der Erwägung, daß nach den Erfahrungen der Praxis bei der Bekämpfung der Betäubungsmittelkriminalität die Kenntnis der örtlichen Verhältnisse, insbesondere der Drogenszene, von besonderer Bedeutung sei (vgl. dazu BTDrucks. **8** 3551 S. 48, 54 Nr. 60). Der Wortlaut der Nr. 4 Halbsatz 2 läßt offen, ob die Vorschrift nur den Fall betrifft, daß gegen den Beschuldigten tateinheitlich lediglich der Vorwurf eines Verstoßes gegen das BtMG erhoben wird, oder ob sie darüber hinaus auch den Fall erfaßt, daß mit dem Verstoß gegen § 74 a Abs. 1 Nr. 4 Halbsatz 1 neben dem Verstoß gegen das BtMG tateinheitlich — und vielleicht sogar schwerpunktmäßig — der Vorwurf eines Verstoßes gegen andere Straftaten — z. B. §§ 180 a, 223 StGB — zusammentrifft. Die Materialien (Prot. der 98. Sitzung des Rechtsausschusses vom 12. 6. 1980 Nr. 98/61) ergeben keine weiteren Anhaltspunkte für die Auslegung). OLG Stuttgart (Beschl. vom 21. 12. 1988 — 5 HEs 174/88) hat die Vorschrift im ersteren Sinn ausgelegt. Dem ist zuzustimmen (s. dazu auch *Katholnigg* NStZ **1981** 417, 420 f), da, wie es scheint, Fragen der Mischkriminalität bei Schaffung der Vorschrift noch keine Rolle spielten; für Fälle der 2. Alternative bleibt es also bei der Zuständigkeit der Staatsschutzstrafkammer.

6   b) **Erweiterte Zuständigkeit (Absatz 3).** Über die Zuständigkeit als erkennendes Gericht des ersten Rechtszuges (Absatz 1) hinaus erstreckt Absatz 3 — eingefügt durch das 4. StRÄG vom 11. 6. 1957 zur Klarstellung früher hervorgetretener Zweifelsfragen[7] — die Zuständigkeit der Staatsschutzkammer auf die in § 73 Abs. 1 bezeichneten Entscheidungen. Sie erteilt auch im Vorverfahren die Zustimmung zur Einstellung nach § 153 Abs. 1 StPO[8] und nach §§ 153 a Abs. 1, 153 b Abs. 1 StPO. Unberührt bleibt jedoch die Zuständigkeit des Generalbundesanwalts und des OLG zur Einstellung des Verfahrens nach §§ 153 c Abs. 4, 153 d, 153 e StPO (BGHSt **11** 52).

7   **5. Übernahme der Verfolgung (Absatz 2)**[9]. Der Generalbundesanwalt kann durch Übernahme der Verfolgung die Zuständigkeit der Strafkammer aufheben und die des

---

[4] Vgl. dazu insbes. LR-*Rieß* StPO § 209, 6, 45; § 209 a, 15; LR-Einl. Kap. **12** 142, sowie die Erläuterungen zu § 74 e.

[5] Dagegen nicht im Fall des § 241 a Abs. 4 StGB, da die Verwirklichung der beiden dort „benannten" Beispielsfälle die Tat nicht zum Verbrechen macht (vgl. LK[10] § 241 a, 10).

[6] *Wagner* GA **1957** 167.

[7] Vgl. OLG Frankfurt NJW **1955** 960; OLG München NJW **1955** 1808.

[8] So schon für das frühere Recht BGHSt **12** 399.

[9] Wegen der auch gegen diese weitere Form einer „beweglichen Zuständigkeit" im Schrifttum erhobenen Einwendungen muß auf LR Einl. Kap. **13** 119 ff und LR § 16, 7 ff verwiesen werden.

OLG (§ 120 Abs. 2) begründen. Durch die Übernahme entfällt nicht nur die Zuständigkeit der Staatsschutz-Strafkammer, sondern auch — das ist der Sinn der durch das StVÄG 1979 zur Bereinigung einer bis dahin bestehenden Streitfrage (dazu LR[23] § 74 a, 14) erfolgten Änderung des § 74 a Abs. 2 (Ersetzung von „der Strafkammer" durch „des Landgerichts"; vgl. Begr. BTDrucks. **8 976** S. 66) — die Zuständigkeit einer nach dem Vorrangprinzip des § 74 e (Nr. 1 und 2) etwa begründeten Zuständigkeit der Schwurgerichts- und Wirtschaftsstrafkammer[10]. Das Übernahmerecht ist sachlich und zeitlich begrenzt; es kann nur ausgeübt werden:

a) wegen der **besonderen Bedeutung des Falles.** Sie liegt vor, wenn die Tat nach **8** ihrem Umfang und ihrer Gefährlichkeit, nach der Persönlichkeit und Stellung des Beschuldigten oder aus anderen Gründen sich von den durchschnittlichen Fällen unterscheidet. Die besondere Bedeutung muß sich aus dem Fall als solchem ergeben, es genügt z. B. zur Evokation nicht, daß eine Einstellung nach § 153 d StPO in Betracht kommt[11]. Die Staatsanwaltschaft beim LG hat, wenn sie diese Voraussetzungen für gegeben hält, den Generalbundesanwalt zu unterrichten (näheres Nr. 204 Abs. 2 RiStBV). Ob der Fall besondere Bedeutung hat, entscheidet zunächst der Generalbundesanwalt. Bejaht er sie, so *muß* er nach den von BVerfGE **9** 223 = NJW **1959** 871 für die bewegliche Zuständigkeit entwickelten Grundsätzen (§ 16, 10; § 24, 17) die Sache an sich ziehen. Das OLG ist jedoch an seine Auffassung nicht gebunden, sondern kann und muß bei der Eröffnung des Hauptverfahrens beim Fehlen besonderer Bedeutung die Sache zur Verhandlung und Entscheidung an das LG verweisen (§ 120 Abs. 2 Satz 2).

b) bis zur **Eröffnung des Hauptverfahrens.** Ist bereits Anklage erhoben, so wirkt **9** die Übernahme der Sache wie die Zurücknahme der öffentlichen Klage. Die Übernahme der Sache im Ermittlungsverfahren hat zur Folge, daß über Beschwerden gegen die Entscheidungen des Richters beim AG das OLG nach § 120 Abs. 3 entscheidet (BGHSt **9** 351, 352).

c) Im Eröffnungsverfahren. Wegen des Falles, daß im Verfahren über die Eröff- **10** nung des Hauptverfahrens die Staatsschutzkammer die Zuständigkeit des OLG wegen der besonderen Bedeutung des Falles für gegeben hält, vgl. LR-*Rieß* § 209 StPO, 46.

d) Abgabe. Hat der Generalbundesanwalt eine Sache übernommen, so kann und **11** muß er sie — solange nicht eine Anklageschrift oder eine Antragsschrift (§ 440 StPO) beim OLG eingereicht ist; § 142 a Abs. 2 gilt sinngemäß auch hier — nach § 142 a Abs. 4 wieder an die Landesstaatsanwaltschaft abgeben, wenn sich die Annahme, der Fall sei von besonderer Bedeutung, durch die weiteren Ermittlungen als eindeutig nicht oder nicht mehr zutreffend erweist. Eine nochmalige Übernahme durch den Generalbundesanwalt vor Eröffnung des Hauptverfahrens ist zulässig und geboten, wenn der Fall inzwischen besondere Bedeutung gewonnen hat[12].

e) Eröffnungsverfahren. Klagt der Generalbundesanwalt bei dem OLG an (§ 170 **12** StPO), so muß dieses auch dann eröffnen, wenn es die besondere Bedeutung des Falles verneint. Es kann (und muß) dann aber die Sache zur Verhandlung und Entscheidung an das LG überweisen (§ 120 Abs. 2 Satz 2). Es tritt also kraft Gesetzes der Eröffnungsbeschluß des OLG an die Stelle des Eröffnungsbeschlusses, den die Staatsschutzstraf-

---

[10] BGH NJW **1988** 1474; *Kleinknecht/Meyer*[39] 4 mit weit. Nachw.

[11] *Lüttger* JZ **1964** 574; s. auch LR-*Rieß* § 153 c StPO, 26; § 153 e StPO, 17.

[12] *Müller-Sax* 2 b 3; *Wagner* 168; *Eb. Schmidt* 32.

§ 74 c GVG Gerichtsverfassungsgesetz

kammer erlassen hätte, wenn die Sache bei ihr angeklagt worden wäre. Damit steht deren Zuständigkeit endgültig und unabänderlich fest. Diese kann weder die Sache dem OLG zu erneuter Beschlußfassung vorlegen, wenn nach ihrer Auffassung der Fall eindeutig von besonderer Bedeutung ist[13], noch kann sie gemäß § 270 StPO verfahren, wenn sich in der Hauptverhandlung die besondere Bedeutung ergibt (§ 24, 17).

§ 74 b

¹In Jugendschutzsachen (§ 26 Abs. 1 Satz 1) ist neben der für allgemeine Strafsachen zuständigen Strafkammer auch die Jugendkammer als erkennendes Gericht des ersten Rechtszuges zuständig. ²§ 26 Abs. 2 und §§ 73 und 74 gelten entsprechend.

1 Der durch § 121 Ziff. 2 JGG 1953 eingefügte § 74 b ergänzt den § 26 dahin, daß, soweit die Zuständigkeit der erstinstanzlichen Strafkammer nach § 74 Abs. 1 gegeben ist, der Staatsanwalt bei Jugendschutzsachen unter den Voraussetzungen des § 26 Abs. 2 vor der allgemeinen Strafkammer oder vor der Jugendkammer die Anklage erheben kann. Eine allgemeine Strafkammer kann durch die Geschäftsverteilung zur Jugendschutzkammer bestimmt werden, indem ihr Jugendschutzsachen allein oder neben anderen Sachen zugewiesen werden. Dann entfällt meist ein Bedürfnis, Jugendschutzsachen vor die Jugendkammer zu bringen. Auf die auch die Bedeutung des § 74 b mitumfassenden Erläuterungen zu § 26 wird verwiesen. Hinzuweisen ist ferner auf § 209 a Nr. 2 Buchstabe b StPO. Mit dieser durch das StVÄG 1979 geschaffenen Vorschrift verfolgte der Gesetzgeber ausweislich der Begründung BTDrucks. 8 976 S. 44 das Ziel. **a)** eine gerichtliche Kontrolle der Zuständigkeitswahl zwischen Jugend- und Erwachsenengerichten zu gewährleisten und dadurch den verfassungsrechtlichen Bedenken gegen ein Wahlrecht der StA zu begegnen, **b)** in einfacher Weise die Klärung von Zuständigkeitskonflikten im Eröffnungsverfahren zu ermöglichen. Zur Auslegung der Vorschrift im einzelnen vgl. LR-*Rieß* § 209 a StPO, 31 f.

2 Hat im ersten Rechtszug in einer Jugendschutzsache der Jugendrichter oder das Jugendschöffengericht entschieden, so ist, wie die Verweisung auf §§ 73, 74 Abs. 2 ergibt, stets die Jugendkammer auch als **Berufungs- und Beschwerdegericht** zuständig, ohne daß es darauf ankommt, ob ihr diese Zuständigkeit im Geschäftsverteilungsplan des Landgerichts beigelegt ist (vgl. § 26, 10).

§ 74 c

(1) Für Straftaten
1. nach dem Patentgesetz, dem Gebrauchsmustergesetz, dem Halbleiterschutzgesetz, dem Sortenschutzgesetz, dem Warenzeichengesetz, dem Geschmacksmustergesetz, dem Urheberrechtsgesetz, dem Gesetz gegen den unlauteren Wettbewerb, dem Aktiengesetz, dem Gesetz über die Rechnungslegung von bestimmten Unternehmen und Konzernen, dem Gesetz betreffend die Gesellschaften mit beschränkter Haf-

---

[13] Ebenso *Woesner* NJW **1961** 535; s. auch BGHSt **21** 268.

tung, dem Handelsgesetzbuch, dem Gesetz zur Ausführung der EWG-Verordnung über die Europäische wirtschaftliche Interessenvereinigung und dem Genossenschaftsgesetz,

2. nach den Gesetzen über das Bank-, Depot-, Börsen- und Kreditwesen sowie nach dem Versicherungsaufsichtsgesetz,
3. nach dem Wirtschaftsstrafgesetz 1954, dem Außenwirtschaftsgesetz, den Devisenbewirtschaftungsgesetzen sowie dem Finanzmonopol-, Steuer- und Zollrecht, auch soweit dessen Strafvorschriften nach anderen Gesetzen anwendbar sind; dies gilt nicht, wenn dieselbe Handlung eine Straftat nach dem Betäubungsmittelgesetz darstellt, und nicht für Steuerstraftaten, welche die Kraftfahrzeugsteuer betreffen,
4. nach dem Weingesetz und dem Lebensmittelrecht,
5. des Computerbetruges, des Subventionsbetruges, des Kapitalanlagebetruges, des Kreditbetruges, des Bankrotts, der Gläubigerbegünstigung und der Schuldnerbegünstigung,
6. des Betruges, der Untreue, des Wuchers, der Vorteilsgewährung und der Bestechung, soweit zur Beurteilung des Falles besondere Kenntnisse des Wirtschaftslebens erforderlich sind,

ist, soweit nach § 74 Abs. 1 als Gericht des ersten Rechtszuges und nach § 74 Abs. 3 für die Verhandlung und Entscheidung über das Rechtsmittel der Berufung gegen die Urteile des Schöffengerichts das Landgericht zuständig ist, eine große Strafkammer als Wirtschaftsstrafkammer zuständig.

(2) In den Sachen, in denen die Wirtschaftsstrafkammer nach Absatz 1 zuständig ist, trifft sie auch die in § 73 Abs. 1 bezeichneten Entscheidungen.

(3) [1]Die Landesregierungen werden ermächtigt, zur sachdienlichen Förderung oder schnelleren Erledigung der Verfahren durch Rechtsverordnung einem Landgericht für die Bezirke mehrerer Landgerichte ganz oder teilweise Strafsachen zuzuweisen, welche die in Absatz 1 bezeichneten Straftaten zum Gegenstand haben. [2]Die Landesregierungen können die Ermächtigung durch Rechtsverordnung auf die Landesjustizverwaltungen übertragen.

(4) Im Rahmen des Absatzes 3 erstreckt sich der Bezirk des danach bestimmten Landgerichts auf die Bezirke der anderen Landgerichte.

Schrifttum. *Tiedemann* Wirtschaftsstrafrecht und Wirtschaftskriminalität, 1976; *Heintz* Die Bekämpfung der Wirtschaftskriminalität mit strafrechtlichen Mitteln — unter besonderer Berücksichtigung des 1. WiKG, GA **1977** 193, 225; *Berckhauer* Die Erledigung von Wirtschaftsstraftaten durch Staatsanwaltschaften und Gerichte, ZStW **89** [1977] 1015, 1088; *Achenbach* Aus der Rechtsprechung zum Wirtschaftsstrafrecht NStZ **1988** 97; *Müller-Wabnitz* Wirtschaftskriminalität (1986); *Schwind/Gerich/Berckhauer/Ahlbon* Bekämpfung der Wirtschaftskriminalität erläutert am Beispiel von Niedersachsen, JR **1980** 228.

Entstehungsgeschichte. § 74 c wurde eingefügt durch Gesetz vom 8. 9. 1971 (BGBl. I 1513). In seiner ursprünglichen Gestalt enthielt der aus drei Absätzen bestehende § 74 c in Absatz 1 die Ermächtigung für die Landesregierungen, nach dem Vorbild des § 58 katalogmäßig aufgezählte Straftaten einem LG für die Bezirke mehrerer LG zuzuweisen. Nach Absatz 2 war das so bestimmte LG auch zuständig, wenn bei Zusammenhang einer Katalogtat mit einer anderen Straftat das Schwergewicht bei der ersteren Tat lag. Im Lauf der Zeit wurde der Kreis der Katalogtaten erweitert (dazu LR[23] bei „Entstehungsgeschichte"). Die jetzt geltende Fassung der Voschrift beruht zunächst auf Art. 2 Nr. 7 des StVÄG 1979. Der Katalog des Absatzes 1 ist seither wiederholt erweitert worden und zwar zunächst durch Art. 8 Nr. 2 des 2. Gesetzes zur Bekämpfung der Wirtschaftskriminalität vom 15. 2. 1986 (BGBl. I 721 und dazu BTDrucks. **10** 318 S. 53 f;

§ 74 c GVG   Gerichtsverfassungsgesetz

„Handelsgesetzbuch" in Nr. 1, „Computerbetrug" und „Kapitalanlagebetrug" in Nr. 5), dann durch § 16 Abs. 3 des Gesetzes vom 14. 4. 1988 (BGBl. I 514; Europäische wirtschaftliche Interessenvereinigung in Nr. 1) und zuletzt durch Art. 9 des Gesetzes zur Stärkung des Schutzes des geistigen Eigentums und zur Bekämpfung der Produktpiraterie (PrPG) vom 7. 3. 1990 (BGBl. I 422; Straftaten nach den Gesetzen über den gewerblichen Rechtsschutz in Nr. 1 am Anfang). Absatz 4 entspricht dem früheren Absatz 3.

Übersicht

	Rdn.		Rdn.
1. Entwicklungsgeschichte	1	4. Erweiterte Zuständigkeit als Beschluß- und Beschwerdegericht	6
2. Erstinstanzliche Zuständigkeit		5. Bildung gemeinschaftlicher Wirtschaftskammern (Absatz 3 und 4)	
a) Zuweisungsprinzip	2	a) Zulässigkeit	7
b) Zuständigkeitskatalog	3	b) Stellung der Wirtschaftskammer	8
c) Konzentration bei einer Kammer	4	c) Schöffen	9
3. Berufungszuständigkeit	5		

1 1. **Entwicklungsgeschichte.** Anders als das Schwurgericht (§ 74 Abs. 2) und die sog. Staatsschutzstrafkammer (§ 74 a) war nach früherem Recht (dazu LR-*Schäfer*[23] § 74 c, 2) die Wirtschaftskammer des § 74 c a. F kein allgemein bei dem LG zu bildender Spruchkörper mit gesetzlicher — katalogmäßig festgelegter — Zuständigkeitskonzentration. Vielmehr überließ es § 74 c a. F den Landesregierungen, nach dem Vorbild des § 58 durch Rechtsverordnung einem LG für den Bezirk mehrerer LG ganz oder teilweise Strafsachen aus dem in § 74 c Abs. 1 a. F bezeichneten Bereich der Wirtschaftskriminalität zuzuweisen. Im einzelnen bestanden über die Zuständigkeit einer so gebildeten Wirtschaftsstrafkammer mancherlei Zweifel, deren beschleunigter Erledigung der frühere § 13 b StPO dienen sollte. Jetzt ist die Wirtschaftsstrafkammer zu einem Spruchkörper mit gesetzlicher Zuständigkeitskonzentration umgestaltet worden und zwar unter Klärung der früher streitigen Berufungszuständigkeit (dazu LR-*Schäfer*[23] § 74 c, 3) und der Regelung des Vorrangs gegenüber der Schwurgerichts-, der Staatsschutzstrafkammer und der allgemeinen großen Strafkammer (§ 74 e). Eine örtliche Zuständigkeitskonzentration ermöglicht Absatz 3. Damit hatte § 13 b StPO seine Bedeutung verloren und ist durch Art. 1 Nr. 4 StVÄG 1979 aufgehoben worden.

2. **Erstinstanzliche Zuständigkeit**

2 a) **Zuweisungsprinzip.** Als Gericht des ersten Rechtszuges ist *eine* große Strafkammer des LG für die in Absatz 1 Nr. 1 bis 6 bezeichneten Straftaten zuständig, soweit für diese nach § 74 Abs. 1 die große Strafkammer zuständig ist. Demgemäß ist die Zuständigkeit der Wirtschaftskammer — anders als bei der Schwurgerichts- und der Staatsschutzstrafkammer — nicht in allen Fällen schon durch die Art der Straftat begründet. Vielmehr kommt es bei Sachen, die in die amtsgerichtliche Zuständigkeit fallen, darauf an, ob diese wegen der Rechtserfolgenerwartung (§ 24 Abs. 1 Nr. 2) oder deswegen entfällt, weil die StA wegen der besonderen Bedeutung des Falles Anklage beim LG erhebt (§ 24 Abs. 1 Nr. 3). Was die Anwendbarkeit des § 24 Abs. 1 Nr. 2 anlangt, so ist, wenn neben einer Katalogtat weitere selbständige Straftaten beim LG angeklagt werden, die Wirtschaftskammer auch dann zuständig, wenn wegen der Katalogtat allein keine Freiheitsstrafe von mehr als drei Jahren zu erwarten ist, sondern diese Erwartung nur für die insgesamt zu erwartende Strafe begründet ist. Dies ergibt sich, von weiteren Überlegungen abgesehen, schon daraus, daß in § 74 c n. F der § 74 Abs. 2 a. F, wonach bei verschiedenen Straftaten die Wirtschaftskammer nur zuständig war, wenn das Schwergewicht bei der Wirtschaftsstrafkammer lag, ersatzlos gestrichen worden ist[1]. Bei den in Absatz 1 Nummer 6 bezeichneten Straftaten besteht die Zuständigkeit nur, wenn zur Beurteilung des Falles besondere Kenntnisse des Wirtschaftslebens erforderlich sind (dazu unten Rdn. 5, 6). Ausgenommen von der Zuständigkeit der Wirtschaftsstrafkammer sind Straftaten, die tateinheitlich mit Straftaten zusammentreffen, welche nach § 74 Abs. 2 in die Zuständigkeit des Schwurgerichts fallen, weil nach § 74 e die Schwurgerichtszuständigkeit den Vorrang hat; wegen des Falles der Verbindung von Wirtschafts- und Schwurgerichtsstrafsachen bei Zusammenhang vgl. § 2 Abs. 1 Satz 2 n. F StPO (§ 2, 1 StPO). Ohne Bedeutung für die Zuständigkeit der Wirtschaftsstrafkammer ist dagegen Zusammentreffen oder Verbindung wegen Zusammenhangs mit Sachen, die nach § 74 a Abs. 1 zur Zuständigkeit der Staatsschutzstrafkammer gehören, da nach § 74 e der Wirtschaftsstrafkammer der Vorrang zukommt; jedoch bleibt hier das Evokationsrecht des Generalbundesanwalts bei besonderer Bedeutung des Falles unberührt (§ 74 a, 7). Zur Frage der Zuständigkeit der Wirtschaftsstrafkammer, wenn die unter den Katalog des Absatz 1 fallenden Gesetzesverletzungen nach § 154 a Abs. 1, 2 StPO ausgeschieden oder nach § 154 a Abs. 3 StPO wieder einbezogen werden, s. LR-*Rieß* § 154 a StPO, 14 ff mit weit. Nachw.

b) Zu dem mehrfach erweiterten **Zuständigkeitskatalog** des Abs. 1 (s. unter Entstehungsgeschichte) ist zu bemerken, daß es bei den aufgeführten Straftaten — wie bei den Schwurgerichtssachen (§ 74 Rdn. 6) — auf deren Erscheinungsform (Täterschaft, Versuch, Beihilfe) nicht ankommt. Unberührt geblieben sind die Zuständigkeitsbeschränkungen in Abs. 1 Nr. 3 Halbsatz 2 („dies gilt nicht..."), die der Entlastung der Wirtschaftsstrafkammer dienen. Die Beschränkung bei Steuerstraftaten, die die Kraftfahrzeugsteuer betreffen, entspricht hergebrachtem Recht (so schon früher § 391 Abs. 4 AO bzgl. der Zuständigkeit der durch das Präsidium zu bildenden Steuerstrafkammer, die jetzt — vgl. Änderung des § 391 Abs. 3 AO durch Art. 5 StVÄG 1979 — nicht mehr besteht, und deren Zuständigkeit in derjenigen der Wirtschaftsstrafkammer aufgegangen ist). Durch die Beschränkung bei Handlungen, die zugleich eine Straftat nach dem Betäubungsmittelgesetz darstellen, soll — von weiteren Gründen abgesehen, vgl. BTDrucks. **8** 976, S. 67 — verhindert werden, daß die Wirtschaftsstrafkammern durch die Befassung mit Betäubungsmitteldelikten, die fast stets mit Steuer- und Zolldelikten tateinheitlich zusammentreffen, überlastet werden. Ferner sind Diebstahl, Unterschlagung und Hehlerei — abweichend von § 74 c Abs. 1 Nr. 6 a. F — nicht mehr aufgenommen, weil anzunehmenderweise nur in seltenen Fällen die Beurteilung dieser Straftaten besondere Kenntnisse des Wirtschaftslebens (s. dazu Rdn. 5) erfordert (BTDrucks. **8** 976, S. 104, 111).

c) Konzentration bei einer Kammer. Die Bestimmung, daß *eine* (große) Strafkammer als Wirtschaftsstrafkammer zuständig ist, legt — in gleicher Weise wie bei der Schwurgerichtskammer (§ 74, 8) und der Staatsschutzstrafkammer (§ 74 a, 3) — dem Präsidium die Pflicht auf, beim Bestehen mehrerer erstinstanzlicher Strafkammern einer bestimmten Strafkammer die in § 74 c Abs. 1 bezeichneten Strafsachen zuzuweisen, um die besonderen Erfahrungen und Kenntnisse — auch im Interesse einer möglichst einheitlichen Rechtshandhabung — nutzbar zu machen, die die diesem Spruchkörper zugewiesenen Richter aus der Befassung mit dieser Spezialmaterie gewinnen. Dadurch wird

---

[1] OLG Karlsruhe NStZ **1985** 517.

§ 74 c GVG Gerichtsverfassungsgesetz

aber — auch hier in gleicher Weise wie bei den beiden anderen Spezialspruchkörpern — nicht ausgeschlossen, eine weitere Wirtschaftsstrafkammer zu bilden, wenn der Geschäftsanfall die Kräfte einer Kammer übersteigt und umgekehrt einer nicht voll ausgelasteten Wirtschaftsstrafkammer auch allgemeine Strafsachen zuzuweisen[2]; im letzteren Fall müßte die Kammer auch äußerlich zum Ausdruck bringen, wenn sie als Wirtschaftsstrafkammer tätig wird. Ein Vorschlag des Bundesrats, förmlich die Zulässigkeit der Bildung „gemischter" Kammern durch das Präsidium unter Wahrung eines bestimmten Mischungsverhältnisses vorzusehen („[Der Wirtschaftsstrafkammer] können in begrenztem Umfang auch Strafsachen nach §74 Abs. 1 zugewiesen werden"), fand mangels Bedürfnisses und wegen der Gefahr der Mißdeutung keine Zustimmung[3]. Der Rechtsausschuß sah sich vielmehr zu dem Hinweis veranlaßt, es dürften „an den Begriff der vollen Auslastung keine allzustrengen Anforderungen zu stellen sein, weil das Präsidium diese Frage für das Geschäftsjahr im voraus beurteilen muß. Zu berücksichtigen wird auch sein, daß eine volle Auslastung mit Wirtschaftsstrafsachen, die erfahrungsgemäß meist größeren Umfang haben, nicht notwendig bereits einer vollen Auslastung mit Strafsachen — auch kleineren Umfangs — schlechthin entsprechen muß"[4]. Wegen der seitdem durch die Rechtsprechung erfolgten Konkretisierung des Verhältnisses von Wirtschaftsstrafsachen zu zuweisungsfähigen allg. Strafsachen vgl. unten Rdn. 5. Dabei ist neben der „ordentlichen" Wirtschaftsstrafkammer stets auch eine „Auffang-"Wirtschaftsstrafkammer für die Fälle zu bilden, daß das Revisionsgericht die Sache an eine andere Kammer des LG zurückverweist[5].

5   **3. Berufungszuständigkeit.** Die Wirtschaftsstrafkammer ist ferner **Berufungsgericht** gegenüber Urteilen der Schöffengerichte (nicht auch der Strafrichter) ihres Bezirks, die Straftaten der in Absatz 1 Nr. 1 bis 6 bezeichneten Art zum Gegenstand haben; bei einer Zuständigkeitskonzentration nach Absatz 3 erstreckt sich gemäß Absatz 4 die Berufungszuständigkeit auch auf die Schöffengerichtsurteile des erweiterten Bezirks. Nach dem Vorrangprinzip des §74 e hat die Wirtschaftsstrafkammer den Vorrang vor der allgemeinen großen Strafkammer als Berufungsgericht nach §74 Abs. 3, denn §74 e ist gerade deshalb nicht auf die erstinstanzliche Zuständigkeit beschränkt, um auch Zuständigkeitsüberschneidungen im Berufungsrechtszug zu erfassen (Begr. BTDrucks. **8** 976, S. 67). Das Vorrangprinzip gibt demgemäß auch den Ausschlag bei der Abgrenzung der Berufungszuständigkeit bezgl. der in §74 c Abs. 1 Nr. 6 bezeichneten Straftaten (Betrug, Untreue usw.), die nur dann in die Zuständigkeit der Wirtschaftsstrafkammern fallen, wenn zur Beurteilung des Falles **besondere Kenntnisse des Wirtschaftslebens** erforderlich sind. Darunter sind besondere Fachkenntnisse zu verstehen, die außerhalb allgemeiner Erfahrung liegen, sich auf besondere Wirtschaftskreise eigene oder geläufige Verfahrensweisen beziehen oder auf schwer zu durchschauende Mechanismen des modernen Wirtschaftsleben[6]. Dabei ist in sinngemäßer Anwendung der Grundgedanken der §§ 209 Abs. 2, 209 a, 225 a StPO, §74 e der Wirtschaftsstrafkammer die Kompetenz-Kompetenz zuzugestehen, mit bindender Wirkung gegenüber der allgemeinen großen Strafkammer, die nach der Geschäftsverteilung als Berufungsgericht gegenüber Schöffengerichtsurteilen wegen Betrugs, Untreue usw. zuständig wäre, zu ent-

---

[2] BGH NJW **1978** 1273, 1594 mit Anm. *Katholnigg*; § 74, 8; § 74 a, 3.
[3] BTDrucks. **8** 976, S. 104, 111; Bericht des Rechtsausschusses BTDrucks. **8** 1844, S. 33.
[4] Ausschußbericht aaO; dazu *Katholnigg* NJW **1978** 2376.
[5] Rechtsausschußbericht aaO; § 74, 9.
[6] OLG München JR **1980** 79 mit Anm. *Rieß*; OLG Koblenz NStZ **1986** 327; *Kissel* 5.

scheiden, ob zur Beurteilung des Falles besondere Kenntnisse des Wirtschaftslebens erforderlich sind[6a]. Ein solcher Fall mag selten sein, denn wenn solche Kenntnisse erforderlich sind, wird es sich im allgemeinen wohl um Fälle handeln, in denen wegen der besonderen Bedeutung des Falles die Erhebung der Anklage vor der Wirtschaftsstrafkammer gerechtfertigt ist.

4. Erweiterte Zuständigkeit als Beschluß- und Beschwerdegericht. Über die Zuständigkeit der Wirtschaftsstrafkammer als erkennendes Gericht des ersten und des Berufungsrechtszuges hinaus erstreckt **Absatz 2** deren Zuständigkeit auf die in § 73 Abs. 1 bezeichneten Entscheidungen. Absatz 2 folgt damit — die Begründung (BTDrucks. **8** 976, S. 66) hebt dies ausdrücklich hervor — dem Vorbild des § 74 a Abs. 3[7]. Jedoch ist hier die Frage der Zuständigkeit der Wirtschaftsstrafkammer komplizierter als bei der Staatsschutzstrafkammer. Denn während die Zuständigkeit der Staatsschutzstrafkammer durch den geschlossenen Straftatenkatalog des § 74 a Abs. 1 begründet ist, hängt die erstinstanzliche Zuständigkeit der Wirtschaftsstrafkammer, die zugleich den Zuständigkeitsbereich des § 74 c Abs. 2 begrenzt, nach § 74 Abs. 1 z. T. davon ab, daß die Staatsanwaltschaft wegen der besonderen Bedeutung des Falles Anklage beim LG erhebt, und in den Fällen des § 74 c Abs. 1 Nr. 6 auch davon, daß zur Beurteilung des Falles besondere Kenntnisse des Wirtschaftslebens erforderlich sind (oben Rdn. 2). Ist z. B. nach §§ 153 Abs. 1, 153 a Abs. 1 StPO zur Einstellung des Verfahrens oder zur vorläufigen Abstandnahme von der Erhebung der Klage durch die Staatsanwaltschaft die Zustimmung des für die Eröffnung des Hauptverfahrens zuständigen Gerichts erforderlich, so müssen für die Zuständigkeitsnachprüfung im Vorverfahren der Natur der Sache nach die gleichen Grundsätze gelten wie bei der Erhebung der Anklage wegen dieser Sachen. Auch hier wie bei den entsprechenden Überlegungen zur Berufungszuständigkeit (Rdn. 5) entspricht es den Grundgedanken der erstinstanzlichen Zuständigkeitsabgrenzung zwischen den Spruchkörpern mit gesetzlicher Zuständigkeitskonzentration untereinander und gegenüber der allgemeinen Strafkammer und der prozessualen Durchführung des Vorranggrundsatzes, daß bei Zuständigkeitsüberschneidungen für das Beschwerde- und Beschlußverfahren letztlich der Wirtschaftsstrafkammer die Entscheidung zusteht, ob der Sache besondere Bedeutung zukommt und ob zur Beurteilung des Falles besondere Kenntnisse des Wirtschaftslebens erforderlich sind[8]. S. dazu in diesem Zusammenhang auch den Fall BGH NStZ **1987** 132: Anklage der StA bei der allgemeinen Strafkammer, die sie wegen zwei Steuervergehen (§ 74 c Abs. 1 Nr. 3) betreffender Anklagepunkte der Wirtschaftskammer vorlegte. Diese stellte auf Antrag der StA das Verfahren wegen einer der beiden Steuervergehen nach § 154 Abs. 2 StPO vorläufig ein und eröffnete im übrigen das Hauptverfahren vor der allgemeinen Strafkammer. Dort erhob der Verteidiger vor der Vernehmung des Angekl. zur Sache gemäß § 6 a Satz 2 StPO den Einwand der Unzuständigkeit, den das Gericht zurückwies, um später, als der Verteidi-

---

[6a] Ebenso *Rieß* JR **1988** 79, 81; LR-*Rieß* § 209 a 14; *Meyer-Goßner* NStZ **1981** 114; *Kissel* 7; **a. M** OLG München JR **1980** 77; s. auch nachstehend Rdn. 6.

[7] Hat über den Widerruf der Strafaussetzung als Gericht des ersten Rechtszuges das Schöffengericht in einer Strafsache zu entscheiden, die unter den Katalog des § 74 c Abs. 1 fällt, so ist nach LG Hildesheim wistra **1985** 245 als Beschwerdegericht die Wirtschaftsstrafkammer zuständig. S. auch OLG Koblenz NStZ **1986** 327; NStZ **1986** 425 mit Anm. *Rieß* betr. Zuständigkeit des OLG-Strafsenats zur Überprüfung der Zuständigkeit der Wirtschaftsstrafkammer, wenn diese im Rahmen einer Haftbeschwerde die Sache an die allgemeine Strafkammer abgab und gegen deren Entscheidung über die Haftbeschwerde weitere Beschwerde eingelegt wird.

[8] Ebenso *Meyer-Goßner* NStZ **1981** 174; s. auch LR-*Wendisch* § 6 a, 7; 8 StPO.

§ 74 c GVG Gerichtsverfassungsgesetz

ger seinen Einwand wiederholte, auf Antrag der StA auch wegen des noch anhängigen weiteren Steuervergehens das Verfahren nach § 154 Abs. 2 StPO vorläufig einzustellen. Die auf § 338 Nr. 4 StPO gestützte Revision des Angekl. blieb ohne Erfolg: der Wegfall der die Zuständigkeit nach § 74 c begründenden Anklagepunkte durch Ausscheiden nach § 154 Abs. 2 StPO werde — von Fällen der Willkür abgesehen — durch den Einwand nach § 6 a Satz 2 nicht gehindert, denn durch diesen entstehe keine unangreifbare, die prozessualen Gestaltungsmöglichkeiten des Gerichts einschränkende Rechtsposition. S. auch § 74 e Rdn. 3.

5. Bildung gemeinschaftlicher Wirtschaftsstrafkammern (Absatz 3 und 4)

7 **a) Zulässigkeit.** Nach dem **Vorbild der §§ 58, 74 d** kann eine gemeinschaftliche Wirtschaftsstrafkammer für die Bezirke mehrerer LG gebildet werden. Die verschiedenen LG, für deren Bezirke die gemeinsame Wirtschaftsstrafkammer gebildet wird, brauchen nicht demselben OLG anzugehören (§ 58, 4); durch Ländervereinbarung kann eine gemeinschaftliche Wirtschaftsstrafkammer auch für Landgerichtsbezirke verschiedener Länder gebildet werden (arg. § 120 Abs. 5 Satz 2). Der gemeinschaftlichen Wirtschaftsstrafkammer können die Aufgaben einer Wirtschaftskammer (§ 74 c Abs. 1, 2) ganz oder teilweise zugewiesen werden. Es ist also z. B. zulässig, der gemeinsamen Wirtschaftsstrafkammer nur bestimmte Straftaten aus dem Katalog des § 74 c Abs. 1 Nr. 1 bis 6 zuzuweisen oder nur erstinstanzliche Wirtschaftsstrafsachen zu konzentrieren und die Berufungssachen bei den Wirtschaftsstrafkammern zu belassen, die für diese Aufgabe dann bei allen Landgerichten zu errichten wären. Dagegen wäre es — abweichend von der Regelung des § 58 für das gemeinsame AG (vgl. dort Rdn. 8) — nicht möglich, die Zuweisung an die gemeinschaftliche Wirtschaftsstrafkammer auf „Entscheidungen bestimmter Art in Strafsachen" zu beschränken. Auch die Zuweisung der Aufgaben der Wirtschaftsstrafkammer an eine auswärtige Strafkammer (§ 78) ist nicht zulässig (§ 78, 4).

8 **b) Stellung der Wirtschaftsstrafkammer.** Nach **Absatz 4** hat die Zuständigkeitskonzentration zur Folge, daß sich die örtliche Zuständigkeit der gemeinschaftlichen Wirtschaftsstrafkammer über den Bereich des LG, bei dem sie eingerichtet ist, hinaus auf die Bezirke des anderen LG erstreckt und so gewissermaßen ein sachlich begrenzter neuer LG-Bezirk entsteht (OLG Karlsruhe MDR **1976** 164). Im übrigen aber bleibt die gemeinschaftliche Wirtschaftsstrafkammer nach allen Richtungen eine Strafkammer des LG, bei dem sie gebildet ist, insbes. hinsichtlich der Zuständigkeit des Präsidiums. Dieses kann ihr auch allgemeine Strafsachen zuweisen, wobei — wie allgemein bei Spruchkörpern mit gesetzlicher Spezialzuständigkeit — darauf zu achten ist, daß dadurch keine besondere Belastung hinsichtlich der Erfüllung der Spezialzuständigkeit eintritt; bei einer solchen Berücksichtigung der schwerpunktmäßigen Spezialaufgabe kommt es nicht auf die Zahl der rechnerisch abstrakt zugewiesenen Sachen, sondern auf die Belastung mit Wirtschaftsstrafsachen an eine Grenze, die der BGH bei etwa 3/4 der Leistungsfähigkeit ansetzt[9]. Zuweisungen gemäß Absatz 3 sind z. B. erfolgt in Bayern durch VO vom 23. 12. 1978 (GVBl. 957), in Rheinland-Pfalz durch VO vom 15. 12. 1978 (GVBl. 790); in Niedersachsen durch VO vom 21. 12. 1978 (GVBl. 836); in Bad.-Württemberg durch VO vom 15. 12. 1978 (GVBl. 637).

9 **c) Schöffen.** Für die Schöffen der gemeinschaftlichen WiStK gelten die allgemeinen Vorschriften des § 77 Abs. 2, da es an einer dem § 58 Abs. 2 entsprechenden Vorschrift fehlt (*Kissel* 17).

---

[9] BGHSt **31** 326; MDR **1987** 950.

Fünfter Titel. Landgerichte

§ 74 d

¹Die Landesregierungen werden ermächtigt, durch Rechtsverordnung einem Landgericht für die Bezirke mehrer Landgerichte die in § 74 Abs. 2 bezeichneten Strafsachen zuzuweisen, sofern dies der sachlichen Förderung der Verfahren dient. ²Die Landesregierungen können die Ermächtigung auf die Landesjustizverwaltung übertragen.

Entstehungsgeschichte. § 74 d wurde eingefügt durch Art. 2 Nr. 21 des 1. StVRG 1974. Der bisherige Absatz 2: „Die Landesjustizverwaltung verteilt die Zahl der erforderlichen Hauptschöffen auf sämtliche Amtsgerichte des durch Rechtsverordnung nach Absatz 1 gebildeten Bezirks" wurde durch Art. 2 Nr. 8 StVÄG 1979 gestrichen.

1. Bedeutung der Vorschrift. Eine dem § 74 d entsprechende Vorschrift enthielt bereits für das frühere Schwurgericht § 92 Abs. 1, 4 a. F. Die Vorschrift trägt den Fällen Rechnung, in denen bei kleineren Landgerichten der Anfall an Schwurgrichtssachen so gering oder so unregelmäßig ist, daß bei ihnen die Bildung einer Schwurgerichtskammer, deren Sitzungstage im voraus für das ganze Jahr festgelegt werden (§§ 45, 77), aus praktischen Gründen, insbesondere wegen der Verzögerung der Aburteilung verhandlungsreifer Sachen, nicht in Betracht kommt; auch wäre dann der Grundgedanke, der der Schaffung von Spruchkörpern mit gesetzlicher Zuständigkeitskonzentration zugrundeliegt — die besonderen Kenntnisse und Erfahrungen der in dem Spezialspruchkörper tätigen Richter für eine bessere Rechtsfindung und gleichmäßige Rechtshandhabung nutzbar zu machen —, bei einem geringen Anfall an einschlägigen Sachen nicht zu verwirklichen. Wie im Fall des § 58 (dort Rdn. 4) ist nicht erforderlich, daß die verschiedenen Landgerichte, für deren Bezirke das gemeinsame Schwurgericht gebildet wird, demselben Oberlandesgerichtsbezirk angehören.

2. Die **Streichung des Absatzes 2** erfolgte, weil es besonderen Schwurgerichtsschöffen nicht mehr gibt. Es gilt jetzt § 77 Abs. 2 Satz 1 n. F, wonach die Aufgabe der Verteilung dem Präsidenten desjenigen LG zufällt, bei dem das gemeinschaftliche Schwurgericht gebildet ist; dies gilt auch, wenn die verschiedenen LG, für deren Bezirke das gemeinsame Schwurgericht gebildet ist, nicht demselben OLG-Bezirk angehören.

§ 74 e

Unter verschiedenen nach den Vorschriften der §§ 74 bis 74 d zuständigen Strafkammern kommt
1. in erster Linie dem Schwurgericht (§ 74 Abs. 2, § 74 d),
2. in zweiter Linie der Wirtschaftsstrafkammer (§ 74 c),
3. in dritter Linie der Strafkammer nach § 74 a
der Vorrang zu.

Schrifttum. *Meyer-Goßner* Die Behandlung von Zuständigkeitsstreitigkeiten zwischen allgemeinen und Spezialstrafkammern beim Landgericht, NStZ **1981** 168. Weiteres Schrifttum s. bei § 209 StPO.

Entstehungsgeschichte. § 74 e wurde eingefügt durch Art. 2 Nr. 9 StVÄG 1979.

1. Allgemeines. § 74 e bildet die Grundnorm, nach der sich die Zuständigkeit bei Zuständigkeitsüberschneidungen, sei es gegenüber anderen Strafkammern mit gesetzli-

§ 74 e GVG Gerichtsverfassungsgesetz

cher Zuständigkeitskonzentration, sei es gegenüber der allgemeinen Strafkammer richtet und zwar nicht nur, wenn es sich um die erstinstanzliche Zuständigkeit als erkennendes Gericht handelt, sondern auch in anderen Fällen (s. dazu § 74 c, 5; 6). Der Vorrang kommt jeweils der Strafkammer zu, die in der Aufzählung an höherer Stelle („in erster Linie" usw.) steht. Die allgemeine Strafkammer nach § 74 Abs. 1, 3 ist in § 74 e nur mittelbar („... nach den Vorschriften der §§ 74 ...") aufgeführt, weil ihr niemals der Vorrang vor den Spezialkammern zukommt. Wegen der Wirkung der Vorrangstellung vgl. LR-*Rieß* § 209 StPO, 8 ff.

2 2. **Abstufung des Vorrangs.** Maßgebend für die vom Gesetz festgesetzte Rangfolge ist die Schwere der dem Spruchkörper zur Aburteilung zugewiesenen Straftaten. Deshalb hat das Schwurgericht in erster Linie den Vorrang, und zwar das Schwurgericht des örtlich zuständigen Landgerichts. Für den Vorrang der Wirtschafts- vor der Staatsschutzstrafkammer war die Überlegung maßgebend, daß schwerere Straftaten im Staatsschutzbereich nach § 120 Abs. 1, 2 an das Oberlandesgericht gelangen. Der Vorschlag des Bundesrats, in zweiter Linie der Staatsschutzstrafkammer den Vorrang einzuräumen (BTDrucks. 8 976, S. 104), fand keine Zustimmung, weil Überschneidungsfälle von Wirtschafts- und Staatsschutzstrafsachen selten seien und die Richtertätigkeit in Wirtschaftsstrafsachen ein höheres Maß an Spezialisierung und an Fachwissen außerhalb der Rechtswissenschaft erfordern als die Tätigkeit bei der Staatsschutzstrafkammer (Begr. BTDrucks. 8 976, S. 111; Ausschußbericht BTDrucks. 8 1844, S. 33). Jedoch kann nach § 143 Abs. 4 (vgl. § 143, 3, 5, 8) die aus § 74 a abgeleitete Zuständigkeit der StA auch für den Fall „aufrechterhalten werden", daß die Zuständigkeit der Staatsschutzstrafkammer nach § 74 e zugunsten eines bei einem anderen LG eingerichteten Spruchkörpers, insbesondere des Schwurgerichts, aber auch der Wirtschaftsstrafkammer, untergeht. Auch das Evokationsrecht des Generalbundesanwalts wird nicht dadurch ausgeschlossen, daß die Zuständigkeit der Staatsschutzstrafkammer hinter der der Wirtschaftsstrafkammer zurücktritt (§ 74 a, 1).

3 3. **Bestimmung und Prüfung der Zuständigkeit im konkreten Verfahren.** An das in § 74 e geregelte Vorrangsverhältnis der „besonderen Strafkammern" knüpfen die Vorschriften in §§ 2 Abs. 1 Satz 2, 6 a, 209 a, 225 a, 270 an. Auf die Erläuterung dieser Vorschriften, insbes. auf LR-*Rieß* § 209 a StPO, 8 ff ist zu verweisen. Aus der Vorrangstellung der Wirtschaftsstrafkammer gegenüber der allgemeinen Strafkammer hat OLG Koblenz NStZ **1986** 425 (mit Anm. *Rieß*) gefolgert, daß die Wirtschaftsstrafkammer befugt sei, ihre Zuständigkeit zur Entscheidung über die Beschwerde gegen einen im *Vorverfahren* ergangenen amtsgerichtlichen Beschluß — hier: die von der StA vorgelegte Beschwerde des Beschuldigten gegen die vom AG angeordnete Haftfortdauer — zu verneinen (hier: „weil die Beurteilung des Falles keine besonderen Kenntnisse des Wirtschaftslebens erfordert") und die Sache „mit bindender Wirkung" an die allgemeine Strafkammer abzugeben, mit der Folge, daß eine gegen den Abgabebeschluß gerichtete Beschwerde der StA unzulässig sei. Wegen der Zweifelsfragen und Bedenken, die diese Entscheidung auslöst, vgl. *Rieß* aaO.

4 4. Das **Verhältnis** der Strafkammern mit gesetzlicher Zuständigkeitskonzentration **zu den Jugendgerichten** richtet sich nach den durch Art. 3 StVÄG 1979 geänderten Vorschriften des Jugendgerichtsgesetzes. Hier sind grundsätzlich bei Zuständigkeitsüberschneidungen wegen der besonderen Aufgaben der Jugendgerichte diese zuständig (Grundsatz der Spezialität). Nur wenn Strafsachen gegen Jugendliche und Erwachsene verbunden werden (§ 103 Abs. 1 JGG) und die Strafsache gegen Erwachsene nach § 74 e

Stand: 1. 5. 1990

Fünfter Titel. Landgerichte § 76 GVG

GVG zur Zuständigkeit der Wirtschaftsstrafkammer oder der Staatsschutzstrafkammer gehört, sind diese auch für die Strafsache gegen den Jugendlichen zuständig (§ 103 Abs. 2 n. F JGG); dies gilt jedoch nicht, wenn die Zuständigkeit dieser Spezialkammern nach § 74 e gegenüber derjenigen des Schwurgerichts zurücktritt (vgl. dazu auch § 209 a Nr. 2 StPO und LR-*Rieß* § 209 a 19 ff; sowie OLG Karlsruhe NStZ **1987** 375).

§ 75
(betr. Besetzung der Zivilkammer).

§ 76

¹Die Strafkammern sind mit drei Richtern einschließlich des Vorsitzenden und zwei Schöffen (große Strafkammer), im Verfahren über Berufungen gegen ein Urteil des Strafrichters mit dem Vorsitzenden und zwei Schöffen (kleine Strafkammer) besetzt. ²Bei Entscheidungen außerhalb der Hauptverhandlung wirken die Schöffen nicht mit.

Entstehungsgeschichte. Die Fassung des § 76 beruht auf dem am 1. 4. 1987 in Kraft getretenen Art. 2 Nr. 3 des StVÄG 1987. Die frühere Fassung (wegen deren Entstehungsgeschichte vgl. die Ausführungen LR²³ zu § 76) lautete:

(1) Die Strafkammern entscheiden außerhalb der Hauptverhandlung in der Besetzung von drei Mitgliedern mit Einschluß des Vorsitzenden.

(2) In der Hauptverhandlung ist die Strafkammer besetzt:
mit dem Vorsitzenden und zwei Schöffen (kleine Strafkammer), wenn sich die Berufung gegen ein Urteil des Strafrichters richtet;
mit drei Richtern einschließlich des Vorsitzenden und zwei Schöffen bei den in § 74 Abs. 2 bezeichneten Strafsachen (Schwurgericht);
mit drei Richtern einschließlich des Vorsitzenden und zwei Schöffen in allen übrigen Fällen (große Strafkammer).

Zur Bedeutung der sachlichen Abweichungen vom bisherigen Recht führt die Begründung des RegEntw. BTDrucks. **10** 1313 S. 43 aus: „Durch die Neufassung wird erreicht, daß der Vorsitzende der kleinen Strafkammer außerhalb der Hauptverhandlung — anders als im geltenden Recht — allein tätig wird. Die Zuständigkeit der kleinen Strafkammer erstreckt sich wie im geltenden Recht nur auf Berufungsverfahren gegen Urteile des Strafrichters. Damit ist zugleich klargestellt, daß im übrigen die große Strafkammer zuständig ist, also auch für Entscheidungen außerhalb der Hauptverhandlung über Beschwerden gegen Verfügungen und Entscheidungen des Richters beim Amtsgericht (§ 73 GVG). Über Beschwerden gegen Beschlüsse des Strafrichters, mögen sie auch im Zusammenhang mit dem durch Berufung angefochtenen Urteil stehen, entscheidet also weiterhin die große Strafkammer".

1. Zahl der Mitglieder. Wenn auch die Strafkammern bei der einzelnen Entscheidung stets nur mit der in § 76 vorgeschriebenen Richterzahl besetzt sein dürfen (§ 192), so kann doch die Zahl der Richter, die einer Strafkammer zugeteilt werden, mehr als drei betragen (§ 16, 13 und § 21 g, 4). **1**

§ 76 GVG Gerichtsverfassungsgesetz

2 **2. Erscheinungsformen der Strafkammern.** Die Strafkammern (§ 60) entscheiden in verschiedenen Erscheinungsformen: in der Hauptverhandlung teils in der Besetzung mit einem Richter (dazu § 21 f Abs. 1) und zwei Schöffen (kleine Strafkammer), teils in der Besetzung mit drei Richtern und zwei Schöffen (große Strafkammer). Außerhalb der Hauptverhandlung entscheiden die großen Strafkammern stets in der Besetzung mit drei Richtern, und zwar selbst dann, wenn sie Beschlüsse erlassen, denen die Bedeutung eines Urteils zukommt (z. B. § 441 Abs. 2 StPO). Eine Besonderheit gilt für die Strafvollstreckungskammer des § 78 a, die zwar trotz ihrer Regelung außerhalb des 5. Titels begrifflich auch eine Strafkammer i. S. des § 60 darstellt, die aber aufgabenmäßig nur außerhalb einer Hauptverhandlung tätig wird, die nicht mit Schöffen besetzt ist, und die nach § 78 b teils in der Besetzung mit einem Richter, teils in der Besetzung mit drei Richtern entscheidet und im Zusammenhang mit § 76 nicht zu behandeln ist (dazu die Erläuterungen Vor § 78 a und zu § 78 a und § 78 b). Unberührt bleibt die Befugnis des Vorsitzenden nach § 141 StPO, allein über die Bestellung eines Verteidigers zu entscheiden.

3 **3. Verbindung von Strafsachen.** Über die Zuständigkeit der großen Strafkammer in erster Instanz vgl. die Erl. zu §§ 24, 74, 74 a, 74 c. Gemäß § 237 StPO können vor der großen Strafkammer anhängige erstinstanzliche Strafsachen mit Verfahren verbunden werden, in denen dieselbe oder eine andere große Strafkammer des Landgerichts über die gegen ein Schöffengerichtsurteil eingelegte Berufung zu entscheiden hat (BGHSt **19** 177; **26** 274). Unter den Voraussetzungen des § 237 StPO ist es aber auch zulässig, mit erstinstanzlichen bei der großen Strafkammer anhängigen Sachen Berufungsstrafsachen zu verbinden, über die an sich die kleine Strafkammer desselben Landgerichts zu entscheiden hätte (BGHSt **26** 271); dann ist das Gericht zwar in der Hauptverhandlung mit drei Richtern und zwei Schöffen besetzt, im übrigen jedoch bewirkt die Verbindung keine völlige Verschmelzung der verbundenen Sachen, vielmehr folgt jede Sache den für sie geltenden Verfahrensvorschriften weiter (BGHSt **19** 182; **26** 275; NStZ **1988** 323; vgl. auch BGH NStZ **1990** 242, zum Abdruck in BGHSt bestimmt; *Meyer-Goßner* DRiZ **1990** 284). Wegen der Zuständigkeit des Revisionsgerichts vgl. § 121, 8.

4. Jugendsachen

4 a) Die **Jugendkammer** ist in der Hauptverhandlung als Gericht des ersten Rechtszuges in entsprechender Weise wie die große Strafkammer (drei Richter, zwei Jugendschöffen) besetzt (§ 33 Abs. 3 JGG): Für die Besetzung außerhalb der Hauptverhandlung gilt § 76, 1 GVG (§ 2 JGG): Eine Abweichung von der Regelung in § 76 besteht darin, daß die Jugendkammer als Berufungsgericht stets, wie als erstinstanzliches Gericht, mit drei Richtern und zwei Jugendschöffen besetzt ist, also ohne Unterschied, ob sich die Berufung gegen ein Urteil des Jugendrichters oder des Jugendschöffengerichts richtet; eine Unterscheidung zwischen „kleiner" und „großer" Jugendkammer kennt das Gesetz nicht (§ 41 JGG). In dieser Besetzung entscheidet die Jugendkammer auch als Jugendschutzkammer (§ 74 b).

5 b) Wegen der Frage, ob die **landesrechtlichen Vorschriften für das Verfahren in Feld- und Forstrügesachen,** denen zufolge im ersten Rechtszug stets der Strafrichter und in der Berufungsinstanz die kleine Strafkammer entscheidet, auch bei Verfehlungen Jugendlicher gelten, vgl. § 25, 11.

6 **5. Zuständigkeitsüberschreitung.** Hat statt der großen Strafkammer die kleine entschieden und damit in den Zuständigkeitsbereich eines Spruchkörpers mit höherer

Strafgewalt eingegriffen, so hat das Revisionsgericht diesen Mangel (als Verfahrensvoraussetzung) von Amts wegen zu beachten und die Sache unter Aufhebung des angefochtenen Urteils an die große Strafkammer zurückzuverweisen (BayObLG GA **1971** 88). Hat dagegen statt der kleinen Strafkammer die große entschieden, so ist der Rechtsfehler nach § 269 StPO unschädlich. Wegen des Falles, daß statt des zuständigen Jugendgerichts das Erwachsenengericht entschieden hat, vgl. § 13, 9.

§ 77

(1) Für die Schöffen der Strafkammern gelten entsprechend die Vorschriften über die Schöffen des Schöffengerichts mit folgender Maßgabe:

(2) [1]Der Präsident des Landgerichts verteilt die Zahl der erforderlichen Hauptschöffen für die Strafkammer auf die zum Bezirk des Landgerichts gehörenden Amtsgerichtsbezirke. [2]Die Hilfsschöffen wählt der Ausschuß bei dem Amtsgericht, in dessen Bezirk das Landgericht seinen Sitz hat. [3]Hat das Landgericht seinen Sitz außerhalb seines Bezirks, so bestimmt die Landesjustizverwaltung, welcher Ausschuß der zum Bezirk des Landgerichts gehörigen Amtsgerichte die Hilfsschöffen wählt. [4]Ist Sitz der Landgerichts eine Stadt, die Bezirke von zwei oder mehr zum Bezirk des Landgerichts gehörenden Amtsgerichten oder Teile davon umfaßt, so gilt für die Wahl der Hilfsschöffen durch die bei diesen Amtsgerichten gebildeten Ausschüsse Satz 1 entsprechend; die Landesjustizverwaltung kann bestimmte Amtsgerichte davon ausnehmen. [5]Die Namen der gewählten Hauptschöffen und der Hilfsschöffen werden von dem Richter beim Amtsgericht dem Präsidenten des Landgerichts mitgeteilt. [6]Der Präsident des Landgerichts stellt die Namen der Hauptschöffen zur Schöffenliste zusammen.

(3) [1]An die Stelle des Richters beim Amtsgericht tritt für die Auslosung der Reihenfolge, in der die Hauptschöffen an den einzelnen ordentlichen Sitzungen teilnehmen, und der Reihenfolge, in der die Hilfsschöffen an die Stelle wegfallender Schöffen treten, der Präsident des Landgerichts; § 45 Abs. 4 Satz 3, 4 gilt entsprechend. [2]Die Entscheidung darüber, ob ein Schöffe von der Schöffenliste zu streichen ist, sowie über die von einem Schöffen vorgebrachten Ablehnungsgründe trifft eine Strafkammer. [3]Im übrigen tritt an die Stelle des Richters beim Amtsgericht der Vorsitzende der Strafkammer.

(4) [1]Ein ehrenamtlicher Richter darf für dasselbe Geschäftsjahr nur entweder als Schöffe für das Schöffengericht oder als Schöffe für die Strafkammern bestimmt werden. [2]Ist jemand für dasselbe Geschäftsjahr in einem Bezirk zu mehreren dieser Ämter oder in mehreren Bezirken zu diesen Ämtern bestimmt worden, so hat der Einberufene das Amt zu übernehmen, zu dem er zuerst einberufen wird.

Entstehungsgeschichte. Die Änderungen, die § 77 in der Zeit bis zur Bekanntmachung der Fassung des GVG vom 9. 5. 1975 (BGBl. I 1077) erfahren hatte, sind in LR[23] bei der Entstehungsgeschichte des § 77 dargestellt; darauf muß hier verwiesen werden. Seitdem erhielten durch Art. 2 Nr. 10 StVÄG 1979 Absatz 1 in Absatz 2 die Sätze 1 und 5, in Absatz 3 die Sätze 1 und 2, in Absatz 4 der Satz 1 der 1975 bekannt gemachten Fassung neue Fassungen. Dies beruhte darauf, daß das bis dahin geltende Recht als Nachklang der früheren Unterscheidung zwischen Schöffen und Geschworenen bei den Hauptschöffen des LG zwischen den Hauptschöffen für das Schwurgericht und den Hauptschöffen für die übrigen Strafkammern unterschied und es demgemäß für die Auslosung der Reihenfolge der Heranziehung getrennte Hauptschöffenlisten für das Schwurgericht und für die übrigen Strafkammern gab. Diese Trennung, für die es keine sachlichen Gründe gab, und die zudem die Gefahr gewisser Unzuträglichkeiten in sich barg, wurde zugunsten der Auslosung aus der einheitlichen Hauptschöffenliste des LG aufgegeben; wegen der Einzelheiten ist auf die Ausführungen im EB der 23. Aufl. zu § 77 zu verweisen. Durch Art. 2 Nr. 4 des StVÄG 1987 wurde in § 77 Abs. 2 ein neuer Satz 4 eingefügt mit der Folge, daß die bisherigen Sätze 4 und 5 die Sätze 5 und 6 wurden.

Übersicht

	Rdn.		Rdn.
1. Hauptschöffen	1	4. Aufgaben der Strafkammer (Absatz 3 Satz 2)	5
2. Hilfsschöffen	2	5. Aufgaben des Strafkammervorsitzenden .	6
3. Zur Auslosung		6. Rechtsnatur der Tätigkeiten	7
a) Allgemeines	3	7. Keine Ämterhäufung	8
b) Hilfsstrafkammer	3a		
c) Auflösung der Hilfsstrafkammer	4a		

1   **1. Hauptschöffen.** Diese werden von den Wahlausschüssen der einzelnen AG entsprechend der Zuteilung der erforderlichen Zahl durch den LGPräs. gewählt. Der LGPräs. stellt nach Absatz 2 Satz 6 die ihm mitgeteilten Namen der Gewählten zur einheitlichen Schöffenliste des LG (vgl. § 77 Abs. 1 in Verb. mit § 74) zusammen, aus der die Auslosung der Reihenfolge geschieht, in der die Hauptschöffen an den im voraus festgesetzten Sitzungstagen teilnehmen (§§ 45, 77 Abs. 3). Dabei ist auch der Bezirk einer auswärtigen Strafkammer (§ 78 Abs. 3) zu berücksichtigen, jedoch greift bei deren Nichtberücksichtigung die Revisionsrüge des § 338 Nr. 1 StPO — auch unter dem Gesichtspunkt der Erhaltung der Funktionstüchtigkeit der Rechtspflege — nicht durch, wenn der Rechtsfehler auf dem verständlichen Rechtsirrtum beruht, daß angesichts des verschwindend geringen Anteils von Verfahren aus dem nicht berücksichtigten auswärtigen Bezirk die Zuweisung von Schöffen aus ihm nicht geboten sei, weil sie der Zielsetzung des § 77 Abs. 2 Satz 1 nicht Genüge tun könne[1]. Aus dem Erfordernis einer *einheitlichen* Schöffenliste ergibt sich, daß es nicht zulässig ist, „besondere" Listen für Schöffen zur Besetzung der Strafkammern mit gesetzlicher Spezialzuständigkeit (Schwurgericht, Staatsschutz- und Wirtschaftskammer) zu bilden[2].

2   **2. Die Hilfsschöffen** werden, dem Sinngehalt des § 42 Abs. 1 Nr. 2 Satz 2 entsprechend, nach § 77 Abs. 2 Satz 2 grundsätzlich von dem Ausschuß bei dem AG gewählt, in dessen Bezirk das LG seinen Sitz hat. Eine Ausnahme davon gilt nach Satz 3, wenn das LG seinen Sitz außerhalb seines Bezirks hat. Eine weitere Ausnahme regelt Abs. 2 Satz 4, der, wie die entsprechende Vorschrift in § 58 Abs. 2 Satz 2 und 3 (dort Rdn. 13), einem von der Bundesregierung gebilligten Vorschlag des Bundesrats zufolge (BTDrucks. **10** 1313 S. 55, 56) durch das StVÄG 1987 eingefügt wurde. Vor Einfügung dieses Satzes 4 waren Zweifel entstanden, was rechtens ist, wenn Sitz des LG ein Ort ist, der in mehrere AGbezirke aufgeteilt ist. BGHSt **29** 144[2a] hatte (betr. AG Charlottenburg in Berlin) dahin entschieden, daß § 77 Abs. 2 Satz 3 entsprechend anwendbar sei[3].

---

[1] BGHSt **34** 121 = NJW **1986** 2585 = NStZ **1987** 238 mit Anm. *Katholnigg* = StrVert. **1987** 93 mit Anm. *Mehle*; *Kleinknecht/Meyer*[39] 2.

[2] *Katholnigg* MDR **1980** 635 gegen *Brandes* MDR **1980** 371.

[2a] = NJW **1980** 1175 = JR **1980** 85, dazu *Schätzler* NJW **1980** 1149; *Wegner* JR **1980** 50.

[3] Wegen der Rechtslage in Hamburg vgl. BGH JR **1986** 388 mit Anm. *Katholnigg* S. 389.

Das jetzt geltende Recht beruht — wie die entsprechende Ergänzung in § 58 Abs. 2 — auf der Erwägung, daß angesichts der Verbesserung der Verkehrsverhältnisse für die von BGHSt **29** 144 gefundene Regelung kein Bedürfnis bestehe und deshalb auch in den Stadtstaaten und in anderen Bundesländern mit LG, an deren Sitz sich mehrere AG befinden, für die Wahl der Hilfsschöffen der landgerichtlichen Strafkammern das gleiche Verfahren gelten müsse wie für die Hauptschöffen, also in der Regel Wahl aus allen AG-bezirken nach einer durch den LGPräs. vorzunehmenden Aufteilung und Zulassung einer Ausnahmeregelung wegen besonderer örtlicher Verhältnisse.

3. Zur Auslosung

a) Allgemeines. Die Auslosung findet in öffentlicher Sitzung statt, bei der nur der Präsident und der Urkundsbeamte mitwirken. Die Auslosung erfolgt nicht nur für die einzelnen Sitzungstage, sondern, wenn mehrere Strafkammern bestehen, auch gesondert für die einzelnen Strafkammern. Bei einer Veränderung der Strafkammern durch Auflösung oder Neubildung im Lauf des Geschäftsjahres muß eine Neuauslosung der Schöffen erfolgen[4]. Es können also, wenn z. B. eine große Strafkammer aufgelöst wird, die für sie ausgelosten Schöffen nicht für die Sitzungen einer neu gebildeten kleinen Strafkammer herangezogen werden, die die Sitzungstage der aufgelösten Kammer übernimmt[5]. **3**

b) Hilfsstrafkammern. Wird im Lauf des Geschäftsjahres zur Entlastung einer überlasteten Strafkammer eine Hilfsstrafkammer gebildet, die vorübergehend einen Teil der jener obliegenden Aufgaben übernimmt, so vertritt die Hilfsstrafkammer die ordentliche Kammer in den Aufgaben, die letztere nicht bewältigen kann (s. § 60, 9). Daraus wurde in der umstrittenen Rechtsprechung des BGH gefolgert, daß die für die ordentliche Kammer ausgelosten Schöffen an den für sie bestimmten Tagen ohne weiteres zu den Sitzungen der Hilfsstrafkammer einzuberufen seien, soweit nicht beide Kammern am gleichen Tag — auch durch Terminabsprachen nicht abzuändernde — sich überschneidende Sitzungen abhalten[6]. Wenn allerdings im Einzelfall die Sitzungen sich überschneiden, könne von einer außerordentlichen Sitzung der Hilfsstrafkammer gesprochen werden, die zur Anwendbarkeit des § 48 a. F = § 47 n. F führt (BGHSt **25** 175), während bei generellen Überschneidungen die Hilfsstrafkammer wie eine neugebildete Kammer zu behandeln ist[7]. **3a**

Im Schrifttum wurden, insbes. nach Erlaß des StVÄG 1979, gegen die dargestellte Behandlung der Schöffenzuziehung Bedenken erhoben; es wurde geltend gemacht, daß mit den Bestrebungen dieses Gesetzes bei der Neuregelung des Schöffenbesetzungswesens, nach verstärkter Beachtung des Grundsatzes des gesetzlichen Richters und eines weitgehenden Ausschlusses von Besetzungsrügen, ein Wechsel im Besetzungsmodus bei der Hilfsstrafkammer schwer zu vereinbaren sei, der auf die voraussichtliche Dauer des Bestehens der Hilfskammer, auf die voraussichtliche Parallelität der Sitzungstage oder auf das Maß der Mehrbelastung für die Hauptschöffen der ordentlichen Kammer abstelle. Das spreche dafür, die Hilfskammer stets als „weiteren Spruchkörper" i. S. des § 46 anzusehen, freilich mit der Folge, daß die ausgelosten Hilfsschöffen nach ihrer Streichung aus der Hilfsschöffenliste auch dann Hauptschöffen bleiben, wenn die **4**

---

[4] Zu den in Betracht kommenden technischen Möglichkeiten vgl. OLG Koblenz NJW **1965** 546.
[5] OLG Hamm NJW **1956** 1937; vgl. auch BayObLG NJW **1961** 586.
[6] RG Recht **1929** Nr. 1308; BGHSt **25** 174 = NJW **1973** 1139.
[7] Dazu *Rieß* DRiZ **1977** 293.

§ 77 GVG   Gerichtsverfassungsgesetz

Tätigkeit der Hilfskammer nach kurzem Bestehen endet[8]. Indessen ist BGHSt **31** 157[9] unter Abwägung des pro und contra dabei verblieben, daß § 46 nicht für die Hilfsstrafkammer gelte. Eine wesentliche Rolle spielt dabei die Erwägung, daß bei mehrfacher Errichtung von nur kurzfristig tätigen Hilfsstrafkammern zahlreiche Hilfsschöffen in die Hauptschöffenliste übertragen werden müßten, die als solche nicht mehr benötigt werden, während sich die Hilfsschöffenliste zu schnell erschöpfe. Dem ist lediglich zuzustimmen[10].

4a   c) **Auflösung der Hilfsstrafkammer.** Wird eine Hilfsstrafkammer aufgelöst und gehen ihre Geschäfte auf eine neu gebildete große Strafkammer über, so endet mit der Auflösung der Hilfsstrafkammer das Amt der für sie bestellten Schöffen, und für die neu gebildete Strafkammer müssen auch dann neue Schöffen ausgelost werden, wenn sie die Sitzungstage der aufgelösten Kammer übernimmt[11]. Mit dem Grundsatz der gesonderten Auslosung der Schöffen für die einzelnen Strafkammern ist es aber nicht unverträglich, für zwei Strafkammern dieselben Schöffen auszulosen; dies gilt auch, wenn die beiden Kammern die gleichen Sitzungstage haben, eine gleichzeitige Heranziehung der Schöffen an demselben Sitzungstag aber deshalb möglich ist, weil die Sitzungen zeitlich nacheinander stattfinden[12]. Wegen der gesonderten Festsetzung von Sitzungstagen für die Straf- und Jugendkammern vgl. § 45, 1.

5   4. **Aufgaben der Strafkammer (Absatz 3 Absatz 2).** Die nach § 52 Abs. 1, 2, § 53 erforderlichen Anordnungen und Entscheidungen trifft die im Geschäftsverteilungsplan bezeichnete Strafkammer. Daß diese Aufgaben nur *einer* Strafkammer zugeteilt werden können, will Absatz 3 Satz 2 nicht besagen[13]. Handelt es sich bei der der Kammer obliegenden Entscheidung weder um eine Ermessensentscheidung noch um eine Entscheidung über unbestimmte Rechtsbegriffe, sondern um eine bei eindeutig bestimmten tatsächlichen Voraussetzungen zwingend gebotene Entscheidung, so ist es unschädlich, wenn statt der Kammer der Vorsitzende die Entscheidung trifft, die auch die Kammer nicht anders hätte treffen können[14]. Ob das erkennende Gericht schon deshalb vorschriftswidrig besetzt ist, weil die Streichung eines Hauptschöffen in der Schöffenliste abweichend von § 77 Abs. 3 Satz 2 durch den LGPräs. und nicht durch die Strafkammer erfolgte, hat BGH NStZ **1985** 135 offengelassen; auf jeden Fall ist das Gericht vorschriftswidrig besetzt, wenn der LGPräs. nach Streichung des Hauptschöffen einen Hilfsschöffen in öffentlicher Sitzung als neuen Hauptschöffen auslost, während nach § 49 Abs. 2 Satz 1 an die Stelle des Gestrichenen der Hilfsschöffe tritt, der nach der Reihenfolge der Hilfsschöffenliste an nächster Stelle steht (BGH aaO).

6   5. **Aufgaben des Strafkammervorsitzenden.** Die in Absatz 3 Satz 3 bezeichneten Aufgaben obliegen dem Strafkammervorsitzenden, d.h. dem ordentlichen Vorsitzenden, nicht etwa demjenigen, der in seiner Vertretung demnächst den Vorsitz in der be-

---

[8] So im wesentlichen *Kissel* § 46, 9; § 77, 5; KMR-*Müller* § 46, 1; LR-K. *Schäfer* ErgBd. § 46, 5.
[9] = NJW **1983** 185 = NStZ **1983** 178 (Leitsatz) mit krit. Anm. *Katholnigg* = StrVert. **1983** 10 mit Anm. *Jungfer*. S. auch BGH StrVert. **1986** 49 und KG StrVert. **1986** 49 mit Anm. *Danckert*.
[10] So auch *Kleinknecht/Meyer*[39] 6; KK-*Mayr*[2] 4;

LR-K. *Schäfer*[23] ErgBd. § 46, 5 ist damit überholt.
[11] BGHSt **22** 209 = NJW **1968** 1974 = LM Nr. 12 mit Anm. *Hübner*.
[12] BGHSt **20** 296 = LM Nr. 11 mit Anm. *Kohlhaas*.
[13] OLG Celle MDR **1972** 261.
[14] BGH NJW **1967** 1141, 1142.

treffenden Sitzung führt (BGHSt 3 68). Er muß diese Aufgaben persönlich wahrnehmen. So ist z. B. das Gericht unvorschriftsmäßig besetzt, wenn anstelle des Vorsitzenden der Urkundsbeamte darüber entschieden hat, ob ein zunächst zur Mitwirkung an der Sitzung berufener Hilfsschöffe als verhindert i. S des § 54 anzusehen ist (BGH DRiZ **1967** 63).

6. Rechtsnatur der Tätigkeiten. Präsident des LG, Strafkammer und Strafkammervorsitzender handeln, ebenso wie der Richter beim AG, zwar unter richterlicher Unabhängigkeit, aber nicht in Ausübung rechtsprechender Tätigkeit, sondern üben „justizförmige"[15] Verwaltungstätigkeit (§ 21 h, 3) — aber nicht etwa „reine" Justizverwaltungstätigkeit — aus. Daraus ergibt sich z. B., daß eine Maßnahme des Strafkammervorsitzenden nicht deshalb unwirksam ist, weil er nach § 22 StPO ausgeschlossen oder er demnächst mit Erfolg abgelehnt oder seine Selbstablehnung für begründet erklärt wird, denn dieser Ausschluß bezieht sich nur auf eine echte rechtsprechende Tätigkeit (BGHSt 3 68). Nimmt versehentlich statt des Strafkammervorsitzenden der LGPräs. die Auslosung der Schöffen für eine außerordentliche Sitzung vor, so ist dies für den Bestand des Urteils ohne Bedeutung. Denn es handelt sich um einen Akt, der nicht anders ausgefallen wäre, wenn ihn der Strafkammervorsitzende vorgenommen hätte. Für die justizförmigen Verwaltungsakte gilt in dieser Hinsicht nichts anderes als für die Akte der Rechtsprechungstätigkeit[16].

7. Keine Ämterhäufung (Absatz 4). Die Vorschrift enthält einen allgemein geltenden Grundsatz, der sinngemäß auch für Hilfsschöffen und für das Zusammentreffen von Hilfs- und Hauptschöffen gilt. Absatz 4 richtet sich zunächst an den Wahlausschuß (§ 40), der durch seine Wahl die „Bestimmung" zum Schöffengerichts- oder Strafkammerschöffen, zum Haupt- oder Hilfsschöffen trifft. Trotz der sprachlichen Einkleidung („Ein ehrenamtlicher Richter darf ... nur ..." statt früher. „Niemand soll zugleich ...") macht ein versehentlicher Verstoß gegen Absatz 4 Satz 1 — durch den gleichen Wahlausschuß oder bei Wahl in verschiedenen AGbezirken des gleichen LGbezirks infolge Unkenntnis der am anderen Ort getroffenen Bestimmung (denkbar z. B. bei Doppelwohnsitz) — die mehrfache Bestimmung nicht unwirksam, wie sich aus Satz 2 ergibt. Danach hat der mehrfach „Bestimmte" das Amt zu übernehmen, zu dem er zuerst einberufen wird; die übrigen „Bestimmungen" werden dadurch hinfällig. Unter „Einberufung" ist bei Hauptschöffen die entsprechend §§ 45, 77 Abs. 1 und 3 Satz 1 Halbsatz 2 ergehende Nachricht, bei Hilfsschöffen die Nachricht von der konkreten Heranziehung nach § 49 Abs. 3 Satz 3 zu verstehen; entsprechendes gilt für den Hilfsschöffen, der nach §§ 48, 192 als Ergänzungsschöffe herangezogen wird. Bei gleichzeitiger Einberufung eines versehentlich sowohl für das Schöffengericht wie für die Strafkammer ausgelosten Schöffen gebührt die Einberufung zu demjenigen Amt der Vorzug, das der Schöffe schon zuvor ausgeübt hatte; hatte der gleichzeitig Einberufene zuvor noch keine Schöffentätigkeit ausgeübt, so wird der Einberufung zu dem höheren Gericht der Vorrang einzuräumen sein[17].

---

[15] So BGHSt **3** 68; **25** 257.
[16] Ebenso im Ergebnis, aber mit anderer Begründung BayObLG NJW **1961** 569.
[17] LG Hamburg MDR **1968** 170; *Kissel* 9; s. auch *Kleinknecht/Meyer*[39] 5.

§ 78

(1) ¹Die Landesregierungen werden ermächtigt, durch Rechtsverordnung wegen großer Entfernung zu dem Sitz eines Landgerichts bei einem Amtsgericht für den Bezirk eines oder mehrerer Amtsgerichte eine Strafkammer zu bilden und ihr für diesen Bezirk die gesamte Tätigkeit der Strafkammer des Landgerichts oder einen Teil dieser Tätigkeit zuzuweisen. ²Die in § 74 Abs. 2 bezeichneten Verbrechen dürfen einer nach Satz 1 gebildeten Strafkammer nicht zugewiesen werden. ³Die Landesregierungen können die Ermächtigung auf die Landesjustizverwaltungen übertragen.

(2) ¹Die Kammer wird aus Mitgliedern des Landgerichts oder Richtern beim Amtsgericht des Bezirks besetzt, für den sie gebildet wird. ²Der Vorsitzende und die übrigen Mitglieder werden durch das Präsidium des Landgerichts bezeichnet.

(3) ¹De Präsident des Landgerichts verteilt die Zahl der erforderlichen Hauptschöffen auf die zum Bezirk der Strafkammer gehörenden Amtsgerichtsbezirke. ²Die Hilfsschöffen wählt der Ausschuß bei dem Amtsgericht, bei dem die auswärtige Strafkammer gebildet worden ist. ³Die sonstigen in § 77 dem Präsidenten des Landgerichts zugewiesenen Geschäfte nimmt der Vorsitzende der Strafkammer wahr.

Schrifttum. *Müller* Abweichungen von der gewöhnlichen Gerichtsorganisation und ihre Auswirkungen, NJW **1963** 614 (betr. die Regelung der Bildung auswärtiger Spruchkörper in den Gerichtsverfassungsvorschriften der verschiedenen Gerichtsbarkeitszweige).

Entstehungsgeschichte. VO vom 4. 1. 1924 § 18 Abs. 4 (RGBl. I 17). Bek. vom 22. 3. 1924 (RGBl. I 309). §§ 7 Abs. 5, 11 Abs. 3 GVGVO 1935. Das VereinhG 1950 übertrug die Bestellung des Vorsitzenden und der Amtsrichter, die der Landesjustizverwaltung zustand, dem Präsidium. Die Ersetzung von „Amtsrichtern" durch „Richtern beim Amtsgericht" in Absatz 2 Satz 1 und die Streichung der Worte „nach § 63" (hinter „werden") in Absatz 2 Satz 2 beruhen auf Art. II Nr. 6 und 15 PräsVerfG. Die Änderung der Fassung des Absatzes 1 (bisher: „Durch Anordnung der Landesjustizverwaltung kann wegen großer Entfernung ... oder ein Teil dieser Tätigkeit zugewiesen werden"), des Absatzes 3 Satz 1 (bisher: „Die Landesjustizverwaltung verteilt...") und des Absatzes 3 Satz 3 (bisher: „Die im § 77 dem Landgerichtspräsidenten zugewiesenen...") beruhen auf Art. 2 Nr. 24 des 1. StVRG 1974.

Übersicht

	Rdn.
1. Bildung und Aufhebung auswärtiger Strafkammern (Absatz 1 Satz 1 und 3)	1
2. Bezirksbildung	2
3. Der Geschäftskreis der auswärtigen Strafkammern	
a) Bestimmung durch Rechtsverordnung	3
b) Kreis der übertragbaren Geschäfte	4
c) Zuweisung der gesamten Tätigkeit der Strafkammern des Landgerichts	5
4. Verhältnis der auswärtigen Strafkammer zum Landgericht	
a) Grundsatz	6
b) Gesetzlicher Richter	7
c) Verhinderung an der Ausübung des Richteramts	8
d) Richterablehnung	9
e) Einlegung der Revision	10
f) Zurückverweisung	11
5. Die Richter (Absatz 2)	
a) Zahl und Bestellung	12
b) Rechtsnatur der Bestellung	13
c) Vertreter	14
d) Bestellung des Vorsitzenden	15
6. Wahl zum Präsidium	16
7. Schöffen	16a
8. Geschäfte der Staatsanwaltschaft	17
9. Urkundsbeamte	18

Stand: 1. 5. 1990

§ 78 GVG

1. Bildung und Aufhebung auswärtiger Strafkammern (Absatz 1 Satz 1 und 3). 1
Die Einsetzung von Strafkammern außerhalb des Sitzes des LG (auswärtige, früher sog. „detachierte" Strafkammern) erfolgt durch Rechtsverordnung der Landesregierung oder der von ihr ermächtigten Landesjustizverwaltung. Die Landesregierung oder — kraft Übertragung der Ermächtigung — die Landesjustizverwaltung entscheidet über das Bedürfnis; sie bestimmt die Sitze und die Bezirke der auswärtigen Strafkammern. Auch die Wiederaufhebung der auswärtigen Strafkammer oder eine Veränderung ihres Sitzes bedarf einer solchen Rechtsverordnung. Wegen der Beteiligung des Richterrats vgl. LR[23] § 52, 1 DRiG. Errichtung und Wiederaufhebung einer auswärtigen Strafkammer verstoßen nur dann gegen das Verbot der Richterentziehung (Art. 101 Abs. 1 Satz 2 GG), wenn sie aus sachfremden Gründen erfolgen[1]. Zu unterscheiden von der Tätigkeit einer auswärtigen Strafkammer ist der Fall, daß die Strafkammer des Landgerichts außerhalb des Gerichtssitzes tagt (vgl. Vor § 226 StPO, 26).

2. Bezirksbildung. Der Bezirk einer auswärtigen Strafkammer muß mit dem Bezirk eines Amtsgerichts oder den Bezirken mehrerer Amtsgerichte zusammenfallen; die Teilung eines Amtsgerichtsbezirks ist nicht statthaft[2]. 2

3. Der Geschäftskreis der auswärtigen Strafkammern
a) Bestimmung durch Rechtsverordnung. Die sachliche Zuständigkeit im weiteren 3
Sinn der auswärtigen Strafkammer ist, von § 78 Abs. 1 Satz 2 abgesehen, nicht gesetzlich festgelegt; vielmehr überläßt das Gesetz die Bestimmung der in Rdn. 1 bezeichneten RechtsVO. Diese kann allgemein, d. h. für alle auswärtigen Strafkammern geltende Grundsätze aufstellen, ebenso aber auch den Geschäftskreis für die einzelne Strafkammer besonders bestimmen; sie kann die getroffenen allgemeinen oder besonderen Bestimmungen ändern und den Geschäftskreis neu bestimmen.

b) Kreis der übertragbaren Geschäfte. Die Worte „einen Teil dieser Tätigkeit" 4
sind nur auf die Verschiedenheit der Tätigkeiten der Strafkammer (§ 60, 2) zu beziehen; die eine Tätigkeit kann den auswärtigen Strafkammern übertragen, die andere den Strafkammern der LG vorbehalten werden. Z. B. kann bestimmt werden, daß den auswärtigen Strafkammern die Tätigkeit der kleinen Strafkammer des LG als erkennenden Gerichts (also nicht die Tätigkeit der Beschlußkammer und nicht die Tätigkeit der großen Strafkammer in der ersten und in der Berufungsinstanz) zugewiesen wird. Dagegen erscheint es nach Sinn und Zweck der auswärtigen Strafkammer grundsätzlich nicht statthaft, ihre Zuständigkeit auf generell bestimmte Delikte (z. B. auf Verkehrsdelikte) zu beschränken, denn die Bildung auswärtiger Strafkammern bezweckt, den Beteiligten (Beschuldigten, Zeugen, Schöffen) lange Reisen zum Sitz des Stammlandgerichts zu ersparen („wegen großer Entfernung"), soll aber nicht der Bildung von Spezialspruchkörpern dienen[3]. Ausnahmen wären denkbar, wenn in einem bestimmten AGbezirk aus den dort gegebenen besonderen Umständen bestimmte Straftaten sich viel häufiger ereignen als in anderen Teilen des LGbezirks. Kraft Gesetzes (§ 78 Abs. 1 Satz 2) dürfen Schwurgerichtssachen der auswärtigen Strafkammer nicht zugewiesen werden. Der Grund für diese Ausnahme ist darin zu sehen, daß mit der Grundkonzeption der Bildung von Spruchkörpern mit gesetzlicher Zuständigkeitskonzentration — die aus der Befassung mit der Spezialmaterie gewonnenen besonderen Kenntnisse und Erfahrun-

---

[1] *Rinck* NJW **1964** 1650.
[2] **H. M**; Nachweise des älteren Schrifttums in LR[20] Anm. 2; *Eb. Schmidt* 2.
[3] **A. M** *Feisenberger* 2; *Eb. Schmidt* 4; *Müller/Sax* 1.

gen der Richter im Interesse der Rechtsfindung und gleichmäßigen Rechtshandhabung nutzbar zu machen — eine Aufspaltung der örtlichen Zuständigkeit nicht verträglich wäre. Das muß dann aber in gleicher Weise auch für die Tätigkeit der Staatsschutzstrafkammer (§ 74 a) und der Wirtschaftsstrafkammer (§ 74 c) gelten[4], dagegen nicht für die Jugendkammer[5]. § 78 Abs. 1 Satz 2 schließt nicht aus, daß — wie dies § 91 a. F ausdrücklich zuließ — die Strafkammer als Schwurgericht im Einzelfall den Beteiligten einen weiten Anmarsch dadurch erspart, daß sie die Hauptverhandlung nicht am Sitz des LG, sondern an einem anderen Ort innerhalb des LGbezirks durchführt.

5 c) Wird einer auswärtigen Strafkammer für ihren Bezirk **die gesamte Tätigkeit der Strafkammer des Landgerichts zugewiesen**, so besteht zwischen beiden Strafkammern kein weiterer Unterschied als der, daß dieser die die Zuständigkeit aus gesetzlicher Zuständigkeitskonzentration (Rdn. 4) verbleibt, soweit sie nicht gemäß § 74 c Abs. 3, § 74 d einem anderen LG zugewiesen ist. Sonst ist gesetzlich keine Strafkammeraufgabe (vgl. § 60, 2) von dem Geschäftskreis der auswärtigen Strafkammern ausgeschlossen, so z. B. auch nicht die Wahrnehmung der Verrichtungen des oberen Gerichts (§§ 12, 13, 14, 15, 19, 27 StPO) gegenüber den AG und den Schöffengerichten des Strafkammerbezirks.

4. Das Verhältnis der auswärtigen Strafkammer zu dem Landgericht

6 a) **Grundsatz.** Das Verhältnis ist im Gesetz nicht näher geregelt. Wenn auch die auswärtigen Strafkammern im allgemeinen einen den übrigen Strafkammern gleichstehenden Spruchkörper bilden (vgl. § 60, 1), so muß doch für die örtliche Zuständigkeit eine auswärtige Strafkammer in gewissen Beziehen als ein selbständiges Gericht betrachtet werden. Denn während der Aufgabenbereich der beim LG gebildeten Strafkammer (§ 60) durch den Geschäftsverteilungsplan des Präsidiums bestimmt wird (§ 21 e) und im Lauf des Geschäftsjahres wechseln kann (§ 21 e Abs. 3), wird nach § 78 die auswärtige Strafkammer gesetzlich für einen bestimmten Bezirk bestellt; sie ist für diesen Bezirk zuständig, und das Recht des Beschuldigten, vor den zuständigen Richter gestellt zu werden, muß auch im Verhältnis der auswärtigen zur Strafkammer am LGsitz zueinander gelten[6]. Zuständigkeitsstreitigkeiten (§ 14 StPO) entscheidet der Strafsenat des OLG[7]. Soweit nicht der auswärtigen Strafkammer die Geschäfte der Strafkammer übertragen sind, bleibt es bei der allgemeinen Regel, daß die Strafkammer des LG zu entscheiden hat (RGSt **41** 117). Aus dem Gesagten ergeben sich folgende Sätze:

7 b) **Gesetzlicher Richter.** Einer auswärtigen Strafkammer dürfen ohne gesetzlichen Anlaß weder Sachen, für die sie örtlich zuständig ist, entzogen, noch Sachen, für die sie nicht zuständig ist, zugewiesen werden.

8 c) Ob die auswärtige Strafkammer im Einzelfall **an der Ausübung des Richteramts verhindert** oder ob von der Verhandlung vor ihr eine Gefährdung der öffentlichen Sicherheit zu besorgen ist (§ 15 StPO), hat das OLG zu entscheiden. Für die etwa erforderliche Übertragung einer Strafsache wird hier in der Regel die Strafkammer des LG in Betracht kommen; die Verweisung an ein anderes Gericht ist aber statthaft. Ist umgekehrt die Sache von einem LG mit auswärtiger Strafkammer hinwegzuverweisen, so

---

[4] So auch *Kissel* 5.
[5] OLG Karlsruhe Justiz **1978** 474.
[6] RGSt **17** 230; **48** 132; **50** 159; BGHSt **18** 176, 177; OLG Bremen MDR **1965** 67; *Eb. Schmidt* 10; *Kissel* 7 und überwiegend auch das ältere Schrifttum – Nachweise in LR[20] Anm. 4.
[7] OLG Hamm NJW **1956** 317; h. M.

braucht sie nicht gerade auf die auswärtige Strafkammer übertragen zu werden, da diese nur zur Entscheidung der Sachen ihres Bezirks bestellt ist.

d) Richterablehnung. Wird gegen einen oder mehrere Richter der auswärtigen Strafkammer ein **Ablehnungsgesuch** angebracht, so liegt Beschlußunfähigkeit (§ 27 Abs. 4 StPO) schon vor, wenn dort die zur Entscheidung über das Gesuch erforderliche Richterzahl nicht mehr vorhanden ist; die Entscheidung steht alsdann dem OLG zu[8]. **9**

e) Einlegung der Revision. Streit besteht, ob die Revision gegen das Urteil einer auswärtigen Strafkammer nur bei dieser oder auch beim Landgericht als Stammgericht eingelegt werden kann. Die Frage wird — mit Recht — zunehmend im Sinn der letzteren Auffassung beantwortet[9]. Übrigens ist für den Angeklagten die Streitfrage ohne praktische Bedeutung. Denn in der Rechtsmittelbelehrung (§ 35 a StPO) muß genau die Stelle bezeichnet werden, bei der die Revision eingelegt werden kann, und eine nach Auffassung des Rechtsmittelgerichts falsche Belehrung führt zur Wiedereinsetzung in den vorigen Stand (§ 44 StPO). Von der Frage, wo das Rechtsmittel einzulegen ist, unabhängig ist die Frage, welches Gericht über dessen Zulässigkeit zu beschließen hat. **10**

f) Bei Zurückverweisung einer Strafsache an die Vorinstanz ist die auswärtige Strafkammer gegenüber der Strafkammer am Sitz des LG und umgekehrt eine andere Kammer i. S. des § 354 Abs. 2 StPO[10]. **11**

5. Die Richter (Absatz 2). Die Bestellung aller Mitglieder der auswärtigen Kammer und ihrer Vertreter ist Sache des Präsidiums. Im einzelnen gilt folgendes: **12**

a) Zahl und Bestellung. Die Zahl der Mitglieder der auswärtigen Strafkammer bestimmt die Justizverwaltung[11]. Ihre Auswahl aus den Richtern des LG und des oder der AG dagegen ist Sache es Präsidiums. Die auswärtige Strafkammer wird dadurch, daß nach Maßgabe des Absatzes 2 bestimmte Richter zu ihren Mitgliedern bestellt werden, für je ein Geschäftsjahr als ständiges Gericht aufgestellt. Zu Mitgliedern können die Mitglieder des LG und die Richter der AG des LGbezirks in der Weise bestellt werden, daß sie ausschließlich aus der einen oder — wegen des Vorsitzenden s. Rdn. 15 — aus der anderen der beiden Gruppen von Richtern, wie auch teils aus der einen, teils aus der anderen entnommen werden[12]. Zu den Mitgliedern des LG gehören auch die diesem zugewiesenen Hilfsrichter; in gleicher Weise bedeutet „Richter beim Amtsgericht": jeder beim AG verwendete Richter, auch ein Richter auf Probe[13].

b) Rechtsnatur der Bestellung. Die Bestellung zum Mitglied einer auswärtigen Strafkammer bedeutet für die Richter beim AG die Übertragung eines weiteren Richteramts i. S. des § 27 Abs. 2 DRiG (*Schmidt-Räntsch* § 27, 16). Sie bedarf grundsätzlich nicht der Zustimmung des Richters, außer wenn seine Belastung durch die Strafkammergeschäfte so umfangreich ist, daß er seine amtsrichterliche Tätigkeit überhaupt nicht oder nur noch in wesentlich eingeschränktem Umfang ausüben kann (*Schmidt-Räntsch* **13**

---

[8] OLG Kassel GA **37** (1889) 449; *Müller* NJW **1963** 616; *Kissel* 7.

[9] BGH NJW **1967** 107; OLG Naumburg HRR **1932** Nr. 1627; OLG Düsseldorf JMBlNRW **1954** 230; OLG Celle NdsRpfl. **1964** 254; BVerwG NJW **1959** 2134; *Müller/Sax* 3; *Eb. Schmidt* § 341, 3 StPO; *Kissel* 8; a. M RGSt **1** 267; *Friedländer* GerS **64** (1904) 409; *Müller* NJW **1963** 616.

[10] BGH MDR **1958** 566; OLG Bremen MDR **1965** 67.

[11] Ebenso *Müller/Sax* 1 b 1; *Eb. Schmidt* 5.

[12] LG Bochum NStZ **1986** 377.

[13] Ebenso *Kissel* 9; ob BGHSt **13** 262, 265 – obiter dictum – etwas anderes besagen will, erscheint zweifelhaft.

§ 27, 19). Die Zuweisung von Mitgliedern der Strafkammer an die auswärtige Strafkammer ist weder die Übertragung eines weiteren Amtes, noch eine Versetzung i. S. des § 30 DRiG noch eine Abordnung i. S. des § 37 DRiG, sondern lediglich eine Form der Verwendung beim LG und bedarf daher ebenfalls keiner Zustimmung des Richters. Wird das Strafkammermitglied ausschließlich oder überwiegend am auswärtigen Sitz der Kammer verwendet und dadurch gezwungen, sich von seinem bisherigen Wohnsitz und seiner Familie zu trennen, so ist auch dazu bei Richtern auf Probe und kraft Auftrags ihre Zustimmung nicht erforderlich (arg. §§ 13, 16 Abs. 2 DRiG). Anders liegt es bei den auf Lebenszeit angestellten Mitgliedern des LG. Bei ihnen käme eine auswärtige Verwendung in solchem Umfang, wenn sie auch rechtlich weder eine Versetzung noch eine Abordnung darstellt, doch in ihren praktischen Auswirkungen auf eine Versetzung, mindestens auf eine auswärtige Abordnung hinaus und bedarf wie diese einer Zustimmung des Richters, wenn sie die in § 37 Abs. 3 DRiG bestimmte zeitliche Dauer übersteigt[14].

14 c) **Vertreter.** Da die Strafkammer ein vom AG verschiedenes Gericht ist und die Richter beim AG zu der Mitgliedschaft für ihre Person besonders berufen werden, so kann ein Vertreter eines Richters beim AG in dessen amtsrichterlichen Geschäften als sein Vertreter in der Strafkammer nur tätig sein, wenn er ausdrücklich gemäß § 21 e GVG zum regelmäßigen Vertreter des Richters beim AG auch in der Strafkammer bestimmt worden ist. Eine nachträgliche Bestellung gemäß § 21 e Abs. 3 heilt den Mangel nicht[15]. Ebenso ist, wenn ein Mitglied des LG zugleich dort und bei der auswärtigen Strafkammer verwendet wird, sein regelmäßiger Vertreter beim LG nur bei entsprechender ausdrücklicher Bestellung auch Vertreter in der auswärtigen Strafkammer. § 21 i Abs. 2 bleibt unberührt.

15 d) Auch die **Bestellung des Vorsitzenden** erfolgt (ebenfalls für die Dauer des Geschäftsjahrs) durch das Präsidium. Unter der Herrschaft des § 62 a. F (Verteilung des Vorsitzes in den Kammern durch das „Direktorium") war streitig, ob der ordentliche Vorsitzende der auswärtigen Strafkammer ein Vorsitzender Richter („Landgerichtsdirektor") sein müsse. Dies wurde ursprünglich verneint im Hinblick auf den Zweck der Vorschrift, die Strafkammer mit Richtern beim AG des Bezirks besetzen zu können, wie auch auf die von der Regel abweichende Form der Bestellung des Vorsitzenden — durch das Präsidium statt durch das damalige „Direktorium"[16]. Die spätere Rechtsprechung[17] forderte aber die Besetzung mit einem Vorsitzenden Richter, weil der Angeklagte die gleichen Garantien haben müsse, wie wenn er vor der Strafkammer am Sitz des LG stünde; die auswärtige Strafkammer dürfe nicht eine Kammer minderer Art sein. Die im Schrifttum erhobenen Einwendungen (LR[21] 5 c) sind mit der Beseitigung des „Direktoriums" hinfällig geworden. Auch aus dem Zweck des § 78 läßt sich kein Anhaltspunkt dafür gewinnen, daß für die auswärtige Strafkammer eine Ausnahme von dem Grundsatz des § 21 f Abs. 1 gelte (ebenso *Kissel* 10). Für die Vertretung des Vorsitzenden gilt § 21 f Abs. 2; auch Vertreter kann entsprechend den allgemeinen Grundsät-

---

[14] *Müller* NJW **1963** 616; a. M die im Schrifttum – *Kissel* § 1 GVG Rdn. 145, 183 mit Nachw. – überwiegend vertretene Auffassung, wonach die Zuweisung als Maßnahme der Geschäftsverteilung des Präsidiums keiner Zustimmung des Richters bedarf, aber bei versetzungsgleicher Wirkung nach § 26 Abs. 3 DRiG anfechtbar ist.

[15] So schon für das frühere Recht RGSt **22** 203; **55** 225.

[16] RGSt **9** 387; BGH MDR **1951** 539; BGHSt **12** 104, 107.

[17] BGHSt **18** 176 = NJW **1963** 548; BGHSt **21** 23, 24 ; so auch LG Bochum NStZ **1986** 377.

zen über die Vertretung des Vorsitzenden nur ein planstellenmäßiges Mitglied des Land- oder Amtsgerichts, nicht ein abgeordneter Richter sein (BGHSt 1 265).

6. Wegen der Beteiligung der zu Mitgliedern der auswärtigen Strafkammer bestellten Richter beim Amtsgericht an der **Wahl zum Präsidium** des LG vgl. § 21 b, 2. **16**

7. Schöffen. Die Regelung des Absatzes 3 bedarf keiner weiteren Erläuterung (s. dazu auch § 77, 1). **16a**

8. Über die Wahrnehmung der **Geschäfte der Staatsanwaltschaft** bei den auswärtigen Strafkammern s. § 141, 2. **17**

9. Der **Urkundsbeamte** des LG kann den Urkundsbeamten der auswärtigen Strafkammer bei der Erteilung von Urteilsausfertigungen vertreten (RGSt 48 132). **18**

5 a. TITEL

Strafvollstreckungskammern

Schrifttum. *Thormann* Das Strafvollstreckungs- und Vollzugsgericht, (1973); *Blau* Das Vollstreckungsgericht in *Schwind/Blau* Strafvollzug in der Praxis (1976) 359 ff; *K. Peters* Der Auftrag des Gesetzgebers an die Strafvollstreckungskammer, GA **1977** 97; *K. Peters* Die Tätigkeit der Strafvollstreckungskammer unter besonderer Berücksichtigung von § 109 StVollzG, JR **1977** 397; *Treptow* Zur Tätigkeit der Strafvollstreckungskammern in Vollzugssachen, NJW **1977** 1037; *Stromberg* Die Strafvollstreckungskammern der Landgerichte, MDR **1979** 353; *Kömhoff* Die Selbständigkeit der kleinen Strafvollstreckungskammer, NStZ **1981** 421; *Müller-Dietz* Die Strafvollstreckungskammer, JA **1981** 57, 113; *Schwenn* Pflichtverteidiger im Vollstreckungsverfahren? StrVert. **1981** 203. S. auch die Schrifttumsangaben zu §§ 454, 462 a StPO.

Vorbemerkungen

I. Grundgedanken und allgemeine Bedeutung des 5 a. Titels

1   **1. Probleme im Entstehungsstadium.** Der die §§ 78 a und 78 b umfassende Titel 5 a ist durch Art. 22 Nr. 6 EGStGB 1974 mit Wirkung vom 1. 1. 1975 geschaffen und durch § 179 Nr. 2 und 3 StVollzG 1976 mit Wirkung vom 1. 1. 1977 geändert worden. Die Grundgedanken dieser gesetzgeberischen Schöpfung sind in § 462 a, 1 bis 3, § 453, 2, 3, 4 StPO dargestellt worden; darauf muß hier verwiesen werden. Im Entstehungsstadium war umstritten, wie das Konzept der Schaffung räumlich „entscheidungsnäherer" Spruchkörper, besetzt mit Richtern, die über Kenntnisse und besondere Erfahrungen im Vollzugswesen verfügen, technisch durchzuführen sei.

2   **2. Die Strafvollstreckungskammer als Spruchkörper des Landgerichts.** Die Frage war zunächst, bei welchem Gericht der Spruchkörper zu bilden sei. Hier boten sich hauptsächlich drei Lösungsmöglichkeiten an[1]: die Inanspruchnahme des Richters beim AG nach dem Vorbild des besonderen Vollstreckungsleiters nach § 85 Abs. 2 JGG, die Bildung von Spezialkammern des LG in Anlehnung an das von dem Karlsruher Richter *Thormann* praeter legem erprobte sog. Karlsruher Modell, und schließlich die sog. Doppellösung, nach der entweder der Richter beim AG oder der besondere Spruchkörper des LG zuständig sein sollte, je nachdem, ob erkennendes Gericht des ersten Rechtszuges im Hauptverfahren das Amts- oder das LG war. Der Gesetzgeber gab schließlich aus den in der Begr. des RegEntw. zu Art. 20 Nr. 5 (BTDrucks. 7 550, S. 318) dargelegten Gründen der Lösung der Bildung eines Spezialspruchkörpers beim LG den Vorzug. Sie trägt insofern vermittelnde Züge, als nach § 78 b Abs. 1 innerhalb der Strafvollstreckungskammer die Entscheidungszuständigkeit zwischen Einzelrichter und vollbesetzter Kammer abgestuft ist und nach § 78 b Abs. 2 die Kammer auch mit Richtern beim AG besetzt sein kann.

---
[1] Einzelheiten etwa bei *Blau* 361; *Peters* GA **1977** 105.

3. Die Bezeichnung „Strafvollstreckungskammer". Umstritten war auch im Entstehungsstadium die Benennung des neu zu schaffenden Spruchkörpers; der Streit kennzeichnet die dogmatischen Schwierigkeiten, denen eine gesetzliche Umschreibung der den neuen Spruchkörpern obliegenden Aufgaben begegnet, seitdem sich die qualitativen Unterschiede zwischen Entscheidungen im Erkenntnisverfahren und Nachtragsentscheidungen aufzulösen beginnen (§ 453, 4 StPO). Das 2. StRG 1969 hatte die Bezeichnung „Vollstreckungsgericht" verwendet (z. B. in §§ 67, 67 a). Die Strafvollzugskommission empfahl demgegenüber die Bezeichnung „Strafvollstreckungs- und Vollzugsgericht", weil das Gericht neben urteilsergänzenden auch vollzugsrechtliche Entscheidungen zu treffen habe, die nicht unter den herkömmlichen Begriff „Strafvollstreckung" fielen. Nach *Peters* „Der neue Strafprozeß" (1975) 197 und GA **1977** 100 sind die Strafvollstreckungskammern „in Wirklichkeit Strafvollzugsgerichte" und müßten richtig „Strafvollzugskammern" heißen, und zwar nicht nur, weil ihnen — seit dem 1. 1. 77 — nach §§ 109 ff StVollzG, § 78 a Abs. 1 Nr. 2 die erstinstanzliche Entscheidung über angegriffene Maßnahmen der Vollzugsbehörden obliegt, sondern weil ihnen auch im übrigen „vollzugsgestaltende" Entscheidungen übertragen seien. Die Begründung des Reg.-Entw. des EGStGB 1974 erhob gegenüber der vorgeschlagenen Bezeichnung „Strafvollstreckungs- und Vollzugsgericht" den Einwand, sie räume die Bedenken nicht aus, die sich daraus ergäben, die auf die Aussetzung einer Strafe oder Maßregel der Besserung und Sicherung zur Bewährung bezogenen Entscheidungen als „Strafvollstreckung" zu bezeichnen. Gleichwohl gab der Entwurf — und das Gesetz ist ihm darin gefolgt — der die vollzugsrechtliche Seite ausklammernden „pars pro toto" — Bezeichnung „Strafvollstreckungskammer" den Vorzug. Maßgebend dafür war die Erwägung, es solle durch die Bezeichnung der neuen Spruchkörper „nicht der Eindruck entstehen, daß es sich um besondere, aus dem Gefüge der ordentlichen Strafgerichtsbarkeit herausgelöste Gerichte handele"; ein solcher Eindruck werde durch die Bezeichnung „Strafvollstreckungskammer" vermieden. Es handelt sich also um eine aus taktischen oder pragmatischen Gründen getroffene Wahl, die bewußt eine gesetzgeberische Stellungnahme oder den Anschein einer solchen bei den Bemühungen um eine begriffliche Erfassung des Wesens der den Strafvollstreckungskammern obliegenden Nachtragsentscheidungen (Aussetzung von Restfreiheitsstrafen zur Bewährung usw.) vermeidet. Man wird den Gesetzgeber wegen dieser Zurückhaltung loben müssen, ihn jedenfalls nicht der Sorglosigkeit bei der Wahl der Bezeichnung zeihen dürfen.

4. Keine Mitwirkung von Laienrichtern. Die Strafvollstreckungskammern sind nur mit Berufsrichtern besetzt. Die Strafvollzugskommission hatte zwar eine Prüfung angeregt, ob nicht sachkundige Laien bei den Entscheidungen mitwirken sollten. Der RegEntw. des EGStGB 1974 griff — in Übereinstimmung mit den bereits von *Tröndle* auf dem 10. Internationalen Strafrechtskongreß 1969 in Rom vorgetragenen Bedenken[2] — diese Anregung nicht auf, weil die erforderliche Zahl unabhängiger, aber mit den besonderen Bedingungen des modernen Vollzuges von Strafen und freiheitsentziehenden Maßregeln vertrauter und zur Mitwirkung bereiter Personen nicht zur Verfügung stehe, die Heranziehung im Strafvollzug beschäftigter oder in der Bewährungshilfe tätiger Personen aber aus den gleichen oder ähnlichen Gründen, aus denen sie zum Schöffenamt nicht herangezogen werden sollen (§ 34, 9), nicht angängig sei. Damit ist auch ein Bruch mit dem allgemein das Strafverfahrensrecht beherrschenden Grundsatz vermieden, daß bei den außerhalb der Hauptverhandlung in Beschlußform zu treffenden Ent-

---

[2] Vgl. ZStW **81** (1969) 84 ff.

scheidungen ehrenamtliche Richter nicht mitwirken. Die wichtige und häufig unentbehrliche Beteiligung von sachkundigen Personen ist in anderer Form sichergestellt (Anhörung der Vollzugsbehörde und des Vollzugspersonals, Inanspruchnahme der Gerichtshilfe bei der Vorbereitung der Entscheidungen — § 463 d StPO —).

II. Verhältnis der Strafvollstreckungskammer zu den anderen Strafkammern des Landgerichts

5 Die Strafvollstreckungskammer ist nach § 78 a Abs. 1 Satz 1 ein beim LG gebildeter, mit Spezialzuständigkeit (mit gesetzlicher Zuständigkeitskonzentration) ausgestatteter Spruchkörper. Damit ist sie, mögen auch die sie betreffenden Vorschriften nicht im 5. Titel „Landgerichte" geregelt, sondern in einem besonderen (5 a.) Titel zusammengefaßt sein, substantiell auch eine Strafkammer des LG, für die ergänzend die allgemein die Strafkammer betreffenden Vorschriften des 5. Titels, z. B. über die Art der Errichtung (§ 60, 7) oder die Regelung der Vertretung (§ 70) maßgebend sind. Im übrigen weist die Strafvollstreckungskammer eine Reihe von Besonderheiten gegenüber der „Strafkammer" auf, die es rechtfertigen, von einem gewissen Sonderstatus der Strafvollstreckungskammer (so *Peters* GA 1977 100) zu sprechen. Er kommt schon äußerlich durch die Bezeichnung als Strafvollstreckungskammer zum Ausdruck, deren sich der Spruchkörper — darin vergleichbar der Strafkammer „als Schwurgericht" (§ 74 Abs. 2), die in der Hauptverhandlung die Bezeichnung Schwurgericht führt (§ 76 Abs. 2), oder der „Kammer für Bußgeldsachen" (§ 46 Abs. 7 OWiG) — zu bedienen hat, wenn er mit den in § 78 a bezeichneten Sachen befaßt ist, während Staatsschutzkammer, Wirtschaftskammer, Jugendschutzkammer sprachübliche Abkürzungen, aber keine termini technici sind. Andere Besonderheiten ergeben sich aus § 78 a Abs. 2, 3, § 78 b Abs. 2, doch gibt es für sie zum Teil auch Parallelen bei den anderen Spruchkörpern (§§ 58, 74 d, 78 Abs. 2). Der wesentliche Unterschied zwischen der Strafvollstreckungskammer und den allgemeinen Strafkammern besteht darin, daß erstere kraft Gesetzes nicht als erkennendes, sondern nur als beschließendes Gericht außerhalb eines Hauptverfahrens tätig werden kann, und daß sie dabei — wie bei der kleinen oder großen Strafkammer — entweder mit einem oder mit drei Richtern besetzt ist.

III. Verhältnis der „großen" zur „kleinen" Strafvollstreckungskammer

6 **1. Die Problematik.** Sehr streitig war zunächst, wie die in § 78 b Abs. 1 vorgesehene unterschiedliche Besetzung mit einem oder mit drei Richtern rechtlich zu werten ist. § 76 Abs. 2 unterscheidet je nach der Besetzung in der Hauptverhandlung zwischen der „kleinen" und der „großen" Strafkammer und kennzeichnet sie als verschiedene Spruchkörper mit verschiedenem Aufgabenbereich, als Gerichte verschiedener „Ordnung". Im Anschluß daran hat sich z. T. die Übung eingebürgert, die Strafvollstreckungskammer in der Besetzung mit einem Richter als „kleine", in der Besetzung mit drei Richtern als „große" Strafvollstreckungskammer zu bezeichnen. Daran schließt sich die Frage an, ob — in gleicher Weise wie kleine und große Strafkammer — auch „kleine" und „große" Strafvollstreckungskammer verschiedene Spruchkörper sind. Sie würde zunächst sehr unterschiedlich beantwortet[3]. Die praktische Bedeutung der Frage zeigt sich u. a. darin: sind „große" und „kleine" Strafvollstreckungskammer verschie-

---

[3] Vgl. dazu – nach dem Stand von 1978 – die Nachw. in LR-*Schäfer*[23] Vor § 78 a, 6.

dene Spruchkörper, so wäre es rechtlich (wenn auch gewiß nicht dem Sinn der Zuständigkeitskonzentration entsprechend) zulässig, daß im Geschäftsverteilungsplan des LG neben einer „großen" eine oder mehrere „kleine" Strafvollstreckungskammern erscheinen[4], und unter den in § 78 a Abs. 2 bestimmten Voraussetzungen könnte sogar mehr als eine mit einem Richter beim Amtsgericht besetzte „kleine" Strafvollstreckungskammer mit jeweils verschiedenem Sitz außerhalb des Sitzes des LG, aber innerhalb des LGbezirkes errichtet werden.

2. Heutiger Stand der Streitfrage

a) Dieser ist dahin zu kennzeichnen, daß nach jetzt durchaus h. M in Rechtsprechung und Schrifttum[5] „kleine" und „große" Strafvollstreckungskammer nicht verschiedene Spruchkörper sind. Vielmehr gibt es rechtlich nur *eine* Strafvollstreckungskammer, deren Besonderheit darin besteht, daß sie unter den in § 78 b Abs. 1 bezeichneten Voraussetzungen nicht durch ein Kollegium, sondern nur durch einen Richter repräsentiert wird, der Mitglied dieser Kammer ist. Dieser Wandel der Betrachtungsweise gegenüber dem Stand etwa von 1978 (Rdn. 6) findet seine Erklärung vor allem in den gesetzgeberischen Bemühungen um eine Verfahrenskonzentration unter möglichst weitgehendem Ausschluß von Besetzungsrügen, wie er in den bei § 78 b darzustellenden Änderungen dieser Vorschrift durch das 23. StRÄG vom 13. 4. 1986 (BGBl. I 393) und durch das StVÄG vom 27. 1. 1987 (BGBl. I 475) zum Ausdruck kommt. Sie ist grundgesetzlich unbedenklich[6] und steht, wie im folgenden darzulegen, auch in Einklang mit dem Gesamtgefüge des der Regelung durch den einfachen Gesetzgeber überlassenen gerichtsverfassungsmäßigen Instanzenaufbaues.

7

b) Bedeutung des § 348 ZPO. Die Einheit des Spruchkörpers trotz verschiedener Besetzung ergibt sich zunächst **aus § 78 b Abs. 1 Nr. 2.** Diese Vorschrift ist — mit gewissen Modifikationen — deutlich in Anlehnung an § 348 ZPO konzipiert. Nach § 348 ZPO, von dessen Grundgesetzmäßigkeit hier auszugehen ist[7], kann die Zivilkammer (d. h. das Kollegium) den Rechtsstreit zur Entscheidung einem ihrer Mitglieder (dazu § 21 g Abs. 3 GVG) übertragen, wenn nicht die Sache besondere Schwierigkeiten tatsächlicher oder rechtlicher Art aufweist oder die Rechtssache grundsätzliche Bedeutung hat. Ergibt sich nach der Übertragung aus einer wesentlichen Änderung der Prozeßlage, daß die Entscheidung von grundsätzlicher Bedeutung ist, so kann nach § 348 Abs. 4 ZPO der Einzelrichter den Rechtsstreit auf die Zivilkammer (das Kollegium) zurückübertragen. Hier ist es schon durch den Gesetzeswortlaut („kann einem ihrer Mitglieder als Einzelrichter übertragen") jedem Zweifel entzogen, daß Einzelrichter und (vollbesetzte) Zivilkammer nicht verschiedene Spruchkörper sind.

8

Konstruktiv weicht § 78 b Abs. 1 Nr. 2 allerdings von § 348 ZPO ab: es bedarf nicht einer Übertragung der Entscheidung auf den Einzelrichter durch die mit drei

8a

---

[4] Daß dies nicht bloße Theorie ist, zeigt OLG Hamm NStZ **1984** 476 sowie der von *Blau* in *Schwind/Blau* Strafvollstreckung in der Praxis (1976) 364 berichtete Fall, wo bei einem bestimmten LG neben zwei „großen" nicht weniger als neun „kleine" Strafvollstreckungskammern geschaffen wurden.

[5] Vgl. dazu aus dem Schrifttum – mit Rechtsprechungsnachw. – etwa *Kissel* § 78 a, 3; *Kleinknecht/Meyer*[39] § 78 b, 1; KK-*Mayr*[2] § 78 b, 1; *Peters* Lehrb.[4] S. 691. Zum Stand der

Rechtsprechung vgl. *Kömhoff* NStZ **1981** 421; die Übersichten von *Katholnigg* NStZ **1982** 242, 280; **1983** 300; OLG Hamm NStZ **1984** 476; OLG Düsseldorf NStZ **1982** 301; **1984** 477; **1984** 304; **1985** 303; **1986** 299.

[6] Vgl. BVerfG NStZ **1983** 44.

[7] Zu den insoweit bestehenden Meinungsverschiedenheiten vgl. etwa *Schultze* NJW **1977** 409 und 2294; *Kramer* JZ **1977** 15; *Rasehorn* NJW **1977** 789; § 78 b, 5.

Mitgliedern besetzte Strafvollstreckungskammer, sondern das Gesetz selbst spricht die „Übertragung" auf den Einzelrichter aus, während dieser verpflichtet ist, die Entscheidung der vollbesetzten Kammer zu überlassen (die Sache ihr zu „übertragen"), wenn die Sache besondere Schwierigkeiten rechtlicher Art aufweist oder ihr grundsätzliche Bedeutung zukommt. *Im Prinzip* sind aber die Voraussetzungen für die Entscheidungszuständigkeit des Einzelrichters trotz gewisser Unterschiede und verschiedenartiger konstruktiver Gestaltung in § 78 b Abs. 1 Nr. 2 die gleichen wie in § 348 ZPO: nach § 348 ZPO dürfen dem Einzelrichter Sachen von besonderer Schwierigkeit oder von grundsätzlicher Bedeutung nicht übertragen werden; nach § 78 Abs. 1 Nr. 2 GVG muß der Einzelrichter entsprechende Sachen auf die Kammer übertragen. Nach beiden Vorschriften ist der Idee nach die Entscheidung von Sachen mit besonderer Schwierigkeit und von grundsätzlicher Bedeutung dem Einzelrichter entzogen. Wesentlich ist dabei, daß in beiden Fällen der Einzelrichter, der seine Unzuständigkeit (im Fall des § 348 ZPO: seine durch Veränderung der Prozeßlage entstandene Unzuständigkeit) erkennt, dies nicht wie sonst bei Verschiebung der Zuständigkeit von einem Gericht niedrigerer Ordnung auf ein solches höherer Ordnung durch „Verweisung" (§ 270 StPO) oder „Vorlegung zur Entscheidung" (§ 209 Abs. 2 StPO), sondern dadurch zum Ausdruck bringt, daß er die Sache dem Kollegium „überträgt". „Übertragung" aber, nach dem Vorbild der „Rückübertragung" des § 348 ZPO gebildet, ist nichts anderes als der neue terminus technicus für eine kammerinterne Zuständigkeitsverschiebung. Daraus folgt die Gleichförmigkeit der Übertragungswirkung: die „Übertragung" bewirkt — in gleicher Weise wie die „Rückübertragung" nach § 348 Abs. 4 ZPO[8] —, daß das Kollegium endgültig zur Entscheidung berufen ist, ihm also die Befugnis versagt ist, die Übertragung etwa „zurückzuweisen", weil nach seiner Auffassung besondere rechtliche Schwierigkeiten oder grundsätzliche Bedeutung der Sache zu verneinen sind (§ 78 b, 4).

9 c) **Weitere Gründe.** Von der Auffassung, daß im Fall des § 78 b Abs. 1 Nr. 2 die abgestufte Besetzung nicht zur Annahme von zwei verschiedenen Spruchkörpern führt, geht im übrigen ersichtlich auch der Bericht des Sonderausschusses für die Strafrechtsreform zu § 165 des Entwurfs des Strafvollzugsgesetzes (§ 179 StVollzG) aus. Dieser Ausschuß hatte die im RegEntw. in dieser Form nicht vorgesehene Nummer 2 des § 78 b Abs. 1 GVG eingefügt. In dem Bericht (BTDrucks. 7 3998, S. 49) wird dazu ausgeführt:

> Die neu einzuführende Nummer 2 des § 78 b Abs. 1 GVG soll den Strafvollstreckungskammern eine Entlastung bringen. Es ist damit zu rechnen, daß diese Kammern mit einer Vielzahl von Anträgen gemäß . . . [§ 109] StVollzG befaßt werden. Ein großer Teil der einschlägigen Fälle, etwa Anträge betreffend die Aushändigung einzelner Gegenstände oder das Anhalten eines Briefes usw., werden, weil sie einfacher gelagert sind und keine grundsätzliche Bedeutung haben, nicht den Sachverstand dreier Richter erfordern. Dementsprechend bestimmt die Vorschrift, daß die Kammer [Singular!] grundsätzlich in der Besetzung mit einem Richter entscheidet und nur dann in der Besetzung mit drei Richtern, wenn die Sache besondere Schwierigkeiten rechtlicher Art aufweist oder grundsätzliche Bedeutung hat. Abgrenzungsschwierigkeiten dürften sich daraus in der Praxis nicht ergeben. Wenn in einer dem Einzelrichter vorliegenden Sache aufgrund seiner Prüfung oder aufgrund eines Hinweises des Betroffenen besondere Schwierigkeiten oder eine grundsätzliche Bedeutung sichtbar werden, kann und muß die Sache von den drei Richtern übernommen und entschieden werden.

10 d) **Rückschluß aus § 78 b Abs. 1 Nr. 2 auf § 78 b Abs. 1 Nr. 1.** Wenn aber im Fall des § 78 b Abs. 1 Nr. 2 nicht verschiedene Spruchkörper vorliegen, je nachdem die Straf-

---

[8] Dazu etwa OLG Köln NJW **1976** 680, 1101; *Thomas/Putzo*[9] § 348, 3 b; *Rasehorn* NJW **1977** 789; *Nagel* DRiZ **1977** 322.

vollstreckungskammer in der Besetzung mit einem oder mit drei Richtern entscheidet, so kann in den Fällen des §78b Abs. 1 Nr. 1 nichts anderes gelten. Denn verschieden sind in beiden Vorschriften lediglich die Abgrenzungsmerkmale zwischen der Zuständigkeit des Einzelrichters gegenüber der der vollbesetzten Kammer; das Abgrenzungsprinzip ist dagegen im Grunde das gleiche. In beiden Fällen beruht die unterschiedliche Besetzung auf dem Gedanken, im Interesse einer Entlastung der mit drei Richtern besetzten Strafvollstreckungskammer zwischen bedeutsamen und weniger bedeutsamen Fällen zu unterscheiden. Nach Absatz 1 Nr. 1 soll in der vollen Besetzung mit drei Richtern nur entschieden werden, wenn der Fall so schwerwiegend ist, daß „Prüfungspflicht und Verantwortung nicht auf einem Richter lasten soll", wenn er also „den Sachverstand dreier Richter erfordert" (oben Rdn. 9). Nur ist bei Schaffung des §78 Abs. 1 Nr. 1 die Grenze für den Besetzungswechsel nicht — wie in der Folgezeit bei Einfügung des §78 Abs. 1 Nr. 2 in Anlehnung an §348 ZPO (durch unbestimmte Rechtsbegriffe) — „beweglich", sondern starr gezogen worden, indem der Gesetzgeber selbst (wohl auch im Interesse einer unangreifbaren Wahrung des Grundsatzes des gesetzlichen Richters) durch Anknüpfung an die im Erkenntnisverfahren festgesetzten Strafen und Maßregeln die Grenze zwischen einfachen und rechtlich besonders schwierigen oder grundsätzlich bedeutsamen Entscheidungen festlegte.

e) Folgerungen aus dem Gedanken der Zuständigkeitskonzentration. Entscheidend gegen die Annahme, daß „kleine" und „große" Strafvollstreckungskammer verschiedene Spruchkörper seien, spricht schließlich auch der mit der Schaffung der Strafvollstreckungskammer erstrebte Zweck, die Nachtragsentscheidungen einem Spruchkörper zu übertragen, dessen Mitglieder über besondere den Vollzug betreffende Kenntnisse und Erfahrungen verfügen, um auf diese Weise auch eine gewisse Einheitlichkeit der Spruchtätigkeit der Kammer innerhalb ihres Bezirkes zu gewährleisten. Solche Erfahrungen und Kenntnisse bringt der Richter in der Regel von Haus aus nicht mit; er muß sie durch eine häufige und umfassende Beschäftigung mit der Gesamtheit der Aufgaben erwerben, deren Erledigung nach §78a der Strafvollstreckungskammer obliegt. Sein Betätigungsfeld darf sich deshalb nicht auf einen Ausschnitt aus dem Gesamtaufgabenbereich der Strafvollstreckungskammer beschränken[9]. Es läuft deshalb den gesetzgeberischen Intentionen stracks zuwider, wenn — wie dies tatsächlich geschehen ist (oben Rdn. 6 Fußn. 4) — bei einem LG eine Mehrzahl von „kleinen" Strafvollstreckungskammern geschaffen wird, „um den selbstverständlich im übrigen mit anderen Geschäften überlasteten Kammern jeweils nur eine möglichst geringe Mehrbelastung mit der ungeliebten Materie zuzumuten" (*Blau* 364).

11

§ 78 a

(1) ¹Bei den Landgerichten werden, soweit in ihrem Bezirk für Erwachsene Anstalten unterhalten werden, in denen Freiheitsstrafe oder freiheitsentziehende Maßregeln der Besserung und Sicherung vollzogen werden, oder soweit in ihrem Bezirk andere Vollzugsbehörden ihren Sitz haben, Strafvollstreckungskammern gebildet. ²Diese sind zuständig für die Entscheidungen
1. nach den §§ 462a, 463 der Strafprozeßordnung, soweit sich nicht aus der Strafprozeßordnung etwas anderes ergibt,

---

[9] Ebenso *Peters* JR **1977** 401.

2. nach dem §§ 109, 138 Abs. 2 des Strafvollzugsgesetzes,
3. nach den §§ 50, 58 Abs. 3 und 71 Abs. 4 des Gesetzes über die internationale Rechtshilfe in Strafsachen.
³Ist nach § 454 b Abs. 3 der Strafprozeßordnung über die Aussetzung der Vollstreckung mehrerer Freiheitsstrafen gleichzeitig zu entscheiden, so entscheidet eine Strafvollstreckungskammer über die Aussetzung der Vollstreckung aller Strafen.

(2) ¹Die Landesregierungen weisen Strafsachen nach Absatz 1 Satz 2 Nr. 3 für die Bezirke der Landgerichte, bei denen keine Strafvollstreckungskammern zu bilden sind, in Absatz 1 Satz 1 bezeichneten Landgerichten durch Rechtsverordnung zu. ²Die Landesregierungen werden ermächtigt, durch Rechtsverordnung einem der in Absatz 1 bezeichneten Landgerichte für die Bezirke mehrerer Landgerichte die in die Zuständigkeit der Strafvollstreckungskammern fallenden Strafsachen zuzuweisen und zu bestimmen, daß Strafvollstreckungskammern ihren Sitz innerhalb ihres Bezirkes auch oder ausschließlich an Orten haben, an denen das Landgericht seinen Sitz nicht hat, sofern diese Bestimmungen für eine sachdienliche Förderung oder schnellere Erledigung der Verfahren zweckmäßig sind. ³Die Landesregierungen können die Ermächtigungen nach den Sätzen 1 und 2 durch Rechtsverordnung auf die Landesjustizverwaltungen übertragen.

(3) Unterhält ein Land eine Anstalt, in der Freiheitsstrafe oder freiheitsentziehende Maßregeln der Besserung und Sicherung vollzogen werden, auf dem Gebiete eines anderen Landes, so können die beteiligten Länder vereinbaren, daß die Strafvollstreckungskammer bei dem Landgericht zuständig ist, in dessen Bezirk die für die Anstalt zuständige Aufsichtsbehörde ihren Sitz hat.

Entstehungsgeschichte. §78 a wurde durch Art. 22 Nr. 6 EGStGB 1974 eingefügt. Die jetzt geltende Fassung des Absatzes 1 beruht auf § 179 Nr. 2 StVollzG 1976, die des Absatzes 1 Satz 2 Nr. 2 auf Art. 2 des Ges. vom 20. 1. 1984 (BGBl. I 97). § 78 Nr. 1 des Gesetzes über die internationale Rechtshilfe in Strafsachen (IRG) vom 23. 12. 1982 (BGBl. I 2071) brachte die Einfügungen einer Nr. 3 des Absatzes 1, eines neuen Satzes 1 in Absatz 2 und in deren nunmehrigen Satz 3 die Worte „nach den Sätzen 1 und 2". Absatz 1 Satz 3 wurde eingefügt durch das 23. StRÄG vom 13. 4. 1986 (BGBl. I 393).

Übersicht

	Rdn.		Rdn.
1. Bildung der Strafvollstreckungskammer (Absatz 1 Satz 1)		3. Abgrenzung der Zuständigkeit der Strafvollstreckungskammer gegenüber anderen Zuständigkeiten	
a) Grundsatz	1	a) Jugendliche	4
b) In Betracht kommende Landgerichte	2	b) Abgrenzung zu den §§ 23 ff EGGVG	5
2. Sachliche Zuständigkeit der Strafvollstreckungskammer		4. Zuständigkeitskonzentration. Sitz der Strafvollstreckungskammer	6
a) Nach Absatz 1 Satz 2	3	5. Zuständigkeitsvereinbarungen bei Vollzug in Anstalten außerhalb des Landesgebiets (Absatz 3)	7
b) Absatz 1 Satz 3	3a		

1. Bildung der Strafvollstreckungskammern (Absatz 1 Satz 1)

1 a) **Grundsatz.** Während allgemeine Strafkammern nach §60 grundsätzlich bei jedem LG gebildet werden, werden, entsprechend ihrem besonderen Aufgabenbereich, Strafvollstreckungskammern nur bei solchen LG gebildet, in deren Bezirk entweder für Erwachsene Anstalten zum Vollzug von Freiheitsstrafen oder freiheitsentziehenden

Maßregeln der Besserung und Sicherung (§§ 63 bis 66 StGB) unterhalten werden (d. h. bestehen oder künftig errichtet werden), oder andere Vollzugsbehörden ihren Sitz haben. Die Bildung geschieht, wenn nach dem Geschäftsanfall nur eine Strafvollstreckungskammer (dazu Rdn. 7 vor §78a) benötigt wird, in der Weise, daß ihr das Präsidium gemäß §78b Abs. 2 die erforderlichen Kräfte zuweist. Würde es der Bildung mehr als einer dreigliedrig besetzten Strafvollstreckungskammer bedürfen (dazu §78b, 14), und dazu eine Vermehrung der Strafkammern des LG erforderlich sein, so gilt auch hier der für die Bildung einer Mehrzahl von sog. institutionellen (allgemeinen) Strafkammern maßgebliche Grundsatz, daß die Bestimmung ihrer Zahl Sache der Landesjustizverwaltung ist (§60, 6).

b) Die für die Bildung von Strafvollstreckungskammern in Betracht kommenden 2
Landgerichte. Anstalten für Erwachsene zum Vollzug von Freiheitsstrafen oder freiheitsentziehenden Maßregeln i. S. des §78a Abs. 1 Satz 1 sind sowohl die Justizvollzugsanstalten, in denen Freiheitsstrafe sowie die Unterbringung in der Sicherungsverwahrung vollzogen wird (§ 139 StVollzG), wie die Anstalten der Sozialhilfeträger, in denen die Unterbringung in einem psychiatrischen Krankenhaus und in einer Entziehungsanstalt vollzogen wird (§ 138 StVollzG; dazu *Calliess/Müller-Dietz* § 138, 3 StVollzG). Bei den LG, in deren Bezirk andere Vollzugsbehörden ihren Sitz haben, ist an die Fälle gedacht, in denen Bundeswehrbehörden Vollzugsbehörden sind (Vor § 449, 31 StPO).

2. Sachliche Zuständigkeit der Strafvollstreckungskammern
a) Die Strafvollstreckungskammer hat einen dreifachen Aufgabenbereich: einmal 3
nach **Absatz 1 Satz 2 Nr. 1** die Entscheidungen zu treffen, die ihr nach den §§ 462a, 463 StPO obliegen und die einen den Straf- oder Maßregelausspruch gestaltenden Charakter haben (§ 453, 2 StPO), ferner nach Satz 2 Nr. 2 die gerichtliche Überprüfung von Maßnahmen der Vollzugsbehörde im Vollzug der Strafe oder Unterbringung nach Maßgabe der §§ 109 ff StVollzG und schließlich nach dem später eingefügten Satz 2 Nr. 3 die dort bezeichneten Entscheidungen zu treffen. Früher oblag die Aufgabe zu Nr. 2 nach §§ 23 ff EGGVG den Strafsenaten des OLG. Begrifflich handelt es sich danach bei Nr. 1 und 2 um getrennte Aufgabenbereiche, bei denen die Klammer für die gemeinsame Zuständigkeit der Strafvollstreckungskammer deren räumliche Vollzugsnähe und die aus der Befassung mit beiden Aufgabenbereichen gewonnenen besonderen Kenntnisse und Erfahrungen im Vollzugswesen bildet[1]. Inwieweit die sachliche Zuständigkeit der Strafvollstreckungskammer nach §78a Abs. 1 Satz 2 Nr. 1 reicht, und welche Strafvollstreckungskammer örtlich zuständig ist, ist in den Erläuterungen zu §§ 462a, 463 StPO dargelegt; darauf ist hier zu verweisen. Was die Entscheidungen nach Abs. 1 Satz 2 Nr. 3 anlangt, so entscheiden nach dem IRG die LG über die Vollstreckbarkeit eines ausländischen Erkenntnisses (§ 50 IRG), über die Haft zur Sicherung der Vollstreckung (§ 58 Abs. 3 IRG) und über die Zulässigkeitserklärung des Ersuchens an einen ausländischen Staat um Vollstreckung (§ 71 Abs. 4 IRG). Diese Entscheidungen wurden als Aufgaben des Strafvollstreckungsverfahrens im weiteren Sinn angesehen und deshalb den Strafvollstreckungskammern zugewiesen (BTDrucks. 9 1338 S. 98). Im Zusammenhang mit dieser Zuständigkeitserweiterung stehen zwei weitere Gesetzesänderungen: die Einfügung des §78a Abs. 2 Satz 1 und die Einfügung der Nr. 3 in

---
[1] Vgl. dazu *Peters* JR **1977** 397 und Vor §78a, 11.

§ 78 a GVG Gerichtsverfassungsgesetz

§ 78 b Abs. 1, wobei die letztere Einfügung mit der Beschränkung der Kammerbesetzung mit *einem* Richter im Hinblick auf die Schwierigkeit und die Tragweite der nach dem IRG zu treffenden Entscheidungen erfolgte (vgl. BTDrucks. **9** 1398 S. 98).

3a b) **Absatz 1 Satz 3** dient — in gleicher Weise wie § 78 b Abs. 1 Nr. 1 Halbsatz 2 — der Ergänzung des § 454 b Abs. 3 StPO. Die Vorschrift stellt klar, daß für die nach § 454 b Abs. 3 StPO gleichzeitig zu treffenden Entscheidungen im Interesse der Verringerung des Verfahrensaufwands nur *eine* Strafvollstreckungskammer zuständig ist, was bereits im Geschäftsverteilungsplan zu berücksichtigen ist[2].

3. Abgrenzung der Zuständigkeit der Strafvollstreckungskammer gegenüber anderen Zuständigkeiten

4 a) **Jugendliche.** Inwieweit **im Bereich des § 78 a Abs. 1 Satz 2 Nr. 1** gemäß §§ 82, 83, 110 JGG bei Verurteilung von Jugendlichen oder von Heranwachsenden unter Anwendung von Jugendstrafrecht zu Jugendstrafe und bei Anordnung der nach dem JGG zulässigen freiheitsentziehenden Maßregeln die Zuständigkeit der Strafvollstreckungskammer entfällt, weil der Jugendrichter als Vollstreckungsleiter die Aufgaben wahrnimmt, die die §§ 462 a, 463 StPO der Strafvollstreckungskammer zuweisen, ist in § 462 a, 6, 71 StPO dargestellt.

5 b) **Abgrenzung zu den §§ 23 ff EGGVG.** Im Anwendungsbereich des § 78 a Abs. 1 Satz 2 Nr. 2 war ursprünglich nach § 23 Abs. 1 Satz 2 EGGVG nicht die Strafvollstreckungskammer, sondern der Strafsenat des OLG im Verfahren nach §§ 23 ff zuständig, wenn es sich um die Nachprüfung der Rechtmäßigkeit von Maßnahmen der Vollzugsbehörden im Vollzug der Jugendstrafe sowie der *außerhalb des Justizvollzugs vollzogenen Maßregeln der Besserung und Sicherung* handelt. Bei Erwachsenen, die in einem psychiatrischen Krankenhaus oder in einer Entziehungsanstalt (also „außerhalb des Justizvollzugs", oben Rdn. 2) untergebracht sind, beschränkte sich danach die Tätigkeit der Strafvollstreckungskammer auf die Entscheidung nach § 78 a Abs. 1 Satz 2 Nr. 1, während die gerichtliche Überprüfung von Maßnahmen der Vollzugsbehörden im Vollzug der Unterbringung nach § 23 Abs. 1 Satz 2 EGGVG dem Strafsenat des OLG oblag. Diese Regelung erklärte sich daraus, daß in diesen Bereichen damals die gesetzgeberischen Vorarbeiten noch nicht weit genug fortgeschritten waren[3]. Jetzt ist an die Stelle der früheren Zuständigkeit des OLG — in Konkretisierung der Rechtsweggarantie des Art. 19 Abs. 4 GG[4] — die Zuständigkeit der Strafvollstreckungskammer getreten, soweit es sich um den Vollzug einer Freiheitsstrafe oder einer freiheitsentziehenden Maßregel in einer Justizvollzugsanstalt handelt. §§ 23 ff EGGVG gelten weiter bei der Vollstreckung der Jugendstrafe, es sei denn, daß sie nach den Vorschriften über den Erwachsenenstrafvollzug vollstreckt wird[5]. Nr. 2 gilt auch, wenn der Antrag nicht von dem Strafgefangenen, sondern von einem Außenstehenden, z. B. Angehörigen eines Strafgefangenen gestellt wird[6].

6 **4. Zuständigkeitskonzentration. Sitz der Strafvollstreckungskammer (Absatz 2).** Die Regelung des Absatzes 2, die gewisse Vorbilder in §§ 58, 74 d, 78 hat, soll es ermöglichen, die Bezirke der Strafvollstreckungskammern „nach den örtlichen Gegeben-

---

[2] BTDrucks. **10** 2720 S 17/18, dazu auch LR-*Wendisch* § 454 b StPO, 28.
[3] Begr. des RegEntw. des StVollzG BT-Drucks. **7** 918, S. 102.
[4] S. dazu schon vorher OLG Karlsruhe (vom 10. 3. 1986) NStZ **1986** 430; OLG Stuttgart (vom 30. 1. 1986) NStZ **1986** 431.
[5] BGHSt **29** 33.
[6] BGH NJW **1978** 282.

heiten und im Hinblick auf den zu erwartenden Arbeitsanfall entweder auf die Bezirke mehrerer LG oder einen Teil eines Bezirks eines LG zu erstrecken und auch in solchen Fällen eine möglichst ortsnahe Praxis zu erreichen, in denen zwischen dem Sitz des LG und dem Sitz einer größeren Anstalt eine erhebliche Entfernung liegt" (Begr. BT-Drucks. 7 550 S. 319). Die Voraussetzungen für die flexible Gestaltung der Bezirksgrenzen und des Sitzes der Strafvollstreckungskammern („sofern diese Bestimmung...") entsprechen denjenigen des § 58 Abs. 1.

5. Zuständigkeitsvereinbarungen bei Vollzug in Anstalten außerhalb des Landesgebiets (Absatz 3). Mehrere Länder unterhalten in Ermangelung eigener entsprechender Vollzugsanstalten Anstalten, in denen Freiheitsstrafen oder freiheitsentziehende Maßregeln der Besserung und Sicherung vollzogen werden, auf dem Gebiet eines anderen Landes. Das geschieht grundsätzlich im Rahmen einer Vollzugsgemeinschaft i. S. des § 150 StVollzG[7]. Nach den Regeln der §§ 462 a Abs. 1, 463 Abs. 1 StPO, § 110 StVollzG, § 78 a Abs. 1 GVG ist dann für die der Strafvollstreckungskammer obliegenden Entscheidungen hinsichtlich der in diese Anstalten aufgenommenen Verurteilten und Untergebrachten örtlich die Strafvollstreckungskammer zuständig, in deren Bezirk die Anstalt unterhalten wird, d. h. gelegen ist. Art. 274 des Entw. EGStGB 1974 sah für diese Fälle vor, daß durch Ländervereinbarung die örtliche Zuständigkeit für die in die sachliche Zuständigkeit der Strafvollstreckungskammer fallenden Sachen dem nächstgelegenen Landgericht des Landes übertragen werden könne, das diese Anstalt „errichtet" hat. Auf die Fälle der Vollzugsgemeinschaft bezogen, hätte das bedeutet, daß für die an der Vollzugsgemeinschaft beteiligten Länder der Verlust der örtlichen Zuständigkeit einer Strafvollstreckungskammer des eigenen Landes durch die Aufnahme „ihrer" Gefangenen (Untergebrachten) in die auf dem Gebiet eines anderen Landes gemeinsam unterhaltene Vollzugsanstalt durch Ländervereinbarung hätte vermieden werden können und zwar zugunsten der Strafvollstreckungskammer im Bezirk des nächstgelegenen LG des eigenen Landes. In der Begründung zu Art. 274 EGStGB (BTDrucks. 7 550, S. 456), die im übrigen — in der Zeit vor Schaffung des Strafvollzugsgesetzes 1976 — die Fälle der Unterbringung in einer ländergemeinsam unterhaltenen Vollzugsanstalt nicht erwähnt, wird die Ermöglichung einer Ländervereinbarung betr. die örtliche Zuständigkeit damit begründet, die ausnahmslose Zuständigkeit der Strafvollstreckungskammer, in deren Bezirk sich die Anstalt befindet, „könne im Einzelfall aus mehrerlei Gründen unzweckmäßig sein, zumal wenn auch das nächste LG des Landes, das die Anstalt in einem anderen Land „errichtet" hat, von der Anstalt nicht weiter entfernt seinen Sitz hat als das sonst zuständige Landgericht des Landes, auf dessen Gebiet die Anstalt errichtet ist". Auf Vorschlag des Sonderausschusses für die Strafrechtsreform ist Art. 274 des RegEntw. „aus systematischen Gründen" als Absatz 3 dem § 78 a eingefügt worden und „durch die geringfügig abweichende Fassung klargestellt worden, daß die Zuständigkeit der Strafvollstreckungskammer sich nach dem Bezirk der für die auswärts unterhaltene Anstalt zuständigen Aufsichtsbehörde richten soll" (vgl. Erster Bericht des Sonderausschusses BTDrucks. 7 1261, S. 34). Der Sinn der „geringfügig abweichenden Fassung" ist aber nicht recht erkennbar. Nach § 151 Abs. 1 StVollzG führen die Landesjustizverwaltungen die Aufsicht über die Justizvollzugsanstalten, die ihre Befugnisse (nur) auf Justizvollzugsämter übertragen können. Gegenstand einer Ländervereinbarung

---

[7] Über die Bedeutung solcher Vollzugsgemeinschaften vgl. *Schwind/Blau* Strafvollzug in der Praxis (1976) 40, 70, 89.

nach § 78 a Abs. 3 kann danach in Sachen der Gefangenen (Untergebrachten), die nicht in Anstalten in „ihrem" Land, sondern in einer Gemeinschaftsvollzugsanstalt in einem anderen Land aufgenommen sind, die Begründung der Zuständigkeit der Strafvollstreckungskammer des LG sein, in dessen Bezirk die Landesjustizverwaltung oder das Justizvollzugsamt ihren Sitz haben, wobei es dann auf die örtliche „Vollzugsnähe" dieser Strafvollstreckungskammer nicht mehr ankommt, und zwar auch dann nicht, wenn man unter der „für die Anstalt zuständigen Aufsichtsbehörde" bei der im Rahmen einer Vollzugsgemeinschaft unterhaltenen Anstalt diejenige Landesjustizverwaltung (Justizvollzugsamt) versteht, die an der Unterhaltung der Anstalt in dem anderen Land mitbeteiligt ist.

§ 78 b

(1) Die Strafvollstreckungskammer ist besetzt
1. bei den Entscheidungen nach § 78 a Abs. 1 Nr. 1 mit einem Richter, wenn der zu treffenden Entscheidung eine Verurteilung zu einer Freiheitsstrafe bis zu drei Jahren zugrunde liegt; mit drei Richtern mit Einschluß des Vorsitzenden in den sonstigen Fällen; ist nach § 454 b Abs. 3 der Strafprozeßordnung über mehrere Freiheitsstrafen gleichzeitig zu entscheiden, so entscheidet die Strafvollstreckungskammer über alle Freiheitsstrafen mit drei Richtern, wenn diese Besetzung für die Entscheidung über eine der Freiheitsstrafen vorgesehen ist,
2. bei den Entscheidungen nach § 78 a Abs. 1 Nr. 2 mit einem Richter; weist die Sache besondere Schwierigkeiten rechtlicher Art auf oder kommt ihr grundsätzliche Bedeutung zu, überträgt der Einzelrichter sie der Kammer, die mit drei Richtern mit Einschluß des Vorsitzenden in der Sache entscheidet,
3. bei den Entscheidungen nach § 78 a Abs. 1 Nr. 3 mit einem Richter, wenn die Entscheidung lediglich eine Geldstrafe oder Geldbuße betrifft; mit drei Richtern mit Einschluß des Vorsitzenden in den sonstigen Fällen.

(2) Die Mitglieder der Strafvollstreckungskammern werden vom Präsidium des Landgerichts aus der Zahl der Mitglieder des Landgerichts und der in seinem Bezirk angestellten Richter beim Amtsgericht bestellt.

Entstehungsgeschichte. § 78 b wurde durch Art. 22 Nr. 6 EGStGB 1974 eingefügt. In seiner ursprünglichen Fassung lautete Absatz 1: „Die Strafvollstreckungskammer ist besetzt mit einem Richter, wenn der zu treffenden Entscheidung eine Verurteilung zu einer Freiheitsstrafe bis zu zwei Jahren zugrunde liegt, mit drei Richtern mit Einschluß des Vorsitzenden in den sonstigen Fällen". Durch § 179 Nr. 3 StVollzG 1976 wurde Absatz 1 unter Beschränkung auf die Nr. 1 und 2 neu gefaßt; die Nr. 3 wurde durch § 78 Nr. 2 IRG 1982 und Absatz 1 Nr. 1 zweiter Halbsatz durch Art. 3 Nr. 3 des 23. StRÄG vom 13. 4. 1986 (BGBl. I 393) eingefügt und durch Art. 2 Nr. 5 des StVÄG 1987 in Absatz 1 Nr. 1 Halbsatz 1 die Zuständigkeit des Einzelrichters von bisher zwei auf drei Jahre Freiheitsstrafe erhöht.

Stand: 1. 5. 1990

Übersicht

I. Abgrenzung der Zuständigkeit des Einzelrichters von der dreigliedrig besetzten Strafvollstreckungskammer

	Rdn.
1. Ausgangspunkt der Erörterungen	1
2. Einzelrichter (Absatz 1 Nr. 1)	2
3. Gleichzeitige Entscheidung über mehrere Freiheitsstrafen (Halbsatz 2 Absatz 1 Nr. 1)	3
4. Absatz 1 Nr. 2	4

II. Anfechtbarkeit wegen Überschreitung der Zuständigkeit

	Rdn.
1. Problemstellung	6
2. Entscheidung der Kammer nach Übertragung durch den Einzelrichter	7
3. Entscheidung der Strafvollstreckungskammer ohne Übertragung durch den Einzelrichter	8
4. Entscheidung durch den Einzelrichter	9

III. Bestellung der Mitglieder (Absatz 2)

	Rdn.
1. Allgemeines	10
2. Vorsitzender (der Strafvollstreckungskammer)	11
3. Weitere Mitglieder (Beisitzer, Einzelrichter)	
a) Mitglieder des Landgerichts	12
b) im Bezirk des Landgerichts angestellte Richter beim Amtsgericht	13
4. Allgemeine Regeln	14

I. Abgrenzung der Zuständigkeit des Einzelrichters von derjenigen der dreigliedrig besetzten Strafvollstreckungskammer

1. Ausgangspunkt der Erörterungen ist die durchaus h. M (Vor 78 a, 6), nach der der Einzelrichter (die sog. „kleine" Strafvollstreckungskammer) und die mit drei Richtern besetzte Strafvollstreckungskammer (die sog. „große" Strafvollstreckungskammer) nicht verschiedene Spruchkörper sind; es gibt vielmehr nur *eine* Strafvollstreckungskammer, die in unterschiedlicher Besetzung tätig wird. Davon gehen die folgenden Ausführungen aus. **1**

2. In den Fällen des Absatzes 1 Nr. 1 ist der Einzelrichter zuständig, wenn der zu treffenden Entscheidung eine Verurteilung zu einer Freiheitsstrafe bis zu drei Jahren zugrundeliegt. Maßgeblich ist danach nur der Strafausspruch ohne Rücksicht darauf, ob der noch zu verbüßende Teil infolge Anrechnung von Untersuchungshaft usw. (§ 51 StGB) oder Teilerlaß im Wege der Gnade hinter drei Jahren zurückbleibt. Bei nachträglicher Gesamtstrafenbildung (§ 460 StPO) ist die Höhe der gebildeten Gesamtstrafe maßgebend; ohne Bedeutung ist, wieviel von dieser Strafe bereits vollstreckt ist. **2**

3. Der durch das 23. StRÄG vom 23. 4. 1986 (BGBl. I 393) eingefügte **Halbsatz 2 des Absatzes 1 Nr. 1** regelt — in Ergänzung der in § 78 a Abs. 1 Satz 3 über die Zuständigkeit der Strafvollstreckungskammer getroffenen Bestimmung — deren Besetzung, wenn nach § 454 Abs. 3 StPO über mehrere Freiheitsstrafen teils bis zu drei Jahren, teils darüber gleichzeitig zu entscheiden ist und beendet damit authentisch die bisher bestehende Streitfrage[1] in dem Sinne, daß nicht — je nach der Strafhöhe — die „kleine" neben der „großen" StVollstrK zu entscheiden habe, sondern einheitlich die „große" Kammer. Dagegen bleibt es bei der Zuständigkeit des „kleinen" StVollstrK, wenn über mehrere Freiheitsstrafen mit je bis zu drei Jahren zu entscheiden ist, auch wenn deren Summe drei Jahre überschreitet[2]. **3**

---

[1] Vgl. z. B. OLG Hamm NStZ **1984** 476; OLG Düsseldorf NStZ **1984** 477.

[2] Vgl. BTDrucks. 10 2720 S. 18; *Kissel* Nachtr. (1988) § 78 b zu Nr. 2; LR-*Wendisch* § 462 a StPO, 83.

4 4. **Im Fall des Absatzes 1 Nr. 2** ist grundsätzlich der Einzelrichter zuständig[3]. Er ist aber verpflichtet („überträgt" = hat zu übertragen), die Sache der vollbesetzten Kammer zu „übertragen" (d. h. förmlich auszusprechen, daß er die Voraussetzungen für die Entscheidungszuständigkeit der vollbesetzten Kammer für gegeben halte), wenn die Sache besondere Schwierigkeiten rechtlicher Art aufweist oder ihr grundsätzliche Bedeutung zukommt. Besondere Schwierigkeiten rechtlicher Art sind gegeben, wenn Rechtsfragen auftauchen, deren Aufklärung und Entscheidung Schwierigkeiten bereitet, die erheblich über den durchschnittlichen Aufwand bei den anfallenden Sachen hinausgehen (z. B. wenn über eine Rechtsfrage zu entscheiden ist, bei der auch die Verwertung von Rechtsprechung und Literatur keine eindeutige Klärung bringt). Grundsätzliche Bedeutung (die nach dem Wortlaut des Gesetzes auf tatsächlichem oder rechtlichem Gebiet liegen kann; praktisch kommt wohl nur die zweite Alternative in Betracht) hat eine Sache, wenn entsprechende Fälle sich immer wieder ereignen können und ihre Bedeutung nicht so gut wie selbstverständlich ist. Die Pflicht zur Übertragung an die Kammer hat hier den Zweck, durch Inanspruchnahme des „Sachverstands dreier Richter" (Vor § 78 a, 9) eine „richtigere" Entscheidung zu gewährleisten, zugleich soll sie aber auch im Interesse der Rechtseinheit vermeiden, daß in gleichen Fällen die Kammer abweichend entscheidet. Eine Zurückweisung der Übertragung durch die Kammer, weil sie die Übertragungsvoraussetzungen nicht als gegeben ansieht, ist im Gesetz nicht vorgesehen (in § 348 Abs. 4 Satz 2 ZPO sogar förmlich ausgeschlossen); sie widerspräche auch, wenn es sich nicht um Fälle offensichtlicher Willkür, offenbar unvertretbaren Abschiebens des Arbeitsaufwands und der Verantwortung auf die Kammer handelt, dem Zweck der „Übertragung" und müßte zu unnötigen Verfahrensverzögerungen führen. Die „Übertragung" muß also grundsätzlich als bindend für die Kammer angesehen werden[4]. Es steht rechtlich aber nichts im Wege, in einer Anordnung nach § 21 g zu bestimmen, daß im Fall einer Übertragung der Einzelrichter als Berichterstatter der Kammer tätig bleibt.

5 5. Die Regelung des § 78 b Abs. 1 Nr. 2 unterliegt **keinen grundgesetzlichen Bedenken,** wie sie gegenüber § 348 Abs. 1 ZPO geltend gemacht werden (dazu Vor § 78 a, 8), denn diese Bedenken richten sich dagegen, daß es im Ermessen („kann") der Kammer stehe, Fälle ohne besondere Schwierigkeiten und ohne grundsätzliche Bedeutung dem Einzelrichter zuzuweisen, wie auch gegen die in das Ermessen des Einzelrichters gestellte „Rückübertragung", während § 78 b Abs. 1 Nr. 2 von Gesetzeswegen die Zuständigkeit des Einzelrichters festlegt und die Pflicht zur Übertragung der Sache an die Kammer von dem Vorliegen rechtlicher Merkmale abhängig macht, die zwar einen Beurteilungsspielraum eröffnen, in ähnlicher Form aber auch sonst im Gesetz verwendet werden, wie insbesondere das Merkmal der besonderen Bedeutung (§§ 24, 74 a Abs. 2, 120 Abs. 2). Bei der Regelung der Nr. 3 (dazu § 78 a, 3) entfallen verfassungsrechtliche Bedenken von vornherein.

---

[3] Zu der umstrittenen Frage (Angaben z. B. bei *Kleinknecht/Meyer*[39] 14), ob wenn der nach § 78 b Abs. 1 Nr. 2 in Verb. mit § 78 a Abs. 1 Nr. 2, §§ 109 ff StVollzG zur Entscheidung zuständige Einzelrichter wegen *Besorgnis der Befangenheit* abgelehnt wird, zur Entscheidung über den Ablehnungsantrag sein Vertreter in entsprechender Anwendung des § 76 oder die „große" StVK berufen ist, vgl. OLG Nürnberg NStZ **1988** 475 Nr. 19, wo die Frage im ersteren Sinn beantwortet wird, wogegen verfassungsrechtlich keine Bedenken bestehen (BVerfG NStZ **1985** 91). Dagegen hat OLG Hamm in einem zeitlich späteren Beschluß es abgelehnt, sich dieser Auffassung anzuschließen (s. die Angaben zu NStZ **1989** 428 Nr. 63.

[4] Ebenso *Treptow* NJW **1977** 1038; *Kissel* 8.

II. Anfechtbarkeit wegen Überschreitung der Zuständigkeit

1. Problemstellung. Die Frage der Anfechtbarkeit erhebt sich in erster Linie im Bereich des § 78 b Abs. 1 Nr. 2. Hier fragt sich, ob in der Rechtsbeschwerde (§ 116 StVollzG) geltend gemacht werden kann, daß a) der Einzelrichter zu Unrecht der Pflicht zur Übertragung der Sache auf die Kammer nicht nachgekommen sei, oder umgekehrt, daß die vollbesetzte Kammer zu Unrecht entschieden habe, indem sie b) die Entscheidung von vornherein unter Übergehung des Einzelrichters an sich zog oder c) nach Übertragung entschied, obwohl die Sache weder besondere Schwierigkeiten aufwies noch grundsätzliche Bedeutung hatte. 6

2. Hat **die Kammer nach Übertragung der Sache** durch den Einzelrichter entschieden, so kann eine Gesetzesverletzung (§ 116 Abs. 2 StVollzG) im allgemeinen nicht damit begründet werden, die Kammer habe nicht entscheiden dürfen, weil die Sache weder besondere Schwierigkeiten aufgewiesen noch grundsätzliche Bedeutung gehabt habe. Denn wenn (von den praktisch schwerlich vorkommenden Fällen objektiver Willkür abgesehen) die Kammer an die Übertragung gebunden ist (Rdn. 4), so war sie zur Entscheidung gezwungen; sie war damit der gesetzliche Richter[5]. 7

3. Hat die **Strafvollstreckungskammer ohne Übertragung durch den Einzelrichter** entschieden (weil verabsäumt war, den bei der Geschäftsstelle eingegangenen Antrag dem Einzelrichter vorzulegen), so ist zwar § 269 StPO nicht unmittelbar anwendbar, weil Einzelrichter und vollbesetzte Kammer — anders als etwa der Strafrichter im Verhältnis zum Schöffengericht — nicht Gerichte verschiedener Ordnung sind. Aber der Rechtsgedanke dieser Vorschrift muß hier, wo es sich um eine Zuständigkeitsabgrenzung innerhalb des gleichen Spruchkörpers handelt, erst recht Anwendung finden. Wie sich aus der Entstehungsgeschichte des § 78 b Abs. 1 Nr. 2 ergibt, beruht die Zuständigkeitsabgrenzung auf dem Gedanken, die vollbesetzte Kammer von Sachen zu entlasten, die „nicht den Sachverstand dreier Richter erfordern" (Vor § 78 a, 9)[6]. Es handelt sich also um eine interne arbeitsorganisatorische Entlastungsmaßnahme, und es wird nach den gesetzgeberischen Intentionen nicht in Rechte des Antragstellers eingegriffen, gereicht ihm sogar wegen der präsumptiven „höheren Richtigkeit" der Entscheidung zum Vorteil, wenn die vollbesetzte Kammer von vornherein „den Sachverstand dreier Richter" einsetzt. Es läßt sich zwar nicht ausschließen, daß der Einzelrichter, wäre die Sache an ihn gelangt, eine dem Antragsteller günstigere Entscheidung getroffen hätte als die Kammer, aber es wäre, wie gerade § 269 StPO zeigt, eine Überspitzung, daraus eine Verletzung des Rechts auf den gesetzlichen Richter zu folgern[7]. 8

4. Hat der **Einzelrichter entschieden**, so liegt allerdings eine Gesetzesverletzung vor, wenn er bei objektiver Würdigung, bei „eindeutigem Vorliegen" der sachlichen Voraussetzungen die Sache gemäß § 78 b Abs. 1 Nr. 2 der Kammer hätte übertragen 9

---

[5] Im Ergebnis ähnlich Peters JR **1977** 400: Rechtsbeschwerde bei willkürlicher Überschreitung des Beurteilungsspielraums.
[6] Wegen der Besonderheit des Falles bedarf es keines weiteren Eingehens auf die streitige Frage, inwieweit eine dem Gesetz nicht entsprechende „bessere Besetzung" einen Verstoß gegen den Grundsatz des gesetzlichen Richters darstellt (vgl. dazu z. B. BAG NJW **1961** 1645.
[7] So auch die weitehend in Rechtsprechung und Schrifttum vertretene Auffassung, z. B. OLG Düsseldorf NStZ **1984** 477; Kissel 10; Kleinknecht/Meyer[39] 11.

müssen[8]; auch gegen eine solche Gesetzesverletzung steht die Rechtsbeschwerde aus § 116 Abs. 2 StVollzG zur Verfügung[9].

III. Bestellung der Mitglieder (Absatz 2)

10 1. **Allgemeines.** Absatz 2 ist dem § 78 Abs. 2 nachgebildet, weicht aber im Wortlaut ab, indem die Bestellung des Vorsitzenden nicht ausdrücklich erwähnt ist und nicht von „Richtern beim Amtsgericht des Bezirks", sondern — insoweit in Übereinstimmung mit dem für das frühere Schwurgericht geltenden § 83 Abs. 2 a. F — von den „in seinem Bezirk angestellten Richtern beim Amtsgericht" die Rede ist.

11 2. **Vorsitzender** der Strafvollstreckungskammer muß, da sie einen beim LG gebildeten Spruchkörper darstellt, gemäß § 21 f Abs. 1 der Präsident oder ein Vorsitzender Richter des LG sein. Seine Vertretung im Fall seiner Verhinderung richtet sich nach § 21 f Abs. 2. Im übrigen kann auf § 78, 15 verwiesen werden.

12 3. **Weitere Mitglieder** (Beisitzer, Einzelrichter) können sein
 a) **Mitglieder des Landgerichts.** Hier gilt sinngemäß, was in § 78, 12 bis 14 ausgeführt ist; insbesondere gilt, daß auch die dem LG zugewiesenen Richter auf Probe und Richter kraft Auftrags zu Mitgliedern der Strafvollstreckungskammer bestellt werden können (§ 59 Abs. 3), und daß bei Entscheidungen der mit drei Richtern besetzten Kammer nicht mehr als ein Richter auf Probe oder ein Richter kraft Auftrags oder ein abgeordneter Richter mitwirken darf (§ 29 DRiG);

13 b) **im Bezirk des LG angestellte Richter beim Amtsgericht.** Der Begriff des angestellten Richters kann nicht anders verstanden werden als der gleiche früher in § 83 a. F verwendete Begriff. Bestellbar sind danach nur Richter, denen bei einem AG im Bezirk des LG ein Richteramt auf Lebenszeit übertragen worden ist („Richter am Amtsgericht"), also nicht beim AG tätige Richter auf Probe oder kraft Auftrags, auch nicht Richter auf Lebenszeit, die aus einem anderen LGbezirk an das AG abgeordnet worden sind (LR-*K. Schäfer*[22] § 83, II 3 b). So insbes. OLG Koblenz NStZ **1982** 301 — mit aus-

---

[8] Ebenso *Peters* JR **1977** 400; *Kleinknecht/Meyer*[39] 17.

[9] Aus der Kasuistik betr. Besetzungsrügen, auf die hier nicht weiter einzugehen ist, da sie Gegenstand der Erläuterung in den Kommentaren zum StVollzG ist, sei hier lediglich andeutungsweise hingewiesen auf OLG Karlsruhe NStZ **1981** 452; OLG Düsseldorf NStZ **1982** 301; ferner auf OLG Schleswig NStZ **1983** 190 (Nr. 41), wonach Aufhebung und Zurückverweisung an die zuständige kleine StVollstrK geboten ist, wenn entgegen dem Geschäftsverteilungsplan statt der zuständigen StVollstrK 1 die StVollstrK 2 entschieden hat und es bei der darauf gestützten Rechtsbeschwerde wegen abgelehnten Urlaubs u. a. auch darum geht, ob die Vollzugsbehörde bei der Versagung von einem zutreffenden und selbständig ermittelten Sachverhalt ausgegangen ist (Verweisung auf BGH NJW **1982** 1057, 1059), also um die Frage tatsächlicher Feststellungen, die der Senat nicht treffen könne, ferner den (inzwischen durch BGHSt **30** 320 = JR **1983** 38 mit Anm. *Müller-Dietz* erledigten) Vorlegungsbeschluß OLG Hamm NStZ **1981** 198 Nr. 27 betr. den streitigen Umfang des Rechts und der Pflicht der StVollstrK zu eigener Sachaufklärung, wenn die Vollzugsbehörde einen Urlaubsantrag des Gefangenen wegen Befürchtung der Fluchtgefahr abgelehnt hat, sie nach Auffassung der StVollstrK aber nicht alle wesentlichen Umstände des konkreten Falles in Betracht gezogen hat und von einem nicht vollständig ermittelten Sachverhalt ausgegangen ist. S. auch die Rechtsprechungsübersicht von *Katholnigg* NStZ **1982** 242.

führlicher Begründung —: „Die Unterscheidung des Kreises der zu Richtern der StVK bestellbaren Richter je nach ihrer Zugehörigkeit zum LG oder AG im Wortlaut des Gesetzes ist durch Auslegung unter Heranziehung des Gesetzes nicht zu überbrücken"; *Kissel* 15 mit dem Hinweis auf die Parallele, daß nach § 23 b Abs. 3 Satz 2 GVG der Richter auf Probe Geschäfte des Familienrichters nicht wahrnehmen darf (KK-*Mayr*[2] 3). Sind einem LG gemäß § 78 a Abs. 2 für die Bezirke mehrerer LG die in die Zuständigkeit der Strafvollstreckungskammer fallenden Strafsachen zugewiesen worden, so kann das Präsidium des LG die bei den AG des so erweiterten LGbezirks angestellten Richter zu Mitgliedern der Strafvollstreckungskammer bestellen. Die Vertretung eines vorübergehend verhinderten Richters beim AG muß das Präsidium des LG nach den allgemein für die Vertretung beim LG geltenden Grundsätzen (§ 21 e, 14) regeln; der im Geschäftsverteilungsplan des AG, bei dem der Richter angestellt ist, bezeichnete Vertreter ist nur dann auch Vertreter als Mitglied der Strafvollstreckungskammer, wenn er auch im Geschäftsverteilungsplan des LG als Vertreter vorgesehen ist, und wenn er ebenfalls bei dem Amtsgericht „angestellt" ist (dazu § 78, 14).

4. Allgemeine Regeln. Auch für die Strafvollstreckungskammer gilt, daß sie nicht **14** überbesetzt sein darf[10]. Übersteigt der Geschäftsanfall die Kräfte einer Strafvollstreckungskammer, so muß eine weitere Strafvollstreckungskammer gebildet werden. Dies kann auch in der Form geschehen, daß einer nicht voll ausgelasteten allgemeinen Strafkammer, deren Mitglieder zugleich zu Mitgliedern der Strafvollstreckungskammer bestellt werden, Aufgaben der Strafvollstreckungskammer zugewiesen werden[11]. Sie muß dann unter der Bezeichnung als Strafvollstreckungskammer auftreten, wenn sie in dieser Eigenschaft tätig wird (vgl. § 74, 9). In noch höherem Maße als bei den anderen Spruchkörpern mit gesetzlicher Zuständigkeitskonzentration gilt für die Strafvollstreckungskammer, daß die Gewinnung besonderer Kenntnisse und Erfahrungen der Richter auf ihrem Spezialgebiet (hier: des Vollzugswesens einschl. der für eine Prognoseentscheidung wichtigen Gebiete der Kriminologie usw.) eine gewisse Stetigkeit in der Besetzung des Spruchkörpers voraussetzt, und daß das Präsidium dem bei Aufstellung des Geschäftsverteilungsplans im Rahmen seiner Möglichkeiten Rechnung tragen muß[12]. Die Aufteilung der Geschäfte des Einzelrichters und der übrigen Tätigkeit in der Strafvollstreckungskammer geschieht nach § 21 g (ebenso *Treptow* NJW **1977** 1038). Der Gedanke der Zuständigkeitskonzentration und Vollzugsnähe führt dazu, daß auch **beim OLG** als Beschwerde- und Rechtsbeschwerdeinstanz gegenüber Entscheidungen der Strafvollstreckungskammer die entsprechenden Aufgaben im Wege der Geschäftsverteilung bei einem bestimmten Strafsenat zu konzentrieren sind (*Peters* GA **1977** 163).

---

[10] § 16, 13; § 21 f, 6; *Peters* GA **1977** 102 Fußn. 17.
[11] A. M *Peters* GA **1977** 102: einer allgemeinen Strafkammer können nicht Aufgaben der Strafvollstreckungskammer zugewiesen werden, wohl aber können Mitglieder einer nicht voll ausgelasteten Strafvollstreckungskammer zugleich in einer allgemeinen Strafkammer verwendet werden.
[12] *Peters* GA **1977** 103; JR **1977** 401; Vor § 78 a, Rdn. 11.

SECHSTER TITEL

Schwurgerichte

(§§ 79 bis 92)
(**aufgehoben** durch Art. 2 Nr. 25 des 1. StVRG 1974)

SIEBENTER TITEL

Kammern für Handelssachen

§§ 93 bis 114
(hier nicht abgedruckt)

Karl Schäfer